KB036722

존재론적、우편적

아즈마 히로키

존재론적, 우편적

자크 데리다에 대하여

조영일 옮김

도서출판 b

| 일러두기 |

1. 이 책은 東 浩紀의『存在論的, 郵便的 — ジャック · デリダについて』(1998)을 완역한 책이다.
2. 본문의 각주는 모두 지은이의 것이다. 간혹 옮긴이가 부기한 것은 옮긴이 표시를 하였고, 옮긴이의 각주는 독립적인 번호 앞에 *표를 붙여 *1의 형식으로 표시하였다.
3. 원저에서 강조점으로 된 부분은 고딕체로, 고딕체로 된 부분은 견명조로 표시하였다.

| 차 례 |

제1장
유령에 사로잡힌 철학

본서의 목적은 자크 데리다에 대한 해설이다. 그런데 데리다는 어떤 사상가인가? 문제의식을 보다 명확히 하기 위해 제일 먼저 그가 지금까지 걸어온 길을 간단히 확인해 보기로 하자. 그것은 다음과 같이 요약된다.

데리다는 1930년에 알제리에서 태어났다. 그리고 이후 '탈구축 déconstruction'이라는 키워드로 불리는 그의 철학적 작업은 1960년대 전반, 즉 30세를 경과하던 즈음 파리에서 시작된다. 그것은 기본적으로 후설 연구로부터 시작되었다. 그러나 당시 그는 이미 현상학적 어휘와 문제설정에 크게 의존하면서도 그것에 한정되지 않는 폭넓은 문제에 대한 뛰어난 고찰을 잇달아 발표했다. 그의 작업은 1967년에 출판된 세 권의 저작을 계기로 빠르게 평판을 획득했고,

1970년대에 들어서자 그 영향력은 더욱 확대되었다. 그런데 그 즈음부터 데리다는 한편으로는 프랑스어라는 언어적 경계를, 다른 한편으로는 '철학'이라는 제도적 영역을 모두 일탈하기 시작한다. 한편으로 그의 작업은 영어권, 주로 아메리카의 인문계 아카데미즘에서 빠르게 수용되었고, 1970년대 후반 '탈구축'은 하나의 지적 유행으로까지 성장한다. 동시에 그 자신의 관심은 시[詩]나 회화를 시작으로 건축이나 비디오아트에 이르는 다양한 예술적 실천의 장으로 나아간다. 그리고 이런 세계성과 탈영역성에 의해 1980년대 초반까지 데리다는 '포스트모던'을 선도하는 철학자 중 한 사람으로서 널리 인지되었다. 그런데 '포스트모던'이라는 말이 가진 비정치적 함의에 저항하던 데리다는 그 즈음부터 이번에는 반대로 정치적 · 사회적 문제에 대한 관심을 자주 보이기 시작한다. 그 결과 1980년대 중기 이후, 특히 1990년대에 제출되는 '탈구축'은 더 이상 철학적 엄밀함이나 미학적 응용가능성의 관점에서 다룰 수 없게 된다. 데리다가 거기서 강조하는 것은 오히려 탈구축적 실천이 함의하는 정치적 래디컬함이었다. 예를 들어 그는 그 실천으로서 사회주의체제 하의 체코에서 세미나를 거행하고, 옥중의 넬슨 만델라를 지지하고, 알제리의 정치탄압에 항의하는 성명을 발표했다. 그리고 70세를 맞은 지금도 데리다의 그런 활동은 수그러들지 않고 있다.

우리는 이 같은 사상가에 대해 일반적으로 두 가지 타입의 관심을 가질 수 있다. 한편으로 우리는 데리다가 말한 것, 즉 '탈구축'이라 불리는 사고법의 구체적 내실에 주된 관심을 기울일 수 있다. 이럴 경우 우리는 우선 그의 텍스트에 대한 정밀한 독해와 주석을 요구하게 될 것이다(칸스터티브한constative 독해).[*1] 그러나 다른 한편으로 우리는 그가 행한 것, '탈구축'을 다양한 지적 영역으로 전이시키고 확산시켜 마치 바이러스처럼 각 영역의 안쪽에서 좀먹는 데리다의 소크라테스적 실천에 관심을 집중시킬 수 있을 것이다. 이럴 경우 우리는 그의 주장 자체보다는 그것이 어떻게 오독되었는지, 또 그 오독에 담긴 생산성을 데리다 자신이 어떻게 이용했는지를 논해야 할 것이다(퍼포머티브한performative 독해). 그 어느 쪽 독해로부터도 유익한 해설서를 기대할 수 있다. 그러나 본서에서 행해질 작업은 사실 그 어느 쪽에도 속하지 않는다. 우리의 관심은 보다 한정되어 있다. 우리는 데리다가 말한 것도 행한 것도 아닌, 말하는 것과 행하는 것이 기묘한 비틂을 만들고 있는 어느 특정 시기의 텍스트에 주목하기 때문이다. 어떤 것을 말하는 것일까?

데리다의 저작을 연대순으로 나열해 보면, 1970년대 초반에 스타일이 크게 변했다는 인상을 부정할 수 없다. 이 변화에 대해 생각하기 위해 데리다의 작업을 우선 전기와 후기로 나누어보자. 이 경우 먼저 전기는 1963년에 출판된 『「기하학의 기원」 서설』을 시작으로 1967년의 『목소리와 현상』, 『그라마톨로지에 대하여』, 『에크리튀르와 차이』를 경유하여 1972년에 엮어진 논문집 『철학

---

*1. 보통 constative는 '사실확인적인' 또는 '사실확인문'으로, 'performative'는 '행위수행적인' 또는 '행위수행문'으로 번역되지만, 충분히 만족스러운 번역어가 아니며, 저자 역시 이를 그냥 영어발음대로 표기하고 있어 본 번역서에서도 그대로 옮긴다. 이 용어의 의미에 대해서는 바로 뒤에서 이루어지고 있는 저자의 설명을 참조하기 바란다. – 옮긴이

의 여백』까지 거의 10년간으로 정리할 수 있다. 이 시기 데리다의 텍스트는 대체로 제도적인 '논문', '저작'의 체계를 지키고 있어서 아직 상호독립적으로 읽을 수 있도록 씌어져 있다. 그 때문에 우리들은 지금도 예를 들어 에마뉘엘 레비나스를 다룬 1964년의 「폭력과 형이상학」이나 언어행위론을 다룬 1971년의 「서명 사건 콘텍스트」라는 대표적 논문을 각각의 주제가 가진 문맥에 의해 각각의 논문 안에서 읽을 수 있다. 그래서 난해함은 무엇보다도 우선 내용적 문제이고 그의 글 쓰는 방식은 아직 학문적이고 논리적인 절차를 따르는 독자를 배제하지 않았다. 하지만 후기가 되면 상황은 크게 바뀐다. 이미 『에크리튀르와 차이』의 후기나 『철학의 여백』의 서문에서 시도된 텍스트 실험이 1970년대에 들어서면 전면적으로 전개되기 때문이다. 그 결과 1972년 『산종散種』, 1974년 『조종弔鐘』, 1978년 『회화에서의 진리』, 1980년 『우편엽서』 등으로 대표되는 이 시기의 텍스트는 더 이상 각기 독립된 논고로 읽힐 수 없다. 1960년대 논문들이 (좋든 나쁘든) 유지하고 있었던 명철함이 철저하게 회피되어 1970년대 이후 데리다의 텍스트는 다른 텍스트의 암묵적인 참조와 인용, 논술의 의도적 중단이나 우회로서 극도로 단편화되고 중층화된다. 그렇기 때문에 논문 안에 어떤 지시도 없이 조어나 신개념이 등장하고, 또 그 함의와 관련하여 다른 논문이나 이런저런 철학적 텍스트를 참조하지 않으면 알 수 없는 사태와 빈번히 만나게 된다. 이런 환경 하에서 데리다를 읽는 것은 암호 해독에 한없이 가까워지게 된다. 따라서 여기에서 난해함은 더 이상 내용에만 관계하는 것이 아니다. 그것은 오히려 스타일, 보다 정확히 말하자면 그 같은 스타일이 선택되었던 동기와 관련이 있다. 그렇다면 도대체 데리다는 왜 그와 같은 기묘한 텍스트를 쓴 것일까? 물론 이런 물음을 내버려두더라도 우리는 『조종』이나 『엽서』의 한 구절에 대해 복잡한 주석을 얼마든지 전개시킬 수 있다. 그러나 많은 독자들은 아마 텍스트를 한번 흘낏 보는 순간부터 무엇보다도 이와 같이 소박한 의문에 직면할 것이 분명하다. 그리고 거기서 걸려 넘어지고 말 것이다.

일반적으로 이런 소박한 질문에는 소박한 답이 주어져 있다. 전기가 이론적으로 주장한 것을 후기가 실천했다는 것이다. 예를 들어, 데리다는 1967년에 행해진 인터뷰에서 그의 논문에서 "문제가 되고 있는 것, 그것은 우선 저작의 단일성, 잘 만들어진 전체로서 생각된 <저작>이라는 단일성입니다"라고 말하고 있다.[1] 확실히 1970년대의 복잡한 텍스트 전략은 이 주장에서 바로 도출된 것처럼 생각된다. 연구자도 그런 이해를 대체로 지지하고 있다. 예를 들어, 최근 사이몬 크리츨리는 1970년대의 변화를 '이론화의 칸스터티브한 형태에서 에크리튀르의 퍼포머티브한 양태로'로서 정리하고 있다.[2] 그에 따르면, 탈구축의 역사는 일관된 이론의 실천화,

---

1. *Positions*, Minuit, 1972, p. 11. 邦譯, 『ポジシオン』, 高橋允昭 譯, 青土社, 1992, 增補新版, 8頁. (데리다, 『입장들』, 박성창 편역, 솔, 1992, 24쪽) 덧붙이자면, 본서는 논문과 저작에 대해 제일 처음에 참조할 때만 서지정보를 부기한다. 다만 일본책에 대해서는 본문의 기술로부터 명백한 경우, 저자명과 서명을 생략한 경우도 있다. 또 이하에서 병기된 일본어 번역은 원칙적으로 내가 참조한 것이며 서지로서 완전한 것은 아니다. 원저 쪽수가 명기되어 있는 경우, 인용의 번역문은 원칙적으로 필자의 것이다.
2. Simon Critchley, "Derrida: Private Ironist or Public Liberal?", in Chantal Mouffe(ed.), *Deconstruction and Pragmatism*, Routledge, 1996, p. 31ff.

즉 퍼포먼스화의 과정이고 1980년대의 정치적, 사회적 개입commitment의 전경화 또한 그것의 당연한 귀결로서 다루어진다(이론에서 문학적 실천으로, 그리고 정치적 실천으로). 우리 또한 이런 견해에 거의 동의한다. 하지만 그것은 사실 앞의 물음에 대해 아무것도 답하고 있지 않다.

전기에서 후기, 이론에서 실천으로라는 이행에 대해 말할 때, 사람들은 단순한 사실을 잊는다. 1960년대의 데리다는 확실히 '에크리튀르의 유희'를 이야기했고 또 저작 중 일부에서 실천 같은 것을 시도하기도 했다. 하지만 그것들은 아직 전면화되지 않았고 『조종』이나 『우편엽서』와 같은 거대한 텍스트로 제출되지도 않았다. 그리고 1970년대의 변화를 단순히 그것의 양적 확대로 간주하기는 어렵다. 그와 같은 변화는 많은 전문가조차 멀리할 정도로 과격한 것이었기 때문이다. 예를 들어, 모든 쪽이 좌우 두 칸으로 나누어져 왼쪽에는 헤겔이 오른쪽에는 주네가 동시에 다루어지는 300쪽에 가까운 『조종』, 또는 거의 절반이 단편적인 의사疑似 서한으로 채워지고 나머지 부분에 수록된 프로이트론 또한 미완성으로 그친 550쪽에 달하는 『우편엽서』, 그것들에는 더 이상 독자의 지지를 거의 기대할 수 없는 실험적 에크리튀르가 몇 백 쪽씩 전개되고 있다. 그리고 이론적인 읽기를 거절하는 것 같은 그런 몸짓은 실제 데리다 텍스트를 둘러싼 환경을 크게 변화시킨 것으로 알려져 있다. 예를 들어, 1986년에 어느 연구자는 "『조종』은 일단 거기에 의미가 있다는 것만 이해한다면, 조리가 있는 텍스트다."라고 말하고 있지만,[3] 이런 언명은 역으로 말하면 1970년대의 데리다가 그 후 어떻게 받아들여졌는지를 웅변하고 있다. 또 같은 해에 출판된 로돌프 가셰의 『거울의 주석판』[4]은 영어권의 데리다론으로는 교과서적인 존재지만, 거기에는 『조종』도 『우편엽서』도 전혀 다루어지고 있지 않다. 전기 데리다와 후기 데리다 사이의 평가에 명확한 차이가 있고, 특히 후자의 스타일에 대한 강한 제도적 반발은 이후 1990년대에 캠브리지대학이 그에게 명예박사를 수여할 때 심각한 의견대립까지 불러일으켰다. 그렇다면 독자의 그와 같은 이반離反과 교환에 1970년대의 데리다는 무엇을 '실천'했던 것일까? 이론과 실천을 나눈다고 하더라도, 그렇다면 데리다는 왜 실천을 원했던 것일까? 실천을 유보한 후에 성립된 1960년대의 이론적 작업, 『목소리와 현상』, 『그라마톨로지에 대하여』와 같은 높은 평가를 얻은 작업과 스타일을 왜 그는 버리지 않으면 안 되었던 것일까? 우리가 생각하기에 여기에 양적 확대를 넘어선 명확한 무언가가 있으며, 바로 거기에 데리다를 이해하기 위한 걸림돌이 존재한다.

그리고 이 걸림돌은 데리다를 이해하려는 우리들의 것임과 동시에 데리다 자신의 것이기도 했을 것이다. 반복하지만, 전기의 그는 매우 형식적이고 뛰어난 이론적 작업을 전개했다. 그런 그가 적어도 표면상으로는 어느 시기부터 복잡하고 기묘한 텍스트 실천을 탐닉하게 되었고, 이론적 퍼스펙티브의 구축으로부터 멀어졌다. 우리는 거기에서 데리다 자신의 넘어짐을 봐야 한다. 그렇다면 거기에서 그는 무엇에 걸려 넘어진 것일까. 즉 그가 1960년대의

---

3. Gregory L. Ulmer, "Sounding the Unconscious" in John P. Leavey Jr., *Glassary*, University of Nebraska Press, 1986, p. 23.
4. Rodolphe Gasché, *The Tain of the Mirror*, Harvard University Press, 1986.

작업, 이론적인 것에서 본 한계란 무엇이었을까. 그리고 그 출구는 어떠한 것이었을까. 그리고 그는 거기서 나와 어디로 간 것일까. 어디에 도달한 것일까. 우리의 작업은 이런 물음들을 둘러싸고 전개된다.

1

도대체 '탈구축'이란 무엇인가? 이미 해설서가 많이 출판되어 있기 때문에, 여기에서는 우리의 논의에 필요한 정도로만 포인트를 짚어보자(이하의 절은 '탈구축'의 이론적 해설에 익숙한 독자는 읽지 않아도 된다). 이를 위해서는 우선 1985년의 한 논문으로부터 시작하는 것이 좋을 것 같다. 데리다는 그 글에서 일찍이 조이스가 『피네간의 경야』에 쓴 한 문장, 'he war'를 다루고 있다.

> (he war라는 이 문장은) 그것이 동시에 하나 이상의 언어로, 적어도 영어와 독일어로 언표되어 있다는 적어도 그 사실에서, 그런 퍼포먼스에서 번역불가능한 것이 되어버릴 것이다. 설령 어떤 무한한 번역행위가 이 문장의 의미론적 축적에 도달한다고 하더라도 그 번역은 여전히 하나의 언어로 번역되어 있을 것이고, 그 때문에 he war의 다양성[multiplicité]을 잃어버릴 것이다. (……) 동시에 복수의 언어로 씌어진 하나의 텍스트를 어떻게 번역하면 좋을까? 복수성[pluralité]의 효과를 어떻게 '환원'(=번역, 변제[rendre])하면 좋을까? 만약 동시

에 복수의 언어로 번역된다면 사람들은 그것을 번역이라 부를까?[5]

'war'는 영어와 독일어에 동시에 속한다. 데리다는 이런 이중구속을 문제 삼는다. 이 예에서 주목해야 하는 점은 우선 이 이중구속이 철자, 즉 w-a-r라는 에크리튀르(씌어진 것)의 연쇄에 의해서만 가능하다는 것이다. 실제 그것을 발음하려 한다면, 우리는 [wɔː*r*](영어) 혹은 [vaːr](독일어)로 그 소속을 정해야 한다. 『그라마톨로지에 대하여』에서 '음성중심주의'라 불린 구조, 즉 에크리튀르(문자)에서 파롤(소리)로의 변환이 불러일으키는 억압이 여기에서는 매우 알기 쉬운 예로서 제시되고 있다. 파롤은 이중구속을 소거한다. 그리고 여기에서 데리다는 이런 이중구속의 효과를 '무한한 번역행위'와 대치시키고 있다. 'he war'가 가진 의미론적 풍요로움을 웬만큼 추적하여 그것을 (예를 들어 각주를 충실하게 하는 등의 방법으로) 어느 정도 번역에 반영한다고 해도, 그 번역이 하나의 언어로 이루어지는 한, 거기서 'he war'의 복수성은 결정적으로 상실된다.

이 논문과 거의 동시에 발표된 다른 조이스론에서는 똑같은 대치가 다음과 같이 표현되고 있다. 철자 'he war'의 의미론적 풍부

---

5. "Des tours de Babel" in *Psyché*, Galilée, 1987, pp. 207-208. 論文邦譯, 「バベルの塔」, 『他者の言語』, 高橋允照 編譯, 法政大學出版局, 1989, 8頁. 또 '번역된 논문'으로 저서의 전체가 번역된 것은 아니지만 참조된 수록 논문(혹은 인터뷰 등)의 번역이 있다. 또 이하 특별히 말하지 않는 한 인용부분의 강조는 원저자의 것이다.

함을 번역=환원시키려는 시도는 실제 조이스에 대한 엄청난 학적 언설, 즉 '가장 강력하고 가장 세련된 번역기계'에 의해 '조이스프로그램joyciel'을 풀려고 하는 '조이스회사', '조이스산업'으로서 현실화되고 있다.[6] 그런 학學은 『율리시즈』에서 모든 것을 읽어낼 수 있고, 따라서 거기에 숨겨진 의미를 전부 명확하게 만들 수 있다. 하지만 그럼에도 불구하고 그가 생각하기에 그런 학은 'war'의 다수성 자체를 절대 번역할 수 없다. 이 다수성은 일종의 '더블바인드' 안에 있으며, 항상 계속해서 번역에 저항하기 때문이다. "He war는 번역에 호소한다, 다른 언어로의 전환을 명령함과 동시에 금지한다."[7]

그렇다면 여기에서 우선 확인해야 하는 것은 데리다가 두 종류의 복잡성(다양성), 환원가능한 다양성과 환원불가능한 다양성을 명확히 구별하고 있다는 것이다. 한편으로 'he war'라는 에크리튀르는 다양한 '의미'로 번역/환원될 수 있다(그는 존재했다, 그는 전쟁한다……). 이런 의미의 집적을 완전히 퍼 담는 것은 현실적으로 불가능하지만, 그러나 이념적으로는 가능하다고 생각된다. '조이스산업'은 바로 현실과 이념 사이의 갭을 메우기 위해 조직되었다. 다른 한편으로 'he war'라는 에크리튀르의 경험 그 자체, 영어와 독일어로라는 이중구속성은 번역=환원이라는 개념 자체를 거부한다. 따라서 이 문장은 정의상定義上, 즉 이념적으로 번역불가능한 것으로 파악된다. 그런데 문제는 이 두 가지 다양성 사이에

---

6. *Ulysse gramophone*, Galilée, 1987, pp. 44, 23.

7. ibid., p. 40.

서 생겨나는 충돌, 혼란이다. "그 때문에 이런 혼란은 귀에서 그것으로 받아들여지는 것이 아니다. 마찬가지로 눈만으로 받아들여지는 것도 아니다. 차이에 있어서의 혼란은 눈과 귀 사이의 공간을 요구한다."[8] 1970년대의 데리다는 일반적으로 이들 귀(파롤)의 다양성과 눈(에크리튀르)의 다양성을 각각 '다의성polysémie'과 '산종dissémination'이라고 이름 붙이고 있다.

두 다양성의 관계를 보다 정확히 하기 위해 다음 1971년도 논문 「서명 사건 콘텍스트」를 참조해보자. 다의성과 산종이라는 두 개념을 '갈라놓는' 것을 하나의 목적으로 삼은 이 논문에서 데리다는 "산종이라 이름 붙여진 것은 에크리튀르의 개념이다"라고 명기한다.[9] 그리고 여기에서 강조되는 것은 이번에는 에크리튀르의 '인용에 있어 발췌와 접목의 가능성'이다. 그의 주장에 의하면, 파롤(소리)은 항상 현전적인 주체 즉 지금 이곳에 있는 주체와 결부되어 있지만, 에크리튀르(문자)에는 '자기 콘텍스트와의 단절력'이 자리 잡고 있다.[10] 씌어진 문자는 이야기된 소리와 다르고, 그것을 발화한 주체의 부재, 극단적인 경우 죽은 후에도 계속 남는다. 따라서 에크리튀르는 항상 주체의 통제를 완전히 벗어나 있기에 자유롭게 인용되고 해석될 수 있다. 그리고 에크리튀르의 이런 단절력(인용가능성)이야말로 기호에 '포화飽和 불가능한insaturable' 다양

---

8. ibid., p. 47.

9. "Signature événement Contexte", in *Marges*, Minuit, 1972, p. 376. 論文邦譯, 「署名 出來事 コンテクスト」, 高橋允照 譯, 『現代思想』, 1988, 5月 臨時增刊号, 靑土社, 22頁.

10. ibid., pp. 381, 376. 同論文 26, 22頁.

성 즉 '다의성'과 구별되는 '산종'을 부여한다.

보다 자세히 데리다의 논의를 쫓아가보자. 그의 이 논문은 주제적으로는 J. L. 오스틴의 언어행위론에 대한 비판이 중심을 이루고 있다. 우선 문맥을 확인해 두자. 1950년대의 옥스퍼드에서 창시된 언어행위론은 'constative'와 'performative'라는 대립을 언어분석에 도입했다고 알려져 있다. constative(사실확인적인) 언명이란 사물의 이런저런 상태에 대해 '보고하는' 것으로, 따라서 진위의 대립이라고 말할 수 있다. 예를 들어, 언명 "나는 결혼했다"는 단순히 그 내용이 사실이면 참이고 사실이 아니면 거짓이다. 그러나 performative(행위수행적인) 언명은 사물의 상태에 대해 보고하는 것이 아니다. 그것은 오히려 그것이 이야기된다는 사실 자체를 통해 뭔가를 '실행한다', 즉 현실에 작용을 부여한다. 예를 들어, 내가 결혼식에서 언명 "나는 이 여성을 법적인 아내로 하겠습니다"를 발화한다면, 그것은 바로 그 행위에 의해 결혼을 성립시키는 것이지 사물의 이런저런 상태에 대해 서술하는 것이 아니다. 따라서 그것에 대해서는 진위를 물을 수 없다. 오스틴에 의하면 이 경우 바람직한 것은 차라리 '행', '불행'이라는 대립개념이다.[11] "나는 결혼합니다"라고 말했음에도 불구하고 내가 그럴 수 없었다면, 그 언명은 거짓이라기보다는 '불행'이기 때문이다.

이런 언어행위에 대한 데리다의 비판은 기본적으로는 매우 단순한 착상에 기반하고 있다. 그는 우선 오스틴이 '기생적parasitic'이

---

11. J. L. Austin, *How to Do Things with Words*, Oxford University Press, 1962, p. 12ff(오스틴, 『말과 행위』, 김영진 옮김, 서광사, 1992, 33쪽 이하).

라 불리는 어떤 종류의 발화, 극장에서의 발화나 모방, 혹은 사기 등의 언어행위를 분석에서 제외한 것에 주목한다. 오스틴의 분석은 어떤 언명이 칸스터티브한가 퍼포머티브한가를 그 형태적 특징에서 도출하려고 시도하고 있다. 예를 들어, '약속하다'라는 동사는 그에 의하면 그것이 유도하는 언명이 퍼포머티브한 것의 지표로서 해석된다. 하지만 가령 지금 내가 무대 위에서 "무엇 무엇을 약속한다"고 말하더라도, 그 행위는 당연히 현실에 아무런 영향도 미치지 않는다. 따라서 언어행위론은 이런 종류의 '기생적' 사용을 제외하고 나서야 비로소 '퍼포머티브한 것'의 영역을 이론적으로 획정할 수 있다. "우리는 이 전부를 고려 대상에서 제외한다. 우리의 퍼포머티브한 발화는 행이든 불행이든 일상적인 상황에서 발화되었다고 이해되어야 한다."[12] 그러나 데리다에 의하면 통상/기생이란 구별은 엄밀히 유지될 수 없다. "모든 기호는 (……) 인용되고, 또 인용부호로 묶어질 수 있기" 때문이다.[13]

데리다는 여기에서 '인용'이라는 말을 기호나 발화를 그 본래의 콘텍스트로부터 떼어내어 다른 콘텍스트와 접목하는 전위의 가능성 일반을 의미하는 것으로 사용하고 있다. 이런 경우, 예를 들어 무대상의 '약속하다'는 어떤 의미에서 인용부호 붙이기라고 생각해도 좋다. 그 언명은 본래의 콘텍스트=현실에서 떼어내어져 무대상에서는 인용부호 붙이기로 즉 허구로서 사용되고 있다. 그렇기 때문에 관객은 그것을 심각하게 받아들이지 않는다. 같은 것

---

12. ibid., p. 22(같은 책, 43쪽).

13. *Marges*, p. 381. 論文邦譯, 「署名 出來事 コンテクスト」, 27頁.

을 농담이나 거짓말의 경우에도 말할 수 있다. 따라서 퍼포머티브한 발화의 기생적 사용을 배제하려는 오스틴의 시도는 문제가 된 발화가 인용부호가 붙어있는지 없는지 끊임없이 확인하고, 인용부호 붙이기가 아닌 것(본래의 콘텍스트에 있는 것)만을 대상으로 하려는 한정을 의미한다. 그러나 데리다가 생각하기에 이것은 모순된 요구이다. 왜냐하면 그에 따르면 퍼포머티브한 언명이란 무릇 그것 자체가 어떤 의미에서 이미 인용부호가 붙은 것, 본래의 콘텍스트(칸스터티브한 기능)에서 떼어져 사용된 것이기 때문이다. 예를 들어 내가 무대 위에서 "나는 결혼합니다"라는 언명을 발화한다고 치자. 나는 그것에 의해 연기하고 있다. 그러나 만약 이 '에 의해'를 일종의 인용부호로 파악한다면, 같은 것이 내가 "나는 결혼한다"라는 언명에 의해 결혼하는 경우에도 타당할 것이다. 즉 오스틴이 통상과 기생으로 배분한 이들의 예는 실제로는 "나는 결혼한다"라는 문장을 인용부호 붙여 사용한 것으로서 통일적으로 이해가능하다. 그리고 "그 같은 일반적인 인용성이 없다면, '성공한' 퍼포머티브조차 존재하지 않을 것이다."[14] 그렇다면 퍼포머티브한 것의 분석에서 기생성(인용성)을 배제하려고 한 언어행위론의 시도는 정의상 이미 내파[內破]되고 있다.

산종과 인용가능성 사이의 이론적 관계는 이로부터 이해할 수 있다. "모든 기호는 인용될 수 있다"라는 것은, 데리다에게 있어서는 모든 언명이 기생적으로 혹은 퍼포머티브하게 사용될 가능성에 노출되어 있다는 것을 의미한다. 바꿔 말하면, 이것은 모든 언

---

14. ibid., p. 387. 同論文 33頁.

설에 대해 그 사용이 통상적인지 기생적인지, 칸스터티브한지 퍼포머티브한지 결정하는 것은 원리적으로 불가능하다는 것을 의미한다. 즉 모든 언설은 동시에 두 가지 콘텍스트에, 예를 들어 칸스터티브와 퍼포머티브라는 두 가지 독해 레벨에 속할 수 있다는 말이 된다. 그런데 이것은 앞서 서술한 'war'의 이중구속성과 완전히 똑같다. 예를 들어, 우리는 여기에서 오스틴 자신이 든 "이 소는 위험하다"라는 벽보의 예를 참조할 수 있다.[15] 그 벽보는 문면文面=에크리튀르로는 읽는 방법을 결정할 수 없다. 그것은 한편으로는 특정한 소에 대한 칸스터티브한 언명(성질의 묘사)일 수도 있고, 또 다른 한편으로 '이 소는 위험하기' 때문에 가까이 하지 말라는 퍼포머티브한 언명(명령)일 수도 있다. 그러므로 게시자가 그것을 위험방지를 위해 붙였음에도 불구하고, 그것을 본 사람이 "아 그래, 위험한 소구나"라고 생각하고 소에게 가까이 가는 일이 언제든지 있을 수 있다. 이런 종류의 오해는 에크리튀르의 이중구속성에 의해 불가피한데, 시점을 바꾼다면 이것은 에크리튀르가 가진 인용가능성에 의해 일어나는 것이기도 하다. 'war'에 이중구속성(산종)이 머무는 것은 w-a-r라는 에크리튀르가 영어로부터도 독일어로부터도 단절될 수 있기 때문이고, 마찬가지로 "이 소는 위험하다"에 산종이 머무는 것은 그 문면이 두 가지 독해 레벨의 양방향으로부터 단절될 수 있기 때문이다. 그러나 언어행위론은 칸스터티브와 퍼포머티브라는 준별을 유지하기 위해 인용가능성이나 산종에 대

---

15. 「行爲遂行的 言明」, 『オースティン哲學論文集』, 坂本白大 監譯, 勁草書房, 1991년, 395頁 이하.

한 사고를 회피했다. 『우편엽서』에서의 데리다 표현을 빌리자면, "그것들의 이론화, 특히 옥스퍼드류의 것은 (……) 항상 인용부호의 법칙을 신용하고 있다".[16] 그러나 산종은 바로 그 법칙을 신용할 수 없기 때문에 생긴다.

산종, 인용가능성, 칸스터티브와 퍼포머티브의 구별, 이들에 대한 이상의 해설을 통해 우리는 '탈구축'의 이론적 퍼스펙티브에 대한 최소한의 준비를 끝냈다. 그렇다면 다시 탈구축이란 무엇일까. 데리다의 텍스트는 정의나 요약에 대해 항상 신중하기 때문에, 이번에는 데리다학파에 의한 해설을 참조해보자. 첫머리에서 서술한 것처럼 데리다의 작업은 1970년대 아메리카에서 널리 수용되었다. 당시 '탈구축주의'(예일학파)의 중심인물로 간주된 폴 드 만은 1979년 『독서의 알레고리』에서 탈구축에 대해 다음과 같이 설명하고 있다.

드 만은 이 저작의 제1장에서 우선 "무슨 차이가 있는가?What's the difference?"를 예로 들고 있다. 드 만에 따르면, 이 문장에 대해 "우리는 발화자의 문법에서 그가 '차이'가 '무엇'인지 정말 알고 싶은지, 그렇지 않으면 차이를 발견해서는 안 된다고 말하고 있는지 알 수가 없다." 주어진 문장을 문자 그대로 이해한다면, 그것은 '차이'의 내용에 대한 질문이 되고, 수사의문으로 받아들이면 그것은 '차이'의 존재를 부정하는 문장이 된다. 그 어느 쪽의 읽기가 정당한가는 원리적으로 판단할 수 없다. 그리고 여기에서 더 중요한 것은 거기서 두 가지 읽기가 서로 충돌되는 요청을 하고 있다는

---

16. *La carte postale*, Flammarion, 1980, p. 108.

것이다. "우리는 문법과 수사의 차이라는 문제와 직면하고 있다. 문법은 우리에게 질문을 하도록 명령한다. 그러나 우리가 질문을 하기 위한 수단으로 삼는 문장은 질문의 가능성 그것을 부정하고 있다."[17] 즉 문제의 문장은 한편으로는 '차이'의 탐구를 요구하면서도, 다른 한편으로는 바로 그 탐구 자체의 무효성을 선언하고 있다. 드 만이 여기에서 '문법', '수사'라고 부르는 것은 명확히 칸스터티브와 퍼포머티브라는 구별에 해당된다(오스틴의 이름도 언급되고 있다). 따라서 그가 여기에서 주목하고 있는 것은 한 언명의 두 가지 독해 레벨에 대한 동시소속 및 그 결과 생기는 이율배반(더블바인드)이라는 현상이다. '탈구축'적 독해는 모든 텍스트 안에 있는 그런 더블바인드를 폭로하기 위해 행해진다. "탈구축은 우리가 텍스트에 부가하는 것이 아니라 처음부터 텍스트를 구성하는 것이다."[18]

모든 기호에는 에크리튀르로서의 면모가 있다. 기호가 기호인 한 어떤 형태로 '씌어지는', 즉 기록되는 것이 필요하기 때문이다. 그리고 에크리튀르는 상술한 것처럼 끊임없이 어떤 콘텍스트로부터 절단되어 표류하며 다른 콘텍스트와 접목된다. 그 결과 모든 기호는 원리적으로 항상 동시에 복수의 언어(랑그), 복수의 콘텍스트, 복수의 독해 레벨에 속하게 된다. 그런데 기호의 이중소속성(산종)이 가장 첨예하게 문제가 되는 것은 그것이 칸스터티브와

---

17. Paul de Man, *Allegories of Reading*, Yale University Press, 1979, pp. 9-10(폴 드 만, 『독서의 알레고리』, 이창남 옮김, 문학과지성사, 2010, 24쪽).

18. ibid., p. 17(같은 책, 34쪽).

퍼포머티브에서 상반되는 것을 요청하는 경우, 즉 하나의 언명이 어떤 것을 주장하면서 동시에 그것을 배반해버리는 경우다. '탈구축'이란 무엇보다도 먼저 이 더블바인드, 앞서의 표현을 되풀이하자면, '눈과 귀 사이 공간'의 경험이다. 1990년대에 들어서면, 그것은 데리다 자신에 의해 '불가능한 것의 경험' '아포리아의 경험'이라고도 불리게 된다.[19] 그러나 여기에서는 예비적인 정리로서 1960년대의 그의 표현, '탈구축'의 방법을 단적으로 보여주는 것으로 자주 인용되는 두 문장을 일별해두는 게 좋을 것이다. 우선 『그라마톨로지에 대하여』 제2부에서 그는 "동일성의 논리는 물론이고 대리보충성의 글쓰기 방식에도 사로잡혀 있었기 때문에, 루소는 말하고 싶지 않은 것을 말하고 결론짓고 싶지 않은 것을 기술하고 있다"고 서술한다.[20] 여기에서 '동일성의 논리'란 파롤의 효과를, '대리보충성의 글쓰기 방식'이란 에크리튀르의 효과를 의미한다. 파롤은 발화주체의 동일성을 유지하지만, 에크리튀르는 그것을 바로 찢어서 이중화해버린다. 데리다의 루소 독해는 이런 이중화를 이용하여 그가 '말하고 싶지 않은 것'을 그 자신의 텍스트로부터 끌어내는 것이었다. 그리고 이 방법을 다시 『에크리튀르와 차이』에서 "그 철학자가 지나온 길을 더듬어 그 내기를 이해하고 속임수로 속임수를 에워싸 그의 카드를 조종하여 그에게 그 전략

---

19. 이것은 수많은 텍스트에서 이야기되고 있지만, 특히 *Force de loi*, Galilée, 1994(『법의 힘』, 진태원 옮김, 문학과지성사, 2004)와 *Apories*, Galilée, 1996을 참조.

20. *De la grammatologie*, Minuit, 1967, p. 349. 邦譯, 『根源の彼方に―グラマトロジーについて』 足立和浩 譯, 現代思潮社, 1972, 下卷 201頁(『그라마톨로지』, 김성도 옮김, 민음사, 2010, 551쪽).

을 전개하도록 만들어 그 텍스트를 자신의 것으로 삼는" 것이라고 썼다.[21] 바타유의 헤겔 독해에 대해 서술한 이 문장은 사실 바타유를 읽는 그 자신의 방법을 보여주고 있다.

'다의성'과 '산종'의 차이를 다른 관점에서도 정리해두자. 양자의 대립은 지금까지 살펴본 것처럼 데리다에게 가장 중요한 은유 대립인 '파롤'과 '에크리튀르'의 대립과 평행을 이룬다. 목소리=파롤은 항상 '지금 여기' 즉 현전적 주체의 통제 하에 있다. 대조적으로 문자=에크리튀르는 항상 그런 통제로부터 벗어나 있다. 이 매우 상식적인 인식 위에 데리다는 현전적 주체(번역하는 주체)의 환원가능성 안에 있는 파롤적 다양성(다의성)과 끊임없이 그로부터 일탈하는 에크리튀르적 다양성(산종)이라는 개념대립을 만들어내고 있다. 그런데 여기에서 주의해야 할 것은 이런 대립이 그의 술어계에서는 일반적인 용법으로부터 두드러지게 추상화된 것이라는 점이다. 그것들은 더 이상 목소리와 문자의 개별적 특징에 대한 것이 아니라, 오히려 모든 기호에 존재하는 경향성을 지시하고 있다. 파롤 그 자체도 에크리튀르 그 자체도 존재하지 않고 어떤 기호를 파롤로서 파악하는가 에크리튀르로 파악하는가 하는 시점의 차이만이 있다고 해도 좋다. 데리다가 '눈과 귀 사이의 공간'에 대해 서술한 것은 이런 이동이 문제였기 때문이다. 우리는 'he war'에서 어떤 때는 다의성을 어떤 때는 산종을 발견한다.

---

21. *L'écriture et la différence*, Seuil, 1967, p. 370. 邦譯, 『エクリチュールと差異』, 若桑毅 他譯, 法政大學出版局, 1977/1983, 下卷 159頁(데리다, 『글쓰기와 차이』, 남수인 옮김, 동문선, 2001, 398쪽).

이 점을 이해하는 데에 실패하면, 우리는 데리다의 작업을 그저 신비적인 것으로서 받아들일 수밖에 없다. 왜냐하면 이때 그의 작업은 다의성(파롤)을 넘어선 산종(에크리튀르), 즉 상대적 환원가능성을 넘어선 절대적 환원불가능성을 텍스트의 깊숙한 곳에 실체적으로 상정하는 것으로 이해하게 되기 때문이다. 예를 들어, 잘 알려진 것처럼 위르겐 하버마스는 데리다의 논의와 '유대 신비주의'의 친근성을 강하게 비판하고 있다. 그에 따르면, 후자가 강조하는 '인용가능성'이란 기호에 '그때그때의 생생한 콘텍스트로부터 완전히 벗어난 강고한 자율성'을 부여하는 개념이고, 산종으로 소행하는 데리다의 텍스트 독해는 결국 텍스트에 존재하는 절대적 근원으로의 접근을 의미한다. "데리다를 매료시키고 있는 것은 텍스트의 절대적 독해가능성이라는 사고이다."[22] 우리가 생각하기에 이는 산종의 개념을 실체화했기 때문에 생기는 전형적인 오해이다. 데리다가 주장하는 '인용가능성'은 앞으로 기술하겠지만 결코 기호의 강고한(콘텍스트를 넘어선) 동일성을 보증하는 것이 아니라, 오히려 그런 동일성을 위협하는 계기로서만 기능한다. 그러나 비슷한 오해는 데리다에게 호의적인 논자들에게서도 보인다. 예를 들어, 마이클 라이언은 탈구축과 마르크스주의의 이론적 접합을 시도하면서 에크리튀르의 장[場]을 사회적 교통의 장으로 간주하고 있다. 우리도 그런 방향 자체는 의미가 있다고 생각하지만 (우리도 다음 장에서 같은 방향으로 논의를 진행시킨다), 마르크

---

22. 『近代の哲學的ディスクルスⅠ』, 三島憲一 他譯, 岩波書店, 1990, 294-296頁. (하버마스, 『현대성의 철학적 담론』, 이진우 옮김, 문예출판사, 2002, 200-201쪽).

스의 '역사', '관계'라는 말을 데리다의 '흔적', '차연'과 직결시켜 버리는 그의 독해는 잘못된 독해misreading이다. "노동을 자본과의 동일성 안으로 반사시키는 자본/노동의 변증법에 탈구축을 실시하기 위해서는 억압적인 동일성에 내장되어 있는 적대적 분열을 실현하는 것이 요구된다"고 말하는 그런 퍼스펙티브에서 '탈구축'은 물상화론의 새로운 의장意匠에 지나지 않는다.[23] 라이언의 탈구축은 산종적 다양성(교통)의 물상화를 폭로하고, 그것을 통해 인간의 소외를 회복한다. 그러나 데리다의 용어법에서는 애당초 산종으로부터의 소외(산종의 물상화)가 있을 수 없다. 원래 산종 따위는 없기 때문이다.

그렇다면 산종이란 무엇인가. 다시 'he war'의 예로 돌아가자. 다의성을 구성하는 하나하나의 의미는 문제의 문장을 포함한 해석소(콘텍스트나 언어langue)에 의해 주어진다. 예를 들어 'war'를 포함한 것이 영어라면 그것은 '전쟁'이라는 의미가, 독일어라면 '존재했다'는 의미가 되며, 그런 개개의 의미sème의 집적으로서 다의성*poly*+sémie이 보증된다. 이것은 이해하기 쉽게 기호의 다의성은 그 '배후' 혹은 '심층'이 부여한다고 이미지화할 수 있다.[24] 그러나 산종은 그런 것이 아니다. 산종은 임의의 콘텍스트로부터의 절단가능성=인용가능성으로부터 주어진다*dis*+sémination. 따라서 그것은 정의상 기호를 에워싼 배후나 심층에 의해서는 보증될 수 없다.

---

23. 『デリダとマルクス』, 今村仁司 他譯, 勁草書房, 1985, 108, 130頁. 역문 일부 변경(『마르크스주의와 해체론』, 윤효녕 옮김, 한신문화사, 1997, 93-94, 113쪽).

24. 하스미 시게히코의 '표층'이라는 단어 사용을 참조하고 있다.

그렇다면 산종은 어디로부터 온 것일까. 우리가 그 효과를 아는 것은 앞서 서술한 것처럼 '눈과 귀 사이의 공간', 한편으로 'war'라는 하나의 똑같은 에크리튀르가 있고, 다른 한편으로는 그것이 복수의 다른 파롤로 발음되는 뒤틀림으로부터다. 즉 산종의 효과는 하나의 같은 에크리튀르가 복수의 다른 콘텍스트 사이를 이동함으로써 항상 사후적으로 발견된다. 따라서 여기에서 우리는 먼저 처음에 산종의 무대가 있고, 뒤이어 그것이 전도되고 기호의 단수성이 생겨났다는 선형線形적(바꿔 말하면, 소외론적 또는 물상화론적 — 히로마쓰 와타루廣松渉가 대조적으로 사용한 두 가지 논리는 결국 선형적 순서의 반전으로 만들어졌다) 순서를 생각하는 것은 불가능하다. 에크리튀르의 단수성이야말로 논리적으로 기호에 존재하는 산종적 복수성보다 선행하고 있기 때문이다.

1971년에 행한 인터뷰에서 데리다는 "다의성 그 자체는 (…) 어떤 변증법의 암묵적 지평 속에서 조직된다"고 말하고 있다. 그리고 그런 변증법은 "어떤 소여의 시점에서 설령 그 시점이 아무리 멀지라도 한 텍스트의 전체성을 그 의미의 진리로 재결집시키는 것을 가능하게 한다."[25] 이것은 앞서 '무한한 번역행위'에 대해 서술한 것과 같은 것을 말하고 있다. 다의성은 아무리 풍요롭더라도 이념적으로는 언젠가 완전히 세는 것이 가능하다. 다만 여기에서 주목해야 하는 것은 그것이 이번에는 시간적 순서의 문제로서 다루어지고 있다는 점이다. 『에크리튀르와 차이』에서 그는 "구조주의적 의식은 단적으로 말해 과거에 대한 사고로서의 의식이다"

---

25. *Positions*, p. 62. 邦譯, 66頁(『입장들』, 70쪽).

라고 쓰고 있다.[26] 이 지적은 또 콘텍스트를 처음에 놓는 다의성의 사고에 대해서도 해당된다. 우선 제일 처음에 복수의 콘텍스트나 '구조'가 있고, 그것이 하나의 기호(에크리튀르)의 다의성을 중층적으로 규정하고 있다. 이런 사고 하에서 다의성의 탐구는 필연적으로 시간적인 소행, 일찍이 있었던 풍요로움(과거)으로의 회귀로서 이미지화된다. 그리고 그 이미지는 다시 뒤집혀 다의성이 완전히 드러나게 되는 어떤 미래의 시점이 그것이 '아무리 멀더라도' 이념적으로 상정되게 된다. 과거-현재-미래는 다의성의 사고에서 일직선으로 배치되고, 다시 과거와 미래가 연결되어 원환을 이루는 것이다. 이 직선적이고 원환적인 사고를 데리다가 '변증법'이라고 이름 붙이는 것은 말할 것도 없이 그 특징이 헤겔에 의해 가장 강력하게 주장되었기 때문이다. 주지하다시피 『정신현상학』의 유명한 구절에는 "진리는 스스로 생성하는 것이고, 자신의 종말을 자신의 목적으로 전제하고 시작으로 삼아 그것이 실현되어서 끝나게 될 때 비로소 현실인 원환圓環이다"[27]라고 서술되어 있다.

그러나 산종의 사고는 다른 시간성을 요구한다. 산종은 처음부터 있었던 것이 아니라 에크리튀르로부터 사후적으로 발견된 것이기 때문이다. 그것은 에크리튀르가 이동한 후에는 소행적으로 발견되지만, 에크리튀르의 이동 이전에는 아무것도 아니다. 이런 곤란한 시간성을 1970년대까지의 데리다는 종종 "결코 현전한 적

---

26. *L'écriture et la différence*, p. 22. 邦譯, 上卷 8頁(『글쓰기와 차이』, 13쪽).
27. 樫山欽四郎 譯, 平凡社ライブラリー, 1997, 上卷 33頁(헤겔, 『정신현상학』(1), 임석진 옮김, 한길사, 2005, 55쪽).

이 없는, 그리고 이후로도 결코 현전하지 않을 '과거'"[28]라고 표현하고 있다. 또 당시의 그는 이런 특수한 과거를 유지하는 것을 '흔적trace'이라고도 이름 붙이고 있다. 『그라마톨로지에 대하여』에 의하면, "과거는 항상 지나가버린 현재를 의미하기에 흔적 속에서 유지되는 과거는 엄밀히 말해 이미 '과거'라는 이름을 붙일 수 없으며" "현재, 미래, 과거라는 개념은 (……) 흔적의 구조를 적절히 기술할 수 없다."[29] '현전한 적이 없는 과거', '흔적'이라는 말은 확실히 하버마스가 말하는 것처럼 '현기증을 유발시키는' 것이지만,[30] 우리는 오히려 그것을 에크리튀르가 가진 효과를 가리키기 위한 잠정적인 분석장치, 일종의 은유로서 다루어야 한다. 실제 1970년대 중반부터의 데리다는 그런 철학적 술어 대신에 똑같은 효과를 가리키기 위해 '유령'이나 '우편'이라는 보다 일상언어적인 은유를 사용하게 된다.

따라서 우리가 여기에서 문제 삼아야 하는 것은 일찍이 있었던 다양성의 억압이 아니라 원래 없었던 다양성이 사후적으로 있었던 것처럼 간주되어버리는 현상, 즉 산종의 다의성화이다. 형이상학적 전도는 다양성을 억압하는 것이 아니라 날조한다. 그리고 이런 인식은 더욱이 공동체의 생성원리, 커뮤니케이션의 문제와도 깊은 관련을 가지고 있다. 예를 들어, 조이스 연구자들은 'he war'에서 다의성을 발견하고 그것의 번역=환원에 힘쓰고 있다. 하지

---

28. "La différance" in *Marges*, p. 22. 論文邦譯, 「ラ・ディフェランス」, 高橋允昭 譯, 『理想』 1984, 11月号, 理想社, 90頁.

29. *De la grammatologie*, p. 97. 邦譯 上卷 137頁(『그라마톨로지』, 175쪽).

30. 『近代の哲學的ディスクルスⅠ』, 315頁(『현대성의 철학적 담론』, 216쪽).

만 그런 시도는 데리다에 의하면 "『율리시즈』에 대해서 말할 수 있는 모든 것은 사전에 그곳에 예고되어 있다"는 강력한 '율리시즈적 순환'을 불러올 뿐이다.[31] 따라서 그때 그들이 만나는 것이란 실은 자기 자신의 거울상, 그들 자신이 텍스트에 투사한 예기豫期에 지나지 않는다. 'he war'와 같이 짧은 문장이라면, 마음먹고 읽으면 얼마든지 잘 읽을 수 있기 때문이다. 그런데 여기에서 흥미로운 것은 데리다가 사용한 '율리시스적 순환cercle ulysséen'이라는 표현이다. 이 말은 어쩌면 '해석학적 순환'을 참조하고 있다. 잘 알려진 것처럼 해석학은 주체가 사전에 텍스트에 읽기를 투입하는 순환 구조(해석학적 순환)를 통해서만 특정 텍스트를 매개로 한 주체간 커뮤니케이션이 가능하게 되고 최종적으로는 '공동체'가 생성된다고 논한다. 예를 들어, 한스 게오르크 가다머에 의하면, "전통의 운동과 해석자의 운동이 상호 작동하는" 이 순환에 의해서만 "타자나 텍스트의 생각을 자신의 생각 전체와 관계하게 만드는 것"이 가능하게 되고, 그 결과 "우리를 전승과 연결시키는 공동성"이 회복된다.[32] 조이스 연구가의 공동체(조이스회사)에서는 바로 이런 가다머의 규정 그대로 해석학적 순환이 기능하고 있다. 그러나 거기서 만나게 되는 것은 타자가 아니라 항상 자기 자신(예상)이기에 데리다는 이런 논리에 매우 비판적이다. 실제 그는 바로 그 '조이스회사'의 회의, 1984년의 국제 조이스 심포지엄의 강연에서 강연 의뢰를 받았을 때의 개인적 경험이 어떻게 『율리시

---

31. *Ulysse gramophone*, p. 97.
32. 「理解の循環について」, 『哲學の変貌』, 竹市明弘編 譯, 岩波書店, 1984, 171, 174頁. 譯文一部変更.

즈』의 한 구절에 의해 예고되고 있었는지를 패러디로서 웅변적으로 말해 보이고 있다.[33]

데리다에게 강한 영향을 받은 장 뤽 낭시는 해석학적 공동체의 이런 폐쇄성을 비판하기 위해 '목소리의 분유分有'라는 개념을 제시하고 있다.[34] '분유partage'는 무언가가 분할되어가며 공유되는 상태를 나타내는 단어다(영어의 share에 상당한다). 그런데 낭시는 이 단어를 통해 하나의 같은 목소리가 그 누구에게도 고유한 것으로서 전용되지 않은 채로, 또 이해되지 않은 채로 전달만 되어가는 연쇄상태를 생각하고 있다. 이것은 바로 우리가 에크리튀르의 인용가능성이라고 불러온 것과 같다. 조이스연구자들은 실제로는 'he war'라는 에크리튀르=표층만을 분유하고 있다. 그러나 그 배후에 얼마간의 다의성을 발견하려고 했을 때(전도), 그들은 해석학적 순환을 통해 'he war'의 의미=심층을 공유하는 공동체로 조직될 것이다. 그리고 타자는 사라진다. "해석에 대한 모든 사고는 커뮤니케이션에 대한 사고로 끝날 수밖에 없다."[35] 그렇기 때문에 이 문맥에서 산종이나 흔적의 사고는 텍스트 안에서 절대적 타자를 발견하는 기법, 그것을 어떤 공동체에 의한 점유로부터 구해내는 전략으로도 주장되는 것이다. 실제로 데리다는 이런 분석장치

---

33. cf. *Ulysse gramophone*, p. 66ff.

34. cf. Jean-Luc Nancy, *Le partage des voix*, Galilée, 1982. 실제로 낭시의 논의는 간단히 긍정할 수 없다. 왜냐하면 그는 한편으로 '분유'라는 개념을 공동체의 결여를 부정적 공동체로 반전시키는 장치로서도 사용하고 있기 때문이다. 그런 경향은 특히 『목소리의 분유』 다음해에 출판된 『무위의 공동체』 이후 현저하다. 자세한 것은 다음 장을 참조

35. ibid., p. 89.

들을 이용하여 맨 처음에 쓴 것처럼 1980년대에 들어서면서 다양한 정치적-사회적 발언을 전개하고 있다. 다카하시 데쓰야高橋哲哉가 자세히 추적한 것처럼[36] 1960년대에서 1970년대 초에 걸친 이론적인 퍼스펙티브와 1980년대 후반 이후의 정치적 문제의식은 이 점에서 어휘나 스타일만 다르지 일관되고 있다고 생각해도 좋다. 철학적 문맥에서도 정치적인 문맥에서도 탈구축은 항상 '전도'를 폭로한다. 데리다 자신에 의한 빈번한 언급을 가져올 필요도 없이 이런 모티브는 니체의 계보학을 계승한 것이다.

2

이상의 요약에 의해 우리는 전기 데리다를 뒷받침하는 세 가지 이론적 기둥, '탈구축'이라고 불리는 텍스트 독해법, 파롤/에크리튀르라는 은유대립, 거기다 그로부터 도입되는 사고의 두 가지 시간성(현전적 시간과 비현전적 시간)에 대해 간단히 정리했다고 볼 수 있다. 그러나 후기 데리다가 가진 문제에 가까워지기 위해서는 이런 교과서적인 이해를 다른 관점에서 파악하지 않으면 안 된다. 다음 장부터 전개되는 후기 텍스트 독해를 위해 본장에서는 일단 데리다의 초기 저작, 1962년에 발표된 『「기하학의 기원」 서설』부터 시작해보기로 하자. 왜냐하면 1967년의 3부작 이전에 씌어졌고, 그 때문에 '탈구축'을 특징짓는 개념이 아직 확립되어 있지 않

36. 『デリダ』, 講談社, 1998, 第4章과 第5章 참조.

왔을 시기의 이 저작에서 우리는 후기까지 일관된 하나의 방향을 상당히 직접적으로 발견할 수 있기 때문이다.

먼저 문맥부터 확인하기로 하자. 이 텍스트는 원래 후설이 만년(1936)에 쓴 짧은 논문 「기하학의 기원」에 대한 긴 서설로서 발표된 것이다.[37] 그렇다면 데리다는 왜 그 논문에 주목한 것일까. 제목이 말하고 있는 것처럼, 후설은 거기서 기하학의 '기원'에 대해 고찰하고 있다. 하지만 그것은 탈레스나 피타고라스의 발견에 대한 구체적인 역사 연구를 의미하는 것이 아니다. '엄밀한 학으로서의 초월론적 현상학'을 내세운 후설의 사고는 원래 사실문제가 아닌 권리문제만을 다루고 있다. 즉 그는 어떤 특정 수학자에 의해 특정한 시기에 발견된 것으로서의 정리가 아니라 이념적 대상으로서의 정리 그 자체에 대해 사고하고 있다. 그리고 이념적 대상은 정의상 구체적 사실과 관계가 없다. 예를 들어, '피타고라스의 정리'는 사실로서는 기원전 6세기에 피타고라스에 의해 발견되었다고 전해지지만, 이념으로서의 정리 그 자체는 피타고라스 이전에도 존재하고 있었을 것이 분명하고, 또 다른 수학자에 의해 발견되었을 수도 있다. 따라서 권리문제로 향하는 후설의 사고(초월론적 현상

37. 따라서 이 책은 서지학적으로는 후설의 『기하학의 기원』이고, 데리다는 그 번역자와 해설자에 지나지 않는다. 그러나 우리는 이하에서 그것을 『「기하학의 기원」 서설』로서 표기하고 데리다의 최초의 저작으로 다룬다. 이 책은 전체의 8할 이상이 데리다의 서문으로 이루어져 있어 실질적으로는 그의 저작이라고 말할 수 있기 때문이다. 덧붙이자면, 그는 1953년에서 1954년에 걸쳐(즉 20대 전반에) 『후설 철학에 있어서 생성의 문제』라는 제목의 장대한 논문을 썼으며, 1990년대에 그것이 단행본으로 출판된 이후는 오히려 그쪽을 최초의 저작으로 삼기도 한다.

학)는 똑같이 정의상 비역사적인 논의만 가능하게 된다. 실제로 말년까지 그의 철학은 항상 역사주의를 배제하고 있었다고 알려져 있다. 그러나 「기하학의 기원」의 후설은 기묘하게도 한편으로 사실문제와 권리문제의 구별을 단호하게 유지하면서, 다른 한편 그 구별을 무효화시키는 문제, 이념적 대상의 '기원', '근원창설 Urstiftung'에 대해 논하려는 시도를 하고 있다. 그리고 다음과 같은 매우 흥미로운 논의를 전개하고 있다. '피타고라스의 정리' 자체는 확실히 언제 누구에 의해 발견되어도 상관없었다. 그럼에도 불구하고 말년의 후설에 의하면 그 '언제 누군가에 의해 발견되어도 상관없었다'라는 이념성 그 자체 역시 언제 누군가에 의해 발견=창설되지 않으면 안 되는 것이다. "과학, 특히 기하학은 이와 같은 [이념적인] 존재의미와 함께 어떤 역사적인 시작을 갖지 않으면 안 된다."[38] 데리다가 주의를 기울인 것은 바로 이런 '초월론적 역사'의 관념, 즉 비역사적인 것이 역사적으로 산출되는 과정이라는 거의 언어모순에 가까운 문제설정에 대해서다. "만약 순수하게 경험적인 역사의 철학적 무의미와 비역사적인 합리주의의 무력함을 이미 얻은 것이라고 생각한다면, [후설의 이런 시도의] 판돈의 크기가 짐작될 것이다."[39] 바꿔 말하면 후설(과 데리다)은 여기에서 철학의 근간을 이루는 개념대립, 사실과 권리, 현실과 이념, 경험적인 것과 초월적인 것 사이를 묻고 있다.

그렇다면 후설은 비역사적인 것의 역사적 산출에 대해 어떤 설

38. *L'origine de la géométrie*, PUF, 1962, pp. 177-178. 邦譯, 『幾何學の起源』, 田島節夫 他繹, 青土社, 1976, 263頁.

39. ibid., p. 37 同書 48頁.

명을 부여하고 있는 것일까? 사실 그것은 매우 간결한 것이다. 기하학적 정리의 '명증성', 즉 그것의 비역사적인 이념성은 제일 먼저 발견자 안에 존재한다. 이어서 그것이 '문서'의 형태로 축적되어서 전승된다. 마지막으로 우리는 그것을 받아들여 재생한다. "씌어진 의미형상은 말하자면 침전되는 것이다. 하지만 그것을 읽는 것은 그것을 다시 명증적으로 만들어 명증성을 소생시킬 수 있다."[40] 즉 후설에 의하면 어떤 정리의 명증성을 이해한다는 것은 문서를 통해서 그 탄생의 순간(발견자가 그것을 발견하는 순간)을 끝없이 되묻고, 다시 그 탄생을 살아가는 것에 다름 아니다. 비역사성은 역사적 소행에 의해 근거를 부여받는다. 그리고 이런 이론적 퍼스펙티브에서는 피타고라스와 그 밖의 다양한 발견자의 이름은 기하학에서 우연적인 것이 아니게 된다. 우리는 더 이상 '피타고라스의 정리'는 피타고라스가 발견하지 않았을지도 모른다고 말할 수 없다. 왜냐하면 '피타고라스의 정리'라는 이념적 대상의 비역사성 그 자체가 피타고라스에 의한 발견이라는 역사적 사실로 끝없이 소행함으로써 보증되고 있기 때문이다.[41] 후설은 역사가 뒷받침하는 그런 비역사성을 '역사적 아프리오리'라고 이름 붙이고 있다.

데리다의 서설은 후설의 이런 설명의 전제와 거기에 숨은 문제를 예리하게 지적하고 있다. 데리다에 의하면 우선 우리는 "모든

---

40. ibid., p. 187. 同書 273頁.

41. 정리定理가 탄생하는 순간으로의 끊임없는 소행 및 그런 소행가능성에 의한 이념성의 보증이라는 사고는 제2장에서 다룰 크립키의 고유명론와 완전히 같은 것이다.

사실적 인식과는 무관하게", "Quad의 필연성과 Quomodo의 필연성, 즉 어떤 역사적 기원을 가진 것의 필연성과 이러이러한 기원을 가진 것의 필연성"을 구별할 수 있다. 즉 '피타고라스의 정리'가 발견되었다는 필연성과 그 정리가 기원전 6세기에 피타고라스에 의해 발견되었다는 필연성을 구별할 수 있다. 그러나 후설의 논의는 그런 구별을 무효화한다. 거기에서는 "기하학이 사실로서 생겨나 그것이 내게 건네지기 이전에 나는 기하학의 기원이 가진 필연적 의미나 필연성을 정의할 수 없다"고 확정할 수 있기 때문이다.[42] 이런 역사에서 우리가 '피타고라스의 정리'의 비역사성=이념성을 획득한 것은 바로 피타고라스가 발견한 후이고, 게다가 후에만 가능한 이상 그 이념이 다른 형태로 실현화(역사화)될 수 있었던, 예를 들어 그 정리를 피타고라스가 발견하지 않았을지도 모른다는 가정 그 자체는 의미가 없다. 따라서 후설은 Quad의 필연성과 Quomodo의 필연성을 구별할 수 없다. 그리고 『서설』의 분석에 의하면 더욱이 「기하학의 기원」 전체를 뒷받침하는 이 '후에[après]'의 기능, 즉 조건법의 배제('가 아니면 안 된다는 관념[notion de devoir]'이라고 데리다는 이름을 붙인다)[43]는 근본적으로는 후설 철학에서 역사가 하나라는 것에서 요청되고 있다. "또 하나의 역사가 있다고 한다면, 역사성은 끝[極]으로서의 목적(텔로스)으로 향하는 하나의 언어 전달, 하나의 기원적 로고스의 순수한 전승으로만 가능하다. 그리고 이런 전달의 순수한 역사성 이외에는 아무것도 없기 때문에,

---

42. *L'origine de la géométrie*, p. 35. 邦譯, 46頁.

43. ibid., p. 35 n.l. 同書 58-59頁.

[……] 전승이 절대자가 된다."[44] 거기서 이 역사는 이성 그 자체가 된다. '이성' 그 자체가 역사로부터 태어난 이상, 우리는 이 역사의 바깥을 이성적으로 생각할 수 없기 때문이다.

이런 논리는 상식적으로 생각되는 경향이 매우 강하다. 확실히 역사는 하나뿐이며 이념적 대상 또한 사후적으로밖에, 즉 그것이 현실화(역사화)되고 나서만 알 수 있다. 그렇다면 후설의 논의는 현실적으로 정당하고 그에 대한 비판은 어렵다. 따라서 『서설』의 데리다 또한 역사의 단일성과 이념의 사후성의 그런 결탁이 품은 문제를 여러 번 시사하면서도 결국 그에 대한 직접적인 비판은 제출하지는 않았다. 그럼에도 불구하고 우리가 이 저작을 집어든 것은 그곳에 드러난 비판의 맹아로부터 역으로 파롤/에크리튀르의 은유대립을 일반적 이해에서 벗어나 읽는 힌트를 얻을 수 있기 때문이다.

그건 그렇고, 그 경우 우리가 주목해야 하는 것은 『서설』에서 에크리튀르라는 문제계의 위치이다. 그것은 이 저작에서는 초월론적 역사를 구성하는 매체, 즉 후설이 서술한 '기록', '문서'의 역할을 강화하기 위해 도입되고 있다. 후설이 주장하는 '그 외부에는 아무것도 없는 역사 그 자체', 즉 초월론적 역사라는 관념은 데리다가 생각하기에 '역사의 순수한 연쇄'를 전제하고 있다. 우리가 기하학의 기원으로 소행하여 탈레스나 피타고라스에게 존재하는 명증성을 끝없이 확인할 수 있는 것은 소행의 끈이 도중에 끊겨있지 않기 때문이다. 기하학의 유일성은 그 역사의 유일성에 의해

---

44. ibid., p. 165. 同書 245頁.

보증되고, 그것은 또 기원에의 끊임없는 소행가능성, 즉 역사의 순수성에 의해 보증된다. 그런데 데리다는 거기서 "후설과는 반대의 것을 말할 수 없을까. 비非커뮤니케이션과 오해는 문화와 언어의 지평 그 자체가 아닐까."라는 문제제기를 삽입한다.[45] 만약 기하학적 명증성이 문서에 의해 전해지는 것이라고 한다면, 그 전달은 필연적으로 순수한 것일 수 없다. 에크리튀르는 발신자(현전적 주체)의 통제를 정의상 벗어나는 것이고, 그 때문에 항상 메시지를 왜곡시킬 수가 있기 때문이다. 탈레스나 피타고라스에 대한 '반문反問/Rückfrage'은 우리와 그들, 현재와 과거를 갈라놓는 전승의 뒤엉킴 속에서 행방불명될 위험에 항상 노출되어 있다. 그렇다면 초월론적 역사의 유일성 또한 위협당하게 될 것이다. 따라서 『서설』의 데리다는 후설이 그런 가능성에 대해 생각하지 않은 점을 가차 없이 고발한다. "진리의 이런 '소실'의 의미를 결정하는 것, 그것이 『기원』에 의해 제기된 문제 가운데서 가장 어려운 것이다. [……] 이런 애매함은 『기원』의 저자[후설]가 역사에 대해 얼마나 소원했는지, 그것을 근본에서부터 신중하게 다룬다는 점에서 어느 정도 무력했는지, 그리고 동시에 역사성의 기원적 의미와 가능성을 얼마나 존중하려고 노력했는지를 드러내는 게 될 것이다."[46] 우리는 이처럼 『서설』을 읽음으로써 전기 데리다를 특징짓는 에크리튀르 및 커뮤니케이션의 실패가능성(인용가능성)이라는 모티브를 초월론적 역사의 단수성univocité을 비판하기 위해, 바꿔 말해

---

45. ibid., pp. 57, 77. 同書 87, 117頁.

46. ibid., p. 91. 同書 138頁.

초월론적 역사의 복수성을 사고하기 위해 도입된 것으로서 다시 파악할 수 있다. 그렇다면 그런 이론적 방향은 이후 어떻게 전개되었던 것일까.

1967년 이후의 에크리튀르론을 재검토해보자. 예를 들어, 『그라마톨로지에 대하여』 제1부에서 데리다는 소쉬르의 언어학을 비판하면서 "기호의 자의성이라는 관념 그 자체가 (……) 에크리튀르의 가능성 이전에 그리고 그 지평의 바깥에서 사고될 수 없다."라고 서술하고 있다.[47] 이것은 무슨 의미일까.

소쉬르의 '자의성'은 주지하다시피 시니피앙과 시니피에 결합의 자의성, 간단히 말하자면 개라는 관념이 영어로는 'dog'라고 불리고 독일어로는 'Hund'라고 불리는 것과 같은 무근거성을 의미한다. 그리고 이런 인식은 말할 것도 없이 항상 복수 언어(랑그)의 비교를 전제로 한다. 예를 들어, 영어만 알고 있는 사람은 개와 'dog'의 결합의 자의성을 알 리가 없다. 사람들이 그 자의성을 인식하게 되는 것은 같은 것(개라는 관념)이 영어와 독일어에서 다른 이름으로 불리기 때문이다. 그렇다면 사람들은 어떻게 두 개의 언어(랑그)를 비교하는 것일까. 여기에는 실은 중대한 역설이 숨어있다. "같은 것이 영어와 독일어에서 다른 이름으로 불린다"는 것은 조금만 살펴보면 알 수 있는 것처럼 명백한 모순을 이끌어내는 것이기 때문이다. 우리는 실제로 개의 관념(시니피에)을 각 언

47. *De la grammatologie*, p. 65. 邦譯, 上卷 93-94頁(『그라마톨로지』, 135-136쪽).

어의 시니피앙을 통해서만, 즉 영어의 'dog'나 독일어의 'Hund'를 통해서만 생각할 수 있다. 따라서 우리는 논리적으로 생각하여 한편으로 'dog'라고 불리는 관념과 다른 한편으로 'Hund'라고 불리는 관념이 같은 것이라고 결정하는, 그런 '같음'을 보증하는 근거를 상정할 수 없다. 여기에서 우리는 아포리아에 빠진다. 만약 우리가 두 개의 다른 언어를 비교한다면, 거기에는 정의상 'dog'라고 불리는 것과 'Hund'라고 불리는 것을 '같도록' 하는 근거는 없다. 언어는 서로 독립된 시스템이기 때문이다. 그러나 다른 한편 만약 그 '같은 것'이 없다고 한다면, 우리는 'dog'와 'Hund'가 같은 것을 가리키는 다른 이름이라는 것조차 인식할 수 없게 된다. 그때 우리는 'dog'와 'Hund'를 그저 다른 시니피앙으로서 파악할 뿐이며, 따라서 거기에 두 개의 언어가 있다는 것조차 인식할 수 없다. 즉 두 개의 언어 사이에 '같은 것'은 있을 수 없지만, 역으로 '같은 것'이 없다면 두 개의 언어 그 자체가 없다. 자의성이라는 관념은 사실 이와 같은 아포리아 위에서 성립하고 있다. 그렇다면 데리다는 거기에 '에크리튀르의 지평'을 도입함으로써 도대체 무엇을 하려고 했던 것일까.

전기 데리다는 몇 편의 논문에서 '같은[même]'과 '동일적[identique]'이라는 두 가지 형용사를 준별하여 사용하고 있다. 그 구별 자체는 하이데거에게서 유래하지만[*2], 여기에서는 에크리튀르론의 문맥을 중시하기로 하자. 예를 들어, 이미 참조한 논문 「서명 사건 콘텍스트」에서 데리다는 "서명의 같음[mêmeté]이야말로 서명의 동일성[identité]과 단독성을 변질시키는 것으로 서명의 봉인을 분할한다"고 쓰고 있다.[48] 여기에서 '서명'이라는 말은 기호 일반이 가진 성질을 잘 드러나게 하기 위해 사용된 것이라고 생각해도 좋다. 기호는 반복된다. 그러나 그것은 동일한 것이 아니다. 각각의 기호는 반복될 때마다 다른 콘텍스트에 의해 규정되기 때문이다. 그것은 이른바 '서명'이 계속 반복되면서도 쓸 때마다 다른 필적으로 씌어지는 것과 유사한 현상이다. 그리고 쉽게 알 수 있는 것처럼, 여기에는 앞서 서술한 것과 같은 형태의 아포리아가 깃들어 있다. 다른 콘텍스트에 의해 규정되는 '같은' 기호, 다른 필적으로 씌어진 '같은' 서명, 또는 다른 시니피앙으로 의미되는 '같은' 시니피에라고 서술할 때, 그런 '같은'이란 결국 무엇을 의미하는 것일까. '같은'과 '동일적'이라는 데리다에 의한 구별은 바로 이런 복잡한 사태를 분석가능하게 하기 위해 요청되고 있다.

'동일성'은 콘텍스트에 의해 주어진다. 그 때문에 같은 기호라 하더라도 다른 콘텍스트 안에 있으면 그것들은 더 이상 동일한 것이 아니다. 하지만 '같음'은 그것과는 다르다. 데리다의 용어법에서 그것은 기호의 "반복가능한, 되풀이가능한, 모방가능한 한 형태"를 지시한다. 기호인 이상, 기호는 항상 이와 같은 형태적인 반복가능성에 의해 뒷받침되고 있다. 그리고 이것은 에크리튀르

---

48. *Marges*, p. 392. 論文邦譯, 37頁.

*2. 옮긴이가 "동일성"과 "동일한 것"이라고 번역한 원어는 각각 "du même"와 "l'identique"이다. 이 두 단어는 하이데거가 쓰는 두 개념에 상응하는 불어 단어들이다. 하이데거는 "Selbigkeit"와 "Gleichheit 또는 Identität"를 구별한다. 전자가 차이를 포함하고 있는 동일성이라면(하이데거는 "나누어 놓으면서 묶음Zusammenhalten im Auseinanderhalten"이라는 식으로 뜻을 풀이한다), 이 후자는 차이와 대립하는 동일성을 가리킨다. 즉 데리다는 하이데거의 이런 구분을 받아들이고 있는 것이다.

의 관념과 같다. 왜냐하면 에크리튀르가 기호에 부여하는 인용가능성, 즉 기호가 본래의 콘텍스트로부터 '단절'되는 힘은 다른 복수의 콘텍스트를 가로질러 하나의 기호가 계속 '같을' 가능성에 의해 보증되기 때문이다. 전술한 아포리아는 이런 이론적 구별 하에서는 '같은 것'의 반복이야말로 콘텍스트의 복수성, 바꿔 말하면 '동일성'의 복수성(war의 두 가지 읽기, 개[犬]를 의미하는 두 가지 시니피앙)을 사후적으로 가능하게 하는 형태로 명확히 재정식화 된다. 같은 것의 반복이 반복되는 것의 차이를 낳는다는 이런 역설을 데리다는 예를 들어 다음과 같이 쓰고 있다. "서명이라는 효과는 이 세계에서 매우 흔한 것이다. 그렇지만 그런 효과들의 가능성의 조건은 동시에 그런 효과들의 불가능성의 조건, 그런 효과들의 엄밀한 순수성의 불가능성의 조건이기도 하다."[49]

단수의 '같은 것'이 복수의 '동일성'을 낳는 그런 사후적 시간성을 우리는 이미 산종의 사고를 둘러싸고 지적했다. '같은'과 '동일적'의 구별 하에서 여기에서 다시 한 번 'he war'의 예를 참조해 보자. 우리는 에크리튀르의 이중구속에 대하여 검토했다. 'war'라는 하나의 같은 에크리튀르, 즉 기호의 '형태' 그 자체는 복수의 언어[langue](콘텍스트)에 동시에 속한다. 그러나 영어 war와 독일어 war는 다른 언어 안에 있는 이상, 기호로서는 동일하지 않다. 산종

---

49. ibid., p. 391. 同論文 37頁. 또 다른 논문에서는 '같은 것이란 정확히는 어떤 차이적인 것[un différent]에서 다른 것으로, 어떤 대립항에서 또 하나의 항으로 우회적이고 양의적인 이행으로서의 차연을 말한다'라고도 이야기되고 있다(ibid., p. 18. 論文邦譯, 「ラ・ディフェランス」, 86頁). 같은 것은 서로 다른 항들 사이를 운동한다.

은 단수의 '같은 것'의 운동에서 생기고, 다의성은 복수의 '동일성'의 집합으로서 주어진다. 자의성이란 관념에 들어있는 아포리아를 분석한 우리는 여기에서 산종에서 다의성으로의 '전도'가 생겨나는 메커니즘에 대해서도 보다 명확히 정리할 수 있다. 'war'라는 똑같은 시니피앙은 영어와 독일어에서는 다른 시니피에를 가지며(자의성의 원리), 그 복수성에서 'war'의 다의성이 나온다. 따라서 그 복수성은 'war'의 운동 이전에는 생각할 수 없다. 그럼에도 불구하고 다의성의 사고는 직선적인 시간성을 채용하고 '동일성'의 복잡성, 즉 영어나 독일어라는 언어나 콘텍스트(기호를 규정하는 것)의 존재를 기호의 단수성(에크리튀르)보다 과거로 상정해버린다. 즉 의미의 복수성이 'war'의 운동과는 독립적으로 다루어진다. 이것이 전도라고 불리는 것이다. 다의성의 사고는 기호를 규정하는 것에서 출발하며, 그 결과 앞에서 서술한 것과 같은 아포리아에 도착한다. 데리다가 '에크리튀르의 지평'을 필요로 했던 것은 비직선적인 시간성의 도입으로 그런 논리적 함정을 회피하기 위해서였다. 그렇다면 이상의 논의는 『「기하학의 기원」 서설』에서 시사된 역사의 복수성이라는 모티브와 어떤 관계가 있는 것일까.

여기에서 하나의 은유를 도입하기로 하자. 영어 war나 독일어 war는 각기 의미=동일성으로 가득 차 있다. 그에 반해 에크리튀르 'war'는 그렇지 않다. 'war'는 언어들 사이를 순환하고 항상 '같은 것'이면서 다른 동일성을 받아들인다. 1970년대 이후 데리다는 에크리튀르의 이런 '수용체'적 특징, '근원적인 처녀성'을 가리켜 명명하기 위해 종종 '코라khôra'라는 은유를 사용하고 있다.[50] 그것은 플라톤의 대화편 『티마이오스』에서 사용된 그리스어인데, 일반적으로 장소, 용기容器, 모판, 국가 등을 의미한다. 이 은유에서 하나의 에크리튀르가 복수의 콘텍스트에 동시에 속하는 것은 하나의 용기(코라)에 복수의 콘텍스트가 동시에 의미를 부어넣는 것으로 인식된다. 영어와 독일어는 'war'라는 하나의 용기를 서로 나눠 가진다. 앞서 말한 대로 낭시는 이런 양태를 분유分有라고 명명하고 있다.

다의성이라는 사고는 기호의 배후, 즉 기호를 규정하는 것에서 시작한다. 그리고 소쉬르의 언어학(구조주의) 이후의 상식에 따르면, 기호는 항상 차이의 체계에 의해 규정된다. 이해하기 쉽게 여기에서 다시 마루야마 게이자부로의 해설을 차용하기로 하자.[51] 그에 따르면 소쉬르적 차이체계는 무수한 풍선(기호)이 집어넣어진 하나의 상자(체계)와 같은 이미지이다. 그곳에서는 어떤 기호의 가치, 즉 풍선의 형태나 크기는 인접한 풍선이 가하는 압력에 의해 부정적, 상대적으로 결정된다. 풍선 자체에 실체positivité는 없다. "만약 그 가운데 풍선을 하나 밖으로 내보내면, 터져서 존재하지 않게 된다. 한편 남겨진 구멍도 그대로 있을 리 없어 긴장관계에 놓여 밀치락달치락하고 있던 다른 풍선이 전부 부풀어 올라 곧바로 빈틈을 메우고 말 것이다." 즉 어떤 기호의 동일성은 인접하는 기호들과의 차이에 의해서만 결정된다. 구조주의가 한 시기 '차이'

---

50. 예를 들어 cf. *Khôra*, Galiée, 1993, pp. 27-28. 이것은 1990년대 저작(텍스트 자체의 첫 게재는 1987년)이지만, 「코라」의 테마는 1960년대 말, 예를 들어 1968년의 「플라톤의 파르마케이아」 등에서 이미 예고되고 있다.

51. 『ソシュールの思想』, 岩波書店, 1981, 96頁.

의 철학이라고 칭해졌던 것은 바로 이런 사고방식 때문이다. 그러나 이미 되풀이한 것처럼, 어떤 기호(풍선)가 자의적으로 결정되고 있다고 인식하기 위해서는(자의성의 원리), 우리는 먼저 그곳에서 '같은 것'의 운동을 발견하지 않으면 안 된다. 여기에서 '코라'의 은유가 다시 요구된다.

'코라'는 용기[用器]임과 동시에 장소를 의미한다. 기호는 반드시 에크리튀르로 새겨진다. 그것은 이 상자의 이미지에서는 어떤 풍선이 점하는 일정한 장소(형태와 크기)에 하나의 이름이 주어진 것으로 해석될 것이다. 따라서 거기서 에크리튀르의 '인용가능성'은 주어진 이름이 원래 지시하고 있던 풍선(동일성)과 그 장소(같은 것)가 절단될 수 있다는 것, 바꿔 말해 풍선의 형태와 크기가 변화된 다음에도 이름만이 같은 장소에 남을 수 있는 것으로 이미지화된다고 생각해도 좋다. 그것은 말하자면 명명[naming]의 '과잉'이라고까지 불려야 할 현상이다. 어떤 풍선(차이들이 구성하는 역학관계의 다발)이 하나의 기호로서 정해질 때, 그것이 점하는 장소 또한 동시에, 즉 과잉되게 명명된다. 그렇기 때문에 그 장소는 풍선이 변화한 후에도 용기로서 잔존하고, 또 다른 풍선에 의해 점유될 수 있다. 여기에서 '과잉'은 더 이상 동일성에 대한 차이의 과잉(다의성)이 아니다. 오히려 그것은 동일성을 낳는 차이의 망각, 그로부터의 단절을 의미한다. 즉 코라로서의 과잉(산종)은 철저하게 공허한 에너지 제로의 과잉이다.

초월론적 역사의 논의로 돌아가자. 후설은 '일지도 모른다'를 배제했다. 역사의 추이가 그대로 필연성과 서로 겹치는 그의 목적론에서는 역사적 사건(예를 들어, '피타고라스의 정리'의 발견)의 양상성樣相性은 결코 의문시되지 않기 때문이다. 따라서 그 논의에 대한 비판은 역으로 초월론적 역사의 가능세계론, 즉 '피타고라스의 정리가 기원전 6세기에 피타고라스에 의해 발견되지 않았을지도 모르는' 세계에 대한 고찰을 요구하게 된다. 이런 주장은 아직 『서설』에는 명기되어 있지 않지만, Quad의 필연성과 Quomodo의 필연성의 구별을 요구하는 데리다의 논의는 이미 그런 요청을 함의하고 있다. 그리고 그의 에크리튀르론을 지탱하는 이상 두 가지 기조저음, 『서설』에서의 역사의 복잡성과 『그라마톨로지에 대하여』, 「서명 사건 콘텍스트」에서의 산종의 사고 사이의 깊은 연속성은 바로 이 지점에서 검토되어야 한다.

문제점을 명확히 하기 위해, 여기에서도 하나의 보조선을 그어 보자. 잘 알려진 것처럼 『탐구II』의 가라타니 고진은 솔 크립키를 채용하면서 고유명의 '단독성'에 대해 고찰하고 있다. 크립키와 가라타니의 주장에 따르면, 고유명은 결코 그것의 '확정기술', 즉 정의定義의 다발로 해소될 수 없다. 예를 들어, 이름 '아리스토텔레스'를 우리는 통상 플라톤의 제자, 『자연학』을 쓰고 알렉산더 대왕을 가르친 인물을 가리키는 기호로 사용한다. 따라서 거기서 고유명의 지시대상은 그런 성질들의 기술(확정기술)의 다발에 의해 결정된다고 생각한다. 하지만 그것은 잘못이다. 왜냐하면 우리는 실제 고유명을 뒷받침하는 확정기술 하나하나에 대해 그 반실가상反實假想(가능세계)을 말하는 것이 항상 가능하기 때문이다. 예를 들어, 우리는 "아리스토텔레스는 알렉산더 대왕을 가르치지 않았을지도 모른다"고 모순 없이 말한다. 그러나 만약 이름 '아리스토텔레스'가 '알렉산더대왕을 가르친 남자'라는 확정기술에 의해 정의된다면, 그 반실가상 언명은 단순한 논리적 모순 "'알렉산더대왕을 가르친 남자'는 알렉산더대왕을 가르치지 않았을지도 모른다"라는 문장으로 전화되어 버린다. 가라타니에 따르면, 이런 역설이란 "고유명은 개체의 성질들에 대한 기술과는 무관하며, 단적으로 개체를 개체로서 지시한다"는 것을 의미한다.[52] 그런 까닭에 그는 개체의 성질들을 '특수성'이라고 부르고, 고유명이 지시하는 개체의 개체성, 즉 '단독성'과 구별할 것을 제안했다. 정의들의 다발이 보증하는 '특수성'과 그것을 잉여로 하는 '단독성'이라는 이런 대립은 그 정의상 데리다에 의한 '다의성'과 '산종', '동일성'과 '같음'의 대립과 거의 겹치고 있다.

우리는 이후 2장과 4장에서 크립키/가라타니의 고유명론과 데리다의 에크리튀르론의 관계에 대해 보다 주제적으로 검토할 것이다. 따라서 엄밀한 논의는 그쪽으로 미루고, 여기에서 우선 주목해야 하는 것은 단독성의 현실성은 가능세계에서 소행함으로써만 발견된다는 가라타니의 주장이다. "기술記述이론은 고유명을 단칭명제언명과 동일화하는 것인데, 현실세계에서 보는 한 지장이 없으며, 고유명은 확정기술로 치환가능하다고 말할 수 있다." 이런 역사에서 아리스토텔레스는 알렉산더 대왕을 가르쳤기 때문에, 그 이름을 '알렉산더 대왕을 가르친 남자'로서 정의하는 것은 현실적으로 올바르다. 그러므로 단독성의 사고는 필요하지 않다. 뒤집어보면 단독성(산종)을 파악하기 위해서는 우리는 우선 가능세

---

52. 『探求Ⅱ』, 講談社, 1989, 48頁(『탐구』(2), 송태욱 옮김, 새물결, 1998, 46쪽).

계를 도입하지 않으면 안 된다. 그리고 이 순서관계는 가라타니에 의하면 "실은 '현실세계'가 이미 가능세계로부터 생각되고 있다는 것"을 보여주고 있다. "고유명을 확정기술로 치환하면, 가능세계에서 배리가 생긴다는 것은 고유명이 이미 가능세계를 품은 현실성과 관계한다는 것을 의미한다."[53] 우리는 이 주장을 데리다가 강조한 산종의 시간성, "결코 현전한 적이 없는, 그리고 이후로도 결코 현전할 일이 없는 '과거'"에 대한 논의와 호응시킬 수 있을 것이다. 고유명의 단독성을 파악하기 위하여 가능세계가 필요했던 것과 마찬가지로, 같은 것(에크리튀르)의 산종을 파악하기 위해서는 기묘한 '과거'가 필요하다. 그렇다면 그 과거가 '결코 현존한 적이 없고' 그리고 '앞으로도 결코 현전할 리가 없는' 것은 단순히 그것이 가능세계 즉 조건법과거라는 시제라고 생각하면 어떨까. 실제 데리다의 문장이 조건법을 매우 빈번히 사용한다는 것은 잘 알려져 있으며, 또 크립키의 논의도 제2장에서 다시 인용하겠지만 가능세계에 대해 조건법과거(영어로는 가정법과거완료)를 사용하여 쓰고 있다. 단수적 역사에 대한 비판과 산종의 사고는 이 지점에서 교차한다.

후설의 초월론적 역사는 끊임없이 그 기원으로 소행한다(목적론). 그 소행은 전승에 의해 보증된다. 그러나 실제 그 전승은 에크리튀르의 개재介在에 의해 행해지고, 따라서 기원으로의 소행은 항상 실패가능성에 노출되어 있다. 그리고 그 실패는 이론적으로는 에크리튀르가 가진 '인용가능성', 본래의 콘텍스트로부터의 '단절

53. 同書 47, 51頁(『탐구』(2), 45, 48쪽).

력' 즉 에크리튀르에 자리 잡은 단독성=산종의 존재에 의해 강화된다. 뒤집어보면, '산종'은 초월론적 역사의 순수성과 유일성을 끊임없이 단절시키고 복잡하게 만듦으로써 조건법과거, 즉 '피타고라스의 정리'가 피타고라스에 의해 발견되지 않은 세계의 현실성을 그곳에 끼워 넣어가는 운동으로 요약된다. 따라서 우리는 여기에서 데리다의 에크리튀르론을 다시 가능성의 현실성, 혹은 우연성의 필연성, 바꿔 말해 '일지도 모른다'는 위상을 배제하는 것의 불가능성에 대해 검토한 기초적 논의로서 읽을 수 있을 것이다. 그런 현실성=필연성에 대한 고찰이 없으면, 현실에는 역사가 하나밖에 없기 때문에, 가능세계론은 언제나 공허한 사고실험으로 끝난다. 우리는 다음 장부터 후기 데리다의 텍스트들을 에크리튀르론의 이런 재-파악을 축으로 하여 독해하게 될 것이다.

그리고 이상의 에크리튀르론은 또 데리다 자신의 글쓰기 방식(에크리튀르), 즉 그의 사고형태와도 깊은 관련이 있다. 간단히 검토해보자.

에드워드 사이드가 비판한 것처럼 데리다의 작업은 그의 주장이 가진 래디컬함에도 불구하고 한편으로 보수적으로 기능한다. 그가 탈구축의 대상으로 삼은 것은 항상 유럽에서 평가가 확립된 텍스트, 헤겔이나 니체나 하이데거, 또는 루소나 말라르메나 주네인데, 그런 선택 자체가 '철학', '문학'의 전통적 영역성을 강화시키기 때문이다. 즉 데리다는 형이상학을 탈구축한다고 주장하면서 바로 그런 태도를 통해 형이상학을 연명시키는 것이 된다. 따라서 『오리엔탈리즘』에서 유럽적 지[知] 일반을 뒷받침하는 민족중심주의를 고발한 사이드는 여기에서도 같은 중심주의를 발견하고 있다.[54] 같은 형태의 비판이 다른 형태로 다른 입장으로도 행해지고 있다. 예를 들어, 철학의 프래그머티즘화(언어게임화)를 주장하는 리처드 로티는 한편으로는 탈구축의 성과를 높이 평가하면서도 같은 어휘와 참조항이 계속 기능하고 있는 것을 단적으로 너무 '진지하다'고 평가하고 있다.[55] 우리는 더 나아가 그런 효과가 실은 데리다적 전략이 가진 내재적인 결함이라고 생각할 수 있다. 실제 라캉파 정신분석 위에서 독특한 이데올로기론을 전개한 슬라보예 지젝은 그의 저서에서 탈구축적 방법의 불충분함을 다음과 같이 지적하고 있다.[56] 탈구축은 언설내용의 비일관성을 폭로한다. 그러나 그에 의하면 이데올로기는 원래 '자신의 실패를 사전

---

54. cf. Edward W. Said, *The World, the Text and Critic*, Harvard University Press, 1983. "데리다를 읽고 우리는 서양의 형이상학적 관념들이 이토록 모든 텍스트에서 유지되고 있는 것은 왜인지 경악한다. [……그러나] 무엇이 이 시스템을 서양의 것으로 만들고 있는 것일까? [……] 그런 물음들에 대한 응답은 서양적 사고의 텍스트를 계속해서 읽어가는 것을 통해서는 발견되지 않는다(p. 211).

55. cf. Richard Rorty, *Essays on Heidegger and Others*, Cambridge University Press, 1991. "이런 종류의 것을 종이 위에 새롭게 내리쓴다는 것은 결코 쉬운 것이 아니다. 그러나 우리가 『조종』에서 발견한 것이 새로운 영역은 아니다"(p. 100). "만약 데리다가 우리는 철학적 전통의 죽은 은유를 하이데거보다 불성실하게 포착해야 한다고 말하는 것이라면, 그에 대해서는 데리다의 초기 텍스트 자체가 후기 하이데거보다 더욱 성실하게 은유를 파악하고 있다고 답하는 것이 공정하다"(p. 103-104).

56. cf. Slavoj Žižek, *The Sublime Object of Ideology*, Verso, 1989, p. 124ff. 邦譯 (部分譯), 「イデオロギーの崇高な對象」, 鈴木晶 譯, 『批評空間』, 第1期 第7号, 福武書店, 1992, 222頁 이하(지젝, 『이데올로기라는 숭고한 대상』, 이수련 옮김, 인간사랑, 2002, 216쪽 이하).

에 계산에 넣고' 기능한다. 예를 들어, 스탈린의 위대함을 설령 아무도 믿지 않는다고 해도, 스탈린주의는 마치 모두가 그것을 믿고 있는 것처럼 기능한다. 언설내용의 탈구축은 그런 '처럼'의 심급, 정신분석에서 '공상'이라고 불리는 것에 이르지 않는다. 여기에서 지젝이 드는 것은 주로 반유대인주의나 스탈린주의의 예지만, 우리는 다시 이런 지적을 '탈구축'의 제도적 수용에 대한 비판으로 읽을 수 있다. 데리다는 형이상학을 탈구축했다. 그 결과 우리들은 더 이상 니체의 텍스트에 진리가 씌어있다고는 믿지 않는다. 그럼에도 불구하고 여전히 같은 텍스트가 계속 독해대상으로 선택되고, 그 주변에서 대량의 '탈구축적' 논문이 재생산된다면, 결국 그 상황은 마치 모두가 니체의 진리를 믿고 있는 것처럼 전개된다. 그리고 형이상학은 이 '처럼'에 의해 연명해 간다.

우리는 이 책을 "왜 데리다는 그와 같은 기묘한 텍스트를 썼는가"하는 물음에서 출발했다. 이 '기묘함'은 앞서 말한 것처럼 다양한 철학적 · 문학적 텍스트와의 중층적 호응, 즉 바로 헤겔이나 주네라는 특정한 문화적 아카이브에 대한 침잠에 의해 뒷받침되고 있다. 그러므로 사이드나 로티에 의한 비판은 본서의 데리다 독해에서 큰 의미를 가지고 있다. 만약 그것이 적절한 것이라면, 데리다의 '기묘함'은 그저 이데올로기적 돌변突變*3으로 처리해버릴 수 있기 때문이다. 당연히 데리다 자신은 그런 종류의 비판에 대해 형이상학을 단적으로 탈출하는 것은 불가능하기 때문에 그런 탈구축이 항상 필요하다고 답변할 것이다.[57] 형이상학은 죽어야 하

---

*3. 원어는 居直り. 이 단어는 居直り強盜의 약자로, 좀도둑이 현장을 들키자

지만, 아직 죽지 않았다. 그러나 만약 그 답이 철학적으로 타당하다고 하더라도, 다른 한편으로 그것이 '탈구축'의 이데올로기적인 유통, 즉 1970년대에서 1980년대에 걸친 지적 유행(포스트모더니즘으로서의 탈구축)을 뒷받침하고 있다고 한다면, 우리는 더 이상 그런 답변을 그대로 반복할 수는 없다. 따라서 후기 데리다를 생산적으로 읽기 위해서는 여기에서 사이드와 같은 이들의 비판이 가진 정당성을 어느 정도 인정한 후에, 그럼에도 불구하고 데리다가 학문적 전통을 중시하는 것은 왜인지, 바꿔 말해 '전통'에 대한 데리다의 양의적 관계를 강제하는 것은 무엇인지, 그 이유를 다른 각도에서 검토해야 한다. 그런데 그 힌트 역시 『「기하학의 기원」 서설』에서 이미 읽을 수 있었다.

「기하학의 기원」은 독립된 텍스트가 아니다. 후설은 이 논문을 집필함과 동시에 『유럽학문의 위기와 초월론적 현상학』이라는 제목의 긴 강연을 행하고 있었다. 1930년대 중반 나치즘의 대두 속에

갑자기 강도로 돌변하는 일이나 그런 강도행위를 뜻한다.

57. 이런 언명은 무수한 텍스트에서 다양한 형태로 되풀이되고 있다. 가장 유명한 한 구절을 들어보자. "만약 경계침범[transgression]을 형이상학의 순수하고 단순한 너머에 위치시키는 것으로 이해한다면 [……], 경계침범은 존재하지 않습니다. 경계침범이나 침략을 행하고 있을 때조차 우리는 어떤 코드에 관련되어 있는데, 거기에는 형이상학도 해소불가능할 정도로 결부되어 있습니다. 그 때문에 모든 경계침범적 행동거지는 [……] 우리를 폐역閉域 안쪽에 가두어버리게 될 것입니다. 하지만 경계[limite]의 이쪽과 저쪽으로부터 행해지는 작업에 의해 안쪽영역이 변화되고 어떤 경계침범이 산출되게 됩니다. 따라서 그것은 완성된 경계침범으로서는 어디에도 현전하지 않는 것입니다. 사람들은 결코 경계침범 안에 몸을 안정시키지 않으며, 또 다른 장소에 정착하지도 않습니다(*Positions*, p. 21. 邦譯, 22-23頁: 『입장들』, 36쪽).

서 이성주의의 부흥을 호소한 이 강연은 현상학적 사고의 총결산임과 동시에 노골적인 유럽중심주의로도 알려져 있다. 후설에 의하면 '유럽적 인간성'은 "절대적인 이념을 마음속에 간직하고 있으며, 예를 들어 '중국'이나 '인도' 같은 그저 경험적인 인류학적 유형이 아니다." 따라서 그는 "모든 다른 인간성의 유럽화라는 현상이 그 자체로 절대적 의미의 지배를 고하고 있고, 바로 그것이 세계의 의미이며 세계가 우연히 그렇게 되었다는 식의 역사적 무의미는 아니다"라고 단언한다.[58] 데리다가 『서설』을 쓴 시점에서 이런 언명은 이미 엄격한 비판에 노출되어 있었다.

그리고 여기에서 주의해야 할 것은 데리다가 현상학에 존재하는 그런 민족중심주의는 소위 문화상대주의에 의해서는 결코 극복될 수 없다고 강조한다는 점이다. 그는 그 불가능성을 후설이 레비-브륄[*4] 앞으로 보낸 서한에 대해 코멘트를 하면서 명확히 지적하고 있다.[59] 역사학자, 사회학자, 민속학자 등은 문화적 차이를 넘어선 불변물[不變物]을 전제하지 않는다. 그 때문에 그들은 문화적 차이와 조우했을 때, 그때마다 타자에 '감정이입[Einfühlung]'을 함으로써 그것을 넘어설 수밖에 없다. "그러나 이런 Einfühlung이 차이의 사실적 규정이라면, 과학을 권리로서 확립하는 것은 불가능하다. Einfühlung 자체는 사회성과 역사성의 아프리오리한 보편적인

---

58. 『ヨーロッパ諸學の危機と超越論的現象學』, 細谷恒夫・木田元 譯, 中央公論社, 1974, 30頁(후설, 『유럽학문의 위기와 선험적 현상학』, 이종훈 옮김, 한길사, 1997, 78쪽).

*4. Lucien Lévy-Bruhl(1857-1939). 프랑스의 사회학자이자 문화인류학자. 대표작으로 『미개인의 사고』가 있다.

59. *L'origine de la géométrie*, p. 115ff. 邦譯, 173頁 이하 참조.

구조들의 내부에서, 그리고 그것에 의지해서만 가능하다." 모든 상대주의는 경험적 타자를 '타자'로서 발견하는 시선(감정이입) 위에 성립한다. 후설이 문제 삼는 것이 바로 그런 시선이 가진 보편성의 기원인 이상, 그의 논의는 문화상대주의에 선행하고 있다. 그리고 거기서 '유럽적 인간성'에 절대적인 평가가 주어지는 것은 우리가 '기하학'의 기원과 이념성에 대해 검토한 것과 같은 이유에서이다. 후설은 유럽이라는 한 지방(특수성)을 넘어선 보편성에 대해 생각하고 있지만, 현실적으로 그런 보편성은 유럽에서 생겨난 것이고, 따라서 결국 그것은 '유럽'이라는 고유명 없이는 이야기할 수 없다. 「기하학의 기원」과 『위기』는 이 점에서 완전히 같은 문제의식 하에서 씌어진 것이다. 그 때문에 보편성과 고유성이 중첩[*5]된 이 사고를 진지하게 떠맡은 데리다는 『서설』 이후에도 초월론적 철학에 존재하는 '유럽'성에 대한 문화상대주의적 비판으로 결코 나아갈 수 없었다. 실제 그는 『그라마톨로지에 대하여』의 제2부(레비-스트로스 비판)나 『에크리튀르와 차이』에 수록된 푸코론에서도 상대주의의 무력함을 논하며 같은 모티브를 그대로 1990년대까지 이어오고 있다. 예를 들어, 1991년의 『다른 곶』은 "유럽의 고유성은 [……] 인간성의 보편적 본질을 향한 첨단으로서 전진하는 것"이고, 국민국가적[nationale]인 것과 초월론적인 것의 공범관계야말로 유럽을 둘러싼 철학적 언설의 특징이라고 지적하고 있는데,[60] 이런 분석은 본질적으로는 이미 『서설』에

*5. 여기서 '중첩'으로 옮긴 것은 '이레코入れ子'라는 단어로, '차례대로 포개어 안에 넣을 수 있게 만든 그릇이나 상자'를 가리킨다.

60. *L'autre cap*, Minuit, 1991, p. 48ff. 邦譯, 『他の岬』, 高橋哲載・鵜飼哲 譯,

준비되어 있던 것이다.

그렇다면 데리다는 이런 탈중심화된 중심주의, 바꿔 말하면 '유럽'이라는 고유성의 보편성에 대해 어떤 태도를 취하는 것일까? 『다른 곶』은 다음과 같이 서술하고 있다. '유럽중심주의와 반유럽중심주의라는' '소진된 또는 사람을 소진시키는 프로그램'을 회피하기 위해서는 '문화의 고유성은 자기 자신과 동일하지 않다'는 테제를 도입할 필요가 있다. 유럽의 고유성은 있지만, 동일성은 없다. "하나의 문화는 결코 단 하나의 유일한 기원을 갖는" 것이 아니고, "문화의 역사에서 단일한 계보학[monogénéalogie]은 항상 기만이 될 것이다." 그리고 데리다는 이런 비동일적인 고유성에 주의를 돌림으로써 유럽 안에서 "유럽이 아닌 것[n'est pas], 유럽인 적이 한 번도 없었던[n'a jamais été], 유럽이 결코 아닐[ne sera jamais] 것으로 유럽을 여는" 명법[命法]을 청취한다.[61] 즉 그는 유럽의 역사 속에서 과거-현재-미래로 이어지는 그와 같은 직선적인 동일성으로 정리되지 않는 개방성을 발견해 갈 것을 제안한다. 이상은 그의 사고 태도를 잘 보여주고 있다. 그가 전통을 중시하는 것은 언제나 그런 동일성을 확산시키기 위해, 앞서의 표현을 사용하자면 '일지도 모른다'는 위상을 삽입하기 위함이다. 그리고 가능세계의 현실성은 '같은 것'의 운동에서 소행함으로써만 생각할 수 있기 때문에, 데리다는 우선 '유럽'이라는 이름을 받아들이는 것(명법을 청취하는 것)에서 시작하지 않으면 안 된다. 그러면 우리는 앞서 서

みすず書房, 1993, 37頁(『다른 곶』, 김다은 옮김, 동문선, 1997, 41쪽) 이하.

61. ibid., pp. 16-18, 75. 同書 7-10頁, 60頁(같은 책, 『다른 곶』, 13-16쪽).

술한 그의 '보수'성이 적어도 단순한 전통의 준수나 제도적 한계를 나타내는 것은 아니라는 점을 이해할 수 있다. 데리다에게 있어 그것은 사고의 래디컬함을 위한 불가결한 출발점으로 요청되고 있다. 『다른 곶』 이후 1990년대의 그는 그 출발점을 종종 '책임'이라고 부르고 있다. 상대주의에는 책임이 없다, 바꿔 말하면, 가능세계의 기억이 없다.

데리다는 『서설』의 첫 부분에서 이미 그의 관심이 '전달운동과 유산상속을 동시에 포함하는 그 말 자체로 애매한 의미에서' '전통tradition'이라는 문제를 향하고 있다는 것을 명기하고 있다.[62] 앞서 말한 것처럼, 그에 의하면 전달운동이 항상 단절가능성에 노출되어 있는 이상, 유산상속은 필연적으로 우연적인 것이 된다. 뒤집어 말하면, 전통(상속된 유산)에 대한 '일지도 모른다'라는 위상의 삽입은 전달의 단절가능성을 강조하는 것으로, 즉 텍스트를 에크리튀르로서 파악함으로써 가능하게 된다. 탈구축적 독해는 여기에서 요청된다. 우리는 방금 전 에크리튀르의 성질을 나타내는 은유로서 '코라'라는 단어를 들었다. 이 개념은 사실 흥미로운 자기언급성을 갖추고 있다. 플라톤이 기록한 이 말의 해석을 둘러싸고 전통적으로 무수한 텍스트가 발표되어 왔다. 그 배후에 확실한 동일성을 결정하는 것은 어렵다. 그러나 데리다의 시사에 따르면, 오히려 '코라'라는 말은 바로 그런 불가능성 자체, 즉 하나의 같은 말에 복수의 해석자가 다른 의미(동일성)를 주입하는, 개념의 바로 그 용기성容器性을 보여주고 있다.[63] 코라는 바로 '코라'라는 말을

---

62. *L'origine de la géométrie*, p. 4, 邦譯, 9頁.

받아들이는 쪽 자신을 의미하고 있는 것이다. 그리고 이 용기성=코라성은 또 개념 일반으로도 확장된다. 모든 개념은 여러 번 다른 콘텍스트에서 사용되어야 하고, 따라서 그것은 무엇보다도 먼저 코라이다. 코라로서의 개념은 복수의 콘텍스트 안을 운동하며 각기 다른 해석을 받아들인다. 개념의 '의미'나 '정의'는 항상 뒤에 코라의 운동으로부터 소행적으로 발견되는 다양성을 '일찍이 있었던' 다양성으로, 즉 산종을 다의성으로 실체화하는 것으로 날조된다.

데리다 자신에 의한 예를 참조해보자. 『철학의 여백』의 서문에서 그는 'tympan'이라는 단어를 들고 있다. 그것은 '고막', '인쇄기의 조판틀', '물레방아', '빗살무늬의 경사면pédiment'이란 복수의 사전적 의미를 가지며, 니체와 비트루비우스*6에 의해서도 사용되고 있다. 그렇기 때문에 만약 이 단어의 철학적 해석(동일성)을 구하면, 우리는 그 다의성에서 많은 아이디어를 이끌어낼 수 있다.[64]

---

63. cf. *Khôra*, p. 35ff.

*6. (Vitruvius: 생몰연대 미상), BC 1세기에 활동한 로마의 건축가이자 건축이론가. 현존하는 최고最古의 건축이론서인 『건축에 대하여』*De Architectura*를 남겼다.

64. 데리다 자신도 몇 가지 착상을 기록하고 있다. 그리고 '고막'이라는 은유로부터 『목소리와 현상』에서 검토된 현상학적 철학소(목소리, 귀)를 바꿔 읽으려는 시도는 본문에서 쓴 것처럼 반은 패러디로 제출되고 있음에도 불구하고, 동시에 그 자체로는 중요한 이론적 가능성을 숨기고 있기도 하다. 그 때문에 우리는 이 서문을 하나의 퍼포먼스로서 받아들임과 동시에, '진지하게' 즉 칸스터티브하게도 읽어야 한다. 데리다의 텍스트에는 이런 양의성이 항상 따라다니고 있다. '고막'이라는 단어의 칸스터티브한 독해는 이후 3장에서 행해질 것이다.

하지만 그런 작업은 기본적으로 전도되어 있다. 왜냐하면 그런 해석들을 통해 "철학은 (……) 이 다양성에 대해 결코 그럴 듯한 논리를 부여할 수 없었음"에도 불구하고, "이 다의성의 규범을 찾아내어 버리기[aura cherché] 때문이다."[65] 여기에서 전미래(영어의 미래완료) 시제는 미래의 어느 시점에서 사후적으로 질서부여, 즉 '일지도 모르는' 위상을 말소시킨 직선적인 시간성을 나타내고 있다. 코라는 자유롭게 움직이고 자유로운 해석을 받아들일 수 있다. 그럼에도 불구하고 미래의 한 시점에서 그런 해석들은 필연적으로 하나의 계열을 만들고, 사후적으로 그곳에서는 '규범[norme]'이 발견된다. 데리다의 사고는 그것에 저항한다. 따라서 그의 텍스트 독해는 결코 개념의 새로운 해석을 내세우는 것이 아니다. 그의 목적은 오히려 어떤 개념이 특정 의미를 갖는 바로 그 순간에 '일지도 모른다'는 의문을 항상 끼워 넣는 데에 있다. 첫 부분에서 서술한 후기 데리다의 특징, 논문이나 저작이라는 독립된 정리의 철저한 회피란 이론적으로는 여기에서 요청된 것이다.

3

이상의 고찰로부터 명확한 것처럼 후기 데리다의 사고는 현전적 역사의 외부, 사후적으로 하나의 것으로 파악되는 역사에서 이탈하고 있는(있을지 모르는) 것에 기울고 있다. 다시 퍼스펙티브

---

65. *Marges*, p. xxiv.

를 넓혀보자.

장 프랑수아 리오타르는 1983년 『쟁이[爭異]』에서 아우슈비츠의 경험을 거대한 지진에 비유하고 있다. "지진 때문에 생명이나 건물이나 물건만이 아니라 직접적・간접적으로 지진을 측정하기 위해 사용된 도구 또한 파괴되었다고 가정하자. 지진을 수량화하는 것이 불가능하다고 해서 살아남은 사람들이 엄청난 대지의 힘이라는 관념을 품는 것이 금지될 리 없으며, 반대로 그런 관념을 불러일으킨다. 학자는 그 지진에 대해 아무것도 알 수 없다고 말하지만, 일반 사람들은 결정할 수 없는 것의 부정적인 나타남이 야기하는 복잡한 감정[sentiment]을 경험한다." 이 저자는 명확한 정치적 콘텍스트를 갖고 있다. 당시 유럽에서는 역사수정주의 담론, 즉 가스실에 대한 객관적 증거의 부재를 강조하여(가스실 경험자는 정의상 모두 죽었기 때문에 이것은 필연적이다) 유대인학살이라는 사실 자체를 부인하는 담론의 힘이 확대되어 갔다. 리오타르는 이것에 저항하고 있다. 그의 말에 따르면, 역사수정주의자는 '측정가능'한 것만 인정한다. 그러나 아우슈비츠는 원래 측정가능한 사건이 아니다. 그러므로 수정주의자는 잘못을 범하고 있다. 그런데 그런 잘못은 역사학 일반, 그리고 학문 일반의 한계이기도 할 것이다. "아우슈비츠라는 이름은 역사적 인식이 그 능력에 대한 이의신청과 만나는 한계를 기록하고 있다."[66]

—

66. Jean-François Lyotard, *Le différend*, Minuit, 1983, pp. 91-92. 邦譯, 『文の抗爭』, 陸井四郎 他譯, 法政大學出版局, 1989, 120-121頁.

아우슈비츠의 기억은 기억불가능한 것의 기억이다, 간단히 말하자면 리오타르는 그렇게 서술하고 있다. 그리고 철학은 그 불가능성을 다룬다. 이것은 데리다의 입장과 매우 닮아있다. 앞서 서술한 것처럼 후자 또한 목적론적 사고가 소거된 '과거'의 기억, 표상불가능한 것과 관계하고 있기 때문이다. "탈구축의 관심은 (……), 불가능한 것의 어떤 경험, 즉 타자의 경험이다."[67] 하지만 그럼에도 불구하고 우리가 생각하기에 데리다와 리오타르 사이에는 결정적인 차이가 존재한다. 자세히 검토해보기로 하자.

리오타르는 자주 아우슈비츠의 불가능성이 'aprés'라는 것을 강조하고 있다. "'아우슈비츠'에 대한 물음은 또 '아우슈비츠 이후'에 대한 물음이기도 하다."[68] 계측불가능한 범죄가 일찍이 행해졌다. 역사적 인식의 한계는 그 기억으로 소행함으로써 알 수 있다. 그렇다면 이 소행은 어떻게 가능한 것일까. 『쟁이』는 바로 그것을 정립하기 위해 많은 부분을 할애하여 고유명의 특징에 대해 논하고 있다. 그리고 크립키도 참조되면서 행해진 그 논의는 본질적으로 우리가 앞에서 검토한 가라타니의 논의와 같은 형태이다. 고유명에는 단독성이 존재한다. 그것은 언어적 규정(확정기술)으로 회수될 수 없다. 리오타르는 바로 이 단독성에서 기억불가능한 것(그는 그것을 '쟁이[différend]'라고 이름 붙인다)이 기억되는 역설적인 장을 발견한다. "아우슈비츠는 (……) 기호로만 존재가능하며 사실이 아니다.", "쟁이는 하나의 잘못에서 생겨나고 침묵에 의해 신호

67. "Psyché, Invention de l'autre" in *Psyché*, p. 27.

68. *Le différend*, p. 151. 邦譯, 210頁.

가 보내진다. 그 침묵은 많은 문장이 그 사건에 의해 고통당하고 있다는 것을 의미하고 감정이란 그 고통을 말한다."[69] 즉 여기에서 기억불가능한 것의 기억, '사건'으로의 소행은 아우슈비츠라는 고유명의 절대성을 통해서 가능하다고 생각되고 있다. 이것은 리오타르 논의가 앞서 서술한 「기하학의 기원」과 같은 발상에 의해 뒷받침되고 있다는 것을 의미한다. 분명 후설에게서 학문의 진정성을 보증했던 고유명의 절대성은 리오타르에게는 오히려 역으로 그 한계를 각인시키고 있다("여기에는 하나의 이름이 있고, 사변적 사고는 그 '안'에서는 장場을 갖지 않을 것이다").[70] 그러나 그것은 같은 동전의 앞뒤이다.

후설과 리오타르는 모두 일회적인 기원적 외상(고유명)과 그 전달 위에 논의를 구성한다. 그러나 데리다의 발상은 본질적으로 다르다. 그 또한 기억불가능한 것의 기억을 다루지만, 거기서 상기되는 것은 고유명의 절대성이 아니라 오히려 그런 절대성을 확산시키는(시킬지도 모르는) 위상이기 때문이다. 여기에서 『쟁이』와 거의 같은 시기에(따라서 거의 같은 정치적 콘텍스트에서) 데리다가 발표한 파울 첼란론인 『쉽볼렛』을 참조해보자. 첼란은 주지하다시피 독일계 유대인 출신 상징시인인데, 그의 시에는 제2차 세계대전 때의 수용소 경험이 강한 그림자가 드리워져 있다. 그렇기 때문에 그를 논한다는 것은 한편으로 아우슈비츠의 물음을 간접적으로 다룬다는 것을 의미한다. 데리다는 날짜와 장소가 부가된

---

69. ibid., p. 92. 同書 121-123頁.

70. ibid., p. 133. 同書 183頁.

일련의 시를 제시한 후 다음과 같이 기록하고 있다.

> 절대적인 단독성을 지정해 기입하면서도, 그것들(날짜와 장소의 기재)은 곧장 그리고 동시에 기념일의 가능성에 의해 스스로를 재기재하지 않으면 안 된다. 그것들이 기재되는 것은 실제로는 날짜의 독해가능성이 어떤 회귀[retour]의 가능성을 고할 때이기 때문이다. 하지만 그것은 그것과 그 자체의 절대적 회귀가 아니다. 그것은 재래할[revenir] 리가 없다. 탄생 혹은 할례는 일 회밖에 일어나지 않는다, 그것은 너무나 명확하다. 그러나 세계에서 일 회뿐인, 결코 재래하지 않는 것, 그것 자체의 망령적 재래[revenance spectrale]라는 것이 있다. 날짜는 망령이다. 그러나 불가능한 회귀의 이 재래는 날짜 속에 기재되고, 코드에 의해 보증된 기념일이라는 원輪 속에 봉인됨으로써 특정되어 있다. 예를 들어, 달력에 의해.[71]

인용 부분은 '망령spectre'이라는 단어를 쓰고 있다. 그러나 『쉽볼렛』을 포함한 많은 텍스트에서 데리다는 '유령revenant'이라는 말 또한 빈번히 사용하고 있다. 그리고 양자는 거의 구별되고 있지 않다. 1990년대의 그는 새로이 '환영fantôme', '빙령憑靈/hantise'이란 단어도 사용하고 있지만, 그것들 사이에 큰 차이는 없다.[72] 따라서

---

71. *Schibboleth*, Gailiée, 1986, p. 37.

72. 이 네 단어는 관용적으로 구분하여 번역되고 있지 않다. 예를 들어, 『정신에 대해서』의 일본어 번역은 revenant, fantôme을 모두 '망령'으로 하는 한편, 같은 revenant을 문맥에 따라 '망령', '유령'으로 나누어

우리는 앞으로 이 단어들의 이론적 가치를 '유령'이라는 단어로 대표하고자 한다. 동사 revenir의 현재분사 형태를 하고 문자 그대로 '재래하는 것', 즉 반복가능성을 의미하는 이 단어가 데리다의

서 번역하고, 또 hantise를 '따라다니는 강박관념'으로 표현하고 있다. 그러나 본서에서는 유령을 주제로 하는 논의의 성격상 엄밀함을 기하기 위해 이 네 단어에 일대일의 역어를 대응시켰다. 단 '영靈'이라는 글자를 공유하게 함으로써 네 단어의 이론적 친근성을 표현했기 때문에 두 단어는 조어가 되었다. 각각의 역어를 선택한 이유는 아래와 같다.

(a) spectre=망령. 이 단어는 1993년의 저작 『마르크스의 유령들』(*Spectres de Marx*, Galilée, 1993)에서 『햄릿』에 출현하는 아버지 영spirit의 프랑스 역어로서 사용되고 있다. 『햄릿』의 일본어 역에서 그것은 관용적으로 '망령'이라고 번역되고 있다. (b) revenant=유령. '재래하는 것'을 의미하는 이 단어는 다음 장 이후부터 다루어지는 것처럼 자주 '반복강박', '섬뜩함'에 대한 프로이트적 문제계와 밀접하게 결부되어 있다. 어떤 것에 사로잡히고, 되풀이하고re 도래하는venir 것의 섬뜩함을 표현하기 위해서는 '망령'보다 '유령'이 적당하다고 생각한다. (c) fantôme=환영幻靈. 이 단어는 '환영幻影', '흔적', '잔상', '형해形骸'라는 뉘앙스가 강하고, 또 『마르크스의 유령들』에서는 '환상phantasme, fantasme'과의 동계同系성에도 주의가 이루어지고 있다(pp. 215-216, n.2). 그 때문에 여기에서 '환幻'이라는 단어를 포함한 조어를 할당한다. (d) hantise=빙령憑靈. 이 단어는 사전적으로는 '떨쳐지지 않은 관념 또는 기억'을 의미하고, '강박관념obsession'의 유의어로 여겨진다. 그렇기 때문에 네 단어 속에서 가장(일상적 의미에서) 유령에서 멀지만, 다른 한편으로 그것은 데리다의 문맥에서 자주 동사 '홀리다 hanter'의 명사형으로서도 사용되고 있다. 역어로는 그런 용법을 강조했다(한국어본은 조금 다르게 번역하고 있다. 예컨대 fantôme은 똑같이 '환영'으로 번역하고 있지만, revenant와 spectre는 반대로 '망령', '유령'으로 각각 번역하고 있다. 이와 관련해서는 다음을 참조하기 바란다. 데리다, 『마르크스의 유령들』, 진태원 옮김, 이제이북스, 2007, 11쪽의 각주5 — 옮긴이).

사고형태를 가장 잘 전달하고 있다고 생각되기 때문이다. 유령에 대한 그의 '기억'은 리오타르의 '감정'과는 다르고, 외상의 일회성이 아니라 그 반복가능성과 관계한다. 이미 1960년대에 데리다는 "비극적인 것은 반복의 불가능성이 아니라 반복의 필연성이다"라고 서술하고 있다.[73] 무슨 말일까.

데리다가 여기에서 강조하고 있는 것은 우선 날짜란 반드시 되풀이 된다는 지극히 당연한 사실이다. 그러나 여기에는 역설이 존재한다. 사건의 일회성은 특정 날짜에 의해 지정될 수밖에 없지만, 그러나 날짜 그 자체는 반복가능성(달력)에 의존하고 있다. 즉 우리는 그 일회성을 날짜의 반복으로부터 소행함으로써만 파악가능하다. 이 역설은 기호에 대해 앞서 서술한 아포리아, 동일성이 '같은 것'의 반복에서 소행함으로써만 파악가능하다는 역설과 구조적으로 동일하다. 따라서 '서명'의 순수성이 동시에 그 불순성의 조건인 것과 마찬가지로, 모든 일회적인 '사건' 또한 날짜의 구조 그 자체에 의해 그 일회성을 위협하는 반복가능성 즉 복수성(망령적 재래)에 항상 노출되어 있다. "외상에 대해서는 그것이 한 번밖에, 즉 오직 한 번만 도래한다는 것은 필연이 아니다."[74] 데리다의 사고가 관심을 갖는 것은 바로 이 반복가능성을 염두에 둔 일회성에 대해서이다. 이런 퍼스펙티브에서 리오타르의 논의는 역으로 일회성이 파악할 수 있는 사후적 구조(기념일의 돌아옴[輪])를 무시

---

73. *L'écriture et la différence*, p. 364. 邦譯, 下卷 150頁(『글쓰기와 차이』, 391쪽).

74. "Passages — du traumatisme a la promesse" in *Points de suspension*, Galilée, 1992, p. 395. 이것은 『シポレー』를 둘러싼 인터뷰.

하고, 그것을 '일찍이 있었던 것'으로서 실체화한 것이다. 즉 그의 '감정'은 산종을 다의성으로 실체화하고 있다. 그렇다면 거기서 반복가능성=유령에 대한 데리다적 기억은 구체적으로는 어떤 것일까.

그 전에 하나만 확인해두자. 탈구축은 '일지도 모른다'는 위상을 삽입한다. 우리는 이제까지 그것을 어떤 종류의 과거로서 이해했다. 그러나 1980년대 이후의 데리다는 그 위상이 어떤 종류의 미래와 관계하는 것 또한 강조하고 있다. "탈구축은 과거의 기억이라고 말씀드렸습니다만, 미래의 약속과 무관하지 않습니다. 즉 긍정적인 형태로 새로운 사건에, 그러므로 미래에 대답하기 위해서는 이 기억이라는 경험을 통과하지 않으면 안 됩니다."[75] 무슨 말일까.

우리는 앞서 전미래[future antérieur]라는 시제를 다루었다. 그 시제는 사후적으로 동일성을 설정하고 '일지도 모른다'를 말소한다. 『산종』에 수록된 「책의 바깥」에서 데리다는 같은 문제를 서문의 시간성으로서 검토하고 있다. 서문은 책의 내용에 대하여 '미래형으로[au future]' 말하지만, 실제로는 그것은 이미 씌어져 있다. 즉 그 미래는 '일지도 모른다'를 포함하지 않는다. "서문의 서[序]는 미래[a-venir]를 현전으로 환원하고 그것을 표상하고 가까이하고 숨을 불어넣고 그 앞[前]에 나오는 것으로 그것을 앞[前]에 놓는다. 서[序]는 미래를 눈앞에 있는 현재의 한 형식으로 환원한다."[76] 그렇다면 여기에서

---

75. 「ディコンストラクションとは何か」, 三浦信孝 譯, 淺田章・磯崎新との鼎談, 『批評空間』 第1期 第8号, 117頁. 번역어 일부 변경.

76. *La dissémination*, Seuil, 1972, p. 13.

주목해야 하는 것은 데리다가 future와 avenir라는 두 단어를 구별하고 있다는 점이다. 양자는 모두 '미래'를 의미하지만, 뉘앙스가 약간 다르다. 전자는 시제적 미래를 지시하는 것에 지나지 않는 데에 반해, 후자는 à venir(영어의 to come)로 통하고 '도래하는 것'으로서의 불확정한 미래를 함의한다. 데리다는 여기에서 그 차이를 이용하여 조건법적 위상이 말소된 미래에 대해 future를, 그것이 말소되기 전의 경험에 대해 avenir를 할당하고 있다. 그리고 이 구별은 이후 1990년대에 가서는 탈구축의 윤리성을 이야기하기 위해 사용되게 된다. 예를 들어, 1994년의 『법의 힘』에서 데리다는 탈구축과 '정의justice'를 '불가능한 것의 경험'으로서 등치시킨 후, 그것들은 모두 avenir로서의 미래와 관계한다고 선언하고 있다.[77] 그의 주장에 따르면 '정의'는 법에 대치된다. 한편으로 법은 future에만 관계한다. 그것은 '다의성의 규범'에 대해 앞서 서술한 논리와 같다. 법=규범은 항상 사건 후에, 그 일회성 위에서 발견된다. 따라서 거기에서는 조건법적 위상이 사라지고 있다. 다른 한편, 탈구축=정의는 avenir와 관계한다. 즉 데리다의 사고는 조건법적 과거에 대해서만이 아니라 무언가 일어날지도 모르고 일어나지 않을지도 모르는 미래의 그 절대적 우연성과도 관계하고 있다. 탈구축이 "새로운 사건에 답한다"고 방금 인용한 말은 여기에서 도출이 가능하다.

그리고 '유령'의 기억 또한 이와 같은 future와 avenir의 구별에 깊이 관계하고 있다. 『쉽볼렛』 다음해에 출판된 저작에 따르면,

---

77. *Force de loi*, pp. 35ff, 60-61(『법의 힘』, 37쪽 이하, 58-59쪽).

"유령적 재래[revenance]는 도래하는 것[venir]에 대한, 항상 도래하려고 하는[à venir] 사유로부터 출발하여 생각해야 하기" 때문이다.[78] 구체적으로 이미지화 해보자. 예를 들어, 1970년 4월 20일에 첼란에게 무슨 일이 일어났다고 하더라도,[79] 우리는 그것 자체, 단독적인 사건 그 자체에 대해 결코 알 수가 없다. 앞서 말한 것처럼 리오타르는 거기서 '침묵'과 '감정'과 '고유명'을 통해 그 표상불가능성으로 조금씩 나아가려고 한다. 그러나 '4월 20일'이라는 날짜(같은 것)는 재래한다. 그리고 그 재래에 의해 우리는 저 4월 20일에 있어서의 à-venir, 무언가 일어날'지도 모르는' 개방성을 동일하지는 않지만 같은 것으로서 경험할 수 있다. 데리다는 바로 이것을 유령적 재래라고 부르고 탈구축은 그런 기억과 관계한다고 서술한다. 즉 그의 사고는 어떤 사건의 반복불가능성이 아니라 오히려 그 사건이 일어나기 직전의, 아직 그 사건이 일어나지 않았을지도 모르는 그런 순간의 조건법적 미래와 관계하고 있는 것이다. 데리다는 또 다른 저작에서 다음과 같이 서술하고 있다. "환영에 대해, 그리고 환영을 향해, 환영과 더불어 말할 필요가 있다. [……] 현전적으로 살아가는 것들 일반 저편에서, 그리고 그런 단순한 부정적인 이면의 저편에서 정의라는 것. 망령적 순간[moment spectrale], 그것은 이제 시간에 속하지 않는 순간이다. 만약 인간이 이 시간이라는 이름 하에서 변형된 현전성(과거적 현전, 현재[顯在]하는 현전 '지

---

78. *De l'esprit*, Galilée, 1987, p. 124. 邦譯, 『精神について』, 港道隆 譯, 人文書院, 1990, 124-125頁(『정신에 대해서』, 박찬국 옮김, 동문선, 2005, 131쪽).

79. 이 날, 첼란은 센 강에 투신자살했다.

금', 미래적 현전)의 연쇄 하나를 이해한다면."[80] 우리는 세계를 항상 '나중後'에 하나의 역사로, 즉 과거-현전-미래의 연쇄로서밖에 파악할 수 없다. 그 때문에 유령은, 바꿔 말하면 venir는 볼 수 없다. 하지만 그럼에도 불구하고 유령의 기억은 항상 눈앞에서 에크리튀르라는 형태로 세계에 달라붙어 있다. 에크리튀르의 반복가능성, 유령의 재래가 없다면, 우리는 애당초 세계를 구성할 수 없기 때문이다.

우리는 아우슈비츠의 예를 선택했다. 본서는 어디까지나 데리다를 둘러싼 이론적 고찰을 주제로 삼고 있다. 그 때문에 단순한 응용은 신중해야 하는데, 리오타르와 데리다의 차이를 보다 넓은 문맥과 연결시키기 위해 여기에서는 철학 바깥에서의 논의를 한 가지 살펴보기로 하자. 거기서도 '아우슈비츠'라는 이름이 나타나고 있다.

미술가 오카자키 겐지로岡崎乾二郎는 어느 좌담에서 '이해하기 어려운 대상, 또는 결코 답할 수 없는 질문에 대한 반응'을 만들어내는 현대예술, 구체적으로는 크리스티앙 볼탕스키Christian Boltanski나 일리야 카바코프Ilya kabakov의 작품에서 일종의 '반동성'을 지적하고 있다.[81] 오카자키에 의하면, 그들의 작품은 관객과의 사이에 '강

80. *Spectres de Marx*, pp. 15, 17(『마르크스의 유령들』, 12, 14쪽).

81. 「現代藝術とセンチメント」, 朝吹亮二・藤枝守との鼎談, 『MUSIC TODAY』 第20号, リブロポート, 1994.

또 오카자키는 센티먼트sentiment의 전략에 대항하기 위하여 1990년대에 들어서서 '유령적인 것'을 테마로 하는 제작과 텍스트를 몇 개 발표하고 있다. 센티먼트에 대항하는 유령이라는 이런 발상의 데리다적 은유와의 평행성은 결코 우연이 아니며, 신중히 분석할 가치가 있

한 공동성共同性'을 만들어내는데, 바로 그것을 통해 높은 평가를 얻고 있다. 예를 들어, 볼탕스키는 잘 알려진 것처럼 아우슈비츠에서 살해당한 아이들의 얼굴사진을 나란히 놓고, 그들의 단편적 유품, 의복, 구두를 쌓아올린 작품을 제작했다. 설치installation의 전체적 의미는 의도적으로 확정할 수 없게 되어 있다. 따라서 그것을 앞에 둔 관객은 "타자와의 교환도 불가능하고 일반화도 불가능한, 완전 혼자만의 고독한 경험이나 감정"과 직면할 수밖에 없게 된다. 그러나 여기에는 '트릭'이 존재한다. 모든 의미가 박탈된 작품 그 자체의 현전은, 역으로 "이 경험의 고독함이 다른 고독과 강하게 결합되어 복수의 고독이 서로 연대하는" 것을 보증하기 때문이다. 그리고 거기에서는 결과로서 '아우슈비츠'라고 이름이 붙여진 특정한 단편 주위에 "누구에게도 이해받을 수 없는 경험을 공유하고

다. 예를 들어, 오카자키는 1994년에 열린 『인간의 조건』전(아오야마青山 스파이럴spiral, 도쿄)에서의 instauration을 위해 쓰다 요시노리津田佳紀, 어즈비 브라운Azby Brown과 함께 『Caput Mortuum Supplement』라는 텍스트를 제작하고 있다. 현재의 아오야마 스파이럴은 우연히 1850년에 다카노 조에이高野長英가 자살한 조닌町人저택의 토지 위에 세워져 있었다. 오카자키 등의 텍스트는 그런 우연을 이용하여 조에이의 죽음과 거의 동시기(1845-46년)에 씌어진 마르크스의 『독일 이데올로기』를 중첩시키고 있다. 거기서 문제가 되고 있는 것은 한마디로 말해 토지와 유령의 관계를 다시 파악하는 것이고, 또 그것은 공공성이나 정치적 대표제의 문제와도 연결되어 있다(이에 대해서는 오카자키의 1997년의 텍스트 '도깨비불은 물질이다'[『武藏野美術』 제103호, 무사사노 미술대학, 1997]도 참조). 따라서 '유령'을 키워드로 전개되고 있는 오카자키의 미술활동은 『마르크스의 유령들』의 착안점과도 흥미로운 부합을 보여주고 있다. 데리다의 은유와 오카자키의 아이디어 사이의 이런 주목할 만한 관계에 대해서는 따로 논하고 싶다.

있다"는 역설적 공동체, 단편의 저편(표상불가능한 것)을 둘러싼 관객의 공동체가 모습을 드러내게 된다. 오카자키가 '센티멘털 장치'라고 이름 붙인 이런 전략은 명확히 앞서 서술한 리오타르와 같은 발상, '계측불가능'한 고유명을 둘러싼 '감정'이라는 논리 위에 성립하고 있다. 그 때문에 이 오카자키의 지적은 리오타르적 논리가 철학적 담론 바깥에서도 작동하고 있다는 것을 보여줌과 동시에 우리 논의에서도 중요한 의미를 가지고 있다. 아우슈비츠에 대한 어떤 '기억', 보다 정확히는 기억의 부재는 그 위에 강고한 공동체를 조직할 수 있다. 리오타르는 앞서 서술한 대로 아우슈비츠의 기억을 역사수정주의에서 구출하기 위해, 바꿔 말하면 특정한 공동체에 의한 해석(언어게임에의 북새통)을 피하기 위해 『쟁이爭異』의 논의를 수립했다. 그러나 만약 그 논의가 '아우슈비츠'라는 외상을 절대화하는 것이라고 한다면, 그것은 또 다른 레벨에서 하나의 폐쇄적 공동체를 낳는 것이 된다. 우리들은 이 문제를 다음 장에서 이론적으로 검토할 것이다.

리오타르와 볼탕스키는 고유명의 기억을 다룬다. 그 때문에 거기에서 문제가 되는 것은 (예를 들어) 이 한스라는 소년이 죽은 것, 그리고 그것이 반복불가능하다는 비극이다. 한스는 살해당했다. 우리는 그 상실을 보상할 수 없으며, 따라서 그것에 대해 영원히 상복을 입고 있을 수밖에 없다. 그러나 유령의 논리를 아는 우리는 정말 그것이 아우슈비츠의 비극인지 여기에서 다시 물을 수 있다. 리오타르와 볼탕스키는 '아우슈비츠'라는 이름을 알고 있다. 계측불가능한 사건, 사변적 인식의 한계는 바로 이 이름에서 소행하여 설정된다. 그렇다면 그들은 왜 그 이름을 알고 있는 것일까. 우리는 이 지점에서 이름의 전달경로를 묻지 않으면 안 된다. 그들에게 그 이름이 전달된 것은 매우 단순하게 아우슈비츠가 완전한 소멸에, 한나 아렌트가 말하는 '망각의 구멍'에 빠지지 않았기 때문이다.[82] 그리고 망각이 회피된 것은 살아남은 사람이 있었기 때문이다. 가스실에서 리오타르와 볼탕스키까지 기적적으로 몇 가닥의 기억의 실이 이어지고 있다. 그렇다면 우리가 직면해야 하는 것은 오히려 왜 그것이 이 한스가 아니었는가 하는 물음이다. 아우슈비츠에 대한 다양한 기록을 읽으면 알 수 있는 것처럼 그 선택은 거의 우연적으로 결정되었다. 어떤 사람은 살아남고 어떤 사람은 그렇지 못했다. 그저 그뿐이고 거기에는 어떤 필연성도 없다. 거기에서 '어떤 이'는 고유명을 가지고 있지 않다. 진정으로 무서운 것은 아마 이 우연성, 전달경로의 확률적 성질이 아닐까. 한스가 살해당했다는 것이 비극이 아니다. 오히려 한스든 누구든 상관이 없었다는 것, 즉 한스가 살해당하지 않았을지도 모른다는 것이야말로 비극인 것이다. 리오타르와 볼탕스키에 의한 애도작업은 고유명을 절대화함으로써 그 무서움을 회피하고 있다.

다시 '전통'의, 그리고 철학의 문제로 돌아가자. 철학의 역사는

---

82. 『예루살렘의 아이히만』 참조. "망각의 구멍이란 존재하지 않는다. 인간이 하는 모든 일은 그 정도로 완벽하지 않은 법이다. 세계에는 인간이 너무 많기 때문에 완벽한 망각이란 있을 수 없다. 반드시 어떤 한 사람은 살아남아 본 것을 이야기할 것이다. [……] 최종적 해결책을 받아들인 나라들의 교훈은 대부분의 나라에서 '그 일이 일어날 수 있었지'만, 어디에서나 일어나지는 않았다는 것과 마찬가지다."(大久保和郎 譯, みすず書房, 1967, 180頁/김선욱 옮김, 한길사, 2006, 324-325쪽).

고유명을 빼고서는 말할 수 없다. 칸트나 헤겔이 없었다면, 현재의 철학은 완전히 바뀌었을 것이다. 후설에 의한 '초월론적 역사'라는 개념은 이 매우 상식적인 인식을 세련되게 만든 것이다. 그런데 『서설』의 데리다는 그것에 저항했다. 그 때문에 데리다의 텍스트 독해는 고유명의 절대성, 리오타르적 '지진'을 전제하지 않는다. 『그라마톨로지에 대하여』에서 그 조건은 "텍스트 바깥은 존재하지 않는다"는 유명한 테제로서 표현되고 있다. "'살아있는 몸뚱이'를 가진 존재의 현실적 생활에는, 즉 루소의 작품으로 국한될 수 있다고 믿어지는 것의 저편이나 배후에는 에크리튀르밖에 존재하지 않는다."[83] 텍스트의 저편에 '루소 그 자체'를 설정할 수 없다. 그렇다면 이런 한정은 데리다 철학의 형태를 어떻게 규정하고 있는 것일까?

철학(사고)은 많은 경우 기원적 고유명으로의 회귀, 그리고 그들 텍스트에 대한 재독으로 구상構想된다. 예를 들어, 금세기에는 후설이 데카르트로, 하이데거가 소크라테스 이전으로, 라캉이 프로이트로의 회귀를 제각각 선언한 것으로 알려져 있다. 그리고 이와 같은 철학적 회귀운동에서 가장 자주 참조되는 것은 소크라테스다. 주지하다시피 그는 아무것도 쓰지 않았다. 플라톤이 그것을 책으로 쓰고, 아리스토텔레스가 그것을 다시 변형시켜 체계화했다. 철학은 여기에서 시작된다. 그 때문에 기원에 있어 이런 이중화(또는 삼중화)는 이후 많은 철학자들에게 불가시不可視한 대상으로서의 소크라테스에 대한 회귀를 필연적으로 구하도록 한다. 예

---

83. *De la grammatologie*, p. 228. 邦譯, 下卷 36頁(『그라마톨로지』, 388쪽).

를 들어, 잘 잘려진 것처럼 키르케고르는 가장 초기 저작에서 소크라테스의 아이러니를 주제로 삼고 있다. "만약 소크라테스의 지知가 무엇인가에 대한 지였다고 한다면, 그의 무지는 단순히 하나의 대화형식에 지나지 않았을 것이다. 그런데 그와 반대로 그의 아이러니는 그 자체로 완결되고 있다. 사정이 이러하다면, 그의 무지는 진지함에도 불구하고 진지하지 않는 것이며, 사람들은 이 정점頂点에 소크라테스를 확보해두어야 한다."[84] 여기에서 키르케고르가 저항하고 있는 것은 헤겔의 소크라테스 해석, 즉 아이러니를 사후적으로 '지知'로서 발견하는 변증법적 목적론에 대해서다. 소크라테스의 무지는 나중에 지知로 회수되지만, 그 시점에서는 여전히 지知로 회수가능할지 어떨지 알 수가 없다(진지함에도 불구하고 진지하지 않다). 바꿔 말하면, 그것은 '역설'로서만 나타난다. 플라톤은 그 역설성을 말소시켰다. 이와 같은 변증법 비판은 매우 풍요로운 것이지만, 그럼에도 불구하고 그것은 결국 리오타르와 같은 논리에 의존하고 있다. 거기에서는 변증법을 일탈하는 것이 소크라테스라는 고유명을 환기시키고, '쓰지 않은 사람'의 계측불가능성을 계측가능성(씌어진 것)으로부터 준별함으로써 이루어지고 있기 때문이다. 그렇다면 데리다는 소크라테스를 어떻게 생각하고 있을까.

---

84. 『イロニの概念』, 白水社阪, 『著作集』(第20-21巻), 下巻 192頁. 키르케고르는 소크라테스의 입장을 '무한적이고 절대적인 부정성으로서의 아이러니'(195頁)로 파악하고 있고, 변증법을 일탈하는 절대적 부정성이라는 관념은 데리다의 몇 텍스트, 예를 들어 1967년의 바타유론인 「제한경제학에서 일반경제학으로」 등과 호응하고 있다.

데리다가 소크라테스를 다룬 부분은 많지만, 여기에서는 두 개의 텍스트에 주목해보기로 하자. 먼저 그는 1968년 논문「플라톤의 파르마케이아」에서『파이드로스』의 한 구절, 소크라테스가 쓰는 것의 위험성(쓰는 것은 기억을 위협한다)에 대해 서술하고 있는 부분을 참조하여 바로 그 부분을 플라톤이 쓰고 있다는 역설에 주의하게 만든다. "쓰는 것(에크리튀르)을 미아迷兒의, 또는 부친살해의 아들로서 고발하고 있으면서, 플라톤은 그 고발을 쓰는 아들로서 행동하고 있다. 그렇게 함으로써 그는 소크라테스의 죽음을 보상하고 확증한다."[85] 여기에서 우리가 주의해야 하는 것은 문제가 된 역설의 장소이다. 키르케고르는 앞서 서술한 것처럼 소크라테스의 역설에 대해 고찰했다. 하지만 데리다는 그렇게 하지 않았다. 그는 소크라테스-플라톤 관계에서 역설을 발견한다. 그리고 이런 이동은 데리다의 관심이 '쓰지 않는 사람'의 단독성이 아니라 오히려 그것이 씌어져버린 것, 바로 고유명이 반복가능한 것(에크리튀르)으로 간주되는 과정을 향하고 있다는 것을 보여주고 있다. 논문의 타이틀인 '파르마케이아pharmacie/pharmakeia'라는 그리스어는 '파르마콘pharmakon'을 다루는 기술을 의미하고, 후자는 흥미롭게도 '독'과 '약'을 동시에 의미한다. 플라톤은 소크라테스를 죽이고(독), 동시에 살린다(약).[86] 앞서 아우슈비츠를 둘러싸고 서술

---

85. *La dissémination*, p. 177.

86. 삶生과 죽음死의 이런 복잡하게 얽힌 관계를 1970년대의 데리다는 무수한 은유와 조어로 명명하고 있다. '상喪/deuil', '살아남는 것survivre', '사생死生/la-vie-la-mort', '타사생적 자전他死生的自傳/auto-hétéro-bio-thanatographie' 등. 이런 단어들에 대한 구체적 독해는 본서에서는 불가능하지만, 단순한 문학적 이미지로 정리해서는 안 된다는 점

한 것처럼, 이런 과정이 없다면 우리는 애당초 '소크라테스'라는 이름을 알 리가 없다. 소크라테스의 단독성은 그의 목소리가 죽고 에크리튀르로서(플라톤주의로서) 등록된 후에야 비로소 소행적으로 실제 나타나는 것이다. 데리다는 1980년의 저작 『우편엽서』에서 이상과 같이 복잡하게 뒤얽힌 관계를 한 장의 사본화寫本畵로 상징적으로 보여주고 있다(그림). 13세기에 그려진 그 그림에는 어떤 실수가 있었는지 모르지만 플라톤이 뒤에 서있고 그의 지시 하에서 소크라테스가 펜을 잡고 있었다.

그렇다면 소크라테스의 이름을 통해 데리다가 기억하려고 한 것은 무엇일까? 그가 거기서 보는 것은 역시 '유령'이다. 또 하나 주목해야 하는 텍스트를 참조해보기로 하자. 『우편엽서』에 수록된 프로이트론에서 데리다는 소크라테스를 아이러니를 몰아세우는 것, 『소크라테스의 변론』에서 daimōn 또는 daimōnion이라고 불린 유명한 영적 호출을[87] 유령의 목소리로서 다시 파악하고 있다.

을 강조해둔다.

87. "그것은 즉 내게는 일종의 신적이고 초자연적인 증거[목소리]가 나타난다는 것입니다. [……] 이것은 이미 유년시절에 시작되었는데 마음의 목소리로 들립니다. 이처럼 그것이 들릴 때는 항상 내가 하려는 것을 만류하지 결코 적극적으로 권유하지는 않습니다."(『ソクラテスの弁明・クリトン』 久保勉 譯, 岩波文庫, 1964, 41頁(플라톤, 『에우티프론

정확히는 악마적인 것[le démoniaque]의 회귀가 있는 것이 아니다. 악마démon는 그야말로 PP[쾌락원칙]에 의한 호출 없이 재래하는 바로 그 자체이기 때문이다. 악마는 자신의 등장을 반복하고 있는 재래이고, 그것은 어딘지 알 수 없는 곳으로부터 재래하여[……], 누군지 알 수 없는 사람으로부터 계승되고 회귀라는 단순한 형식을 통해 인간을 괴롭히며 이제 모든 표면적 욕망으로부터 독립해가면서 끊임없이 반복적이고 자동적이다. 마치 소크라테스의 데몬[démon]처럼 — 데몬은 모든 사람에게 쓰도록 하는, 한 번도 그렇게 하지 않았다고 간주되고 있는 사람에게서 시작하면서 —, 이 자동인형[automate]은 누구에게도 재래하지 않고 재래하고 기원도 발신도 발신자도 없는 복화술이라는 효과들을 낳는다. 그것은 그저 우체통에 넣어져 있을 뿐이다, '순수'상태의 우편, 목적지 없는 배달부와 같은 것. télé — telos없는.[88]

철학의 기원에는 소크라테스가 있다. 그리고 그 앞에는 데몬의 목소리가 있다. 키르케고르가 지적하고 있는 것처럼, 헤겔은 그것을 주체적 정신의 맹아, '신탁이라는 외적 관계에서 개인으로의, 그리고 자유의 완전한 내면성으로의 [……] 이행과정에 있는 것'으로서 파악했다.[89] 데몬에서 정신이 태어나며, 이후 철학사는 그

소크라테스의 변론 크리톤 파이돈』, 박종현 옮김, 서광사, 2003, 153쪽).

88. *La carte postale*, pp. 362-363.

것의 자가발전으로서 파악할 수 있다. 그러나 데리다는 다르다.

---

89. 『イロニの槪念』, 下卷 21頁. 또 키르케고르는 여기에서 헤겔의 그런 규정에 중요한 특징을 부가하고 있다. 변증법으로부터의 일탈(아이러니)이 고유명적 단독성에 의해 가능하다는 논리가 여기에서 분명히 확인되기 때문에, 다소 길지만 인용해보자.

> "우리가 이 다이모니온daimonion[데몬]이 특수한 관계로 서로 연관이 있을 뿐이고, 경고적인 형태로 무언가를 말하는 것이었다는 데에 생각이 미치면, 우리는 여기에서도 주체성이 그것의 유출을 저지당하여 한 특별한 인물 속에 갇혀있는 것을 본다. 다이모니온은 소크라테스에게는 충분한 것이었다. 그는 그것으로 자신을 도울 수가 있었다. 하지만 그것은 인격성의 규정이지만, 처음부터 어떤 특별한 인물의 이기적 만족에 지나지 않는다. 소크라테스는 여기에서 또 한 번 어떤 것으로 도약하려는 자로서 나타나지만, 그러나 어느 순간에도 이런 타자 속으로 뛰어들지 않고 옆으로 뛰으로써 자기 자신 안으로 되돌아오게 된다." (下卷 24頁) 키르케고르가 생각하기에 데몬은 소크라테스의 자기동일성을 강화한다. 그것은 소크라테스를 변증법에 회수되지 않는 절대적 부정성(이로니)으로 구동시키는데, 하지만 그것은 그가 자신 안에 '갇히는' 것, 세계로부터의 절대적 단절에서다. "다이모니온이 종교적인 견지의 현존에 대한 소크라테스의 완전히 부정적인 관계를 나타내는 것이라는 점이 명확해진다. [……] 그렇다고 하더라도 그것은 그가 무언가 새로운 것을 도입함으로써 그런 것은 아니다. 왜냐하면 만약 그렇다고 한다면 그의 부정적 관계는 점점 많이 그의 긍정성 주위를 도는 그림자로서 나타날 것이기 때문이다. 하지만 그런 것이 아니라 오히려 그가 현존하는 것을 던져버리고 자기 자신 속에 갇혀 자기중심적으로 자기 속에 자기 자신을 한정함으로써 그러한 것이다." (下卷 30頁) 소크라테스의 데몬을 유령으로서 파악하는 데리다의 읽기는 이런 키르케고르적 해석과의 긴장관계에서 이해되어야 한다. 여기에서는 변증법에 대한 저항의 방법이 다르다. 데리다적 유령은 오히려 소크라테스를 확산시키기 때문이다.

그는 정신의 기원으로 거슬러 올라가지 않는다. 정신은 전달하지 않는다. 만일 전달한다면, 그것은 이제 소크라테스의 죽음, 플라톤에 의한 부친살해(에크리튀르)를 매개로 삼을 수밖에 없다. 하지만 그때 정신Geist은 유령Geist이고,[90] 우리는 필연적으로 그것의 반복가능성=복수성에 의해 괴롭힘을 당할 것이다. 인용 부분은 그것을 '재래revenance', '회귀retour', '반복répétition'이라는 re-계열의 단어를 많이 사용하여 표현하고 있다. 헤겔이 세계정신의 맹아를 발견한 것과 같은 장소에서 데리다는 '자동인형'을, 즉 '어딘지 알 수 없는', '누군지 알 수 없는', 무명의 '복화술이라는 효과들'을 발견한다. 우리는 이미 아우슈비츠의 예에서 고유명의 사후성에 대해 고찰했다. 소크라테스 또한 사후적으로만 고유명이, 정신의 기원이 된다. 그러므로 데리다는 고유명적 단독성을 뒷받침하는 그런 사후성=반복가능성, 소크라테스의 배후에 있는 플라톤을 결코 잊을 수 없다. 인용 부분의 마지막에서 데리다는 '우편poste'에 대해 다루고 있다. 우리는 다음 2장에서 이 단어가 '일지도 모른다'를 나타내는 대표적 은유라는 것을 상세히 검토하게 될 것이다. 소크라테스는 망각되었을지도 모른다. 그의 무지는 지知에, 아이러니는 철학에 회수되지 않았을지도 모른다. 이런 우연성의 기억이 탈구축을 구동시킨다.

철학의 역사는 고유명의 집적集積이다. 그리고 그것은 우연적이고 경험적으로 성립된 것이면서 필연적이고 초월론적으로 진리를

---

90. 독일어 Geist의 이런 양의성은 데리다의 하이데거 독해에서 커다란 역할을 한다. 『정신에 대해서』 참조.

말한다. '철학'이라 명명된 지(知)를 뒷받침하는 이런 역설의 의미를 데리다는 매우 진지하게 생각하고 있다. 만약 '철학' 전체가 하나의 언어게임에 불과하다면(이런 입장은 많은 상대주의자, 예를 들어 앞서 서술한 로티에 의해 주장되고 있다), 다른 철학들이 항상 가능하고, 따라서 새로운 철학을 즉 새로운 어휘와 스타일과 참조항을 발명하려는 시도가 항상 요청된다. 실제 그와 같은 시도는 무수히 존재해 왔고 이후로도 존재할 것이다. 그러나 데리다의 관심은 거기에 있지 않다. 철학적 발명을 아무리 축적한다고 해도, 그것은 사후적으로 항상 유일한 언어게임으로서 파악된다. 복수의 철학들의 존재는 결국은 '철학'이라는 명부를 풍요롭게 하는 것에 지나지 않는다. 데리다의 사고는 오히려 바로 그런 풍부함(다의성)을 전도시키기 위해 조직되고 있다. 따라서 그는 오히려 우리가 왜 항상 이런 언어게임을 가지는지, 왜 이 역사는 유일한지, 그리고 만약 그것이 유일하다면 거기서 망각된 것은 무엇인지와 같은 물음을 던지게 된다. 『우편엽서』는 철학자를 우체국에 빗대고 있다.[91] 개념(우편물)이 철학자(우체국) 사이로 배달되어 간다, 이것이 철학에 대한 데리다의 이미지이다. 새로운 개념을 제출하고 새로운 철학적 고유명이 되는 것, 그것은 새로운 우편물을 새로운 우체국에서 발송하는 것을 의미한다. 그러나 '일지도 모른다'의 기억에 사로잡힌 데리다의 사고는 거기서는 오히려 배달의 불확정성, 즉 행방불명된 우편물로 향한다. "그것이 도달하기 위한 조

---

91. "위대한 철학자, 그것은 항상 조금 커다란 우체국이다." (un grand penseur, c'est toujours un peu une grande poste). *La carte postale*, p. 37.

건, 그것은 결국 그것이 도착하지 않는다는 것, 애당초 처음부터 도착하지 않는다는 것이다."[92] 어딘가에서 잠자고 있을지 모르는 우편물을 탐색하는 데리다에게 새로운 우체국은 필요 없다. 전기에서 후기로의 데리다의 변화, 이론적 스타일에서 간間텍스트적 스타일로의 이동은 우리가 생각하기에 '철학'과 '역사'와 '고유명'의 관계로의 이런 특이한 인식에 근거하고 있다. 앞서 서술한 데리다의 보수성 또한 이로부터 필연적으로 도출된 것이다.

우리는 이미 후기 데리다의 중심적 문제에 엉성하게나마 상당한 정도까지 접근한 것처럼 생각된다. 논의의 정밀도를 보다 높이기 위해서는 '유령'의 이론적 위치를 또 다른 시점에서 정식화할 필요가 있다. 이 작업은 구체적으로 다음 장에서 이루어지는데, 우리는 다른 또 하나, 여기에서 유령과 데리다 자신의 관계에 대해서도 간단히 주의를 기울일 필요가 있다. 1991년도에 행해진 인터뷰에서, 그는 다음과 같이 말하고 있다.

> [……] "나는 아직 태어나지 않았다"라는 것도 나의 명명 가능한 동일성에 대한 결정이 내려진 순간이 내게서 감추어져 버렸기 때문입니다. 이러이러하게 되는 것처럼 모든 것이 배치되어 있는, 그것이 문화라고 불리는 것입니다. 그렇다면 우리는 많은 중단점中斷点을 통과해가면서 그런 비약, 그런 창설을 다시 파악하는 시도밖에 할 수 없습니다. 그것은 한번

92. ibid., p. 34.

이상 일어날 수 있으며, 또 분명 일어났을 것입니다. 그렇지만 '단 한 번'이라는 것은 설령 그것이 반복가능하고 분할가능한 것이었다고 하더라도 역시 저항하는 것이지만 말입니다.

[질문자] 당신은 동일성을 가지고 싶지 않다고 말씀하시는 것입니까?

아닙니다. 그렇지 않습니다. 그것은 여러분과 마찬가지입니다. 그러나 어떤 하나의 불가능한 것[une chose impossible], 나도 아마 그것에 대해 저항하고 있는 그런 것의 주위를 맴돌면서 그 '나'가 저항의 형식 그 자체를 구성하고 있습니다. 동일성이 고해질 때마다, 하나의 귀속관계가 나를 국한시킬 때마다, 말하자면 누군가가 혹은 무엇인가가 외치는 것입니다[crier]. 정신을 차려라, 함정이다, 빠져있구나. 떼어놓아라, 몸을 떼어놓아라[Dégage, dégage-toi]. 네가 몸을 들이밀 장소는 다른 곳에 있다. 너무 독창적이지 않나요? 그렇지도 않지요.[93]

동일성을 가지고 싶지 않는 것은 아니다, 라고 데리다는 분명히 말하고 있다. 그러나 그에게는 유령의 목소리(외침)가 들린다. 그

93. "<Une "folie" doit veiller sur la pensée>" in *Points de suspension*, p. 350. 論文邦譯, 「私はまだ生まれていない」, 鈴木啓二 譯, 『ルプレジャンタシオン』 第2号, 筑摩書房, 1991, 15-16頁.

것은 그의 동일성이 결정된 순간의, 우연성과 복수성의 기억이다. 왜 당신은 데리다인가, 앞서 서술한 것처럼 이 물음에 확정기술로 답할 수는 없다. 그는 알제리에서 유대인 부부의 아들로 태어나 프랑스어 교육기관에 다니고, 고등사범학교Ecole Normal에서 독일철학을 공부했다. 그러나 그런 특징들을 전부 공유하고 있다고 하더라도 데리다는 데리다가 아니었을 수 있다. 뒤집어 말하면, 그의 위화감은 그런 문화적 이종혼합성이 아니라 그 이전의 보다 근원적인 상태에서 나오고 있다. 실제로 1996년 저작에서 데리다는 이런 위화감이 "한 언어도 두 언어도 복수의 언어도 아니었다"라고 명확히 서술하고 있다. "명명할 수 없는 한 언어[une langue]에 대한 이 가깝고 소원한, 그리고 고유하게 비非고유적인 이 경험 앞에서는 사고가능한 사고하는 나라는 것은 존재하지 않았다."[94] 하나의 문화나 언어 속에 있는 것, 즉 동일성이 동일성으로 주어지는 것, 그 순간에는 이미 유령(에크리튀르)이 침입하고 있다. 데리다는 자신이 지금의 데리다가 되어 있는 그 우연성을 잊을 수 없는 것이다. 그 망각 이후 비로소 자신이 알제리에서 태어났기 때문에, 유대인이기 때문이라는 문文의 접속, 즉 문화의 '배치'에 대해 말할 수 있다.

가라타니는 '이 나'를 고유명으로서 발견했다.[95] 그러나 데리다의 '이 나', '단 한 번'에는 유령들이 항상 붙어 있다. 그리고 이

---

94. *Le monolinguisme de l'autre*, Galilée, 1996, p. 55.

95. 『探究 II』는 "나는 철학책을 읽기 시작한 십대부터 거기에 항상 '이 나'가 빠져있음을 느꼈다"는 문장으로 시작한다(9頁). (『탐구』(2), 11쪽)

목소리에 의해 데리다에게 '이 나'와 고유명 '자크 데리다'가 끝없이 괴리될 것이다. 「서명 사건 콘텍스트」의 마지막에 일부러 자필 서명을 책에 인쇄하면서 데리다는 다음과 같이 기록하고 있다. "현전성과 거리를 둔écarté 산종적 조작, 즉 에크리튀르는 [……] 아마 전달은 한다, 그렇지만 의심 없이 존재하지는 않는다. 어쩌면 가까스로 현전하는 이 문서에서 가장 있을 것 같지 않은 서명이라는 형태로 존재할 뿐이다."[96] 서명, 즉 고유명의 단독성을 전달한다. 그러나 그것은 단독성과는 '거리를 두고' 있다. 왜냐하면 그것은 반복가능하기 때문이다. 주지하다시피 1970년대 이후의 데리다는 사적인 신변잡기(서한 또는 일기)와 철학적 고찰이 혼재된 이상한 텍스트를 많이 발표했다. 그리고 그 정점은 『우편엽서』의 제1부인데, 거기에는 그가 아내 또는 연인에게 보내는 것이라고 생각되는 러브레터가 270쪽에 걸쳐 수록되어 있다. 로티는 이런 텍스트를 철학을 언어게임의 하나로 환원하는 시도로 보고 오히려 환영했다.[97] 그러나 우리에게는 그것이 오히려 실용주의적 상대화로는 결코 환원될 수 없는, 보다 복잡한 역설에 점점 가까워지는 시도처럼 생각된다. 『우편엽서』의 시도는 일견 강고한 '이 나' 위에서 전개되고 있다. 거기서 데리다라는 인간의 다양한 개인적 사건이 무수한 고유명(인명, 지명, 날짜)과 함께 적나라하게 기록되어 간다. 그럼에도 불구하고 우리는 동시에 거기서 개인적 기억이 바로 단독성을 박탈당하여 이제 유령적일 수밖에 없는, 그리고

---

96. *Marges*, p. 393. 論文邦譯, 38頁.

97. *Essays on Heidegger and Others*, p. 128.

그 유령성에 의해 익명적인 이론적 고찰과 단락되어버리는 모습을 무수히 볼 수 있다. 『우편엽서』 제1부는 아마 이런 단락회로, 즉 단독성의 에크리튀르화, 앞서의 표현으로 말하자면 소크라테스의 플라톤주의화를 퍼포머티브하게 명확히 만들기 위해 씌어진 것이 아닐까. 데리다는 항상 '자크 데리다'라는 문자이고, 에크리튀르는 반복을 불러들이고, 그리고 복수성은 '이'라는 지시를 항상 불가능하게 한다. 『우편엽서』의 서두는 '자크 데리다'라는 고유명의 복수성을 시사하고 있는데,[98] 우리는 그것을 단순한 수사로 받아들여서는 안 된다. "데리다의 이름 하에서 '이 나'가 기록한다", 이때 '데리다의 이름 하에서'와 '이 나'가 놀라울 정도의 거리를 갖게 되고, 이 양자를 '기록하는' 것, 즉 에크리튀르가 간신히 붙들어 매고 있는 그와 같은 것으로서 후기 데리다의 텍스트는 읽혀야 한다. 이 작업 또한 다음 장부터는 곳곳에서 단편적으로 행해질 것이다.

철학의 역사는 고유명의 집적이고, 따라서 철학한다는 것은 필연적으로 자신의 고유명이 받아들여지기를 바라는 것이다. 가라타니는 '이 나'를 뺀 철학은 불가능하다고 생각했다. 고유명 없이 쌓아올려진 철학도 고유명과 더불어 등록된다. 예를 들어, 스피노자나 전기 비트겐슈타인처럼. 본장에서 지금까지 검토해온 것처럼, 후기 데리다의 사고는 그 자체가 품은 역설을 다양한 형태로 집요하게 문제 삼고 있다. 따라서 그 텍스트가 가진 '기묘함', 단적

98. *La carte postale*, pp. 7-10.

으로 말해 자폐적인 이론적 독해를 거부하는 중층화된 문체의 의미는 바로 이런 시점에서 읽혀야 한다. 유령의 기억은 데리다적 문체를 요구한다. 이 잠정적인 결론 위에서 우리들은 이하 (1) 유령이란 무엇인가, 그리고 (2) 유령은 데리다 자신의 에크리튀르에 어떻게 들러붙어있는가, 즉 유령에 대한 칸스터티브한 물음과 퍼포머티브한 물음이라는 두 가지를 축으로 삼아 논의를 진행시키기로 하자. 그렇지만 우리는 여기에서 논의방식을 약간 바꿀 필요도 있다. 본장의 퍼스펙티브를 유지하는 한, '유령'에 대한 논의는 어디까지나 에크리튀르의 한 효과, 즉 데리다적 어휘와 데리다적 문체 속에서 기능하는 하나의 흥미로운 은유에 대한 고찰에 머문다고 생각되기 때문이다. 이제부터 우리는 후기 데리다의 사고에 대해 좀 더 비非데리다적으로 그리고 보다 형식적으로 고찰해 가겠다.[99]

---

99. 『비평공간』 제2기 제3호(太田出版, 94년)에 게재된 원래 논문에서는 마지막에 다음과 같은 단락이 기록되어 있었다. "이 논문은 데리다의 '실패'에 가까워지기 위한 준비작업의 하나에 지나지 않는다. 그러나 한마디 해둘까 한다. 나는 지금까지 데리다의 '실패', '병'이라고 서술했다. 후기 데리다의 텍스트는 내게 실패라고 생각되었기 때문이다. 누가 봐도 알 수 있는 것처럼, 그의 텍스트 실천은 명확히 불모의 막다른 골목으로 들어가 버렸다. 하지만 그런 실패는 단순한 실패가 아니다. 예를 들어, 그것은 데리다의 심리적 문제('지나치게 신중하다')나 그가 놓인 상황으로 환원되는 것이 아니다. 거기서는 오히려 '철학한다는 것'의 위태로움이 가장 적나라하게 등장하고 있다. 이것만으로도 '실패'의 의미는 크다. 우리는 바로 이 지점부터 데리다를 재독해야 한다. 그는 어떤 곤란을 다루고 있는 것이다. 그 때문에 곤란은 보이지 않는다."

이 단락은 본문 전체의 톤tone을 통일시키기 위해 내용적으로라기보다 오히려 문체적 어긋남 때문에 삭제해야 했다. 우리의 기본적인 생각은 그때나 지금이나 똑같다. 다만 본서에서는 '실패'라는 단어는 사용하지 않는다. 왜냐하면 이 단어를 사용하면, 데리다에게서 '실패'는 항상 긍정적으로(positive가 아니라 affirmative하게) 파악된다는 자기언급적 구조 안에 갇힐 수 있기 때문이다. 우리는 데리다적 문체의 의미에 대해 데리다적이지 않은 문체로 이야기한다. 퍼포머티브와 칸스터티브라는 이런 어긋남이 이미 충분히 우리의 입장을 나타내고 있는 셈이다.

제2장
두 통의 편지, 두 개의 탈구축

형식화의 문제에 대해서는 이하 가라타니 고진이 1980년대에 행한 일련의 작업, 「내성과 소행」, 「은유로서의 건축」, 「언어, 수, 화폐」를 참조하도록 하자. 여기에서는 소위 '탈구축'이 '형식화의 자괴[自壞]'라는 운동 그것 자체, 즉 어떤 하나의 시스템에서 출발하여 그 내재적 역설에 도달하는 사고운동이라는 것을 확인하는 데에 그친다. 가라타니가 명확히 한 것처럼 이런 운동은 형식적으로는 괴델의 불완전성 정리와 같다. 실제로 앞장에서도 다룬 것처럼, 드 만에 따르면 '탈구축'이란 텍스트를 오브젝트레벨(칸스터티브[constative])로 읽을까 메타레벨(퍼포머티브[performative])로 읽을까 결정할 수 없는, 그런 결정불가능성을 이용하여 텍스트의 최종적인 의미를 확정할 수 없게 하는 전략인 것이다. 그리고 '탈구축'은 바로 그 결정불가능성에서 텍스트의 개방성이나 타자성을 본다고 주장한다. 그러므로 가라타니에 따르면, 데리다의 작업은 결국 형식화를 밀고 나감으로써 부정적으로negative '외부'를 출현시키는 다양한 운동의 한 변주라고 해석된다. 그는 1985년의 텍스트 「전회를 위한 8장」에서 이미 다음과 같이 서술하고 있다.

> 철학이 '내성'에서 시작한다고 한다면, 현상학은 그것을 철저화하고 있다. 데리다가 만난 것은 우리는 그로부터 출발하지 않으면 안 되고, 또 그로부터 출발해서는 안 된다는 패러독스이다. 그는 하이데거처럼 '철학' 이전의 사고로 귀착되는 것을 거부한다. 따라서 그의 작업은 철학의 '내부'에서 끊임없이 그것을 반전시켜가는 작업일 수밖에 없다.
>
> [……] 데리다는 현상학의 명증성이 '자기에의 현전', 즉 '자신이 이야기하는 것을 듣는' 데에 있다고 말한다. "목소리는 의식이다."(『목소리와 현상』) 이것은 서구의 음성중심주의에 대한 비판이라는 식으로 읽히지만, 그는 그저 철학이나 현상학이 배우고=듣는 입장에 있다는 것을 말하고 있는 것에 지나지 않는다. 그리고 데리다는 그와 같은 태도의 변경으로 향한 것이 아니라 '자기에의 현전'에 앞선 흔적 내지 차연의 근원성으로 소행한다. "이 같은 흔적은 현상학적 근원성 그것 이상으로 '근원적'이다 — 만약 우리가 '근원적'이라는 말을 모순 없이 유지할 수 있고, 즉시 그것을 삭제할 수 있다고 가정한다면 말이다."(『목소리와 현상』)
>
> 즉시 말소되는 것이라고 하더라도, 이 근원적 차이는 우리

를 다시 '신비주의'로 몰아넣게 된다. 데리다는 "초월적인 것은 차이다"라고 말하지만, 이때 차이가 초월화된다고 해도 좋다.[1]

가라타니는 여기에서 하나의 주체(주관)에서 출발하는 방법 일반을 '내성'이라고 명명하고 있다. 하나의 시스템에서 출발하여 그것을 자괴自壞하도록 함으로써 근원적 차이를 발견하는 데리다의 방법은 최종적으로 차이의 신비화나 초월화로 귀결될 수밖에 없다. 본장에서 지금부터 살펴보겠지만 가라타니의 이런 비판은 일면적으로 완전히 정당하다. 실제 후설과 소쉬르 비판에서 시작한 데리다가 자기 작업의 가라타니적 의의를 자각하고 있지 않았다고 생각하는 쪽이 도리어 어려울 정도이다. 따라서 만약 그러하다면, 데리다론은 가라타니의 위 인용구절로 충분하다.

그러나 우리는 데리다에 관한 또 다른 의문, "왜 데리다는 그 같은 기묘한 텍스트를 썼는가"라는 의문에서 출발했다. 앞서 서술한 것처럼 그는 후기에 중층적인 말장난이나 암묵적 인용으로 가득 찬, 소위 '간間텍스트성'을 문자 그대로 실천한 것과 같은 텍스트를 많이 쓰고 있다. 그리고 그것은 가라타니가 인용한 『목소리와 현상』적 철학비판, 즉 전기의 형식적 작업 이후에 출현하고 있다. 우리는 여기에 주목하고 싶다.

그렇지만 주의하기로 하자. 이미 서술한 것처럼 이런 변화에 대해 일반적으로 데리다는 형식화의 끝에서 '텍스트의 유희'를 보

---

1. 『內省と遡行』, 講談社學術文庫, 1988, 293-294頁.

았다고, 또 철학의 초월론적 프로그램을 해체하고 그것을 '실천'으로 해소해버렸다고 생각된다. 괴델적 결정불가능성의 폭로 이후 '철학'에게는 이제 텍스트 공간을 헤엄치는 것만 남게 된다. 만약 이런 이해가 옳다면, 우리는 더 이상 데리다를 읽을 필요가 없다. 보다 정확히는 읽어야 할 필요조차 없다. 텍스트 공간 그 자체가 존재하지 않는 이상, '간텍스트성'이나 '저자성著者性의 탈구축'이란 술어에 의한 그런 신비화는 현실적으로는 다양한 세속적 욕망이나 이데올로기를 은폐하는 것으로만 기능하기 때문이다. 실제로 데리다의 텍스트는 그와 같은 역할과 무관하지 않았다. 1970년대에 시작된 그의 '기묘한' 텍스트 실천은, 이미 앞장에서도 서술한 것처럼, 한편으로는 많은 독자를 멀어지게 했고, 다른 한편으로는 데리다의 독특한 스타일과 어휘에 매혹된 연구자집단, 소위 '데리다파'를 강력히 조직하게 되었기 때문이다. 데리다파의 제도적 영역에서는 '탈구축적인' 작업 자체가 대량으로 생산되었지만, 어떤 텍스트를 탈구축하고 어떤 텍스트를 탈구축하지 않는가 하는 선택에 자리 잡은 욕망이 문제가 된 적은 거의 없다. 이 점에 대해 우리는 데리다가 유럽의 전통적 텍스트만 읽는 것은 왜인가 하고 애써 소박하게 물었던 사이드가 완전히 정당하다고 생각한다. 따라서 본서가 앞으로 읽으려고 하는 데리다는 그 같은 데리다로부터 멀리 떨어진 것이다. 그리고 그것은 또 가라타니가 읽은 데리다와도 다르다.

앞장 끝부분에서 우리는 두 가지 의문을 제시했다. 되풀이하자면, (1) 데리다가 제기하고 있다고 생각되는 독특한 고유명론, 즉 '유령'론은 어떤 것일까, 그리고 (2) 이런 고유명의 파악방식은 데리다 자신의 텍스트에 어떻게 영향을 주고 있는가 하는 두 가지 물음이었다. 본장은 후기 데리다의 작업을 형식적으로 정리함으로써 그런 물음들에 답하기 위한 이론적 지평을 정리한다. 다시 확인해두지만, 여기에서 '기묘함'이라 불리는 데리다의 특징은 결코 그 개인의 철학적 자질이나 시대적 배경(텔 켈Tel Quel 그룹의 영향 등)으로 환원되는 것이 아니다. 우리는 오히려 거기서 문제가 되고 있는 것은 매우 이론적인 차이라고 생각한다. 후기 데리다는 우리 생각으로 괴델=가라타니적인 '형식화'에 의해 파악할 수 없는 또 다른 구조, 1970년대의 그가 때로 '긴밀구조stricture'라고 부른 바로 그것을 다루고 있었다.[2] 그리고 그가 생산한 텍스트의 성질 역시 그 구조로부터 이론적으로 요청된 것으로 추측된다. 우리는 뒤에서 다시 가라타니를 다룰 것이다. 형식화의 문제가 가라타니에게 '전회'를 강요했다면, 그렇다면 데리다에게는 무엇을 강요했을까 — 본장의 문제는 이렇게 매우 간단히 정식화해도 크게 틀린 것은 아니다.

1-a

후기 데리다의 텍스트란 도대체 어떠한 것일까. 예를 들어, 1989년에서 1990년에 걸쳐 씌어진 텍스트 「할례고백circonfession」에

2. cf. ex. La vérité en peinture, Flammarion (collection ≪Champs≫), 1978, p. 388ff.

는 다음과 같은 구절들이 있다.

> 만약 아직도 하나의 할례circoncision [……] 가 내 입술의 경계를 결정하고 있다고 한다면, 만약 나의 고백confession이 마음을 진정시키고 안심시키는 진리를 빨고 있다고 한다면, 그렇다면 나는 속죄 없이 자신의 이 망연자실에 종지부를 찍을 텐데, [……] 그렇다면 나는 이 소용돌이를 피할 텐데, 소용돌이, 그것은 진리와는 더 이상 어떤 관계도 없는 하나의 고백confession의 경험이다, 그리고 그것은 마치 모든 형상과 모든 묘선描線이 부과되는 할례circoncision의 경험이다, 고명古名 혹은 남유濫喩, 그렇지만 고백confession 또는 할례circoncision라는 의식은 서로 닮은 것이 분명하다, 가족에 속함으로써 즉 장르=종種에 속함으로써, 그리고 거기서 사람들은 다음과 같이 자백하지 않으면 안 된다, 이 이야기는 무엇과도 닮아있지 않다, 집안 문지방 위의 저 최초의 아침부터 아무것도 바뀌지 않았다, 나 또한 그런 식으로 고백하고 싶었지만, 그리고 나의 할례고백circonfession은 시작한다, 매킨토시 세트 안에서 층화層化된 장소에서, 상기적이고 반복=복제가능하고 또 상처입기 쉬운 구조, double-sided/double density, 양면 트랙의 플로피디스크, [……] 그 어리석은 자들은 믿고 있다, 컴퓨터는 에크리튀르를 쓸모없이 만든다, '상사펜Plume Sergent-Major'을 가진 선량한 할머니를, 부모의 에크리튀르를, 내 아버지의 펜, 내 어머니의 펜을 쓸모없게 만든다, 그리고 결국은 분신 혹은 아르시브archive 문제를 규제한다, 어떤 나

이브함, 그것은 그들이 컴퓨터로 쓰지 않기 때문이다.[3]

이 텍스트는 1991년, 제프리 베닝턴의 텍스트 「데리다베이스」와 함께 쇠이유사의 '동시대인' 시리즈의 한 책 『자크 데리다』로 출판되었다. 같은 시리즈는 그 외에 『루트비히 비트겐슈타인』, 『프랑시스 퐁주』, 『피에르 클로소프스키』 등을 갖춘 사상가나 작가의 해설서 시리즈로, 본래는 본서도 데리다의 인생과 업적에 대한 가벼운 해설이 기대되었다. 하지만 거기서 데리다와 베닝턴은 다음과 같은 복잡한 전략을 세웠다. 한편으로 베닝턴의 텍스트는 어디까지나 교육적으로 데리다의 작업을 최대한 도식화한다. 이것은 그의 전기적 정보를 전혀 포함하지 않고 '기호', '증여', '무의식'이라는 세 가지 키워드를 내 건 장부터 무시간적으로 구성되어 있다(「데리다베이스」라는 타이틀은 「데이터베이스」의 재치 있는 말장난이다). 다른 한편으로 데리다는 바로 그 도식을 해체하기 위해 평행하게 기묘한 자전적 텍스트를 집필한다. 이 텍스트는 59개의 단장으로 구성되어있고 하나의 단장 내에는 마침표가 없는 문장이 이어진다. 베닝턴에 의한 키워드화에 저항하기 위해 여기에는 정체를 알 수 없는 은유가 빈번히 나오고 복잡한 구문이 설치된다. 그리고 이들 양 텍스트는 같은 쪽에 상단 2/3를 「데리다베이스」가 아래 나머지를 「할례고백」이 점하는 형태로 인쇄되었다. 도식적 사고와 은유적 연상관계가 눈에 들어오는 형태로 병렬되

---

3. "Circonfession" in Geoffrey Bennington et Jacques Derrida, *Jacques Derrida*, Seuil, 1991, pp. 126-128.

어 있는 이 텍스트는 이후 서술할 '탈구축'의 두 가지 측면의 관계를 응축하고 있다.

그렇다면 우리는 「할례고백」과 같이 전형적인 후기 스타일로 씌어진 문장을 이해하기 위해 우선 각각의 단어=은유가 가진 통상적 함의를 괄호에 넣지 않으면 안 된다. 그리고 그것들의 배치부터 검토하기 시작해야 한다. 우리는 먼저 인용 부분에서 '고백confession', '할례circoncision' 두 가지와 '할례고백circonfession'의 대치를 발견할 수 있다. 데리다는 다른 어떤 것과도 닮지 않은 오리지널한 이야기物語=자기사自己史를 날조하고 강화하는 고백 및 할례라는 제도는 '가족'적이며 '진실'을 보증한다고 서술한다. 이 제도에서 나=데리다는 탄생 순간부터 어떤 동일성이 각인되고, 설령 다양한 인격상의 변천을 거쳤다고 해도 그 본질은 전혀 변하지 않았다(이 이야기는 무엇과도 닮아있지 않다, 집안 문지방 위 저 최초의 아침부터 아무것도 바뀌지 않았다). 이것은 앞장에서 다룬 고유명의 문제와 직결된다. 가령 아무리 성질이 바뀌어도 "나는 나다"는 것, 그것은 확정기술의 변화에 의존하지 않는 단독성이 있다는 것을 의미한다. 그러나 데리다가 「할례고백」을 시작하는 것은 그런 단독성을 교란하는 '소용돌이', 소위 유령의 목소리가 있기 때문이다. 그리고 여기에는 할례고백을 가능하게 하는 장치로서 매킨토시, 즉 컴퓨터=정보기계에 대한 언급이 이루어지고 있다. 인용 부분만으로는 이해하기 힘들지만, 사실 이 「할례고백」 전체를 통해 펜과 매킨토시라는 대치는 고백=할례와 할례고백이라는 대치와 평행하고 있다. 컴퓨터로 쓰지 않는 인간은 할례고백을 시작할 수 없다. 거기서 이른바 기억(상기, 아카이브)의 펜적 형태와 매킨토시적 형태가 대치하게 된다.

한편으로 '고백', '할례', '진리', '가족', '펜'이라는 단어. 그리고 다른 한편으로 '할례고백', '반복가능itérable', '매킨토시 세트le bloc Macintosh'라는 은유군……. 그렇다면 은유의 이런 계열과 대치는 무엇을 의미하는 것일까? 그것을 알기 위해서는 이번엔 「할례고백」 이외의 텍스트를 참조하지 않으면 안 된다. 지금까지 되풀이해온 것처럼, 후기 데리다의 텍스트는 상호 참조하고 있기 때문이다.

우리는 앞으로 데리다를 독해하는 축의 하나로 '우편poste'이라는 은유를 선택하겠다. 이 선택은 결코 자의적인 것은 아니다. 우편적 은유는 아주 초기부터 최근까지 데리다의 많은 텍스트에 일관되게 나타나고 있기 때문이다. 예를 들어, 그의 최초의 저작인 『「기하학의 기원」 서설』에서부터 이미 이 은유가 등장하고 있다.[4] 후설은 기하학적 이념이 역사적 전승(탈레스가 발견하고, 그것을 누군가가 전달하고, 또 누군가가 전달하고……) 위에 성립한다는 인식을 가지고, 그것에 의해 '원격 커뮤니케이션에서의 우편이나 서한'이 지知의 구성에서 수행하는 역할의 고찰, 나중에 데리다가 사용하는 술어로는 '그라마톨로지'의 고찰로 한걸음 나아갔다. 그럼에도 불구하고 다른 한편으로 후설은 전승의 불확정성을 지워 버렸다. 데리다가 후설의 '초월론적 역사'에 흥미를 가지는 것은 이미 검토한 것처럼 바로 이 양의성에서이다. 마찬가지로 앞장에서 다룬 논문 「서명 사건 콘텍스트」를 봐도 좋다. 어떤 발화가 문

4. *L'origine de la géométrie*, pp. 36-37. 邦譯, 47-49頁.

자대로의 것인지 수사적인 것인지, 칸스터티브한 것인지 퍼포머티브한 것인지, 즉 '정상'인 것인지 '기생적'인 것인지, 데리다는 그런 구별이 원리적으로 불가능하다고 주장하는데, 그때 그가 들고 나온 것은 수취인이 죽은 편지의 예였다.[5] 그리고 데리다는 1980년의 『우편엽서』를 필두로 문자 그대로 우편이나 텔레미디어를 테마로 한 텍스트를 많이 발표하고 있다. 우리가 본장에서 나중에 읽게 될 논문 「진리의 배달부」는 이 저작에 수록되어 있다.

우편적 은유로 정리하면, '에크리튀르'는 결국 정보의 불가피하고 불완전한 매개를 말한다고 생각할 수 있다. 정보의 전달이 반드시 어떤 매개를 필요로 하는 이상, 모든 커뮤니케이션은 항상 자신이 발신한 정보가 잘못된 곳에 전달되거나, 그 일부 혹은 전부가 도달하지 않거나, 역으로 자신이 받은 정보가 실은 씌어진 발송인과는 다른 사람으로부터 보내진 것이었다거나 하는 사고의 가능성에 노출되어 있다. 데리다가 강하게 비판하는 '현전의 사고'란 그런 종류의 사고를 최종적으로 제어할 수 있다고 보는 사고법을 의미한다. 역으로 커뮤니케이션에 대한 데리다의 기본적인 메시지는 그런 종류의 사고가능성으로부터 결코 자유로울 수 없는 '믿을 수 없는 우편제도'라고 해도 좋다.

「할례고백」의 데리다가 '진리', '가족', '고백'이란 은유를 연결시킨 이유를 우리는 여기에서 간단히 읽어낼 수 있다. 데리다의 은유=개념계에서 이 세 가지는 모두 투명하고 이상적인 우편제도에 의존한 것이라고 생각된다. 예를 들어, 1968년 「플라톤의 파르

---

5. *Marges*, p. 375. 論文邦譯, 21頁.

마케이아」를 시작으로 데리다는 많은 텍스트에서 진리의 문제계와 가족의 문제계를 연결시켜 논술하고 있다. 그에 따르면, 서양형이상학에서 "진리다"라는 것은 항상 정보가 매개(에크리튀르)에 의해 왜곡되지 않고 발신지에서의 상태와 똑같은 상태로 도달하는 것을 의미한다. 즉 '진리'의 진리성은 일반적으로 정보의 전달과정에서의 약화, 사고가능성을 극한까지 줄인 이상理想상태로 이미지화되고 있다. 그리고 사고가능성의 배제 또한 정보의 전달경로를 완전히 소행하는 것, 게다가 경로 자체를 무화하는 것이라고 바꿔 말할 수 있다. 예를 들어, 우리는 지폐를 받을 때 거기에 각인된 중앙은행의 인장과 제조번호에 의해 지폐의 진정성을 믿으며, 그 내력(지폐가 누구의 손을 거쳐 왔는가)에 유의하지는 않는다. 인장과 제조번호는 특정 지폐를 발신지(조폐국)까지 순식간에 소행시키는 것으로, 그것이 거쳐 온 구체적 경로를 말소시켜 버린다. 역으로 경로가 문제가 되는 것은 위조지폐의 경우다. 경로의 말소가능성이야말로 '진리'를 뒷받침한다.[6] 다른 한편으로 '가족'이라

---

6. 이후 본문에서 서술하겠지만 데리다는 경로의 말소가능성과 진정성의 이 커플링coupling이 잉태하고 있는 모순을 철학적으로 치밀하게 추적한다. 그러나 화폐의 예와 관련해서만은 그 모순이 전자머니의 출현에 의해 이미 현실에서 문제가 되고 있다고 생각한다. 간단히 복습해보자.

잘 알려진 것처럼 현실통화를 완전히 모방한(즉 분산처리결제가 가능한) 전자머니를 현실화하는 데에 있어 가장 곤란한 과제는, 한편으로 그것의 희소성과 진정성을 꾸준히 보증하면서, 다른 한편으로 그것의 익명성을 유지한다고 하는 이중적 요청에 응답하는 것이다. 희소성과 진정성의 유지는 위조와 카피 방지를 의미한다. 그리고 그것은 결국 원리적으로 개개의 전자머니(디지털 정보의 덩어리)로 암호화된 시리얼 넘버를 첨부하는 것으로 해결될 수밖에 없다. 그러나 그것은 이용자

는 말 또한 정보의 전달과 깊이 관계하고 있다. 예를 들어, 우리가 배우자관계에 있는 경우를 제외하면, 나와 당신이 같은 가족이라는 것은 일반적으로 아버지와 어머니, 조부와 조모를 공유하는 혹은 내가 당신의 아이나 부모라는 것을 의미한다. 거기에는 나로부터 거슬러 올라간 '피'의 계열은 어딘가에서 반드시 당신의 계열과 교차하고 있다. 즉 배우자관계 이외의, 바꿔 말하면 결코 스스로의 의지로서는 해소될 수 없는 종류의 '가족'은 피의 소행가능성을 근거로 하여 성립되는 것이다. 그리고 피의 계열이란 말할 것도 없이 문자 그대로도 정보(유전자)의 전달경로이다.

진리는 지[知]라는 우편제도의, 가족은 피라는 우편제도의 완전

의 프라이버시를 대폭 침해한다. 어떤 전자머니가 언제 어디서 누구에게서 누구에게로 건너갔는지, 그 정보가 발행은행에 집중되기 때문이다. 사실 이런 모순은 매우 데리다적이다. 경로의 말소가능성이란 정의상 그 소행가능성이기 때문에, 거기서는 경로를 말소하려 하면 할수록, 즉 전자머니의 진정성을 증가시키면 증가시킬수록 필연적으로 경로의 현실적 존재가 좀처럼 사라지기 힘들다는 것이 확인되어, 개개의 전자머니는 익명성으로부터 멀어지게 된다. 이상의 사태는 이론적으로는 경로의 말소가능성이 진정성을 뒷받침한다, 즉 "화폐는 그 내력과는 무관하게 받아들여진다"는 이념이 본래 처음부터 일관되고 있지 않았다는 것을 보여주고 있다. 게다가 이런 사태는 소행적으로 전자머니 이전의 분산처리형 화폐, 예를 들어 지폐에서 이런 종류의 모순이 맡고 있던 역할을 명확히 하고 있기도 하다. 화폐가 이미 일종의 버추얼 머니였다는 것은 종종 지적되고 있지만, 실은 그 가상virtual 진실성은 제조번호에 의한 경로 말소=소행이 한편으로 이념적 가능성으로서 항상 유지되면서도, 다른 한편으로 현실적 가능성으로서는 항상 이념적으로 있을 수 없었다는 모순에 의해 유지되고 있었던 것이다. 여기에서는 데리다가 '대리보충의 논리'라고 부르는 것과 정확히 같은 구조가 나타나고 있다.

성에 의해 수호된다. 그리고 데리다의 비판은 바로 그런 완전성을 향하고 있다. 「플라톤의 파르마케이아」에서 강조되는 "에크리튀르는 부친살해이다"라는 테제[7]나 철학적 사고의 '사생아bâtard'성은 여기에서 나온다. 이 논문은 『산종』이라는 제목이 붙은 논문집에 수록되어 있는데, 원래 이 제목이 데리다의 발상을 매우 잘 나타내고 있다. 종種=정자semen를 산시散蒔하고 진리와 가족이 의존하는 전달경로의 순수성을 교란하는 것. 아니 차라리 원래 순수한 전달경로 따위는 가능성으로서조차도 존재하지 않았다는 것, 순수한 전달경로란 언어모순에 다름 아니라는 것을 보여주는 것……. 따라서 데리다의 술어계에서는 '진리'나 '가족'은 항상 '산종', '우편'과 대치된다. 그리고 마찬가지로 '고백', 탄생의 순간으로부터 일직선으로 이어지는 인생을 투명한 시선 하에서 다시 말하는 그런 작업 또한 기억의 순수성, 즉 과거에서 현재로의 정보전달의 순수성을 전제한 것이라고 생각할 수 있다. 이 문제에 대해 데리다는 이미 『그라마톨로지에 대하여』의 제2부에서 루소의 『고백』을 참조하면서 상세한 분석을 전개하고 있다. 그러나 이 저작은 번역본도 나와 있기 때문에 상세한 설명은 생략한다.

인용 부분으로 충분히 알 수 있는 것처럼, 「할례고백」은 자전自傳의 일반적 형태와 거리가 먼 곳에서 씌어지고 있다. 그러나 우리는 우편적 은유를 키워드로 삼음으로써 그 의도를 보다 명확히 이해할 수 있다. 완전한 우편제도를 전제로 한 '진리', '가족', '고백'이라는 삼위일체, 그것은 과거의 사건을 다시 말함으로써 자신

---

7. *La dissémination*, p. 189.

의 동일성이나 가족적 귀속을 확립함과 동시에, 자기 기억의 진정성을 재확인하는 작업이기도 하다. 데리다가 생각하기에 형이상학적 '기억'의 개념은 과거로부터 편지=기억이 현재에 도달하는 것을 전제로 한다. 자전이나 고백은 일반적으로 그 편지의 도착을 확인하는 작업에 다름 아니다. 그러나 데리다가 시도한 「할례고백」은 오히려 다시 말함으로써 자신의 동일성이 흔들리고 기억의 불확정성, 전달경로의 취약함이 명확해지는 경험을 가리키고 있다. 말할 것도 없이 실제로는 인간의 기억에서 과거로부터의 편지=기억이 행방불명이 되거나, 또 발신자가 불분명한 편지=기억이 도착하거나 하는 우편제도(즉 뉴런의 네트워크)의 취약함을 피할 수 없다. 따라서 '행방불명된 우편물'은 '유령'과 나란히 데리다에게 있어 무의식적 기억을 나타내는 중요한 은유로서 등장한다. 우리는 이미 앞장에서 데리다의 동일성을 위협하는 유령들의 목소리, 확률적 복수성(발생한, 또 발생했음이 분명한)에 의해 위협을 당하는 기묘한 감각을 다루었다. 「할례고백」은 그와 같은 감각에 의해 인도된 반反-자전自傳으로 씌어졌다.

그런데 주체의 동일성이라는 문제는 다시 텍스트의 동일성이라는 문제로도 변형된다. 텍스트는 완결되지 않고 항상 열려 있다. 이는 크리스테바나 에코를 참조할 필요도 없이 흔한 인식이지만, 데리다가 뛰어난 것은 이후에 자세히 논하겠지만 그가 그것을 네트워크의 불완전성이라는 문제로 생각했다는 점이다. 거기서는 텍스트의 '개방성'이 간間텍스트 공간으로의 용해로서가 아니라, 오히려 텍스트=편지의 일부가 배달과정에서 행방불명이 되거나, 혹은 일부 손상되거나 다른 편지와 혼동되는 가능성으로 파악되고 있다. 실제 데리다는 1970년대 후반 이후 그런 종류의 개방성으로 의도적으로 손상된 의사擬似서한이라는 형식의 텍스트를 여럿 발표하고 있다. 그리고 거기서 중요한 역할을 한 것이 '행방불명된 우편물'이라는 은유다. 행방불명된 편지는 '데드레터'라고 불리지만 결코 죽은 게 아니다. 그것은 어떤 시점視點(컨트롤센터)에서 일시적으로 벗어난 것뿐이며, 언젠가 부활하여 배달될 가능성이 항상 있다. 그렇지만 그 날이 올 때까지(올지 안 올지는 모르지만) 행방불명된 우편물은 확실히 네트워크로부터의 순수한 상실, 죽음으로서만 존재한다.[8] 이 데드스톡dead stock의 상정이 데리다가 주장하는 우편적 공간을 간間텍스트 공간과 미묘하지만 결정적인 형태로 구별되게 한다. 실제 이제부터 검토되겠지만 1970년대 이후 데리다가 쓴 텍스트의 대부분이 어느 때는 은유로, 또 어느 때는 이론적으로 이 데드스톡이라는 문제와 관계하고 있다. 이 문제계는 초기 데리다의 『「기하학의 기원」 서설』에서 보이는 조이스에 대한 언급이나 「프로이트와 에크리튀르의 무대」에서 보이는 '매직메모le bloc magique'의 은유에 대한 주목에서도 이미 맹아적으로 나타나고 있다.[9]

'펜', '할례', '매킨토시 세트' 등, 인용 부분의 다른 단어도 제각

---

8. cf. *La carte postale*, p. 136ff.

9. cf. *L'origine de la géométrie*. p. 104ff. 邦譯, 150頁 이하 및 cf. *L'écriture et la différence*, p. 325ff. 邦譯, 下卷 98頁(『글쓰기와 차이』, 347쪽) 이하. 전자에서 데리다는 후설을 조이스의 '초월론적 대응물'이라고 부르고 있다. 기억은 우편공간에 머무르지만, 현상학(초월론철학)은 그것을 경로라는 개념 없이 파악하려고 한다. 후자에서 다루어지고 있는 '매직메모'에 대해서는 제4장에서 상세히 논한다.

기 많은 문제계를 시사하고 있다. 고유명의 문제, 기억의 문제, 아카이브의 문제, 미디어의 문제, 유대성의 문제……. 우리는 그 하나하나의 은유=개념에 대해 데리다의 여러 텍스트를 관통하는 항적航跡을 묘사하고 치밀한 분석을 행할 수 있다. 그리고 그 과정에서 그들 은유=개념을 배치한 지도나 키워드집을 만들고, 후기 데리다를 독해하기 위한 가이드북을 작성하는 것도 가능할 것이다. 당연히 그것은 그 나름대로 중요하고 필요한 작업이다. 그러나 나는 이 장에서 보다 폭력적으로 그리고 매우 도식적으로 데리다의 그 은유들의 배치를 떠받치고 있는 하나의 역학에 대해 생각해보고 싶다. 왜 데리다는 이러이러한 은유를 이처럼 배치하고 있는가 하는 물음이 결여된 곳에서 생산적인 독해란 불가능하기 때문이다.

1-b

『그라마톨로지에 대하여』 제2부에서 데리다는 '대리보충supplément'이라는 개념을 제출하고 있다. 「플라톤의 파르마케이아」의 예를 빌리자면, '대리보충의 논리'는 다음과 같은 것이다.[10] 플라톤의 대화편, 특히 『파르메니데스』에서 에크리튀르(쓰는 것)는 우선 기억을 대리보충하는 것으로 간주된다. 그러나 현실적으로 사람은 쓰고 기록함으로써 오히려 긴장을 늦추고 그것을 잊어버리는

10. *La dissémination*, p. 122ff.

경향이 있다. 그렇기 때문에 소크라테스는 확실히 기억하기 위해서는 오히려 쓰거나 기록하지 말아야 한다는 충고도 동시에 하게 된다. 그러나 이것은 모순이다. 에크리튀르는 기억력을 보충함(강화함)과 동시에 위협하기(약화시키기) 때문이다. 이런 자가당착적 논리를 '대리보충의 논리'라고 부른다. 앞장을 이어받아 말하자면, 여기에서도 칸스터티브와 퍼포머티브의 충돌이 문제가 되고 있다. "에크리튀르는 기억을 대리보충한다"라는 명제는 퍼포머티브하게 받아들여질 때(""에크리튀르는 기억을 대리보충하기" 때문에 기억하지 않아도 된다'), 칸스터티브한 명제내용과 반대의 사태를 일으키게 된다. 즉 '대리보충'은 하나의 언설에 대한 두 가지 독해 레벨의 필연적 단락에 주목하는 것이고, 이는 형식적으로는 괴델적 결정불가능성의 문제와 같다. 그리고 데리다의 사고에서는 보다 일반적으로 기억/에크리튀르, 일차적/이차적, 오리지널/카피라는 이항대립은 모두 필연적으로 '대리보충의 논리'적 자가당착, 즉 괴델적 자괴[自壞]의 지점을 그 내부에 가지고 있다. 지금까지 되풀이해온 것처럼 '탈구축'이란 일반적으로 이 지점을 폭로하여 기성의 위계질서를 해체하는 행위라고 이해되고 있다.

여기에서 중요한 것은 이런 '탈구축'의 전략이 불가피하게 형식적인 것이 된다는 것이다. 확실히 한편으로 지리적으로도 영역적으로도 매우 광범위하게 걸쳐있는 데리다의 영향은 정말이지 그 형식성에 의해 뒷받침되고 있다. 하지만 그것은 다른 한편으로 그의 작업에서 구체성을 박탈하는 것이기도 하다. 1980년대 이후에 출현한 지적 상황은 예를 들어 건축가(예를 들어 ANY회의)도 법학자(예를 들어 콜로키움 <탈구축과 정의의 가능성>)도 데리다의 같은 텍스트를 똑같이 인용할 수 있다는 것을 보여주고 있다. 그런데 그것은 명확히 데리다가 건축에 대해서도 법학에 대해서도 구체적이고 전문적인 언급을 하고 있지 않기 때문이다. 거기서 어떤 시스템(제도나 텍스트)을 탈구축하는 것은 주어진 시스템의 형식적 자괴지점을 찾는 것만을 의미한다. 그리고 그 이상으로 시스템의 세부에 관여할 필요는 없다. 이 형식성=추상성에는 본질적인 문제가 있다. 잘 알려진 것처럼 영어권에서 탈구축은 처음에는 보수적인 문예비평으로 수용되었다. 실제 보수적 담론도 혁신적 담론도 동등하게 탈구축이 가능하다는 태도는 니힐리스틱하고 시니컬한 현상추인만을 낳는다. 라이언이 1980년대에 처음으로 탈구축과 마르크스주의의 접합을 시도한 것은 바로 이런 수용에 대한 저항이었는데,[11] 하지만 우리는 그런 탈구축에 대한 보수적 이해야말로 오히려 필연이었다고 말해야 한다. 탈구축의 최고달성(모든 것의 위계질서는 탈구축이 가능하다)이야말로 그런 시니시즘을 뒷받침한다. 이 문제를 이론적으로 해결하지 않으면, 탈구축을 좌익과 연결시키는 라이언의 의도는 유감스럽지만 그런 보수적 이해와 똑같은 자의성밖에 갖지 않는다. 형식적 탈구축은 완전히 중립적인 것이기 때문이다.

그럼에도 불구하고 여기에서 데리다가 읽혀야 하는 것은 그가 대리보충의 논리를 발견하는 것으로 분석을 끝내고 있지 않기 때문이다. 그의 텍스트에는 여분이 있다. 예를 들어 「플라톤의 파르마케이아」에서 대리보충은 '파르마콘'이라 불리고 있다. 앞서 이

---

11. 『デリダとマルクス』, 194頁(『마르크스주의와 해체론』, 169쪽) 이하 참조.

야기한 것처럼 이것은 약과 독을 동시에 의미하는 그리스어 단어이고, 그 때문에 이 양의성을 지점^支點^으로 삼아 플라톤주의의 일관성을 탈구축하는 것은 형식적으로 가능하다. '파르마콘'은 그 경우 『목소리와 현상』 분석에서 '기호'라는 단어가, 또 「제한경제학에서 일반경제학으로」(1967년 논문)의 분석에서 '지고성'이라는 단어가 행한 역할을 하는 것이 된다. 그것들은 탈구축을 위한 지렛대, 이항대립이 자괴하는 리미트^limit^를 지시하는 잠정적 키워드에 지나지 않는다. 이후 논의는 형식적으로 진행된다. 그러나 데리다의 텍스트는 거기서 끝나지 않는다. 그는 '파르마콘'의 형식적 이중성에 주목하는 한편, 그 단어 자체에 이상하게 집착하면서 거기에 많은 참조의 실을 휘감아간다. 그 무수한 실 속에는 전술한 '진리'나 '가족'의 문제계도 있으며, 그리스와 이집트의 관계, 또 앞장에서 다룬 '코라'의 문제계도 배치되어 있다. 그저 형식적으로 탈구축하는 것이라면, 그런 개념=은유의 배치는 필요가 없었을 것이다. 아니 오히려 한편으로 대리보충의 논리분석이 너무나 형식적이어서 일부러 원문의 그리스어를 인용하고 그로부터 말장난으로 생각되는 단어와 단어의 연상을 전개시키는 다른 논술은 현학적인 트릭으로조차 보일 것이다. 그렇다면 우리는 여기에서 데리다는 왜 간^間^텍스트적 분석으로 향한 것인지 묻는 것이 가능하다. 형식적 탈구축 외에 도대체 그는 무엇을 하고 싶었던 것일까? 이것은 「플라톤의 파르마케이아」만의 문제가 아니다.

따라서 우리는 데리다의 '탈구축'에 대하여 다음과 같은 작업가설을 세워보고자 한다. 일반적으로 탈구축으로 이해되고, 가라타니가 결국은 괴델 문제와 같다고 서술한 전략, 즉 오브젝트레벨과 메타레벨 사이의 결정불가능성에 의해 텍스트의 최종적 심급을 무효화하는 전략이란 실은 '탈구축'의 절반에 지나지 않는다. 거기에는 아직 특정 텍스트 혹은 시스템의 '대리보충의 논리'가 노정된 것에 지나지 않기 때문이다. 대리보충의 분석은 텍스트를 붕 뜨게 만든다. 하지만 그런 결정불가능성 또한 다른 구조의 존재를 시사하고 있으며, 탈구축의 나머지 절반은 그 구조에 대해서 이야기하는 데에 소비된다. 데리다가 연발하는 은유나 조어군은 바로 이 후자의 전략으로 이해되어야 한다. 그렇지 않으면 그런 풍요로운 문학적 은유는 괴델=가라타니적으로 형식화가 가능한 작업을 의도적으로 피하는 에두름이나 그저 현학적 몸짓만을 보여주는 게 되어버린다. 전기와 후기의 중간에 위치하는 「플라톤의 파르마케이아」에서는 두 가지 어프로치가 병렬적으로 이루어지고 있다. 전형적인 후기스타일로 씌어진 「할례고백」에서는 형식적 탈구축이 거의 행해지고 있지 않다. 또 하나의 탈구축, 즉 데리다에 의한 비평행위의 특이함을 뒷받침하는 이 전략은 후기의 '기묘한' 텍스트 안에 다양한 형태로 기입되고 있다.

두 가지 탈구축을 앞으로 괴델적 탈구축과 데리다적 탈구축(정확히는 '후기 데리다적'이라고 불러야 하겠지만)이라고 각각 이름붙이기로 하자. 1989년 강의 『법의 힘』에서는 데리다 자신이 탈구축을 '비역사적이고 이론적-형식적인' 것과 '텍스트 독해, 세밀한 해석과 계보학으로 나아가는' 것이라는 '두 가지 스타일'로 나누고 있는데,[12] 이 구별과 우리의 구별은 대체로 겹친다. 그러나 우리

---

12. *Force de loi*, p. 48(『법의 힘』, 47쪽).

는 데리다의 문제계를 보다 넓은 문맥과 연결하기 위해 그 자신이 거의 괴델을 다루고 있지 않다는 것을 확인하면서도,[13] 여기에서는 굳이 가라타니를 중간에 두고 괴델을 참조하고 싶다. 또 『법의 힘』은 '탈구축가능', '탈구축불가능'이라는 표현도 도입하고 있는데, 그 구분을 채용하면 괴델적 탈구축은 '탈구축가능'한 구조에 관여하는 것이라고 해도 좋다. 이에 반해 데리다적 탈구축은 — 약간 언어모순적이지만 — '탈구축불가능'한 구조와 관련이 있다. 현전의 구조와 탈현전의 구조. 믿을 수 있는 우편제도와 믿을 수 없는 우편제도. 「할례고백」의 두 가지 계열은 그 각각에 대응하고 있다.

우리는 어디까지나 후자를 '구조'로, 그리고 또 하나의 탈구축을 그와 다른 구조를 생각하기 위한 다른 사고법으로 파악한다. 즉 이 탈구축을 형식적 탈구축에 부가된 텍스트 실천, 이론적 사고에의 수식물로 생각하지 않는다. 예를 들어, 『법의 힘』 제1부에서

13. 그러나 우리는 또한 『「기하학의 기원」 서설』에서의 사소한 언급에서조차 이런 용어법을 충분히 정당화하는 것이라고 생각한다(p. 39ff. 邦譯, 64頁 이하). 거기서 데리다는 '후설의 비원悲願이었던 기원적 기초짓기'와 괴델의 불완전성 정리에 의해 부인되었던 '공리계와 그 연역성 일반의 이상'을 구별할 필요성을 매우 명확히 서술하고 있다. 후설은 수학적 규정가능성 일반의 기원에 대해 사고하고 있다. 다른 한편으로 수학적 공리화의 원리(러셀)와 그 자괴(괴델)는 그것의 정의상 수학적 규정성이 확립된 후에 문제가 되는 것에 불과하다. 즉 데리다가 읽는 후설의 '초월론적 역사'는 형이상학과 괴델적 결정불가능성이 함께 성립하는, '수학'이라는 지평 자체를 뒷받침하는 위상을 지지하고 있다. 그리고 데리다는 바로 거기에서 에크리튀르의 전승공간을 발견했다. 여기에는 이미 본장이 주제로 삼는 '두 가지 탈구축'의 문제가 거의 완전한 형태로 예고되고 있다.

데리다는 "정의는 탈구축이 불가능한 것이다." "탈구축은 정의다." "탈구축이란 불가능한 것의 경험이다." "정의란 측정이 불가능한 것을 측정하는 것이다."라고 잇따라 서술하고 있다.[14] 논의는 이러하다. 법droit의 구조가 탈구축가능하다고 하더라도 정의justice는 그 구조로부터 보면 역설적 존재다. 법에 의해 사전에 보증된 행위는 더 이상 정의가 아니며, 다른 한편으로 정의가 완전히 법의 부재, 법의 무시를 의미하는 것도 아니다. 즉 정의의 국면에서 법은 현전도 부재도 아니다. 법의 관념을 괴델적으로 탈구축한 결과, 탈구축불가능한 역설적 관념으로서 정의가 남았다. 여기까지는 좋다. 그러나 그 이후 이 강연에서 데리다는 '정의'의 구체적인 양태에 대해 말하는 것을 방기하고 그 역설성만을 강조하게 된다. 우리는 이런 언명을 높이 평가해서는 안 된다. 지금부터 본장과 다음 장에서 자세히 검토하겠지만 『우편엽서』를 시작으로 한 많은 텍스트에서 데리다는 그 '탈구축불가능한 것'에 대해 은유를 지나치게 사용하면서 무언가를 말하려고 노력한다. 예를 들어, 『우편엽서』에 수록된 의사서한집(제1부)에서 '탈구축불가능한 것'은 우편제도나 책임 관념이나 소크라테스와 플라톤의 관계였다. 우리가 독해해야 하는 것은 이런 종류의 시도다. 이에 반해 『법의 힘』에서는 괴델적 탈구축의 잔여물이 그저 신비화되어 버리고 있다. 데리다적 탈구축은 확실히 '탈구축불가능한 것'(보다 정확히는 '괴델적으로 탈구축불가능한 것')과 관계가 있지만, 그것이 침묵이나 신비화를 의미해서는 안 된다.

---

14. *Force de loi*, p. 34ff(『법의 힘』, 33쪽 이하).

사실 이 문제는 데리다의 많은 텍스트에서 지적가능하다. 예를 들어, 구체적으로 '결혼=처녀막hymen', '분유partage', '이접disjonction', '경계획정=경계철거délimitation' 등과 같은 양의적 개념을 나타내는 단어 — 앞서의 '파르마콘'도 그 한 예다 — 가 아무렇지 않게 많이 사용되고 있는 텍스트에는 주의가 필요하다. 그러나 우리는 여기에서 충실하게 데리다의 모든 텍스트를 참조할 필요는 없다. 우리는 오히려 그 가능성의 중심을 읽으면 되는 것이다.

2-a

괴델적 탈구축과 데리다적 탈구축의 차이에 대해 생각하기 위해서는 데리다의 부정신학에 대한 관계부터 살펴보는 것이 좋다.[15] 이미 1960년대부터 데리다는 그 자신이 제시한 다양한 역설적 개념, 예를 들어 '차연'이 매우 부정신학적으로 보인다는 것을 충분히 자각하고 있다.[16] 다만 여기에서 '부정신학'이란 긍정적=실증적인positive 언어표현으로는 결코 파악될 수 없는, 뒤집으면 부정적인negative 표현을 통해서만 파악가능한 어떤 존재가 있는, 적어도 그 존재를 상정하는 것이 세계인식에 불가결한 신비적 사고 일반을 넓게 가리키고 있다(데리다 자신이 그와 같은 넓은 의미에서 사용하고 있다). 데리다가 초기부터 이 광의의 '부정신학'에 대한

---

15. 현재 데리다와 부정신학의 관계가 가장 잘 정리된 텍스트는 "commnet ne pas parler" in *Psyché* 및 *Sauf le nom*, Galilée, 1993.

16. *Marges*, p. 28. 論文邦譯, 97頁.

접근을 경계한 이유는 이해하기 쉽다. 『목소리와 현상』이나 『그라마톨로지에 대하여』 제1부에서 보이는 탈구축은 아직 괴델적 탈구축에 지나지 않았다. 후설과 소쉬르의 체계에 자리 잡은 위계질서를 훌륭히 자기모순으로 몰아넣고 '체계적인 것'의 비일관성과 불완전성을 이끌어낸 그곳에서의 작업은, 뒤집어 말하면 "체계적으로는 결코 말할 수 없는 것이 있다"는 주장에 한없이 가까워지기 때문이다. 괴델적 탈구축의 잔여물을 신비화하는 것, 데리다는 이 유혹에 저항해야 했다. 이것은 결코 데리다만의 고유한 문제가 아니며, 체계적 사고를 넘어서려는 시도가 매우 빠지기 쉬운 유혹이라고도 말할 수 있다. 그렇기 때문에 「폭력과 형이상학」에서의 레비나스 비판이나 「라캉의 사랑에 적합하게」에서의 라캉 비판처럼 데리다는 형이상학 비판이라는 모티브를 공유하는 사상가들에게서는 오히려 바로 그런 부정신학성을 비판한다. 따라서 자신의 사고가 부정신학에 가깝다는 것을 인정한 후, 그리고 그것을 부정하는 데리다의 저항이 가진 의미는 이론적으로 매우 크다.

나는 이하에서 부정신학에 대한 데리다의 저항이 바로 괴델적 탈구축에 대한 데리다적 탈구축의 저항이라는 것을 확인하고 싶다. 역설적 잔여물을 발견하는 것에 지나지 않는 괴델적 탈구축에 대해 데리다적 탈구축은 어떻게 저항하는가. 라캉에 대한 비판을 예로 들어보자. 『엽서』의 제2부 「진리의 배달부」라는 제목의 논문에서 데리다는 다음과 같이 서술하고 있다.

> 주체는 지극히 분할되어있지만, 팔루스는 결코 분유되는 일이 없다. 세분[細片]화는 팔루스에 관여하지 않는 사고[事故]이

다. 적어도 상징계에 의해 구축된 보증에 따르면. 그리고 세분화에 저항하고 이념적 철학을 세우고, 거세의 가설에 대한 어떤 담론에 따르면 그러하다(원주 16).

(원주 16) 우리가 여기에서 분석하고 있는 것은 오늘날 정신분석의 가장 엄밀한 철학이다. 보다 정확히는 가장 엄밀한 프로이트적 철학, 혹은 프로이트 철학보다도 엄밀하고 철학의 역사와의 교환에서보다 엄밀히 통제되고 있는 철학이다.

편지의 분할가능성에 대한, 오히려 세분화에 도달불가능한 그런 자기에의 동일성에 대한("편지를 세분해 보기 전, 원래 편지 그대로다"), 또 마찬가지로 분할을 용인하지 않는 바로 '시니피앙의 물질성'(편지)에 대한 이 명제의 사정범위[射程]를 여기에서 아무리 강조해도 지나치지 않을 것이다. 어디에서 그것을 입수한 것일까? 세분화된 편지는 단순하고 명쾌하게 파괴되어버리는 것이 가능하다. [……]

편지는 반드시 항상 수취인에게 도달하는 것은 아니다[pas toujours]. 그리고 그것이 편지의 구조에 속하는 이상, 그것이 진정으로 수취인에게 도달하는 일은 결코 없고, 또 도달할 때도 '도달하지 않을 수 있다는 것'[pouvoir-ne-pas-arriver]이 편지를 어떤 내적인 표류로 힘들게 하고 있다고 말하는 것이 가능하다.

편지의 분할가능성은 그것이 장[場]을 부여하는 시니피앙의 분할가능성이며, 따라서 그에 종속되어 그것을 '대리'하는 여러 '주체', '등장인물', '위치'의 분할가능성이다.[17]

라캉은 "편지는 항상 수취인에게 도달한다"고 서술한다.[18] 데리다가 가장 주의하는 점이 거기에 있다. 데리다의 말에 따르면, 편지는 '도달하지 않을지도 모른다'. 편지는 산산이 흩어져 버릴지도 모르기 때문이다. 우리는 그 차이를 통해 두 개의 탈구축에 대해 생각해보기로 하자.

우선 윤곽을 잡아놓을 필요가 있다. 1975년에 처음 발표된 이 논문에서 데리다는 라캉이 1956년에 행하고 이후 1966년 논문집 『에크리』에 수록된 중요한 세미나, 「「도둑맞은 편지」에 대한 세미나」를 주된 비판대상으로 삼는다. 후자는 주제적으로 에드거 앨런 포의 유명한 단편 「도둑맞은 편지」를 해석하는 세미나지만, 라캉은 거기서 포 소설에서 결정적인 역할을 하고 있는 '편지', 모든 등장인물이 계속 그것을 찾지만 발견하지 못한, 결국 주인공 뒤팽이 역설적인 방법으로 손에 넣게 되는 그 존재로부터 그의 정신분석적 인식(팔루스에 대한 인식) 일반을 이끌어내려고 시도한다. 따라서 데리다가 이 논문에 가한 비판의 사정범위는 라캉의 정신분석 일반에 미친다고 생각해도 좋다. 실제 『에크리』의 서문에서 라캉 자신이 명기하고 있는 것처럼[19] 다른 논문이 거의 연대순으로 배치된 이 논문집에서 「「도둑맞은 편지」에 대한 세미나」는 특권적으로 서두에 놓아 범례적 지위를 부여하고 있다.

---

17. "Le facteur de la vérité" in *La carte postale*, pp. 494, 517. 論文邦譯, 「眞實の配達人」, 淸水正・豊崎光一 譯, 『現代思想』, 1982, 2月 臨時增刊号, 85, 105頁.

18. Jacques Lacan, *Écrits*, Seuil, 1966, p. 41. 이것은 세미나의 마지막 말이기도 하다.

19. ibid., p. 9.

이후 1990년대의 강연에서 데리다는 「진리의 배달부」의 문맥을 회고한다. 그가 생각하기에 당시 라캉이 전개하고 있던 담론은 한편으로 그의 탈구축에 '가장 가까운' 것이었으면서, 다른 한편으로는 그야말로 탈구축가능한 모티브를 '최대한의 일관성을 가지고 접합'시킨 '철학적 재구조화'를 행하고 있었다.[20] 그 때문에 데리다는 라캉과 복잡한 관계에 있다. 그 관계를 여기에서는 우선 탈구축이란 '불가능한 것의 경험'이라는 데리다의 명제, 또 현실계란 '불가능한 것'이라는 라캉의 명제에 따라 다음과 같이 정리해보자. 체계적=철학적 사고에서는 어이없이 패한다, 그러나 어이없이 패하는 형태로 결국은 그 존재를 고백해버리는 '불가능한 것l'impossible'. 데리다도 라캉도 이 '불가능한 것'의 흔적을 철학사에서 더듬어가면서 그것을 향하는 사고의 불가피성을 강조하는 것까지는 똑같다. 하지만 여기에서부터 가는 곳이 다르다. 라캉은 '불가능한 것'에 대한 사고의 역사를 재구성하고, 다양한 철학적, 문학적 언설로 그 흔적을 찾아내어 그것을 하나의 흐름으로 통합시켜버린다. 프로이트도 하이데거도 『안티고네』도 『햄릿』도 『도둑맞은 편지』도 실은 모두 '현실계'에 대해, '대상a'에 대해 말하고 있다고 간주되는 이런 퍼스펙티브(재구조화)에서 역사는 사실상 말소되고 있다. 모든 것은 라캉적 문제의 반복에 지나지 않기 때문이다. 데리다가 저항하는 것은 역사의 이런 재구성=말소에 대해서이다.[21]

---

20. "Pour l'amour de Lacan" in *Résistances*, Galilée, pp. 72-75. 論文邦譯, 「ラカンの愛に叶わんとして」, 守中高明・高木繁光 譯, 『イマーゴ』, 1994, 2月臨時增刊号, 青土社, 102-106頁.

다시 말해보자. 라캉에게 '불가능한 것'은 단수, 하나이다. 그렇기 때문에 프로이트도 포도 자신도 똑같은 '불가능한 것'에 직면할 수 있다. 그리고 그 똑같은 '불가능한 것'에 대한 인식은 소포클레스나 소크라테스부터 다양한 사상가를 통과하여 라캉에게도 배달되어 온다. 그가 행한 역사의 재구성=말소는 이상적인 우편제도에 의한 이런 보증에 의존하고 있다. 다른 한편, 데리다에게 '불가능한 것'은 복수이지 결코 하나가 아니다. 그렇기 때문에 자신과 프로이트가 똑같은 '불가능한 것'에 직면한다는 보증도 없다. 『우편엽서』에서 제시된 은유에 따르면 '불가능한 것'은 오히려 소크라테스에게서 플라톤으로, 플라톤에게서 프로이트로, 다시 프로이트에게서 자신에게로 배달될 때, 어딘가에서 행방불명이 되어버린 편지와 같은 것이다. 각자가 다루는 '불가능한 것'은 완전히 다른 편지일 수도 있다. 즉 행방불명된 우편물을 모델로 '불가능한 것'에 대해 사고하는 데리다에게 있어, 그 역사=배달경로를 재구성하는 것은 정의定義상 불가능하다. 오히려 '역사'란 재구성이 불가능한, 잘못된 배송의 축적으로 파악된다.

「진리의 배달부」에서 문제가 되는 것은 '불가능한 것'을 둘러싼 이 두 사고법의 차이, 그러니까 두 탈구축의 차이이다. 여기에서

---

21. 우리들은 나중에 형식화된 라캉파 정신분석의 대표자로 지젝을 참조하게 되겠지만, 그런 그에게 베닝턴은 다음과 같이 비판을 가하고 있다. "[그에 따르면] 파스칼, 히치콕, 우디 알렌, 반유대주의, 아메리카에서의 인종차별적 법제도, 칸트, 최근의 동유럽사건 등 모든 것이 라캉과 헤겔이 이미 서술한 것의 다소 익살스러운 사례에 지나지 않다는 것이 분명해진다."(Geoffrey Bennington, *Legislation*, Verso, 1994, p. 6 n.8)

데리다는 라캉에게서 우리가 '괴델적 탈구축'이라 부르는 것의 정치화精緻化를 발견하고 있다. 실제 라캉과 괴델의 깊은 관계는 데리다(및 가라타니)의 문맥을 참조하지 않아도 확실하다. 우선 그 자신에 의한 괴델에 대한 언급이 존재한다.[22] 그에 더하여 라캉파 연구자들이 시사하고 있는 것처럼 '주체'의 구성을 둘러싼 라캉의 이론적 퍼스펙티브, 발화가 오브젝트레벨과 메타레벨로 항상 이중화되는 것이 주체의 근원적 분열Spaltung을 일으키고, 그 분열에서 향유jouissance의 심급이 열린다는 주장 자체가 형식체계의 괴델적 불완전성을 강하게 의식함으로써 성립하는 것이다. 예를 들어, 오가사와라 신야*1의 해설서는 "괴델에 의해 결정적으로 폭로된 상징계의 형식적 막다름에서 현실계가 증명된다"라고 서술하고 있다.[23] 세계는 시니피앙으로 뒤덮여 있다(상징계). 그러므로 세계는 형식화가 가능하다. 그리고 현실계, '불가능한 것'은 그 세계가 형식적 결정불가능성에 빠진 지점에서 나타난다(se manifester).

라캉에 의하면, 「도둑맞은 편지」에서 편지는 '대상a' 혹은 '팔루스', 즉 현실계가 나타나는 역설적 시니피앙으로 해석된다.[24] '대

---

22. *Écrits*, p. 861.

*1. 오가사와라 신야는 매우 이른 시기 라캉을 일본에 소개한 정신분석가. 약혼녀(애인)를 교살한 후 자살을 시도하여 사회적으로 큰 파장을 불러일으키기도 했다.

23. 小笠原晋也, 『ジャック・ラカンの書』, 金剛出版, 1989, 144頁. 다만 저자가 le symbolique, le réel의 역어로서 채용하고 있는 '징徵', '실實'은 일반적인 역어인 '상징계', '현실계'로 변경했다(le réel의 경우, 한국에서는 보통 '실재계'로 번역되는데, 본 번역서에서는 '현실계'로 번역한다. —옮긴이).

24. *Écrits*, p. 10.

상a'는 지젝의 표현을 빌리자면 상징계 정중앙의 비어있는 결여(괴델적 결정불가능성)의 '실체화embodiment', 이를테면 주체의 구멍을 메우는 것을 의미한다.[25] 즉 도둑맞은 편지는 소설 속에서 각 등장인물이 떠맡은 구멍 사이를 순환하면서 그것들을 봉합하는 역할을 하고 있다. 라캉은 또한 편지가 분할불가능하다는 점을 강조한다. 소설의 등장인물들, 왕, 왕비, 대신, 뒤팽, 경시총감은 각각 문제의 편지를 접할 때마다 주체의 분할을 당하는데, 그런데도 모두 똑같은 편지와 접하고 있다. 여기에서는 설령 주체가 분할되었다고 하더라도 그 분할을 주체에게 강요하는 '불가능한 것', 상징계의 괴델적 균열 그 자체는 절대로 분할되지 않는다. 이런 주장은 라캉의 사고가 주체(혹은 시스템이나 텍스트)의 분할가능성에 대해 말할 때, 그 뒷면에 항상 하나의 분할불가능한 '구멍', '결여'에게 초월론적 역할을 담당하게 하여 재등장시키고 있다는 것을 보여준다. 괴델적 탈구축과 라캉파 정신분석은 분석의 끝에서 '탈구축불가능한 것'을 발견하고 그럼으로써 최종적 진리에 도달한다. 그리고 이 운동은 라캉의 이론적 인식뿐만 아니라 포를 독해하는 기법도 규정하고 있다. 라캉이 포의 '진리'를 붙잡을 수 있었던 것은 결국 그들이 똑같은 편지를 접하고 있었기 때문이다.

탈구축이 불가능한 편지=팔루스, 결코 실증적positive으로 말할 수 없는 그런 존재(실증적이지는 않지만 현실적인 그 존재를 상징화하기 위해 그는 종종 허수 *i*를 증거로 제시한다)[26]의 심급에 도달

---

25. cf. *The sublime Object of Ideology*, pp. 158, 180ff(『이데올로기라는 숭고한 대상』, 168쪽).

26. 예를 들어 cf. *Écrits*, p. 819ff. 여기에서 라캉은 허수 *i*의 은유를 채용하

하여 그곳을 '진리'로서 안주시키는 라캉의 이런 사고법은 앞서 서술한 부정신학의 논리와 같다고 해도 좋다. 앞서 서술한 것처럼 데리다의 철학에도 똑같은 경향이 있다. 그러나 적어도 「진리의 배달부」에서 데리다는 그런 경향에 저항하고 몇 가지 도주선을 그리려고 시도한다. 그리고 그 축이 되는 것 역시 '편지'의 은유이다. 『우편엽서』 제4부에서도 서술되고 있는 것처럼[27] 「진리의 배달부」의 논술은 편지의 분할/비분할을 중심으로 전개되고 있다. 그렇다면 데리다는 왜 그와 같은 은유에 집착하는 것일까. 그리고 그의 도주는 어떻게 행해지는 것일까. 편지가 분할가능하다는 데리다의 언명은 보다 일반적이고 이론적으로 무엇을 의미할까. 그것을 검토하기 전에 우선 다음 두 가지를 확인해두기로 하자.

(1) 바바라 존슨 「참조의 틀」에 대하여

존슨은 1978년에 발표된 논문에서[28] 포를 읽는 라캉을 읽는 데

는 이유를 구조주의적 제로기호와 대치시키고 다음과 같이 서술하고 있다. "모스에 대해 언급하는 클로드 레비-스트로스는 아마 거기서 제로기호의 효과를 인정하려고 했다. 그러나 이 경우 우리에게 문제라고 생각되는 것은 오히려 제로기호의 결여라는 시니피앙[signifiant du manque de ce symbole zéro]이다. 그리고 그것이 우리가 지시한 것, 홍을 깰 위험을 감수하면서 굳이 수학적 알고리즘을 우리들의 용법으로 전용이 가능했던 이유인 것이다."(p. 821) 라캉이 다룬 '결여'는 구조주의적 제로보다 더 추상도가 높고, 그 때문에 허수로서 표현되지 않으면 안 된다. 본론에서 나중에 제시할 술어를 사용하자면, 구조주의적 제로기호는 초월론적 시니피에, 부정신학적 허수기호는 초월론적 시니피앙에 상당한다.

27. *La carte postale*, p. 540.

28. 邦譯, 「參照の枠組」, 大僑洋一 譯, 『現代思想』 1981, 7月 臨時增刊号.

리다라는 관계에 주의를 기울이면서 데리다의 라캉 비판 자체에서 결정불가능성을 발견하고 있다. 데리다는 라캉이 포의 작품에서 몇 가지를 무시하고 있다고 비판하지만, 똑같은 무시가 라캉을 읽는 데리다 자신에 의해서도 행해지고 있다는 것이다. 모든 해석은 어떤 참조틀을 필요로 하며 그런 만큼 맹점도 있다. 그러므로 포 독해에서 데리다와 라캉 중 어느 쪽이 올바른가는 결정할 수 없다. 데리다가 비판하는 "편지는 반드시 수취인에게 도달한다"는 언명도 다양한 의미로 독해가능하다. 그러므로 포=라캉=데리다라는 세 가지 텍스트의 관계에서 나타나는 것은 오히려 '궁극적인 분석의 메타언어 따위는 절대로 있을 수 없다는 것'이며, '의문의 여지가 없는 결정불가능성과 애매한 확실함밖에 없다'는 해석의 '어중간한 상태'이다…….

이런 종류의 세련된 탈구축적 독해는 잘 알려진 것처럼 한때 아메리카에서 대량으로 생산되었다. 존슨의 이 논문은 『예일 프렌치 스터디즈』지에 발표된 것인데, 드 만이 이끈 당시 아메리카 탈구축학파(예일학파)의 비평적 스타일을 잘 보여주고 있다. 실제 그녀의 논의는 드 만이 이미 1971년에 쓴 『그라마톨로지에 대하여』에 대한 비판을 거의 그대로 계승하고 있다. 그는 거기서 다음과 같이 서술하고 있다. "왜 그(데리다)는 자신이 자기 자신에 대해서는 정당하게 행하는 것으로, 루소를 비난하지 않으면 안 되었던 것일까? (……) 루소에게서 생겨나는 것은 데리다에게서 생겨나는 것과 완전히 같은 것이다." "우리의 관심은 루소나 데리다가 얼마나 맹목적이었는가보다 오히려 그들 각자가 사용한 수사의 양식이다."[29] 따라서 우리는 여기에서 존슨 혼자만의 문제가 아니라 데리다와 예일학파의 차이 일반을 파악할 수 있다. 존슨의 문제점은 무엇일까. 그녀의 독해는 「진리의 배달부」에서 내건 두 가지 탈구축의 질적 차이를 말소하고 그것을 입장의 다름으로 환원시키고 있다. 확실히 데리다가 라캉을 반복하고 있다는 지적은 형식적으로 옳다. 하지만 그것은 지극히 추상적인 의미에서 그러하다. 존슨의 독해도식은 단순하며 거기에는 포를 읽는 라캉, 그것을 읽는 데리다, 다시금 그것을 읽는 존슨이라는 무한후퇴가 직선적으로 조직되고 있다. 그리고 그 연쇄 속에서 읽는 측(메타레벨)과 읽히는 측(오브젝트레벨)의 결정불가능성에 주목한 그녀는 결국 「진리의 배달부」 위에 다시금 괴델적 탈구축을 덧붙이고 있다. 그러나 앞서 서술한 것처럼 원래 데리다는 바로 그런 괴델적 탈구축의 논리에 저항하거나 그로부터 벗어나기 위해 그 논문을 썼다. 그렇다면 존슨의 이 논문은 결국 데리다가 각인시키려고 한 결정적 차이를 말소함으로써 성립한 것이 된다. 이 때문에 우리는 다른 한편으로 데리다가 채용한 보다 복잡한 전략, 라캉의 형식적 반복에서 도주하기 위해 배치된 다양한 은유=개념, 예를 들어 '편지'에 주목하고 싶다. 그녀는 '팔루스'와 '산종'이라는 라캉과 데리다의 대표적 은유대립에서조차 '이론적 입장에서 기인한 대립이 아니라 두 개의 이자=흥미interest를 기대하고 투자한 대립', 즉 수사의 다름으로 읽어버린다.[30] 그녀의 독해는 결정적으로 은유적 차이의 이론성에 대해 맹목적인데, 이 '맹목'은 더 이상 특정 참조틀이 아

—

29. 「盲目性の修辭學」, 吉岡洋 譯, 『批評空間』 第1期 第8号, 149, 140頁.

30. 「參照の枠組」, 149頁.

니라 '틀frame'이라는 개념 자체에서 기인한다. 본서에서 앞으로 살펴보겠지만 데리다의 은유적 전략은 '틀'의 개념(레벨의 설정) 그 자체를 무효화하는 것이기 때문이다.

그렇다면 여기에 그런 맹목성이 가진 정치적 함의를 덧붙여보자. 잘 알려진 것처럼 이 논문을 포함한 일군의 예일학파적 작업 중 존슨은 레즈비언 페미니즘 운동 측에 서기 위해 드 만으로부터의 일종의 결별을 선언하고 있다.[31] 그리고 그녀는 거기서 탈구축과 페미니즘 운동이라는 '이질적alien' 행위를 동시에 행하는 이중 전략의 필요성을 강조하게 된다. 그러나 여기에는 본질적인 문제가 존재한다. 탈구축과 정치적 개입, 즉 이론과 실천이 '이질異質'이라고 여겨지는 이상, 왜 레즈비언 페미니즘인가 하는 물음에 대해 그녀는 이제 이론적으로 대답을 할 수 없다. 예를 들어, 1990년대의 그녀는 어느 논문에서 페미니스트를 비판하는 괴문서, 통상적인 지적 전통에 따르면 독해대상으로 가치가 없는 텍스트를 무리하게 탈구축하고 있다.[32] 그렇다면 그것은 왜일까? 앞장에서 시사한 것처럼, 탈구축되는 텍스트의 선택에는 반드시 어떤 욕망이 반영되어 있다. 그리고 존슨이 여성이고 동성애자라는 것은 널리 알려져 있다. 그렇다면 그녀의 그와 같은 태도결정은 더 이상 소박한 아이덴티티 폴리틱스identity politics와 구별이 불가능하다.

---

31. 『差異の世界』, 大橋洋一 他譯, 紀伊國屋書店, 1990, 第1部 참조.

32. cf. Barbara Johnson, "Double Mourning and Public Sphere" in *The Wake of Deconstruction*, Blackwell Publishers, 1994, p. 42ff. '탈구축의 철야通夜' 또는 '탈구축의 불침번'이라고 이중으로 번역되는 이런 저서의 타이틀은 존슨의 이율배반적 입장을 명확히 보여주고 있다.

괴델적 탈구축은 완전히 형식적이다. 따라서 그것은 구체적 응용에서 반드시 어떤 비약, 1990년대 데리다의 신비화된 표현을 빌리자면 '불가능한 것에 대한 무한책임'을 요구한다. 그러나 여기에서 경계해야 하는 것은 이론적으로 뒷받침될 수 없는 바로 그런 비약의 '구멍'을 메우기 위해 소박한 이데올로기, 주체나 공동체의 경험주의적인 긍정이 재래할 수 있다는 것이다. 따라서 존슨의 문제는 탈구축과 정치적 실천의 접합이 빠지기 쉬운 함정을 범례적으로 보여주고 있다. 탈구축과 아이덴티티 폴리틱스, 부정신학과 경험론은 한 바퀴 빙 돌아서 융합하는 것이다. 실제 오늘날 일본에서도 분명 들뢰즈나 데리다 등의 초월론적 사고에 깊은 영향을 받은 논자들이 정치적 · 사회적 비판의 문맥에서 종종 단순한 경험론으로 회귀하고 있다. 이상은 1980년대 중반 이후 특히 두드러진 데리다의 정치적 발언과 행동에 대해 본서가 일관되게 신중한 이유이기도 하다.

(2) '외상^traumatisme'과 유대성

1993년의 강연『마르크스의 유령들』에서 데리다는 '메시아주의'와 '메시아적인 것^le messianique'이라는 구별을 도입하고 있다.[33] 예측가능한, 혹은 이미 예측된 미래를 희구하는 종말론적 '메시아주의'와 예측불가능한 미래에 노출되어 오히려 현재의 자기가 위협당하는 경험으로서의 '메시아적인 것'. 이 구별은 말할 것도 없

---

33. *Spectres de Marx*, pp. 102ff, 111-112 (『마르크스의 유령들』, 131, 140-141쪽)

이 앞장에서 검토한 두 가지 '미래', futur와 avenir라는 구별에 대응하고 있다. 그리고 데리다는 거기서 아직 헤겔-기독교적 종말론으로부터 탈출하지 않은 마르크스의 담론에서 애써 '메시아적인 것'으로서 공산주의, '와야 할 민주주의démocratie-à-venir'의 가능성을 더듬어서 찾을 것을 제안하고 있다. 그는 현재에 대한 비판은 예측 가능한 미래에의 희망, 데리다가 말하는 '약속promesse'이라는 관념 없이는 실행불가능하고, 마르크스주의 또한 그 '약속'을 유지하는 동안은 혁신적 영향력을 가졌다고 생각한다. 즉 이 강연은 마르크스가 남긴 특정한 언설이나 분석장치를 계승하는 것보다도 오히려 거기서 계몽주의 이래의 '비평=비판' 정신을 재인식하는 데에 중점이 놓여있다. 그러므로 이런 특징은 데리다가 이론적이라기보다 오히려 강하게 정치적인 콘텍스트 안에서 발언하고 있다는 것을 보여준다. 실제 데리다는 1989년 인터뷰에서 마르크스주의적 관념들(이데올로기, 계급, 계급투쟁, 생산, 결정심급 등)에 대해 상당히 명확하게 불신감을 표명한다.[34] 1989년과 1993년 사이에는 말할 것도 없이 냉전붕괴로 인해 마르크스주의를 둘러싼 상황이 결정적으로 변했다. 그리고 그런 변화는 데리다에게 일종의 이론적 타협을 강요했다. 하지만 우리가 여기에서 주목하고 싶은 것은 '메시아적인 것'의 어디까지나 이론적인 지위이다.

우리는 괴델적 탈구축과 데리다적 탈구축, 부정신학과 그것에의 저항을 구별했다. 데리다는 엄밀히 말해 부정신학은 '불가능한

---

34. "Politics and Friendship" in Michael Sprinker (ed.), *The Althusserian Legacy*, Verso, 1993, pp. 200-203, 221.

것'과 관계하지 않는다고 서술하고 있지만,[35] 본 논고에서는 이미 서술한 것처럼 논의를 명확하게 하기 위해 '불가능한 것'과의 관계로 두 가지가 있다고 생각한다. 그렇다면 '메시아적인 것', 불가능한 것의 도래avenir에 노출된 사고 또한 두 가지로 나눌 수 있을 것이다('메시아주의'는 본래 불가능한 것의 도래를 인정하지 않는다). 이 구별은 이번에는 다음해인 1994년의 강연 『아르시브archive의 악惡』에서 간접적으로 다루어지고 있다. 이하 인용 부분에는 '메시아적인 것'이라는 말이 나오지는 않지만, 다른 곳에 몇 번인가 언급되어 있다는 점을 염두에 두었으면 한다. 데리다는 이 강연에서 주로 요세프 하임 예루살미라는 역사가의 저서 『프로이트의 모세』를 다루고 있다.

> 설사 유대교Judaism가 끝이 있는 것이라고 하더라도, 유대교적인 것Jewishness은 끝이 없는 것이다, 라고 예루살미는 명확히 쓰고 있다. 유대교적인 것은 유대교를 넘어서 계속 살아남는다. (……) 예루살미에게 있어 유대교적인 것에는 결정적이고 환원불가능한 한 가지 본질이 존재한다. 그것은 이미 주어져서 미래avenir를 기다리지 않는다. 그리고 유대교적인 것의 그와 같은 본질은 유대교나 종교, 신에 대한 신앙과도 혼동되어서는 안 된다. 그런데 유대교적인 것은 미래를 기다리지 않지만, 그것이야말로 미래를 기다리는 것, 미래와의 관계가 열리는 것, 미래의 경험인 것이다. 여기에서 '유대

---

35. *Sauf le nom*, p. 35.

인'에게 고유한 것, 그들만의 것이 있게 된다.

> [예루살미에 의하면] 이스라엘에게, 그리고 이스라엘에게만 기억의 명법命法은 회귀한다. (……) 절대적 특권, 약속의 경험(미래)과 기억의 명법(과거)의 절대적 단일성. 그러나 이 두 가지 소환은 부가되거나 병치된 것이 아니다. 한편은 다른 편에 근거를 두고 있다.

> 어떤 방식으로 정신분석과 탈구축을, 어떤 종류의 '정신분석'과 어떤 종류의 '탈구축'을 교차시키는 양식에 대한 논의, 그것을 냉정하게 정식화해보자. 나는 내가 흔들린다고 말할 때, 나는 사람이 흔들린다는 것을 이해하고 있다. 사람on, 즉 one이 흔들린다, 확실히 흔들리는 것을 이해하고 있는 것이다. 이는 정의正義의 부정의不正義가 '하나인 것' 혹은 '유일한 것'의 구성 그 자체 안에 그 폭력을 집중시키고 있기 때문이다. 그러므로 폭력은 모든 인간을, 온갖 인간, 모든 누군가를 침범하고 있다. (……) '하나인 것'인 자기 자신에의 결집은 항상 폭력을 동반한다.[36]

'유대적인 것judaïté'은 여기에서 미래를 향해 열린 관계라고 규정되고 있다. 그것은 어떤 유대적 특징(유대교)으로부터도 분리된

---

36. *Mal d'archive*, Galilée, 1995, pp. 115, 120-121, 123. Judaism과 Jewishness를 데리다는 소문자로 인용하고 있지만 예루살미의 원문에 따라 수정했다.

것이며, 더 이상 어떤 구체적인 약속에 대한 기대도 아니다. 이 매우 추상적인 기대지평은 명확히 전술한 '메시아적인 것'과 비슷하다. 예언된 구체적 희망의 성취futur를 바라는 메시아주의=유대교에 대해 '메시아적인 것', '유대적인 것'은 바로 구체적 내용과 무관한 '미래' 자체avenir로의 개방성을 가리키고 있다. 따라서 이 강연에서 데리다가 '유대적인 것'의 구성을 신중히 비판한 것은 이론적으로 매우 의미심장하다. 그가 생각하기에 예루살미가 제시한 그 개념은 한편으로 유대적인 경험을 보편화하는 것으로 보이면서, 다른 한편으로 실은 유대민족에게 일어난 특권적 사건, 외상에 의해 뒷받침되고 있다. 약속의 경험과 기억의 명법은 서로에게 근거를 두고 있다, 라는 인용 부분은 그것을 명확히 지적하고 있다. 유대민족이 '불가능한 것', '미래'에 대한 특권적 관계를 향수할 수 있는 것은 그들에게 고유한 경험, 예루살미가 다른 저작에서 "자호르(기억하라)"라고 외치는[37] 신의 원시적 명법이 있기 때문에 지나지 않는다. 즉 여기에서 데리다는 바로 미래 혹은 타자에의 절대적 개방성, '메시아적인 것'이 역으로 공동체의 동일성identity을 근거짓는 뒤틀림에 주의하기를 촉구한다.

어떤 동일성을 가지지 않고 항상 타자에게 열려있는 것. 하지만 그것은 말처럼 단순한 이야기가 아니다. 현실에서는 동일성의 결여가 오히려 동일성을 강화하는 경우도 있기 때문이다. 인용 부분에서 데리다는 '정신분석'을 언급하고 있는데, 우리는 역시 여기

---

37. cf. Yosef Hayim Yerushalmi, *Zakhor*, University of Washington Press, 1982.

에서 라캉을 상기할 수 있다. 잘 알려진 것처럼 그의 수학소에서 주체는 'S̸'라고 표기되어 그것의 불완전성이 강조되고 있다. 주체는 세계인식(상징계)의 한가운데에 난 구멍, 단수의 결정적 외상(단선적 특징[trait unaire]) 주위에 형성된다. 거기에서는 동일성의 결여야말로 동일성을 강화한다는 '유대적인 것'의 논리가 주체의 불완전성(말소기호)이야말로 주체(s)를 지탱한다는 형태로 표현되고 있다. 그리고 이런 논리에 저항한다는 점에서 「진리의 배달부」와 『아르시브의 악』의 문제의식은 완전히 일치하고 있다.

이 문제는 말할 것도 없이 매우 정치적인 것이다. 본래 데리다에게 '메시아적인 것'이란 '와야 할 민주주의'의 래디컬한 이종혼합성[hétérogénéïté]을 나타내는 중요한 은유=개념이었다. 그러나 타자에의 이런 개방성이 실은 어떤 외상, 실증적[positive]으로 말할 수 없는 부정적 경험에 의해서만 지탱되는 것이라고 한다면? 그때 '메시아적인 것'의 효과는 갑자기 반전되어 극히 강력한 부정적 동일성의 논리로서 공동체를 재조직하게 될 것이다. 즉 공동체가 이종혼합적인 것, 그 구성원에 어떤 실체적[positive]인 공동성도 없다는 것이 역으로 사람들을 배타적으로 묶을 수 있는 것이다. 우리는 그것을 '부정신학적 공동체'라고도 부를 수 있다. 그리고 『아르시브의 악』의 주제설정은 명확히 이런 반전가능성을 이스라엘 국가라는 존재에서 발견하고 있음을 시사하고 있다. 이스라엘이라는 국민국가는 말할 것도 없이 주민의 인종적 동일성도, 언어적·문화적 동일성도(그것은 건국 이후 날조되었다), 그리고 국토의 지리적 동일성도 아닌(본래 이스라엘의 토지는 없었다), 제2차 대전에서 나치의 유대인학살(쇼아)이라는 그야말로 외상적인 거대한 상실이라는 기억 위에 성립되었다. 그리고 거기서 바로 '메시아적인 것'의 공허함이 팔레스타인의 절대적 섬멸을 구동시켰다.

2-b

「진리의 배달부」를 독해하기 위해, 또 하나의 보조선을 그어놓자.

라캉파 정신분석의 부정신학성은 사실 이미 몇 번인가 참조한 지젝의 작업에서 보다 분명히 나타난다. 『이데올로기의 숭고한 대상』에 따르면, 주체는 상징계에 난 구멍을 메우기 위해 항상 '대상 a'를 필요로 하는데, 사회적으로는 스탈린주의의 스탈린과 같은 숭배대상, 페티시로서의 화폐, 혹은 코카콜라 등의 주술적 상품이 그 '대상a'로서 기능하고 있다. 우리는 이런 논의의 사정범위를 지젝이 크립키의 고유명론에 덧붙인 코멘트를 통해 정리해보기로 하자.

크립키는 1970년대에 행한 강연 『명명과 필연성』(출판은 1980년)에서 고유명에 관한 프레게/러셀의 기술記述이론을 예리하게 비판했다(정확히 말하면, 그의 논의는 일부의 일반명으로도 확장되는 것이지만, 문제를 간단히 만들기 위해 이하에서는 고유명론으로서 처리한다). 앞장에서 서술한 것과 중복되지만, 다시 한 번 확인해두기로 하자. 기술이론에서는 고유명을 축약된 확정기술의 다발로서 파악한다. 즉 이름 '아리스토텔레스'가 어떤 남자를 가리킬 수 있는 것은 그 이름이 '플라톤의 제자', '『자연학』의 저자', '알렉산더대왕의 스승' 등과 같은 성질들의 (그 수는 아무리 많아도 좋다) 집합, 말하자면 단축형으로 존재하기 때문이라고 생각한다. 하지만 크립키는 그런 이론의 중대한 결함을 지적한다. 예를 들어, 아리스토텔레스가 실은 알렉산더대왕을 가르치지 않았다는 새로운 사실이 지금 판명난다고 가정해보자. 기술이론에 따른다면, 그때 우리는 "'알렉산더대왕을 가르친 사람'은 알렉산더대왕을 가르치지 않았다"라는 명제를 갖게 된다. 그러나 이 명제는 단순한 논리적 자기모순(A는 A가 아니다)으로 의미가 없다. 다른 한편으로 "아리스토텔레스는 알렉산더대왕을 가르치지 않았다"라는 명제는 의미가 있으며, 그러므로 우리는 이름 '아리스토텔레스'에 관한 경험적인 지식을 수시로 수정할 수 있다. 그렇다면 이름 '아리스토텔레스'는 적어도 '알렉산더대왕을 가르친 사람'이라는 확정기술과는 등치되지 않는다. 그리고 이 사고실험은 원리적으로 복수의 성질에 대해서도 확장가능하기 때문에(아리스토텔레스는 실은 A도 B도 C도 D도 행하지 않았다……), 결국 이름 '아리스토텔레스'는 항상 유한수의 확정기술과 등치되지 않는다는, 즉 확정기술의 다발로 환원되지 않는다는 것이 판명된다. 기술이론은 여기에서 파탄이 난다.

고유명은 확정기술의 다발로 환원되지 않는다. 바꿔 말하면 고유명에는 항상 어떤 잉여가 존재한다. 앞서 말한 것처럼 가라타니는 크립키가 보여준 그 잉여를 확정기술의 '특수성'과 대립시켜 '단독성'이라고 부른다. 고유명에 머무는 그런 잉여=단독성이야말로 "아리스토텔레스는 사실……을 하지 않았다"라는 명제에서 이름 '아리스토텔레스'의 고유성, 확정기술로의 환원불가능성을 뒷받침하고 있다. 그러나 생각해보면 이는 기묘한 이야기다. 처음 '아리스토텔레스'라는 이름을 만났을 때, 우리는 "'……을 한 사람'이 '아리스토텔레스'다"라는 명제로 분명 정의를 했다. 이 시점에서 이름 '아리스토텔레스'는 명확히 '……을 한 사람'이라는 확정기술과 동등하다. 이후 이 이름을 특징짓는 경험적인 지식이 아무리 변하고 증가하더라도 이 구조는 변하지 않는다. 그런데도 왜 고유명 '아리스토텔레스'는 어느새 어떤 잉여=단독성을 가지게 된 것일까?

크립키의 해석은 이렇다. 고유명의 이런 잉여는 사람들이 이름과 '설명', 즉 이름과 확정기술을 세트로 받아들였다고 생각하면 설명이 불가능하다. 그렇기 때문에 우리는 이름의 전달에서 오히려 그 이름의 '설명' 이상의 것 또한 전달된다고 생각하지 않으면 안 된다. 바꿔 말해, '아리스토텔레스'라는 이름에는 어떤 언어적 정의에 의해서도 완전히 이해되지 않는 '힘'이 존재하고 있다고 생각해야 한다. 그리고 크립키는 그 힘의 근원을 최초의 '명명행위baptism'로 근거짓는다. 그의 가설에 따르면 "저 사람이 아리스토텔레스다"라는 지시행위는 어떤 확정기술=특수성도 넘어선 단독성 그 자체를 명명할 수 있다. 그리고 그 명명(비약)의 흔적은 고유명 위에 '고정지시자rigid designator'로서 존재하고 언어공동체를 통해 전승된다. 따라서 고유명의 잉여는 결국 "옛날에 '……'라고 불리는 사람이 있었다"라는 명명의 기억, 바꿔 말하면 언어 외적인 사건의 기억으로 파악된다. 이런 크립키의 해결에는 특수성과 단독성, 확정기술의 다발로서 주어진 '설명'과 그것을 넘어선 잉여라는 두 가지 레벨이 준별되어 있다. 따라서 거기에서 '설명'의 전달과는 별개로 단독성의 전달 또한 보증되어야 한다. 『명명과 필연성』에서 명명행위를 순수하게 전달하는 언어공동체라는 비현실적이고 관념론적인 가정이 도입되어 많은 논자의 비판을 받는데, 그것은 이 준별로부터 요청되고 있다.

그렇지만 여기에서 주의해야 할 것은 '명명행위'나 '전달의 순수성'과 같은 그런 개념장치가 결코 실증적positive으로 주장되고 있지 않다는 점이다. 기술이론을 훌륭히 탈구축해 보인 크립키[38]는 "그렇다면 고유명은 왜 확정기술의 다발로 환원될 수 없는가"라는 의문에 잠정적으로 답하기 위해서만 그런 상정을 들고 오고 있다. 실제 『명명과 필연성』에서 그는 자신은 '이론'을 제시할 생각은 없다고 여러 번 단언하고 있다. 그러므로 크립키에 대한 비판으로서 그의 개념장치가 가진 취약함을 논한다고 해도 의미가 없다. 확실히 '명명행위'나 '전달의 순수성'이라는 상정은 비현실적일지 모른다. 하지만 언어 외적인 사건과 그 전달에 대한 참조 없이 이론을 세우는 것은 분명 잘못이라는 것이 그의 주장이다. 바꿔 말하면, 크립키는 기술이론을 탈구축한 결과 그야말로 '탈구축이 불가능한 것', 이론적 사고의 잔여로 고유명의 단독성을 발견했다. 따라서 그런 잔여에 대해 말하기 위해서 그는 일종의 신화를 필요로 했다. 말해진 것(확정기술)은 이미 탈구축가능한 것이기 때문에 이제 단독성에 대해 말할 수 없다. 보다 정확히는 부정적negative으

---

38. 크립키의 방법과 탈구축의 친근성에 대해서는 cf. Christopher Norris, "Deconstruction, naming and necessity" in *Deconstructive Turn*, Routledge, 1983.

로밖에, 즉 탈구축의 한계를 통해서만 말할 수 있다. “그런 (기술이론) 대신에 다른 이론을 제안하고 있다고 생각될지도 모른다. 하지만 나는 그런 것을 하고 싶지 않다. 왜냐하면 만약 그것이 이론이라면, 그것 또한 잘못된 것임이 확실하기 때문이다.”[39] 이런 사고의 운동이 바로 부정신학이라고 불리는 것이고, 따라서 그것은 실증적인 논의를 넘어선다.

지젝이 크립키의 고유명론에 가한 수정[40]은 이런 특징을 다시금 분명히 하는 것이다. 지젝은 크립키가 ‘현실계le réel’와 ‘현실la réalité’의 구별을 성취했다고 주장한다. 크립키는 단독성의 근거를 현실 속에서 찾았고, 결과적으로 ‘전달의 순수성’이라는 신화를 형식화해야 했다. 그러나 지젝이 생각하기에는 그 근거를 오히려 ‘현실계’에서 구해야 했다. 무슨 말인가. 라캉파 정신분석에서 ‘현실계’는 상징계의 괴델적 균열을 지시하고 있다. ‘현실계’라는 세계는 실체적positive으로 있는 것이 아니다. 상징계(인식되고 기호화된 세계)를 구성하는 시니피앙의 순환운동은 불완전하며 결과로서 반드시 하나, 이미 다른 시니피앙으로 되돌려 보낼 수 없는 시니피앙, 즉 시니피에 없는 시니피앙이 존재한다고 생각된다. 그것은 ‘현실계’에 대응하는 시니피앙(앞서의 표현으로 말하자면 ‘대

---

39. Saul Kripke, *Naming and Necessity*, Harvard University Press, 1980, p. 64. 邦譯, 『名指しと必然性』, 八木澤・野家啓一 譯, 産業圖書, 1985, 73頁(소울 크립키, 『이름과 필연』, 정대현・김영주 옮김, 필로소픽, 2014, 95쪽).

40. *The sublime Object of Ideology*, pp. 89-100, 邦譯 (部分譯), 『批評空間』 第1期 第6号, 1992, 57-66頁(『이데올로기라는 숭고한 대상』, 이수련 옮김, 인간사랑, 2002, 159-176쪽).

상a')이고, 고유명은 바로 그런 특권적 시니피앙으로서 기능하기 때문에 시니피에(확정기술)로 되돌려 보낼 수 없다. 즉 '아리스토텔레스'라는 이름의 잉여는 상징계 전체의 불완전성에 의해 보증되고 있다. 따라서 거기서 특정 이름이 태어나는 '현실'적 사정은 거기에 존재하는 잉여와는 아무런 관계도 없게 된다. 상징계의 구멍을 메우는 것이라면, 구체적인 이름은 무엇이든 상관없기 때문이다. 그렇다면 고유명 하나하나의 잉여를 보증하는 순수한 전달과정, 크립키의 신화 또한 상정할 필요는 없다.

크립키와 지젝은 모두 단독성의 근거에 대해 생각했다. 그리고 그들은 거기서 일치하여 단독성은 확정기술의 영역(상징계)에서는 근거를 부여받지 못한다, 따라서 그에 대해 실증적으로 말할 수 없다고 답한다. 그렇다면 그들은 어떻게 상징계의 '바깥', 기호적 세계인식의 외부를 이론적으로 확보한 것일까? 거기서 크립키는 언어외적 현실을 소박하게 정립한 데 반해, 지젝은 보다 복잡하고 세련된 도식, 현실계의 이론을 이용하고 있다. 상징계의 외부는 그 가장 내부에 존재한다고 생각된다(라캉은 내부와 외부라는 이 뒤얽힌 관계를 1960년대 세미나에서 extimité라는 말장난으로 표현했다).[41] 크립키의 논의가 가진 부정신학성은 지젝이 가한 이 세련됨에 의해 완성된다. 사실 후자는 전자의 착상이 "자신도 모르게 산출한 것을 놓치고 있다"고 서술했다.

---

41. extimité는 '친밀함'을 의미하는 단어 intimité의 접두사 in-(안)을 ex(바깥)로 바꾸어놓음으로써 만들어진 조어로, '친밀한 외부성extériorité intime'을 의미한다. cf. Jacques Lacan, *L'éthique de la psychanalyse*, Seuil, 1986, p. 167.

모든 편지가 배달 가능하다는 것은 모든 시니피앙이 또 다른 시니피앙으로, 즉 모든 시니피앙이 대응하는 시니피에로 송부 가능하다는 것을 의미한다. 형이상학적으로 해석되고 계승된 '정신분석'은 마음에 대한 지知를 그런 상태로 조직하는 것을 지향한다. 즉 거기에서는 모든 욕동(=시니피앙)에 대응하는 목적(=시니피에)이 확정되고, 그것들이 상호 관계를 맺고 조직되어 최종적인 생生의 심급이 구성되는 것이 이상으로 간주되었다. 이런 사고에서는 '쾌락원칙'이 모든 욕동=시니피앙을 통제하는 초월론적 시니피에로서 도입된다. 그 때문에 정통파 영미계 정신분석(자아심리학)에서 프로이트가 1920년에 발표한 「쾌락원칙을 넘어서」의 가설, 쾌락원칙의 통제를 일탈하는 '죽음욕동'의 존재는 오랫동안 스캔들에 지나지 않았다. 죽음욕동은 말하자면 목적 없는 욕동, 시니피에 없는 시니피앙을 의미하는 관념이고, 따라서 형이상학적 사고의 전제 그 자체를 허물어뜨리는 것이기 때문이다. 그러나 라캉파 정신분석은 이 문제를 진지하게 생각해 '현실계', '대상a'의 논리로서 정식화하는 데 성공했다. 이 때문에 데리다는 라캉을 절반만 평가한다. 하지만 문제는 거기서 라캉이 시니피에 없는 시니피앙을 단수화하여 '목적 없는 욕동'의 표류를 불러일으킨 특권적 시니피앙 — 이하 우리는 데리다를 따라 그것을 '초월론적 시니피앙'이라고 부르기로 하자[42] — 을 오로지 하나로 정하려고 시

42. "이런 초월론적 시니피앙은 바로 그렇기 때문에 모든 시니피에의 시니피에이기도 하다"(Ce signifiant transcendantal est donc aussi le signifié de tous les signifiés). *La carte postale*, p. 493. 論文邦譯, 「眞實の配達

도한 점이다. 데리다는 그런 경향성을 비판한다. 한편으로 초월론적 시니피에의 체제=형이상학에 대한 비판, 다른 한편으로 초월론적 시니피앙의 체제=부정신학에 대한 비판. 데리다가 수행하고 있는 것이 항상 이런 이중의 비판이라는 것에 주의해야 한다. 이런 이중성은 종종 데리다 자신에 의해 형이상학에서 탈출한 순간 또 다시 형이상학에 빠지는 '폐역閉域'으로 표현된다. 그리고 이런 이중성은 또한 현상학과 존재론, 마르크스주의와 알튀세르에 대한 이중의 거리도 규정하고 있다.[43]

그렇다면 데리다의 부정신학 비판은 어떻게 행해진 것일까? 고유명론을 참조하고 다시 문제를 정리해보기로 하자. 프레게/러셀의 기술이론은 어떤 언어체계(시스템) 안에서 하나의 시니피앙은 반드시 등가인 시니피앙의 다발(확정기술)과 교환가능하다는, 바꿔 말해 언어 내 번역이 항상 성립한다는 것을 전제하고 있다. 여기에서 시니피앙의 원환적 자동운동은 보증되어 있다. 크립키는 이런 이론을 탈구축하고 고유명에서는 시니피앙의 송부가 더 이

人」 84頁. 데리다의 이런 말은 초월론적 시니피에와 초월론적 시니피앙의 관계를 잘 보여주고 있다. 유감스럽지만 일본어 역에서는 이 문장이 "이런 초월론적 시니피앙은 그러므로 시니피에 안의 시니피에이기도 하고……"라고 번역되어 있어서 그런 관계를 보기는 힘들다.

43. 알튀세르의 유명한 논문 「모순과 중층결정」에서 "'최종심급'이라는 고독한 시간의 종이 울리는 일은 결코 없다"라고 서술했다(『マルクスのために』 河野健二 他譯, 平凡社ライブラリー, 1994, 185頁; 『마르크스를 위하여』, 이종영 옮김, 백의, 1997, 132쪽). 데리다는 이 언명에서 '최종심급'의 부정신학적 관념을 발견하고 그것을 경계하고 있다. cf. "Politics and Friendship", pp. 206-208. 현상학과 존재론에 대한 이중적 거리에 대해서는 다음 장 이후에서 다룬다.

상 기능하지 않는다는 것을 보여주었다. 그렇다면 왜 기능하지 않는 것일까. 앞서 말한 것처럼 지젝은 바로 거기서 '현실계'가 즉 언어체계(상징계) 전체의 불완전성이 나타나고 있다고 생각한다. 그렇다면 여기에서 주목해야 하는 것은 그런 '현실계'의 관념이 언어체계를 다시 전체로서 파악하고 새삼스럽게 그 전체성을 탈구축하는(괴델적 결정불가능성으로 인도하는) 것을 통해 얻은 것이라는 점이다. 데리다가 팔루스나 대상a를 '초월론적'이라고 부른 것은 이런 과정이 시스템에 다시 기묘한 전체성을 부여해버린다고 생각했기 때문이다. 초월론적 시니피앙은 확실히 초월론적 시니피에의 결여, 시스템의 전체성의 결여를 표상하지만,[44] 그 자체가 단수이고 분할이 불가능하다면, 그것은 다시 시스템의 전체성을 부정적으로 표상해버린다. 즉 여기에서 시스템은 전체성이 없다는 이유로 전체성을 갖는다.

라캉에게 있어 「도둑맞은 편지」에 등장한 편지가 범례적인 것은 이미 서술한 것처럼 그것이 '대상a' 혹은 '팔루스', 즉 초월론적 시니피앙의 성질을 잘 나타내고 있기 때문이다. 도둑맞은 편지는 아무것도 표상하지 않는다(내용은 누구도 알지 못한다). 그 편지는 자기 자신의 위치도 가지고 있지 않으며, 왕에서 왕비로, 장관으로, 뒤팽으로 그리고 경시총감으로 끝없이 이동한다. 그러나 바로 그로 인해 문제의 편지=팔루스에는 '자기 자신의 위치를 가지지 않은 위치라는 역설적 위치'가 보증된다.[45] 어떤 의미에서 라캉의 편

44. 본장 주 (26) 참조.

45. cf. *La carte postale*, p. 469. 論文邦譯, 「眞實の配達人」, 55頁.

지는 결코 도달하지 않는다. 즉 팔루스는 어떤 시니피에도 결코 가지고 있지 않다. 그러나 이 절대적 불가능성은 역으로 편지=팔루스에 대해 '결코 도달하지 않는다'는 것을 보증한다. 그것은 오브젝트레벨에서는 어디에도 도달하지 않는다. 그러나 메타레벨에서는 '어디에도 도달하지 않는다'는 장소에 도달한다.[46] 이 '어디에도 도달하지 않는 편지'는 말하자면 우편제도 전체의 불완전성에 대응하여 전달의 실패를 표상하면서 네트워크 안을 계속 순환한다. 그것은 마치 행방불명된 편지를 집중적으로 관리하는 초월론적 장場이 불가시不可視의 상태로 부유하고 있는 것과 같다. 되풀이 하자면, 지젝의 고유명론에서는 그 '어디에도 도달하지 않는 편지'야말로 단독성의 심급을 보증하고 있다.

이에 대해 앞서 인용한 데리다는 '도달하지 않을 수 있다는 것 pouvoir-ne-pas-arriver'을 강조했다. 편지를 괴롭히는 '내적 표류'란 이 기묘한 확률적 언명이다. 그의 비판은 명확하다. 라캉의 논의에서 '도달하지 않는 편지'는 하나밖에 없다. 따라서 도달하지 않는 것이 '있을 수 있다'는 확률적 위상은 완전히 누락되어 버린다. 그리고 이것은 또 데리다에 의하면 프로이트가 유명한 논문 「섬뜩함 Das Unheimliche」(1919)에서 제시한 문제계의 배제이기도 하다. "『세

---

46. 이 표현은 엄밀히 말해 정확하지 않다. 메타레벨의 편지가 우편제도를 뒷받침하는 구조는 오히려 형이상학과 대응한다. 자기언급성을 포함하는 부정신학 시스템의 '구멍'은 보다 정확히는 메타레벨의 메타레벨의 메타레벨의……라는 무한배진(背進: 뒷걸음쳐 물러남)을 계속하는 초월론적 시니피앙, 즉 아사다 아키라가 『구조와 힘』(勁草書房, 1983: 『구조주의와 포스트구조주의』, 이정우 옮김, 새길, 1995)에서 보여준 화폐모델로 설명된다. 자세한 것은 제4장에서 다루어진다.

미나』는 가차 없이 분신과 Unheimlichkeit에 대한 이 문제계를 배제한다."[47] 라캉이 다루는 거세가 항상 결정적 외상으로서 한 번만 존재하는 데에 반해, 데리다가 '이상야릇한 것'에서 본 문제는 오히려 거세가 처음부터 '거세의 대리'로서만 존재하고, 바로 그렇기 때문에 거세의 분신이 무수히 만들어질 수 있다는, 그 반복의 불가피성에 있었다.[48] 복수의, 대리되고 복제되어 페이크[fake]조차 있는 외상……. 여기에서 '거세', '외상'은 주체의 세계인식=상징계를 한정하는 것, 즉 '불가능한 것'의 심급을 의미하고 있다. 데리다는 그것을 양상성(확률)과 반복가능성의 위상으로 파악하고 있다. 라캉적 사고는 이런 위상을 놓치고 있다.

여기에서부터 우리는 데리다가 '우편', '편지'의 은유를 사용한 전략적 필연성을 상당히 명확히 파악할 수 있다. 이런 은유를 사용한 데리다는 '불가능한 것'을 사고하기 위해 시스템 전체에 대해 가령 부정적으로라도 언급할 필요가 없다.[49] '불가능한 것'은 행방불

47. *La carte postale*, p. 469. 論文邦譯, 「眞實の配達人」, 77頁.
48. 예를 들어 cf. *La dissémination*, p. 300, n. 56.
49. 이런 이론적 운동은 다른 많은 데리다적 은유 속에서 확인된다. 예를 들어, 『우편엽서』의 제4부는 「Du tout」라는 제목이 붙어있다. 이 타이틀은 ce qui n'est pas du tout une tranche라는 구의 일부이기도 하고, 도요사키 고이치豊崎光一도 말한 것처럼(「デリダ讀本-處方箋」, 『現代思想』, 1982, 2月 臨時增刊号, 8頁) 번역이 거의 불가능하다. 그러나 우리는 그 불가능성을 다음과 같이 도식화하여 정리할 수 있다. '모든 것 tout'이 전체성을 보여준다면, 'pas du tout'는 전체성의 결여를 보여준다. 위의 구는 '그것은 전체의 한 조각이 아니다'와 '그것은 전혀 한 조각은 아니다'라고 이중으로 번역되지만, 이것은 바로 'tout'에 중점을 둘지 'pas du tout'를 하나의 연결로 볼지의 차이이기도 하다. 따라서 'Du tout'라는 타이틀은 전체성(초월론적 시니피에)도 아니고 전체

명된 우편물로서 이미지화된다. 여기에서 이제 그는 우선 시스템 전체를 형상화하고, 그로부터 "진위가 결정될 수 없는 명제가 적어도 하나는 있다"는 명제를 도입하는 괴델적 논리, 즉 우편제도 전체를 조망하고, 그로부터 "배달이 완료되지 않는 편지가 적어도 하나는 있다"는 명제를 들고 오는 라캉적 논리를 필요로 하지 않는다. 어떤 편지가 행방불명, 바꿔 말하면 시니피에 없는 시니피앙이 되는 것은 우편제도가 전체적으로 불완전하기 때문은 아니다. 보다 세부에서 한 회 한 회의 시니피앙 송부에 존재하는 취약함이 편지를 행방불명으로 만든다. 행방불명된 편지는 그 가능성[à-venir]에서 무수히 있을 것이다. 그리고 이 송부의 취약함이야말로 '에크리튀르'라고 불리는 것에 다름 아니다. 데리다적 탈구축에서는 이제 단절되고 복수화된 시니피앙 네트워크의 단편밖에 보이지 않는 것이다. '불가능한 것'은 그 단편으로 나타난다. 상징계 전체를 조망하는 것은 본래 처음부터 불가능하다.[50]

—

성의 결여(초월론적 시니피앙)도 아니라는 이중의 우편적 전략을 명료하게 보여준다고 독해될 수 있다. 말할 것도 없이 프랑스어의 부분관사 du는 문법적으로도 전체화될 수 없는 집합을 의미한다.

50. 본서에서 우리는 일관되게 라캉파 정신분석을 부정신학적 논리의 전형으로 파악하고, 데리다의 시도를 그것에 대치시키고 있다. 그러나 주지하다시피 라캉 자신은 매우 소수의 텍스트밖에 쓰지 않았다. 우리는 그의 교의敎義 상당부분을 자크 알랭 밀레가 기록하고 정리한 세미나(및 그것을 둘러싼 무수한 해설서 — 앞에서 언급한 지젝의 책도 거기에 포함된다)를 통해서만 알 수 있을 뿐이고, 더구나 그 정통성은 일부로부터 강한 의심도 받고 있다(赤間啓之, 『ユートピアのラカン』, 青土社, 1994, 특히 제1장을 참조). 그렇다면 '라캉'에 대해 말하기 위해서는 우선 라캉의 텍스트와 라캉파의 텍스트를 엄밀히 구별하고, 그런 다음 후자의 이론적 변이를 라캉을 둘러싼 독특한 전이 상황

속에서 다시 해석할 필요가 있을 것이다. 하지만 그것은 본서의 과제가 아니다. 따라서 여기에서는 차라리 라캉에 대해 생각하는 데 있어서 라캉파의 해설을 통한 교과서적 교의에 적극적으로 만족하고 싶다. 그 이유는 우선 첫째로 애당초 '진짜' 라캉의 확정 따위는 불가능하고, 그것은 끝없는 텍스트 주해만 가져온다고 생각된다는 점, 둘째로 데리다의 비판 자체가 무엇보다도 교과서화되고 일반화된 라캉의 교의를 향해 있다고 생각되는 점(다음 장의 주(4)에 쓴 것처럼, 「진실의 배달부」는 라캉 자신이 비판한 연구서에 많은 것을 빚지고 있다), 그리고 셋째로 우리가 여기에서 문제 삼는 '부정신학'이란 결코 라캉의 사고에만 국한된 특징이 아니라, 오히려 어떤 타입의 초월론적 작업이 필연적으로 빠지는 함정이고, 그러므로 라캉이라는 한 사상가가 실제로 거기에 빠졌는지 그렇지 않은지는 어디까지나 이차적인 문제라고 생각된다는 점, 이상 세 가지이다. 라캉 자신이 무엇을 생각했는지와는 상관없이, 적어도 그 사고는 유통될 때 부정신학적으로 정리될 필요가 있었다. 우리가 물어야 하는 것은 오히려 그런 필요성의 의미이다.

그리고 이처럼 라캉을 위치짓는 것(진정한 라캉을 문제 삼지 않는 것)은 역으로 우리들에게 부정신학화된 라캉파 정신분석으로부터 일탈하는 모티브를 라캉 자신의 텍스트 속에서 재발견하는 작업을 허용하는 것이라고 생각된다. 그 경우에도 요구되는 것은 역시 진짜 라캉에 구애되지 않고 그가 세미나에서 말한(말했다고 간주되는) 다양한 아이디어를 오히려 우편적으로 해독하는 이론적 생산성이다. 그런 구체적 작업에 대해서는 우리들은 지금 데리다의 어느 하이데거론("Geschlecht-différence sexuelle, différence ontologique" in *Psyché*)을 보조선으로 두 개의 다른 문제계, 여성문제(성적 차이)와 동물문제(존재론적 차이)를 둘러싼 라캉적 언설에 주목하고, 그것을 다시 데리다적 '에크리튀르' 하에서 교차시키는 프로그램을 검토하고 있다. '동물'의 위치부여를 둘러싼 라캉적 동요에 대해서는 이미 다른 논문에서 논했기 때문에(「想像界と動物的通路」, 『シリーズ 表象のでディスクル 1 表象 ── 構造と出來事』, 小林康夫・松浦壽輝編, 東京大學出版部, 近刊予定), 여기에서는 라캉이 '여성'이라고 부르는 것과 우편의 관계에 대해 매우 간단하게 다루기로 한다.

3

이상의 논의에 입각하여 다시 유령론(데리다의 고유명론)의 가능성을 탐구하기로 하자. 그러기 위해 우선 크립키의 고유명론을 다른 각도에서 검토해 볼 필요가 있다. 『명명과 필연성』의 제1강의 처음은 다음과 같이 서술하고 있다.

—

다나카 준田中純은 『비평공간』 제2기 제7호(1995)에 게재된 본장의 원논문을 참조하면서 우리가 '우편공간'이라고 부르는 것이 라캉이 1972-73년의 세미나 『앙코르』에서 제출된 향유의 '여성적 형식'에 대응할 가능성을 시사하고 있다(「ポスト郵便都市」, 『10+1』 第10号, INAX出版, 1997). 이런 관점은 중요하다고 생각된다. 잘 알려진 것처럼 라캉은 만년의 세미나에서 주체가 스스로를 껴안는 불가능성을 처리하기 위해 사용하는 두 가지 다른 방법 '남성적 형식'과 '여성적 형식'을 구별하고 있다. 남성적 형식이란 간단히 말하면 특정한 장소(팔루스)에 모든 불가능성(도달하지 않는 것)을 집중시켜, 그것으로 주체=상징계 전체를 안정화시키는 주체화의 논리를 의미한다. 즉 그것은 우리들이 다음 장 이후에서 '부정신학 시스템'이라고 부르는 것에 정확히 대응하고 있다. 그렇다면 또 하나의 형식에 대한 그의 언설 쪽은 역으로 이론적 대응성에서 생각할 때 우리가 '우편=오배誤配 시스템'이라고 부르는 것에 가까운, 다른 타입의 구조성에 대해 말한 것으로 읽혀야 할 것이다. 여기에서 라캉에 의한 '여성'의 위치부여와 데리다의 우편이 연결될 가능성이 크게 열린다. 그리고 그 경우 우리에게 특히 흥미롭다고 생각되는 것은 데리다가 우편을 확률의 문제(도달하지 않을지도 모른다)로서 파악한 것과 호응하는 것처럼, 라캉이 남성적 형식을 '양상樣相 카테고리'나 '우연성'의 팔루스에 의한 말소로서 파악하고, 역으로 여성적 향유를 '조건법적인conditionnel' 성격 하에서 정식화하고 있었던 것이다(Jacques Lacan, *Encore*, Seuil, 1975, p. 55ff). 남성적 주체는 고유명의 우연성을 팔루스(아버지의 이름)에 의해 '운명'으로 전화하지만, 여성적 주체는 끊임없는 우연에 계속 노출되며 결코 운명을 손에 쥐는 일이 없다.

> 통상 주어지는 예는 일각수의 예입니다. 우리 모두는 일각수가 존재하지 않는다는 것을 알고 있음에도 불구하고 일각수는 존재하고 있을지도 모른다might have been고 이야기합니다. 어떤 상황 하에서는 일각수가 존재하고 있었을 것이다would have been라고 말합니다. 이것은 내가 그렇지 않다고 생각하는 사례입니다. 내가 생각하기에 어쩌면 진실은 일각수가 존재하지 않는 것이 필연적이라는 표현으로 이야기될 것이 아닙니다. 그것은 그저 어떤 상황에서라야 일각수가 존재하고 있었다는 것이 되는지 모른다고 이야기되어야 합니다. 다시 말하자면, 설령 고고학자나 지리학자가 우리가 일각수신화를 통해 알고 있는 일각수에 관한 모든 것을 만족시키는 동물이 과거에 존재했다는 것을 결정적으로 보여주는 화석을 내일 발견한다고 하더라도, 그것이 일각수가 존재했다는 것을 보여주는 것일 수 없다고 생각합니다.[51]

이 일절은 두 가지 중요한 것을 서술하고 있다. 먼저 첫째로 크립키는 '일각수가 존재하는' 가능세계를 인정하지 않는다. 왜일까. 그가 상정하는 가능세계는 항상 이 현실로부터 역산逆算해서 요청된 것이기 때문이다. 크립키는 이 점에서 이름名 '아리스토텔레스'와 이름 '일각수' 사이의 확연한 차이를 인정한다.[52] 전자의 이

---

51. *Naming and Necessity*, p. 24. 邦譯, 26-27頁(『이름과 필연』, 42쪽).
52. 크립키의 논의를 뒷받침하는 고유명의 이런 구별을 아카마 히로유키는 '유명성有名性'과 '무명성無名性'의 차이로 파악하고 있다. 「ラン・

름은 가능세계를 필요로 한다. 이 현실세계에서 "아리스토텔레스가 실은 알렉산더대왕을 가르치지 않았다"는 사실이 어느 날엔가 발견될지 모르는 한 우리는 그 이름 안에서 항상 "아리스토텔레스가 알렉산더대왕을 가르치지 않았을" 가능성을 계속 인정하고 있기 때문이다. 하지만 이것과는 대조적으로 후자의 이름은 가능세계를 필요로 하지 않는다. 이 현실세계에서 "일각수가 존재한다"는 사실이 언젠가 발견될 일은 결코 없기 때문이다. 그런데 왜 없는 것일까. 여기에서 크립키는 두 번째 포인트를 서술하고 있다. 그는 이 불가능성을 사실의 문제가 아니라 언어의 문제로 파악한다. 즉 거기서 문제가 되는 것은 신화나 문학이 묘사한 '일각수'의 성질을 모두 만족시키는 동물이 있는지 없는지, 또 생물학적으로 있을 수 있는지 없는지와 같은 사실문제가 아니다. 설령 그런 동물이 내일 발견된다고 해도 우리는 그것을 '일각수와 완전히 같은 성질을 가진 실재의 동물'로 부를 뿐이기 때문이다. 우리는 그때도 "(신화 등에서 알고 있던) 저 일각수가 발견되었다"고 말하지 않는다. 무릇 우리는 이름 '일각수'를 언젠가 발견될지도 모르는, 그런 상정을 허용하는 것으로서 사용하고 있지 않는 셈이다.

이상 두 가지 주장은 크립키의 가능세계(조건법으로 표현되는 세계)가 명제의 정정[訂正]가능성과 대응하고 있다는 것을 의미한다. 우리는 이름 '아리스토텔레스'를 받아들일 때, 동시에 그것에 부가된 여러 확정기술이 정정가능하다는 것 또한 전달받는다. 그렇기 때문에 "아리스토텔레스가 실은 알렉산더대왕을 가르치지 않

ウィズ・ア・ベルクソン」, 『現代思想』, 1994, 9月 臨時增刊号, 참조.

았다"라는 사후적 정정이 가능하고, 그로부터 소행적으로 크립키가 발견한 고유명의 '잉여'가 보이기 시작한다. 그러나 이름 '일각수'에 대해서는 그렇지 않다. 여기에는 정정가능성이 없고, 따라서 고유명의 잉여도 없다. 여기에서 주의해야 하는 것은 아리스토텔레스와 일각수의 이런 구별이 허구적 대상이 실재하는가 그렇지 않는가라는 존재론적 문제와는 완전히 무관하다는 점이다.[53] 크립키의 관심은 '일각수'라는 이름이 어떤 대상을 지시하고 있는가 그렇지 않는가가 아니라, 바로 그 이름이 사용되는 방법과 정정가능성에 있기 때문이다. 그러므로 사실 이것은 커뮤니케이션의 문제이다.

『명명과 필연성』의 논의는 최종적으로 고유명의 잉여를 설명하기 위해 '명명의식'의 신화를 들고 나왔다. 여기에서는 잉여가 실체적으로 파악되고 있다. 더구나 거기에는 일종의 부정신학성도 잠재되어 있으며, 앞서 서술한 대로 그것은 지젝에 의해 세련화되었다. 그러나 우리가 지금 검토한 것은 고유명의 잉여 그 자체가 전도의 결과라는 점을 가르쳐주고 있다. 그것은 본래 확정기술을 정정하는 근거로서 가정되었다. 그러나 만약 이 정정가능성이 커뮤니케이션의 장에 의해 규정되는 것이라면, 그 근거는 고유명 그 자체가 아니라 오히려 그 전달과정 안에서 찾아져야 한다. 이름 '아리스토텔레스'가 유통되는 사회적 공간이야말로 먼저 그 정정가능성을 규정한다. 이 정정가능성으로부터 복수의 가능세계가

---

53. 이 점에 관하여 미우라 도시히코三浦俊彦는 크립키 논의의 본질을 잘못 파악하고 있다. 『虚構世界の存在論』, 勁草書房, 1995, 236頁 이하 참조.

구성되고, 그로부터 역으로 가능세계들에 공통되는 이름 '아리스토텔레스'의 실체를 탐구하려고 할 때 비로소 사람들은 고유명에 '잉여'가 있는 것처럼 착각한다. 크립키 또한 그런 착각에 빠지고 말았다. 우리는 앞장에서 이 전도를 산종의 다의성화多義性化라고 불렀다.

그러나 우리는 크립키의 논의를 다르게 읽을 수도 있다. 예를 들어, 그가 도입한 '전달의 순수성'이라는 상정은 실은 불가사의한 특징을 가지고 있다. 크립키에 의하면 '명명의식命名儀式: initial baptism'의 원초적 지시의 힘(고정지시자)은 고유명에 머물고, 화자들의 연쇄를 통해서 차례로 전해진다. 하지만 그런 전달은 구체적으로 그것을 전달하는 사람들의 의식과 완전히 무관하다. 예를 들어, 언젠가 이름 '아리스토텔레스'가 플라톤을 가리킨다고 착각되었고, 마찬가지로 착각한 사람들이 백 세대에 걸쳐 그 이름을 플라톤을 가리키는 것으로서 전했다고 하자. 하지만 설사 그렇다 하더라도, 크립키에 의하면 그 사실은 이름 '아리스토텔레스'라는 지시의 순수성을 조금도 약화시키지 않는다. 실제 우리는 그때에도 "지금까지 백 세대에 걸쳐 '아리스토텔레스'라고 불려온 인물이 실은 아리스토텔레스가 아니었다"고 말할 수 있을 것이다. 따라서 크립키는 "중요한 것은 화자가 어떻게 그 지시를 획득했는지를 생각할까가 아니라, 커뮤니케이션의 실제 연쇄이"고 "최종적으로는 [명명된] 그 사람 자신에까지 도달하는 커뮤니케이션의 일정한 경로[passage]가 화자에게 도달하고 있다"고 서술하는 것이다.[54] 이와

---

54. *Naming and Necessity*, pp. 93, 91. 邦譯, 111, 109頁(『이름과 필연』, 135,

같은 비현실적 주장을 할 수밖에 없는 것은 크립키가 고유명의 잉여(고정지시자)를 명명의 정정가능성에서 고찰하고 있기 때문이다. 정정가능성은 사회적 맥락에 기초하는 것이기 때문에, 그것은 화자의 주관적 의식으로는 환원되지 않는다. 즉 고정지시자의 독립적 전달에 대해 말함으로써 실은 그는 여기에서 '잉여'가 사회적 커뮤니케이션에 기초한다는 점을 무의식중에 인정하고 있다고 생각할 수 있다. 잉여의 근거를 주체, 즉 고유명의 수취인 구조로 환원할 수 없었던 크립키는 역으로 고유명 하나하나에 잉여를 보증하는 모델을 구하게 된다. 고정지시자, 전달의 순수성, 원초적 지시까지 거슬러 올라가는 독립된 경로들이라는 분석장치는 여기에서 생겨나고 있다. 상징계에 난 '구멍'은 무수히 있는데, 그것들은 '명명의식'으로부터의 경로 하나하나를 통과하여 각각의 고유명으로 더듬어 올라가 그 잉여를 보증한다. 이런 이해에서 이름 '아리스토텔레스'에 잉여가 있고 이름 '일각수'에 잉여가 없는 것은 각각의 전달경로가 가진 성질의 차이에서 기인하고 있다.

고유명은 확정기술의 다발로 환원되지 않는다. 즉 거기에서는 상징계를 특징짓는 시니피앙의 송부운동이 기능하지 않는다. 여러 번 되풀이한 것처럼, 여기에서 문제는 이런 기능부전, '구멍'을 어떻게 기초지을지에 있다. 앞서 말한 것처럼 지젝은 그것을 상징계가 껴안은 괴델적 결정불가능성의 드러남, 즉 상징계의 전체구조를 통해 설명했다. 한편으로 하나의 주체가 있고, 다른 한편으로 그것을 마주본 하나의 세계(상징계)가 있다. 그 사이의 자기언급적

133쪽).

인 중첩구조가 '잉여'를 낳는다(우리는 제4장에서 같은 구조를 하이데거에게서 확인하게 될 것이다). 즉 여기에서 고유명의 문제는 주체=세계가 껴안은 형식적 결정불가능성, 칸트의 언어로 말하자면 안티노미로 설명되고 있다.[55] 그러나 이상과 같은 크립키의 사고는 그 '하나의' 주체=세계라는 상정 그 자체를 무효화한다. 전달경로라는 이질적인 문제계의 도입이 그런 퍼스펙티브의 변화를 가능하게 하고 있다. 세계를 구성하는 개개의 시니피앙은 실제로는 다양한 전달경로를 통해서 주체 앞에 배달된다. 시니피앙의 잡다한 집합이 '상징계'로서 전체적으로 파악되는 것은 그들 복수의 전달경로 사이의 차이가 말소됨으로써이다. 지젝이 크립키의 신

---

55. 이와이 가쓰히토岩井克人가 『화폐론』(筑摩書房, 1993)에서 전개한 논의는 이 점에서 정확히 지젝의 고유명론과 평행하고 있다. 『이데올로기의 숭고한 대상』의 논의는 애당초 기술주의(설)와 반기술주의(크립키)에 대한 이중비판으로 행해졌다. 이 양자는 모두 고유명의 '잉여'의 기원으로 신화적인 가정을 채용했다. 그리고 지젝은 고유명을 역설적인 시니피앙, 어떤 종류의 무無로 파악함으로써 이 양자의 결함을 넘어선다고 주장한다. 이에 대해 『화폐론』 또한 마치 그런 논의에 대응하는 것처럼 다음과 같이 쓰고 있다. "본서에서 내가 화폐를 둘러싼 이대二大 신화로 함께 비판한 화폐상품설과 화폐법제설의 대립은 언어학에서 프레게=러셀류의 기술주의와 크립키류의 반기술주의의 대립에 정확히 대응하고 있다."(223頁) 이와이에 따르면 화폐란 본질적으로 '무無'의 기호이고(133頁) 그 근거는 순수한 형식적 역설에 놓여 있다. 그러나 화폐상품설과 화폐법제설은 모두 "화폐라는 존재 중핵에 있는 공허를 참을 수가" 없었다(99頁). 『화폐론』은 그 '공허'를 직시하는 시도이다. 그렇다면 우리는 여기에서 이와이와 지젝은 모두 화폐와 고유명을 둘러싸고 거의 같은 형태의 부정신학에 도달했다고 말해도 좋다. 양자의 이런 부합은 부정신학적 사고의 보편성을 보여주고 있다.

화를 '현실réalité'의, 즉 상징계(세계)의 내부문제로서 받아들이는 것은 이런 해석 하에서 오히려 지젝 자신의 전도를 보여주는 것이 된다. 크립키의 신화는 실제로는 상징계의 성립 이전, 시니피앙의 집합이 '세계'로서 완전히 정리되기 이전의 이야기를 하고 있다고 해석되어야 한다. 상징계라는 하나의 시스템에서 출발하는 것, 바로 거기에 전도가 있었다. 초월론적 시니피에와 초월론적 시니피앙, 초월론적 주체(S)와 팔루스(대상a)는 모두 그런 전도의 대상물이다.

여기에서 다시 데리다의 논의를 접합시켜보자. 크립키는 복수적인 '구멍'의 근거를 그것을 보증하는 경로의 순수성으로부터 설명한다. 크립키의 논의가 매우 비현실적인 것이 된 것은 그 때문이다. 그러나 우리는 데리다를 참조함으로써 여기에서 그 가정을 그대로 뒤집을 수 있다고 생각한다. 예를 들어, 그는 「서명 사건 콘텍스트」의 말미에서 "커뮤니케이션의 관념을 습관적으로 인도하고 있는 의미론적 지평은 에크리튀르의 개입에 의해, 즉 다의성으로 환원될 수 없는 산종의 개입에 의해 초과되고 파열될 수밖에 없다"고 서술하고 있다.[56] 여기에서 '에크리튀르'는 커뮤니케이션의 취약함, 즉 오배誤配가능성 일반을 의미하고 있다. 그리고 다른 한편으로 '다의성'과 '산종'은 앞장에서 서술한 것처럼 특수성과 단독성, 확정기술의 다발과 그것을 넘어서는 잉여와 이론적으로 거의 같다. 따라서 이런 데리다의 명제는 우리의 문맥에서 커뮤니케이션의 실패야말로 고유명의 잉여를 낳게 한다고 서술한 것으로 해

---

56. *Marges*, p. 392. 論文邦譯, 37頁.

석된다. 그리고 이런 주장은 크립키가 자각하지 않은 채로 기록한 인식, '잉여'란 정정가능성이 전도된 것이고, 그런 정정가능성은 사회적 문맥에 의해 규정된다는 사고와 오히려 정합적이다. 정정가능성은 그 정의상 지시의 연쇄가 순수하지 않기에 생겨나기 때문이다. 여기에서는 이제 '명명의식'의 가정은 필요하지 않다. 오히려 명명의식의 유일성이 찬탈될 가능성, 그 대리가능성, 바꿔 말하면 전달경로의 오배가능성이야말로 고유명에 산종을 부여한다. 크립키는 산종의 이런 우편적 구조를 이해하고 있지 않았기 때문에 신화를 필요로 했다.

일찍이 아리스토텔레스가 명명되었다. 이름 '아리스토텔레스'는 그로부터 다양한 경로를 통해 배달된다. 그 때문에 이름 '아리스토텔레스'는 이제 복수의 경로를 통해서 온 복수적 이름의 집합체다. 필연적으로 여기에서는 다양한 어긋남이 생긴다. 이름 '아리스토텔레스'에 붙여진 복수의 (경로가 다른) 확정기술 사이에서 모순이 생기기도 할 것이고, 또 그 일부가 행방불명이 되기도 하고 다른 이름의 확정기술과 혼동되기도 할 것이다. 그러나 명명의식으로 소행하는 것은 불가능하기에, 그들의 어긋남을 조정하는 것 또한 불가능하다. 바로 그러하기 때문에 이름 '아리스토텔레스'에는 항상 정정가능성이 따라다닌다. 고유명의 단독성을 구성하고 동시에 위협하는 그런 정정가능성을 여기에서 앞장의 논의를 이어받아 '유령'이라고 부를 수 있을 것이다. 이름 '아리스토텔레스'는 항상 유령에, 즉 배달과정에서 행방불명이 되어버린 여러 '아리스토텔레스'에 홀려 있다. 그리고 이 유령들은 네트워크(전달경로)의 불완전성에 의해 양상성과 복잡성의 징후[徵]를 알리는 것으로서 등장한다. 앞장에서 본 것처럼 유령은 조건법과거로 이야기된다. 인용 부분에서 가정법과거완료(프랑스어의 조건법과거에 해당된다)를 사용한 크립키는 유령에 대해 잘 알고 있었다.

다시 확인해보자. 우리는 여기에서 고유명의 정정가능성에 대해 말하는 크립키의 가능세계론과 전달경로의 취약함에 대해 말하는 데리다의 에크리튀르론을 접합할 이론적 가능성에 대해서 생각하고 있다. 고유명의 정정가능성, 즉 '유령'들은 경로의 취약함에서 생긴다. 이 경로를 말소하고 주체 앞에 있는(=현전의) 고유명에서 생각할 때에야 사람들은 고유명의 잉여, 단독성을 찾아낸다. 즉 단독성은 유령들을 전도시킴으로써 허구화된다. 「진리의 배달부」의 데리다는 '산종'과 '결여manque'를 명확히 대치시키고 있다.[57] 산종(유령들)은 경로의 취약함에서 생겨나고, 결여(초월론적 시니피앙)는 경로의 말소에서 생겨난다. 특수성에 대해 단독성, 유한개有限個의 확정기술에 대하여 무한의 '잉여'를 대치시키는 사고는 이미 전도되어 있다. 그런 대치 자체가 우편공간이 야기한 '망령적 효과effet spectral', '불가능한 것'의 복수성을 말소시키고 있기 때문이다.

여기에서 다시 한 번 가라타니를 도입해보자. 본장 서두에서 서술한 것처럼 한때 가라타니는 집요하게 '형식체계를 더욱 철저화함으로써 자괴自壞시키는' 작업을 계속 하고 있었다. 당시 그는 그런 자괴의 지점을 통해 형식체계 '외부'로의 탈출을 기도했던

---

57. *La carte postale*, p. 470. 論文邦譯, 55-56頁.

것이다. 그러나 지금까지 논한 것처럼 초월론적 시니피에의 체계(형이상학)를 괴델적 결정불가능성에 의해 탈구축하는 그런 전략은 결국 '외부'가 존재함이 분명한 역설적 시니피앙을 초월론화하는 결과에 도달할 수밖에 없다. 1983년 「언어 · 수 · 화폐」에서 일군의 작업이 중단된 것은 가라타니 또한 그런 위험에 민감했다는 것을 보여준다. 이 텍스트는 다음과 같은 구절로 끝나고 있다.

> 그러나 우리는 생물학적 관점에서가 아니라 형식적 관점에서 그와 같은 물음을 다시 던져야 한다. 왜 우리가 파악하는 것은 항상 이미 갇혀진 형식체계인가 하고. 그러나 우리는 그러지 않은 모양形을 다른 한편으로 제시할 수 없다. 자연성 장성으로서 자연은 수학적(형식적)인 구조에 의해서는 파악될 수 없다. 그것은 그 같은 형식체계가 아슬아슬한 곳까지 내몰리는 패러독스에서만, 즉 네거티브하게만 제시될 수 있을 뿐이다.[58]

이런 결론은 명확히 부정신학적이다. 그리고 이 지점에서 벗어나거나, 혹은 바로 그것에 저항하기 위해 가라타니는 1985년 『탐구』 시리즈를 시작했다. 그 자신이 종종 '전회'라고 부르는 그런 태도변경에서 이미 인용한 것처럼 데리다는 '내성' 즉 하나의 형식체계로부터 출발하는 사고의 일례로 명명되고 비판받고 있다. 그러나 이로부터 가라타니와 데리다의 대립을 단순하게 결론지을

---

58. 『内省と遡行』, 283頁.

수는 없다. 당시 가라타니가 참조한 것은 『목소리와 현상』, 『그라마톨로지에 대하여』 시기의, 그것도 매우 교과서적으로 요약된 데리다밖에 없었다고 생각되기 때문이다. 그는 우리가 읽어온 데리다를 무시하고 있다. 따라서 그의 비판은 전기 데리다의 괴델적 탈구축을 향하고 있지만, 우리는 이제 후기 데리다도 그것에 저항하고 있었다는 것을 알고 있다. 그렇다면 우리가 여기에서 검토해야 하는 것은 오히려 양자의 이론적 친근성이다. 다시 크립키를 참조하면서 그 가까움에 대해 간단히 살펴보고 싶다.

가라타니에 의한 '전회'는 비트겐슈타인의 커뮤니케이션론, 정확히는 그것이 크립키에 의해 보다 래디컬하게 해석된 것을 참조하여 시작되었다고 알려져 있다. 우선 후자의 논의부터 확인해보자. 크립키는 1982년 『비트겐슈타인의 패러독스』에서 다음과 같은 사고실험을 제출하고 있다. 우리는 보통 덧셈의 '규칙'을 알고 있다고 생각한다. 지금까지 한 번도 계산한 적이 없는 수의 조합, 예를 들어 '68+57'에 대해서도 답할 수 있는 것은 그 규칙 탓이라고 생각할 수 있다. 그러나 크립키에 의하면 그런 상정은 실은 매우 취약하다. 회의론자는 우리가 지금 한 '68+57=125'라는 계산에 대해 그 답이 실은 5였다고, 더구나 '+'라는 기호는 본래 그런 의미였고, 당신 또한 그것을 알고 있었을 것이다, 라고 완전히 논리적으로 주장할 수 있다. 왜일까. 우리가 경험한 '+'의 예가 언제나 유한개일 수밖에 없는 이상, 그로부터 무한히 적용가능한 '규칙'을 도출하는 것은 원리적으로 불가능하기 때문이다. 우리는 확실히 2+2=4, 2+3=5라는 계산을 되풀이 해왔다. 그리고 그것을 덧셈이라고 생각해 왔다. 그러나 만약 지금 그 '+'라는 기호가 실은 더해진 수가 57보다 작을 때만 덧셈plus과 같은 함수이고, 더해지는 수가 57 이상일 때는 계산 결과가 전부 5가 되는 특수한 함수('겹셈quus'이라고 크립키가 이름 붙이고 있는)였다고 하면 어떨까? 그때 우리는 더 이상 지금까지 자신이 해온 계산이 무엇인지, 덧셈이었는지 겹셈이었는지 스스로 말하는 것은 불가능하다. 왜냐하면 우리는 지금까지 겹셈함수의 계산으로도 틀리지 않았기 때문이다.

용이하게 알 수 있는 것처럼, 여기에서 『명명과 필연성』과 같은 테마(유한과 무한의 구별)가 '정정가능성'의 문제를 전경前景으로 하여 다시 검토되고 있다. 우리는 이름 '아리스토텔레스'나 기호 '+'를 사용한다. 그러나 우리는 그것의 진짜 의미, 즉 지시된 함수나 명명된 인물을 결코 같은 것으로 인정할 수 없다. 우리는 항상 "이름 '아리스토텔레스'는 실은……" "기호 '+'는 실은……"이라는 정정가능성에 노출되어 있기 때문이다. 고유명의 잉여나 수학 규칙의 무한성은 이 정정가능성(유령들)의 실체화에 의해 생겨난다. 우리가 앞서 『명명과 필연성』에서 읽어낸 이런 인식은 『비트겐슈타인의 패러독스』에서 크립키 자신에 의해 명확하게 이야기되고 있다. 그가 생각하기에 사람은 본래 '규칙'이라는 것을 알지 못한다. "만약 한 사람이 고립되었다고 간주된다면, 규칙을 받아들인 그 사람을 인도하는 규칙관념이란 실질적 내용을 전혀 가지고 있지 않다."[59] 규칙은 '공동체'에서 즉 복수의 계산 결과를

59. Saul Kripke, *Wittgenstein on Rules and Private Language*, Harvard University Press, 1982, p. 89. 邦譯, 『ウィトゲンシュタインのパラドックス』, 黒崎宏 譯,, 産業図書, 1983, 173-174頁(솔 크립키, 『비트겐슈타인: 규칙과 사적 언어』, 남기창 옮김, 철학과현실사, 2008, 147쪽).

조합함으로써만 소행적으로 발견된다. 규칙은 사적私的으로는 존재하지 않는다는 이 명제는 고유명의 잉여를 주체의 구성에서 생각해서는 안 된다는 전술前述의 요청과 정확히 대응하고 있다.

고유명과 수학 규칙은 경험적인 지知의 범위를 일탈하고 있다. 그것들은 경험적으로는 인식불가능한 무한개의 확정기술, 무한개의 사례와 관계하기 때문이다. 따라서 그것들은 모두 대륙철학적 술어로 명명하면 '초월론적' 대상이다. 즉 크립키는 『명명과 필연성』과 『비트겐슈타인의 패러독스』에서 왜 사람은 초월론적 대상을 인식할 수 있는가와 같은 질문을 다른 형태로 다루고 있다. 그리고 그는 두 저작에서 결국 초월론적 대상의 초월론성을 뒷받침하는 장소를 주체에서 공동체로 옮긴다는 똑같은 착상을 주장하고 있다. 고유명의 잉여(고정지시자)도 규칙의 규칙성도 단일한 주체가 그것을 그것으로서 인식하는 것은 불가능하다. 전자는 지시의 연쇄에 의해 유지되고, 후자는 '생활형식'을 '공유하는 공동체'에 의해 확증된다.[60] 크립키의 이런 결론은 말할 것도 없이 최종적으로 '공동체'라는 다른 초월론적인(또는 신화적인) 대상을 상정하는 순환에 빠지게 된다. 그러나 이미 시사한 것처럼 우리는 데리다를 참조함으로써 이런 주장을 보다 래디컬하게 밀고 나갈 수 있다. 규칙이나 고유명의 초월론성은 단적으로 존재하지 않는다. 그것은 커뮤니케이션의 실패(오배송)로부터 소행적으로 날조된 것에 지나지 않는다. 보다 정확히 말하면, 우리가 '초월론성'이라고 부르는 것은 우편공간의 망령적 효과의 실체화에 지나지 않다.

60. cf. ibid., p. 96ff. 同書 187頁 이하(같은 책, 157쪽 이하).

우리들의 사고로는 『탐구 I』의 가라타니 또한 정말 똑같은 방향에서 크립키의 논의를 첨예화시키고 있다. 그는 다음과 같이 쓰고 있다. "예를 들어, 내가 어떤 말의 '의미'를 알고 있는지 어떤지는 타자(공동체)에 의해 내 말의 용법이 틀리지 않았다고 인정될지 어떨지에 달려있다. 만약 틀린다면, 타자는 웃거나 '틀렸다'고 말할 것이다. 그때 나는 '규칙을 따르고 있지 않다'고 간주된다. 그러나 여기에서 주의할 것은 그때 타자도 규칙을 적극적으로 명시할 수 있는 것은 아니라는 점이다. 그는 그저 '아니다'라고밖에 말할 수 없다."[61] 규칙은 실패로밖에 말할 수 없는 것이다. 이것은 '부정적으로밖에 말할 수 없다'는 주장과 다르다. 『탐구 I』은 커뮤니케이션의 양태를 '말하다 — 듣다'의 관계와 '가르치다 — 배우다'의 관계로 구별하고 있다. 이것은 우리의 언어로 말하면, 오배송이 없는 우편과 오배송으로 가득한 우편의 구별과 동등하다. '가르치다 — 배우다'의 관계로는 커뮤니케이션의 성립이 보장될 수 없고, 잠정적으로 발견된 규칙은 끝없이 타자에 의해 정정될 가능성을 내포하고 있다. 그리고 거기에서는 또 '무한'의, 즉 초월론성의 문제도 커뮤니케이션의 구체적이고 우편적인 국면(가르치다 — 배우다)에서 생각된다. "비트겐슈타인은 '실무한'의 문제를 그저 경험론적인 입장에서 방기한 것이 아니라, 말하자면 그것을 '타자'와의 관계라는 레벨로 이동시킨 것이다."[62] 이런 인식은 우리가 지금까지 논해온 후기 데리다의 이론적 사정범위와 깊

---

61. 『探究 I』, 講談社, 1986, 61頁(『탐구』(1), 권기돈 옮김, 새물결, 1998, 66쪽).
62. 同書 183頁(같은 책, 184쪽), 일부 변경.

이 호응하고 있다.

1970년대의 데리다와 1980년대의 가라타니는 모두 괴델적 탈구축(부정신학)에의 저항을 오배가능성으로 가득 찬 커뮤니케이션에 주목함으로써 조직했다. 여기에는 놓칠 수 없는 평행성이 존재한다. 그리고 그들의 사고는 흥미롭게도 그의 '전회' 이후도 끝없이 부정신학으로 떨어지고 있다는 점에서도 공통된다. 실제 우리가 생각하기로도 1990년대에 데리다가 쓴 적지 않은 텍스트가 강한 부정신학적인 모티브에 의해 이끌려가고 있다. 전술한 것처럼 예를 들어 『법의 힘』에서 '정의'라는 관념은 부정적 역설로서만 검토되고 있다. 마찬가지로 가라타니도 1990년대에는 이론적으로 후퇴하고 있다는 생각이 든다. 예를 들어, 그가 1993년에 시작한 『탐구Ⅲ』에는 명확히 초월론성의 조건을 '주체'의 구조, 또는 구조의 결여로부터 위치시키려는 시도에 대한 회귀로 읽힌다. "칸트가 말하는 초월론적 주관은 초월적 주관이 아니다. 그것은 초월론적으로 발견되는 주관이다. 그것은 자기의식 또는 언어적으로 대상화되는 코기토가 아니라 그것을 가능하게 하는 조건이다. 초월론적 주관은 일반적 주관이 아니고 공동주관성도 아니다. 그것은 말하자면 각 주관의 존재론적 기초(의 부재)다."[63] 우리는 여기에서 데리다와 가라타니의 이론적 가능성을 상당히 호의적으로 읽고 있지만, 실제로는 그들의 부정신학성도 보다 자세히 추적되어야 한다. 그리고 또 하나 양자에 대해 주목해야 할 점은 그런 본질적인 평행성에도 불구하고, 그들의 텍스트가 표면상 완전히

---

63. 「探究Ⅲ」 第14回, 『群像』, 1995, 6月号, 講談社, 380-381頁.

다른 스타일로 씌어졌다는 것이다. 가라타니는 후기 데리다와는 대조적으로 장식적 문체나 언어유희를 가능한 배제한 일본어를 가지고 매우 '논리적'으로 보이는 스타일로 텍스트를 구성한다. 그렇다면 이 차이는 무엇을 의미하는 것일까? 유감스럽지만 이 물음에 대해 본격적으로 논하는 것은 다른 기회로 미루지 않으면 안 된다. 우리가 생각하기에 거기에는 프랑스어와 일본어에 있어 에크리튀르적 조건의 차이가 크게 관계하고 있을 것이 분명하기 때문이다.[64]

---

64. 간단한 힌트만 써두기로 한다. 후기 데리다는 본문에서도 서술한 것처럼 텍스트를 시작이 있고 끝이 있는 하나의 단위로서 파악하는 것을 철저히 피한다. 그는 오히려 독해되는 텍스트 속 특정한 은유=개념을 철저하게 단어의 단위에서, 때로는 더욱 세밀하게 접두사나 접미어라는 철자(에크리튀르)의 단위에서 독해하고, 거기에 존재하는 철학사적 기억을 환기시켜간다. 이것이 후기 데리다의 근간을 이루는 특징이지만, 이것은 다시 관점을 바꾸면 매우 분열병적인 독해체험이라고 말할 수 있다. 즉 그것은 '+' 기호의 동일성조차 의심하는 크립키/가라타니적 회의론자의 태도를 텍스트 위에서 실천한 것이라고 이해할 수 있다. 후기 데리다의 텍스트에서는 내용으로서 이론적으로(칸스터티브하게) 씌어진 것이 그대로 스타일로서 실천적으로(퍼포머티브하게) 제시된 것 속에 거울상적으로 반영되고 있다. 실제 그가 자주 사용하는 '산종'이라는 단어 그 자체가 한편으로 앞서 서술한 것과 같은 이론적 개념임과 동시에, 다른 한편으로 후기 데리다의 스타일을 명명하는 대표적인 은유이기도 하다.

그렇다면 우리는 여기에서 그와 같은 거울상적spéculaire인 관계, 즉 내용과 스타일을 직결시키는 사변적인spéculatif 회로 배치야말로 실은 언어 환경에 대응하여 크게 다른 것은 아닐까 하는 추측을 할 수가 있다. 『그라마톨로지에 대하여』에서 지적된 것처럼 알파벳만을 사용하는 유럽언어에서 "단어는 시니피에와 소리의, 개념과 투명한 표현실질 사이의 기본적이고 분해불가능한 통일[unité]로서 살아갈 수

'유령'은 우리가 생각하기에 모든 시니피앙에 필연적으로 따라다니는 확률적 오배가능성, 오배될 가능성(약속)과 오배되었을지 모르는 가능성dead stock의 조합에 다름 아니다. 이 장에서 우리가 '우편'이라는 문제계를 도입한 것은 '유령'과 괴델적 결정불가능성을 이론적으로 구별하기 위해서다. 양자는 종종 애매하게 혼동되고 있다. 예를 들면, 마크 위글리는 장소의 은유계를 중심으로 데리다의 작업을 정리하는 가운데 '유령'을 장소site의 동일성을 침범하는 기생체parasite, 내부와 외부의 경계를 뒤흔드는 일종의 어긋남을 지시하는 단어로 파악하고 있다.[65] 형이상학 일반의 은유로서 '건축' 또는 '장소'를 채용하는 그의 문맥에서 이런 어긋남은 명확히 괴델적인 결정불가능성으로 생각되고 있다. 그러나 우리는 그런 종류의 이해는 결정적인 점을 놓치고 있다고 생각한다. 지금까지 논해온 것처럼 데리다의 '유령'에는 괴델적 탈구축의 출발점인 하나의 형식체계(장소)의 상정, 하나의 상징계 상정 그 자체가 전도라는 인식이 포함되어 있기 때문이다. 유령은 하나의 장

있다.'(p. 34. 邦譯, 上卷 49頁) 역으로 말해, 그런 통일이 지배적이었기 때문에 데리다적 회의는 에크리튀르의 전략, 즉 개념과 소리 사이에 에크리튀르의 위상을 끼워 넣고, 그런 유희에 의해 '단어'의 통일성의 결부를 분해하고 해체하는 전략으로서 실천되었던 것이다. 하지만 그 같은 분해작업이 일본어 환경(한자 가나 혼용)에서는 명확히 불가능하다. 거기에서 '단어'에의 회의는 또 다른 형태로 나타나지 않으면 안 된다. 가라타니의 스타일이 그의 이론을 어떻게 반영하고 있는가, 그런 거울상성性은 일본어의 조건을 내적으로 검토한 후에야 비로소 명확해질 것이다.

65. cf. Mark Wigley, *The Architecture of Deconstruction*, MIT Press, 1993.

소에 머물지 않는다. 그것은 끊임없이 부유하고 있다.

마지막으로 요약해보자. 데리다는 형이상학과 부정신학, 초월론적 시니피에의 체제와 초월론적 시니피앙의 체제에 대한 이중의 저항을 시도했다. '형이상학'의 일관성은 초월론적 시니피에라는 최종심급의 확정, 한마디로 자기언급의 금지 위에서 유지된다. 괴델적 탈구축은 그것을 비판한다. 그런 비판은 구체적으로는 시스템 속에서 자기언급의 금지를 범함으로써 역설적 시니피앙('대리보충代補')을 발견하고, 그로부터 체계 전체의 결정불가능성을 이끌어냄으로써 이루어진다. 하지만 그런 작업은 최종적으로 비판의 지렛대로 이용했음이 분명한 시니피앙을 초월론화하고, 또 다른 타입의 시스템을 안정화시키는 것으로 귀결된다. 이것이 '부정신학'이라고 불린다. 데리다는 다시 그로부터 도주하기 위해 '불가능한 것'의 모델을 따로 구한다. '우편', '유령'이라는 이론적 은유는 여기에서 요청된다. 시스템 전체를 탈구축한 잔여로서 얻을 수 있는 단수적 '외상'으로부터 시스템의 세부, 시니피앙의 송부 일회 일회의 미세한 어긋남(오배송)으로부터 생기는 복수적 '유령'으로. 여기에서는 시스템 전체를 상정할 수 없는 이상, 더 이상 괴델 문제도 생기지 않는다. 텍스트 전체를 읽을 수 없는 이상, 더 이상 예일학파와 같은(틀枠의 은유로 이끌어진) 탈구축적 독해 deconstructive reading가 불가능한 것처럼 말이다.

우편적 은유는 커뮤니케이션에서의 전달경로, 가라타니의 말을 빌리자면 '교환과정'의 문제를 전경화한다. 전술한 것처럼 데리다는 아주 초기부터 그런 은유를 사용하고 있다. 그렇기 때문에 전기/후기라고 데리다의 텍스트를 구분하여 괴델적/데리다적이라고 탈구축을 차이화하는 우리의 논의는 아마 데리다 연구의 문맥에서는 엄밀하지 않다. 그러나 여기에서는 오히려 우편적 은유가 자주 등장하기 시작한 것이 비교적 늦었다(특히 『우편엽서』)는 것, 더욱이 그것이 1960년대 후반의 후설이나 소쉬르의 형식적 비판을 경유한 후였다는 것에 유의해야 한다. 우편적 은유는 『목소리와 현상』이나 『그라마톨로지에 대하여』의 논의에서는 그렇게 중요한 위치를 점하고 있지 않았다. 따라서 우리는 우편적 은유 자체가 언제부터 사용되고 있었는지와 별도로 그것을 항상 괴델적 탈구축과의 잠재적 긴장관계에서 읽어야 한다. 예를 들어, 전기 데리다는 '에크리튀르'를 종종 '대리보충'과 같은 의미로 사용했지만, 그럼에도 불구하고 그 말이 커뮤니케이션의 취약함을 의미하는 이상, 우리는 여기에서 이미 '대리보충의 논리' 그 자체를 무효화하는 이론적 계기를 발견할 수 있다.

여기에는 많은 문제가 걸려있다. 우리는 두 가지 탈구축의 이런 구별을 출발점으로 삼아 많은 철학적 명제를 재검토할 수도 있을 것이다. 그러나 그 전제가 되는 것은 역시 "데리다적 탈구축은 후기텍스트와 같은 형태로밖에 이루어질 수 없었는가"라는 누구나 느끼는 소박한 의문이다. 우리는 여기에서 라캉에 대한 언급을 염두에 두면서 그 물음을 "데리다적 정신분석은 존재하는가"라고 바꿔 말해도 좋을 것이다.[66] '괴델 문제'에 관해서 가라타니가 행한 종류의 일반화를 '데리다 문제'에 대해 행하는 것은 정말 가능한

66. 1990년 콜로키움 「라캉과 철학자들」에서의 르네 마조르의 말을 참조했다. cf. René Major, "Depuis Lacan: —" in Collège international de philosophie, *Lacan avec les philosophes*, Albin Michel, 1991.

가? "왜 데리다는 그와 같은 기묘한 텍스트를 썼던 것일까", 우리는 이제 그 물음의 입구에 도달한 것에 지나지 않는다. 이에 답하기 위해서는 후기 데리다의 은유=개념의 '지도'를 보다 정밀하게 보다 복잡하게 그리고 보다 도식적으로 그려내지 않으면 안 된다. 이 작업은 다음 장에서 전개된다.

*

마지막으로 본장의 논의를 보다 넓은 문제계와 접합시키기 위해 두 가지 시점[視點]을 덧붙이기로 하자.

(1) 이데올로기에 대하여

제1장에서도 조금 다룬 것처럼 지젝은 라캉파 정신분석에 기반하여 독특한 이데올로기론을 전개하고 있다. 약간 겹치지만, 최근의 논문[67]을 참조하여 그의 통찰을 재정리해보자. 그에 의하면 이데올로기는 일반적으로 사람들이 그 내용(예를 들어 "스탈린은 위대하다")을 믿는 것에 의해서가 아니라, 역으로 사람들이 그 내용을 믿지 않는 것에 의해서 뒷받침되고 있다. 바꿔 말해, 대문자 '법[Loi]'은 자기 자신에 대한 준수가 아니라 오히려 끝없는 침범[transgression]을 조직하고 있다. 따라서 통상의 이데올로기 비판(내용에 대한 비판)은 이데올로기의 현실에 대해 완전히 무력하다. 아무도 스탈

67. Slavoj Zizek, "Pourquoi dois-je aimer la nation comme moi-même?" in *L'intraitable*, Anthropos, 1993.

린주의의 내용을 믿고 있고 있지 않음에도 불구하고, 모두가 "마치 스탈린주의를 믿고 있는 것처럼" 행동해버리는 역설에 바로 이데올로기의 힘이 존재하기 때문이다.

그렇다면 여기에서 주목해야 하는 것은 지젝이 이런 역설의 근거를 라캉적인 '사물chose', 앞서의 술어로 말하면 '대상a'의 효과에서 구하고 있다는 점이다. '사물' 없이는 이데올로기가 성립하지 않는다. 예를 들어, 사람들은 스탈린주의의 구체적 내용을 믿고 있지 않다. 그들은 모든 내용이 완전히 부정된 후에도 남는 바로 '스탈린주의'라는 잉여를 믿고 있다. 여기에서는 스탈린의 구체적 존재가 그 잉여의 실체화로서 기능한다. 이런 구별은 말할 것도 없이 앞서 서술한 고유명론과 평행하고 있다. 그리고 아사다 아키라를 따라서 지젝의 분석을 알튀세르의 유명한 논문「이데올로기와 국가의 이데올로기장치」를 보안하는 것으로 파악하면,[68] 이상의 논의를 다시 다음과 같이 정리할 수도 있다. 알튀세르적 AIE('국가의 이데올로기장치Appareil Idéologique d'État'의 약칭)는 스탈린주의의 확정기술(구체적 내용)을 사람들에게 배분한다. 이에 반해 지젝적 AIE는 바로 '스탈린주의'의 잉여(사물)를 주입한다. 따라서 여기에서 이데올로기의 구체적 내용이 아무리 침범(부정)당하더라도 항상 잉여로서 존재하는 '이데올로기의 숭고한 대상'은 전혀 상처를 입지 않는다. 지젝은 다른 텍스트에서 칸트가 말하는 '부정명제'와 '무한명제'의 차이를 언급하면서 이 두 가지 레벨을 명확히 준별하고 있다.[69]

---

68. 「ラカン/ジジェクの余白に」, 『批評空間』 第1期 第7号.

언설로서의 이데올로기와 '사물'로서의 이데올로기라는 지젝의 구별은 확실히 중요하고, 우리는 앞으로 이것을 무시하고 이데올로기론을 구상할 수는 없다고 생각한다. 그러나 여기에는 본질적인 결함이 존재한다. 지젝의 논의에서는 '사물'의 레벨이야말로 분석의 중핵을 이루고 있지만, '사물'로서의 이데올로기는 정의상 모든 구체적 내용이 박탈되어 있다. 이것은 그의 고유명론과 똑같은 결함이다. 지젝에게 있어 고유명의 잉여도 이데올로기의 '사물'성도 모두 '현실계'의 대응물에 지나지 않다. 따라서 여기에서 현실 réalité 수준의 설명은 모두 본질적 논의로부터 기각되어 버린다. 이름 '아리스토텔레스'의 잉여가 그 이름을 둘러싼 현실적 사정에는 없었던 것과 마찬가지로, 스탈린주의가 기능하는 이유도 그런 구체적인 정치상황에 의존하지 않는다. 문제의 이데올로기가 자유주의든지 공산주의든지 그의 분석은 동형의 구조를 발견할 뿐이다. 그렇다면 우리는 지젝의 그와 같은 논의가 본질적으로 비정치적인 정치적 언설, 일종의 정치(부정)신학이라고 말하지 않으면 안 된다.

그렇다면 어떻게 할까. 이미 우리는 크립키의 고유명론을 데리다의 논의를 통해 조금 이동시켜 보았다. 따라서 여기에서도 당연히 지젝의 이데올로기론을 똑같이 조금 이동시켜도 좋다. 이하 아이디어만 소묘해둔다. 우리는 앞서 '지젝적 AIE'라는 말을 사용했다. 그러나 실제로는 지젝에게 AIE, 즉 '장치'라는 발상이 존재할

---

69. *The Sublime Object of Ideology*, p. 169ff(『이데올로기라는 숭고한 대상』, 259쪽 이하).

수 없다. 그의 논리적 틀에서는 이데올로기의 호명이 어디에서 어떻게 들려오든 그 수용에는 본질적인 관계가 없기 때문이다. 지젝적 주체에서 진실의 '호명'은 항상 주체의 괴델적 균열에서, 그리고 그곳으로부터만 울려 퍼진다. 따라서 이데올로기, 즉 라캉파 정신분석의 술어에서 말하는 '공상fantasme'은 오로지 현실계가 메아리치게 하는 그런 붕괴壞亂 소리를 듣지 않기 위해서만 요청되는 것에 지나지 않다. 이것은 지젝의 논의에 알튀세르가 강조한 '계급투쟁의 장',[70] 복수의 이데올로기장치가 교차하는 네트워크 공간이 완전히 결여되어 있다는 것을 의미한다. 지젝의 고유명론은 크립키가 고집한 전달경로의 문제계를 말소시키고 있다. 그의 이데올로기론은 여기에서 이와 완전히 똑같은 일을 알튀세르의 AIE에 대해 행하고 있다. 그렇다면 우리가 생각해야 하는 이론적 방향도 정해진다 하겠다.

크립키의 고유명론과 마찬가지로 알튀세르의 이데올로기론을 우편적 은유로 재검토하는 것. 우리는 여기에서 이데올로기의 '사물'성을 이데올로기적 '호출interpellation'이 통과하는 전달경로의 불완전성에서 파악하게 된다. 그리고 이로부터 이데올로기적 호출의 dead stock이 상정된다. 알튀세르가 분석한 것처럼, "이데올로기는 각 개인을 주체로 호출한다."[71] 개인은 국가의 이데올로기장치의 호출에 응답함으로써("그것이 나다c'est moi!") 비로소 '주체'로

70. Louis Althusser, "Idéologie et appareils idéologiques d'État" in *Positions*, Éditions sociales, 1976, p. 100(「이데올로기와 이데올로기적 국가장치」, 『아미엥에서의 주장』, 김동수 옮김, 솔, 1991, 93쪽).

71. ibid., p. 122ff(같은 책, 115쪽).

서 확립된다. 그러나 알튀세르의 데리다적 재독은 그 호출이 실패할 가능성, AIE의 목소리가 목적인 개인에게 도달하지 않고 도중에 행방불명dead이 되고, 게다가 그것이 시기를 계속 놓치면서 회귀할 가능성을 시사하게 된다. 행방불명을 통과한 호출, 과거로부터 울려 퍼지는 유령의 목소리들이야말로 지배적 AIE가 확립하는 주체의 자기동일성을 완전히 붕괴시킨다. 실제 데리다는 『마르크스의 유령들』에서 『햄릿』에 등장하는 망령의 목소리에 대해 논하고, "환영에 대해, 그리고 환영을 향해, 환영과 더불어 말하는 것"이 정치적 실천의 조건이라고 서술하고 있다.[72] 더욱이 이런 재독의 방향은 알튀세르 만년의 텍스트로부터도 부분적으로 지지된다고 생각한다.[73]

우리가 생각하기에 지젝의 이데올로기론은 그 자체가 앞서 서술한 '부정신학적 공동체'의 논리를 그대로 반영한 것이다. 그러

---

72. *Spectres de Marx*, p. 15(『마르크스의 유령들』, 12쪽).

73. 예를 들어, 그가 생각한 '유물론적 전통의 지하수맥' 즉 에피쿠로스로부터 마르크스를 경유하여 프로이트에 이르는 사고의 흐름은 우리의 문맥에서는 우편적 사고의 철학사를 가리키는 것이라고 해석할 수 있다. 사후 출판된 알튀세르의 노트는 그런 전통이 '우연성의 효과'에 의해 생겨나는 '유령적 존재existence fantomatique'를 다룬다고 규정하고 있는데(Louis Althusser, *Écrit philosophiques et politiques*, tome 1, Stock/IMEC, 1994, pp. 542-543: 알튀세르, 『철학과 맑스주의』, 서관모/백승욱 편역, 새길, 1996, 39쪽), 이것은 데리다와 은유적으로 일치하고 있다. 또 그 자신이 그런 '지하수맥'에 데리다를 집어넣고 있다(p. 561ff). 역으로 우리는 이런 관점에서 데리다에 의한 에피쿠로스에 대한 언급("Mes Chances" in *Cahiers Confrontation*, numéro 19, Aubier, 1988)이나 화폐=유령론(cf. *Spectres de Marx*, p. 237ff)을 다시 검토할 수도 있을 것이다.

므로 이데올로기적 대상으로서의 '사물-국가Chose-Nation'는 구체적 내실을 완전히 결여한 숭고한 대상=무無가 되었을 때 비로소 가장 강력하게 기능하고, 또 이 기능은 모든 주체에게 필요하다는 결론이 도출된다. 우리가 지젝에 대해 일관되게 비판적인 것은 고유명의 잉여, 이데올로기의 역설적 매력을 전부 주체의 이율배반으로 귀착시키는 이런 논의가 실천적으로는 부정신학적 공동체에 대한 비판을 불가능하게 하는 장치 그 자체라고 생각되기 때문이다.

(2) '부정신학적 아이덴티티'에 대하여

본장 처음에 인용한 텍스트 「할례고백」은 두 개의 유명한 『고백』, 루소의 『고백』과 아우구스티누스의 『고백』을 본보기로 하여 구성되어 있다. 『그라마톨로지에 대하여』에서. 상세하게 분석된 것처럼, 루소적 고백은 과거의 자신을 남김없이 다시 이야기함으로써 그것을 재고유화하고réapproprier*2, '지금의 나'의 시선 하에서 '삶'을 통제하려는maîtriser 기도였다.[74] 다른 한편, 성 아우구스티누스의 『고백』은 루소와는 상당히 다른 기획 하에서 씌어지고 있다. 성 아우구스티누스는 과거를 조망하는 시선을 가지고 있지 않다. 잘 알려진 것처럼 그의 인생은 밀라노에서의 유명한 회심, 방탕자에서 그리스도인으로의 전향을 강요한 신의 목소리가 개입함으로

*2. approprier와 관련된 단어는 국내에서 보통 '(재/탈)전유(하다)'로 번역되지만, 본 번역서에서는 저자의 표현에 따라서 '(재/탈)고유화(하다)'로 번역한다. 이와 관련해서는 다음을 참조하기 바란다(데리다, 『에코그라피』, 김재희/진태원 옮김, 민음사, 2002, 35쪽, 옮긴이 주18).

74. *De la grammatologie*, pp. 205-206. 邦譯, 下卷 4頁(『그라마톨로지』, 358쪽).

써 결정적으로 단절되었다. 그는 평생 이 기적을 재고유화할 수 없으며, 따라서 그의 『고백』은 절대로 말할 수 없는 그 사건=침묵을 둘러싸고 말해지는 것이 된다. 즉 여기에서 고백은 부정신학적인 형태로 조직되고 있다. 루소의 『고백』이 자신의 인생을 투명한 시선(초월론적 시니피에)으로 완전히 뒤덮으려고 했다면, 대조적으로 성 아우구스티누스는 바로 인생의 투명함이 절단되는 특이점(초월론적 시니피앙)을 부정적으로 말하기 위해 『고백』을 저술했다. 그렇기 때문에 「할례고백」에서 취해진 루소와 성 아우구스티누스에 대한 이중의 거리는 탈구축의 이중성을 훌륭히 반영하고 있다.

그렇다면 여기에서 주목해야 하는 것은 「할례고백」의 데리다가 되풀이해서 컴퓨터를 다루고 있다는 점이다.[75] 루소적 투명성의 탈구축은 이제까지 검토해온 것처럼 성 아우구스티누스적 특이점, 목소리 없는 목소리에 의한 일회적인 기적을 초월론적으로 밀어 올리는 결과로 끝난다. 데리다에 의한 미디어계 은유는 이런 부정적 전체성을 피하기 위해 조직된다. 컴퓨터의 구조가 「할례고

---

75. 본문에서는 다룰 수 없었지만, 본장은 첫 인용이었던 '매킨토시 세트le bloc Macintosh'라는 프랑스어 표현은 어쩌면 '매직 메모le bloc magique'를 참조하고 있다. 데리다는 1966년의 논문 「프로이트와 에크리튀르의 무대」에서 프로이트가 기억구조를 설명하기 위해 제안한 이 '매직 메모'의 비유를 높게 평가했다. 흔적이 그 위에 보존되면서도, 또 항상 새로운 흔적에 대해 열려 있는 모순된 성질을 함께 가지고 있는 기억장치. 그 불가사의한 '근원적 처녀성'은 어떤 의미에서 '흔적'이란 개념과 대對를 이루고, 앞장에서 다룬 『코라』를 시작으로 많은 텍스트에서 채택되고 있다. 그런 은유가 가진 이론적 함의에 대해서는 제4장에서 자세히 검토한다.

백」을 가능하게 한다고 서술한 인용 부분의 일절은 그 때문에 단순한 착상에서 씌어진 것이 아니다. 이 텍스트의 다른 부분에서 데리다는 또 기억memory을 침범하여 횡령橫領하는 컴퓨터 바이러스의 은유에 대해서도 말하고 있다.[76] 자기동일성을 위협하는 유령들의 목소리를 묘사하기 위해 그는 컴퓨터나 미디어의 은유=개념을 필요로 했다. 여기에서 두 가지를 확인해보자.

[a] 다시 유대/이스라엘 문제. 데리다는 『율리시즈 그라모폰』에서 '쉐마 이스라엘(들어라 이스라엘)'은 이스라엘 백성과 신과의 장거리 전화라고 서술하고 있다.[77] 예루살미가 규정한 부정신학적 동일성identity, 즉 '유대적인 것'은 이스라엘 백성에게만 주어진 어떤 '호출'에 의해 뒷받침되고 있다. 그러나 만약 그 호출이 귓전에 속삭여진 것이 아니라 전화선을 통해 온 것이라면? 우리는 여기에서 다시 경로의 문제로 돌아가게 된다. 외상(유대적인 것)을 오히려 네트워크의 효과로서 파악하고, 유대와 비유대 사이에서 조이스적 우편공간을 발견하는 것.[78] 자신을 마라노[*3]에 견주는 데리다의 몸짓[79]을 우리는 그런 전략의 하나로서 이해해야 한다.

---

76. "circonfession", p. 89.

77. *Ulysse gramophone*, p. 79.

78. 데리다는 『에크리튀르와 차이』에서 '유대계 그리스인은 그리스계 유대인이다Jewgreek is greekjew'라는 『율리시즈』의 한 구절을 인용하고, "이 계사copula의 정당성과 의미는 어떤 것인가?"라고 묻고 있다(p. 228. 邦譯, 上卷 299頁: 『글쓰기와 차이』, 246쪽). 물론 그는 그것이 우편공간이라고 말하고 싶은 것이다.

*3. marrano. 스페인어로 돼지 또는 오염된 사람을 뜻함. 역사적인 용어로는 일찍이 스페인에서 콘페르소라는 기독교로 개종한 유대인을 경멸적으로 부른 호칭.

[b] 미디어의 문제. 데리다적 탈구축은 전체를 조망할 수 없는 네트워크의 '조각'과 관계하는 사고였다. 그리고 최근 미디어환경의 변화는 이런 사고의 필연성을 또 다른 각도에서 계속 비추고 있다고 생각된다. 실제 데리다 자신이 TV, 팩스, 이메일 등 텔레커뮤니케이션 매체를 빈번히 언급하고 있다. 그러므로 제3장에서 이 문제를 본격적으로 다룰 테지만, 그 전에 우리는 여기에서 양면적인 예방선豫防線을 그어두지 않으면 안 된다.

우선 한편으로 우리는 데리다가 생각하는 미디어적 문제를 경험적 사건과 직결시키는 것에 신중해야 한다. 인터넷이나 이메일의 출현에 의해 데리다적 '간텍스트 공간'이 실현화되었다는 논의가 종종 보이지만,[80] 이것은 우편적 문제를 너무 피상적이고 단순하게 파악하는 것이다. 그러나 다른 한편으로 이런 철학적 신중함을 과도하게 발휘한 나머지 역으로 미디어를 둘러싼 문제계 자체를 부정신학화(존재론화)하는 경향 또한 경계하지 않으면 안 된다. 후자는 어떤 것을 말하는 것일까.

예를 들어, 낭시의 논의를 참조해보자. 앞장의 주註에서도 시사한 것처럼 그는 1983년의『무위의 공동체』이래 특정 공동체에 속하지 않음으로써 오히려 필연적으로 속하는 역설적인 '공동체'의 이념을 계속 검토하고 있다. 그것은 커뮤니케이션을 탈구축한

79. "circonfession", p. 160. 및 *Apories*, p. 141 et passim.

80. マーク・ポスター,『情報様式論』, 室井尙・吉岡洋 譯, 岩波書店, 1991(마크 포스터,『뉴미디어의 철학』, 김성기 옮김, 민음사, 1994) 第4章 참조. 또는 ジェイ・デイヴィッド・ボルター,『ライティング スペース』, 黑崎政男 他 譯, 産業図書, 1994(제이 데이비드 볼터,『글쓰기 공간』, 김익현 옮김, 커뮤니케이션북스, 2010) 第9, 12, 13章 참조.

후의 '잔여'로서 발견되는 공동체이고, 설령 더 이상 논리적으로 말할 수 없다고 하더라도, 그 말할 수 없는 '함께 있는 것l'être-en-commun'은 엄밀히 존재한다고 주장한다. 따라서 그것은 우리가 '부정신학적 공동체'라고 부르는 것의 이념 그 자체라고 말해도 좋다. 그리고 여기에서 매우 흥미롭게도 낭시는 이 '공동체'에 대해 말하기 위해 미디어 은유계를 채용하고 있다. 예를 들어, 그는 1992년 『코르푸스』를 미사의 "이것은 나의 몸(신체)이다Hoc est enim corpus meum"라는 언설에 대한 분석에서 시작한다. 거기서 이것(빵)은 그리스도의 신체가 아님과 동시에 신체라고 이야기된다. 이 역설로서의 신체=물체corps, 바꿔 말하면 현전적 신체=물체를 역설로서 파악하는 시선 주위에 그리스도교 공동체가 결집한다. 그리고 낭시에게 '지금 이곳'과 먼 곳을 직결시키는 텔레미디어는 이런 역설적 신체를 다시금 확대하고 실현화한 것에 다름 아니다. "이 비현실적이고 우연적인 신체, 비디오신체, 스크린광光신체, 그것은 도래의 영광스러운 물질성이다. 도래는 어떤 현재에서 발생한다, 하지만 그것은 아직 발생하지 않았고, 앞으로도 발생하지 않을 것이다."[81]

1960년대 마셜 맥루한에 의한 '지구촌global village'에서 1980년대의 윌리엄 깁슨에 의한 '사이버스페이스'까지 미디어공간은 최근 수십 년간 항상 아톰화된 근대적 개인이 초극되는 '집합정신', '집합신체'라는 이미지로 표상되어 왔다. 낭시의 이런 논의는 그 세속

---

81. Jean-Luc Nancy, *Corpus*, Métailié, 1992, p. 57(장 뤽 낭시, 『코르푸스』, 김예령 옮김, 문학과지성사, 2012, 66쪽).

적 이미지를 그대로 유용流用하여 철학적으로 세련되게 만듦으로써 구성되고 있다. 미디어 공간에 역설적으로 출현하는 부정신학적 공동체. 맥루한에 의한 '지구촌'이라는 비전은 세계 규모의 미사를 모델로 하고 있는데, 낭시 또한 가톨릭이며 여기에는 거의 같은 논리가 반복되고 있다. 즉 거기에는 유령의 복수성과 양상성이 완전히 누락되어 있다. 그리스도는 결코 오배되지 않는다. 낭시의 미디어신체corps는 데리다의 우편공간으로부터 매우 먼 것이다.

제3장

우편, 리듬, 망령화

퍼스펙티브를 조금 넓혀보자. 앞 두 장의 논의에서 이미 분명한 것처럼 데리다의 많은 텍스트는 사고불가능한 것을 사고한다는 공통된 과제를 둘러싸고 전개되고 있다. 예를 들어, 『법의 힘』은 '정의', 『쉽볼렛』은 '날짜'의 역설적 성질을 분석한 텍스트인데, 거기서 다루어지는 문제는 기본적으로 같다. '정의'나 '날짜'에 대해 논리적으로 즉 통상적인 사고규칙으로 말할 수는 없다. 그럼에도 불구하고 이들의 존재는 몽테뉴나 첼란의 텍스트에 영향을 미친다. 데리다의 관심은 이 '사고불가능한 것', 가라타니가 말하는 '외부'가 텍스트에 불가피하게 침입하는 순간을 폭로하는 데에 있다. 이런 문제설정은 우리가 생각하기에 전기와 후기에 일관되게 존재한다. 실제 1967년에 이미 그는 탈구축이란 "철학에 의해 형용될 수 없는, 이름 붙일 수 없는 어떤 외부[dehors]에서 출발하여" 생각하는 것이라고 명확히 서술하고 있다.[1] 탈구축은 텍스트에 남겨진 '외부'의 흔적을 추적한다. 그런데 이런 작업은 구체적으로 한편으로는 앞장에서도 든 양의兩義적 관념, '파르마콘'이나 '혼인=처녀막'이라는 단어의 분석, 다른 한편으로는 말라르메나 솔레르스나 퐁주와 같은 시적 텍스트에 대한 독해에 의해 인도된다. 즉 탈구축은 역설과 시를 통해서 외부에 이른다.

이런 전략은 데리다만의 독자적인 것은 아니다. 주지하다시피 포스트-사르트르 세대의 프랑스 사상가들은 하나같이 후기하이데거로부터 강한 영향을 받았다. 그런데 하이데거는 1950년대에 이미 다음과 같이 서술하고 있다.

> '회상'[Gedächtnis]은 사고가능한 어떤 것에 대한 임의적 사고를 의미하는 것이 아니다. 회상은 사고의 집중화이며, 그리고 그것은 언제나 이미 숙고되기를 원하는 곳에 집중된다. 회상은 상기[Andenken]의 집중화이다. [……] 논리학이 사고가 무엇인지에 대해 해명해줄 것이라고 생각하는 한, 우리는 당연히 어떤 점에서 모든 시詩가 상기에 기초하고 있는지를 숙고할 수 없을 것이다. [……] 시적으로 말해진 것과 사고적으로 말해진 것은 결코 같지 않다. 하지만 그것들은 때때로 같다. 즉 그것들은 시와 사고 사이의 균열이 순수하게 그리고 결정적으로 벌어질 경우에 같다.[2]

1. *Positions*, p. 14. 邦譯, 14頁(『입장들』, 29쪽).

'사고되지 않는 것'으로 향하는 역설적, 또는 탈논리학적 사고를 시적 언설에 접근시키고 조직해 가는 것. 데리다는 이런 하이데거적 전략을 계승하고 있다. 그리고 이런 계승선은 들뢰즈나 리오타르, 그리고 약간 세대가 다른 라캉이나 레비나스도 공통적으로 따라가고 있다. '사고되지 않는 것', '불가능한 것', '잠재적인 것', '현실계', '외부', 뭐라고 이름을 붙여도 좋지만, 거기서의 문제는 결국 비세계적인 어떤 존재를 붙잡기 위한 은유적=이론적 전략이다. 그리고 하이데거에게서 출발한 그들의 전략은 필연적으로 세부까지 서로 닮아있다. 예를 들어, 하이데거의 '존재론적 차이'를 변주하여 제시된 데리다의 '차연[différance]'은 들뢰즈의 '차이화[différentiation]'나 리오타르의 '쟁이[différend]'와 그 사정범위만이 아니라 명명법부터 이미 닮아있다(그것들은 모두 프랑스어 différence를 미묘하게 바꾼 것이다). 이 점에서 데리다의 철학은 명확히 동시대 프랑스사상가들과 지평을 공유하고 있다. 그러나 우리가 읽는 데리다는 그로부터 일탈하는 것이다.

우리는 앞장에서 「진리의 배달부」의 라캉 비판에 주목하고, 두 개의 탈구축을 구별했다. 그것을 받아들여 이번 장에서 다시 주목하고 싶은 것은 이 논문이 간접적인 하이데거 비판으로도 독해가 가능하다는 점이다. 확실히 명시적인 언급은 적다. 하지만 여기에서 비판된 라캉의 '시니피앙의 논리'는 이미 당시 낭시나 필립 라

---

2. *Was heißt Denken?*, Max Niemeyer Verlag, 4. Aufl., 1984, S. 7-8, 9. 邦譯, 『思惟とは何の謂うか』, 創文社版全集 別卷 3, 14, 16頁(하이데거, 『사유란 무엇인가』, 권순홍 옮김, 고려원, 1993, 22, 24쪽).

쿠-라바르트에 의해 '사고되지 않은 것'을 둘러싼 하이데거적 언설과 같은 형태라는 지적을 받았다.[3] 「진리의 배달부」는 그들의 저서를 전제로 씌어졌고, 사실 그것은 데리다 자신에 의해 주석으로 기록되고 있다.[4] 또 앞장에서도 다룬 1990년대의 강연에서 그는 하이데거와 라캉을 모든 경험이나 언설을 '팔루스 중심의 특정한 시니피앙le signifiant phallocentré', 즉 초월론적 시니피앙과 결부시키는 사고형식으로 분명히 등치시키고 있다.[5] 그뿐만 아니라 라캉의 이론적 퍼스펙티브 일반이 알랭 쥬랑빌이 보여준 것처럼 많은 점에서 하이데거를 계승하고 있다.[6] 따라서 「진리의 배달부」의 비판은 이런 상황들을 생각할 때 실은 라캉에 숨어있는 하이데거적 전제들을 향하고 있다고 생각해도 좋다.

---

3. Jean-Luc Nancy et Philippe Lacoue-Labarthe, *Le titre de la lettre*, Galilée, 3ème ed., 1990, p. 176ff(필립 라쿠-라바르트/장-뤽 낭시, 『문자라는 증서』, 문학과지성사, 2011, 160쪽 이하).
4. *La carte postale*, p. 448, n.2. 論文邦譯, 28頁, 原注(2). 낭시와 라쿠-라바르트에 의한 저작의 초판이 1973년에 출판되었을 때, 라캉은 곧바로 그것을 세미나에서 문제 삼고 공격했다. 거기서 그는 두 저자를 '말단 sous-fifres'이라고 부르고 데리다의 강한 영향을 암시했다(cf. *Encore*, p. 62). 그 세미나 기록이 출판된 것은 1975년이기 때문에, 「진리의 배달부」를 『우편엽서』에 수록하는 시점(1980년)에서 데리다가 그런 반응을 알고 있었음이 분명하다. 따라서 문제의 저서를 '라캉의 엄밀한 독해를 위한' '근본적이고 불가결한 저서'라고 쓴 그의 주기註記는 이미 그 자체가 매우 논쟁적인 성격을 가지고 있다.
5. *Résistances*, p. 85. 論文邦譯, 「ラカンの愛に叶わんとして」, 115頁.
6. 『ラカンと哲學』, 高橋哲哉 他譯, 產業圖書, 1991 참조. 실제 라캉은 「「도둑맞은 편지」에 대한 세미나」에서도 하이데거의 이름을 한 번 들고 있다. cf. *Écrits*, p. 21.

다른 텍스트로 보강해보도록 하자. 1968년의 강연 「인간의 목적=종언fin」에서 이미 데리다는 탈구축의 이중성이 하이데거와의 거리와 관계한다는 점을 분명히 이야기하고 있다. 한편으로 그의 탈구축은 하이데거의 '해체Abbau', '파괴Destruktion'에 직접적인 기원을 둔다. 그러나 "열림을 향한 끊임없는 해명은 폐역閉域의 내폐성에 빠질 위험이 있다." 즉 하이데거적 해체의 철저화는 해체를 하는 해당 시스템을 보다 고차원적으로 강화할 위험이 있다. 이런 비틀림은 우리가 앞장에서 '부정신학'적 논리라고 부른 것과 같다. 그러므로 다른 한편으로 데리다에게는 또 하나의 탈구축, "난폭하게 외부에 몸을 두고 절대적 단절과 차이를 긍정하는 것을 통한 [……] 장소변경"이 요청된다.[7] 여기에서 '장소변경change de terrain'이란 철학소를 난폭하게 다른 문맥에 투입하는 전략, 보다 정확히는 모든 철학소에 존재하는 무수한 연상의 실을 거슬러 올라감으로써 애써 그것을 오해하는 전략을 의미한다. 그리고 이런 작업은 구체적으로 이 강연이 수록된 논문집 『철학의 여백』의 서문, 제1장에서도 참조한 「고막鼓膜」이라는 텍스트에서 시도되고 있다. 'tympan'이라는 단어의 산종적 다양성(고막, 인쇄기의 조판틀, 물레방아, 빗살무늬 경사면)을 지렛대로 니체나 비트겐슈타인이나 아리아드네 신화를 단락短絡시키는 그런 독해작업에서 'tympan' 그 자체의 기원, 소위 '원어'에의 하이데거적(계보학적) 소행은 더 이상 문제가 되지 않는다. 하나의 단어를 연상의 계열 뭉치로 해체하

---

7. "Les fins de l'homme", in *Marges*, p. 162. 論文邦譯, 「人間の目的＝終末」, 高橋允昭 譯, 『現代思想』, 1979, 9月 臨時增刊号, 317-318頁.

고, 단수의 'tympan' 속에서 복수의 유령을 찾아내는 이런 은유적 전략을 우리는 이제까지 '데리다적 탈구축'이라고 불러왔다. 따라서 우리는 여기에서 그런 철학적 시도를 다시 하이데거적 해체에 대한 대리보충, 또는 그로부터의 일탈로 위치짓는 것이 가능하다. 그 자신이 서술하는 것처럼 『우편엽서』 이후의 데리다는 '죽음'을 둘러싼 문제에서, 즉 그의 중심적 문제에서 "하이데거적 또는 라캉적 언설을 [……] 점점 받아들이고 싶지 않다고 느끼게" 되었다.[8]

1960년대 이후의 프랑스에서 하이데거적 사고는 매우 강력한 범례로 기능했다. 따라서 그 안에서 정신분석의 철학화를 시도한 라캉의 시도 또한 필연적으로 프로이트의 하이데거화라는 성격을 가지고 있었다. 데리다적 탈구축은 그런 하이데거적 범례성에 대한 저항의 하나로서 보다 넓은 문맥에서 해석된다. 그렇다면 탈구축의 이중성은 어떤 의미에서 데리다가 하이데거에 대해 품었던 이중구속의 발현일 수밖에 없다. 따라서 우리는 여기에서 본서의 출발점이 된 물음, "왜 데리다는 그와 같이 기묘한 텍스트를 썼는가"라는 의문을 다음과 같이 다시 이야기할 수 있다. 물음은 세 가지로 분할된다.

(1) 데리다는 왜 하이데거적 사고에 저항한 것일까, 또는 데리다적 탈구축과 하이데거적 해체 간의 차이는 무엇일까? 이것은 순수하게 이론적인, 바꿔 말해 칸스터티브한 물음이고, 매우 명확히 대답할 수 있다고 생각한다. 우리는 그 답을 제4장

8. *Résistances*, p. 85. 論文邦譯, 「ラカンの愛に叶わんとして」, 115頁.

에서 제시할 것인데, 이 장에서는 우선 그 준비 작업을 할 것이다. 앞장에서의 괴델적 탈구축과 데리다적 탈구축의 차이화는 여전히 많은 점에서 이미지에 머물고 있었다. 여기에서 우리는 불충분함을 보충하기 위해 후기 데리다가 제시한 몇 가지 주목할 만한 은유=개념의 기능을 보다 상세히 정리해두겠다. 이 과정에서 형이상학 시스템도 부정신학 시스템도 아닌, 데리다가 사고한 '우편=오배 시스템'의 특질이 부상하게 될 것이다.

(2) 데리다는 왜 그런 저항을 그와 같은(기묘한) 텍스트 형태로 전개했을까. 이것은 이론과 실천의 접합, 칸스터티브한 주장이 퍼포머티브한 텍스트 형태를 요청하는 비틀림에 대한 물음이기에 대답하기가 더욱 곤란하다. 그렇지만 이에 대해서도 우리는 제4장에서 잠정적 해답을 제시할 것이다. 하이데거-라캉적 사고와 데리다적 사고, 즉 부정신학 시스템과 우편=오배 시스템에 대한 인식의 차이는 우리가 생각하기에 커뮤니케이션에 관한 프로이트적 지견知見을 통해 후기 데리다의 텍스트 형태를 요청하고 있다. 그리고 간단히 말하면 그런 요청은 부정신학 시스템을 묘사하기 위해 부정신학적 텍스트를(하이데거), 또는 우편 시스템을 묘사하기 위해 우편적 텍스트를 도입한다(데리다)는 자기언급적이고 거울상鏡像적인 관계에 기초하고 있다. 내용과 스타일과의 거울상적spéculatif인 관계는, 『우편엽서』 제2부에 따르면, 모든 초월론적 사변spéculation의 조건이었다.[9]

(3) 그리고 데리다의 그와 같은 텍스트 실천, 1970년대에서

1980년대에 걸쳐 가장 활발했던 '데리다적 탈구축'은 최종적으로 어떤 효과를 가졌으며 또 어떤 인식을 우리들에게 열어주었을까. 우리는 본서의 처음에서 데리다의 '넘어짐'에 대해 서술했기에 이 물음을 회피해서는 안 된다. 데리다에 대한 총체적 평가를 의미하는 이 물음에 대한 답까지 과연 도달할 수 있을까?

*

'송부送付/Envois'라는 제목의 『우편엽서』 제1부는, 제1장에서도 다룬 것처럼 데리다가 아내나 연인으로 생각되는 인물 앞으로 쓴 의사서한의 집적물, 즉 일종의 자전적 서한소설로 씌어졌다. 그 서한 중 한 통의 일부를 인용해보자. 여기에서 필자 '데리다'는 편지를 쓰기 직전 공중전화에서 상대에게 국제전화를 걸던 모습을 되돌아보고 있다.

> 방금 전의 너의 목소리, 그것은 여전히 (길가, 나무그림에 있는 작은 빨간 유리박스, 전화통화를 하고 있는데, 술에 취한 한 사람이 계속 내 쪽을 보고 말을 걸려고 했다. 그는 그 유리감방 주위를 돌아다니면서 가끔씩 멈춰 서곤 했다, 조금은 두렵고 엄숙한 분위기를 걸치고 마치 판결을 내리기 위해서인 것처럼), 너의 목소리, 그것은 전에 없이 가까웠다.

---

9. *La carte postale*, p. 303ff. 또 제4장의 논의도 참조.

전화라는 요행[僥倖] — 그 기회를 결코 놓치지 않는 것 —, 전화는 우리들에게 목소리를 되돌려준다, 가끔 저녁 특히 밤에 그리고 특히 목소리밖에 없을 때, 전화기가 우리 두 사람을 맹목적이게 할 때에 보다 좋게(게다가 종종 나는 너에게 말을 걸면서 눈을 감는다, 이것을 일찍이 너에게 말한 적이 있는지 어떤지 알지 못하지만), 즉 전화가 잘 가서 목소리의 울림=우표[timbre]이 '필터를 통과한' 어떤 종류의 순수성을 가졌을 때('필터를 통과한', 내가 유령들의 회귀를 상상하는 것은 조금은 그런 경위[境位]에서다, 세세하고 숭고한 어떤 선별효과 또는 은총에 의한 도래, 본질적 선별-기생물=노이즈[parasite] 사이의 선별,

[……]

그러므로 네가 나에게 말을 거는=송부하는[adresser] 것은 그 울림=우표다, 어떤 메시지도 없고 그 밖에 어떤 중요한 것도 없으며, 그리고 나는 마시면서 자신이 마시고 있는 것에 열중한다. 그러나 나는 매회 거기로 되돌아온다, 1회 또 1회. 나는 완전히 그런 울림=우표다, 그런 계열, 몇 번이고 되풀이되는 결과……. 그러면서 현혹된(그러나 분할된, 분할이 좋은 것이었다고 하더라도) 근접성이라는 이 감각을 가지고 너에게 말을 하고 있는 사이, 나는 술 취한 어떤 영국인을 줄곧 보고 있었다, 나는 그에게서 눈을 떼지 않았다(그는 어떤 제복 같은 것을 입고 있었다), 나와 그 두 사람은 서로를 응시했다, 미안, 어떤 주의를 가지고 서로를 응시했다. 나의 무한한 방심은 그것을 조금도 어지럽히지 않았다. 나는 그가

누구와 닮았다고 확신하고 있었지만(항상 생각하고 있는 것처럼, 그렇겠지?), 누구와 닮았는지는 몰랐다, 지금도 모른다, 다시금 미안(나는 너에게 용서를 빌면서 인생을 죽 보낼지도 모른다), 나는 시차[時差]에 대해 생각하지 않았다

하지만 나는 내일 너에게 쓴다, 나는 그것을 항상 현재형으로 말한다.[10]

이번 장에서는 이 인용을 끊임없이 참조하면서 후기 데리다의 텍스트에서 중요한 위치를 점하는 몇 가지 개념=은유의 이론적 함의를 검토해가고 싶다.

1-a

「송부」라는 의사서한에서 데리다는 빈번히 전화를 건다. 그렇다면 '전화', 즉 '먼[télé]' '목소리[phone]'라는 은유는 그에게 있어 무엇을 의미할까.

---

10. *La carte postale*, pp. 14-15. 인용 부분에서 괄호의 부정합이나 구두점의 결여, 행갈이 첫머리의 공백은 프랑스어 원문에 따른다. 『우편엽서』 서문에 의하면 제1부의 의사서한 속에 빈번히 삽입되는 이런 공백은 52자분으로 지정되고 있어서(이유는 나타나 있지 않다), 원문에서 공백의 길이는 기록되어 있는 문자 각각의 글자 폭에 상응하여 엄밀하게 정해지게 된다. 번역에서는 그것을 대응시킬 수가 없기 때문에, 여기에서의 공백은 그저 분위기만을 전달하기 위한 것에 불과하다.

데리다의 정의에 따르면, 유럽철학에서 '목소리voix'의 은유는 일반적으로 의식의 동일성을 보증하는 작용을 지시하기 위해 사용되고 있다. 간단히 확인해두기로 하자. 예를 들어, 우리는 "나는 생각한다"라는 언표를 발화하면서 동시에 그 언표를 청취할 수 있다. 이런 동시성 자체는 말할 것도 없이 목소리와 귀가 가진 당연한 감각적 특성에 지나지 않는다. 하지만 이런 특성이 확장되어 근대유럽에서는 의식 일반의 범례로서 채용되었다. 이 모델은 철학사적으로는 "나는 생각한다cogito"의 청취가 곧바로 "나는 존재한다sum", 즉 "'나는 생각한다'라고 발화한 나는 존재한다"라는 메타레벨의 명제를 곧바로 보증한다는 데카르트의 착상에 의해 열렸다고 생각할 수 있다. 경험적 자아(언표를 발화하는 나)와 초월론적 자아(그 언표를 청취하는 나), 오브젝트레벨의 자아와 메타레벨의 자아에 의해 단일한 '주체'가 끊임없이 이중화되며, 근대철학은 이런 이중화운동에 의해서만 동일성을 유지하는 모델을 완성한 것이라 할 수 있는데, 이와 같은 이중화를 가능하게 하는 것이 바로 '목소리'의 구조였다. 데리다는 그것의 정치精緻화를 후설의 현상학에서 찾아내 1967년의 『목소리와 현상』에서 그것을 "자신이 말하는 것을 듣다s'entendre-parler"라고 명명하고 있다. 근대는 의식이나 주체를 목소리의 은유로 이해한다. 앞으로 이런 은유적 제휴를 '목소리-의식'이라고 부르기로 하자.

『목소리와 현상』에서 데리다가 '목소리' 모델에 의심을 갖는 것은 경험적 자아와 초월론적 자아의 그런 동시성, 바꿔 말하면 가까움이 엄밀히 보증되지 않는다고 생각하기 때문이다.[11] 이런 비판은 매우 단순한 착상에 기초하고 있다. 그는 먼저 "나는 생각한다"가 하나의 '표현expresssion, Ausdruck'인 것에 주목한다. 표현은 반드시 어떤 지지재支持材 즉 소리와 문자 등에 각인되어야 한다. 그러나 소리나 문자라는 물질은 '나'에 대하여 외재적ex-, aus-임이 분명하기 때문에, 표현 "나는 생각한다" 그 자체는 정의상 발화자인 '나'의 생사와는 무관하게 존재할 수 있다. 즉 표현 "나는 생각한다"는 반드시 어떤 물질성을 갖는 것이며, 이로 인해 "나는 생각한다"는 항상 그것을 순식간에 회수하여 "나는 존재한다"와 연결시키기 마련인 "자기가 말한 것을 듣는" 장치에서 일탈해버린다. 데리다는 이 물질성을 '에크리튀르'라고 이름 붙였다. 의식 또는 주체를 '지금 이곳'으로 중심화하는 목소리의 작용과 그로부터 일탈하는 에크리튀르의 흐름. 목소리/에크리튀르, 또는 파롤/에크리튀르라는 이런 은유대립에서 전기 데리다의 많은 작업이 이루어졌다.

하지만 『우편엽서』에 등장하는 목소리의 은유를 읽기 위해서는 형식format만으로는 더 이상 충분하지 않다. 무슨 말인가. 사실 1970년대 이후의 데리다는 '목소리' 및 그것과 친근한 '파롤', '말하다parler', '호명appel', '외침cri' 등의 단어를 종종 『목소리와 현상』적인 은유대립으로부터 일탈시켜 사용하고 있다. 몇 가지 예를

---

11. 『목소리와 현상』에서 다룬 후설의 문제가 경험적/초월론적의 이중성에 집약되어 있다는 것은 서문에서 명확히 서술되어 있다(*Le voix et le phénomène*. PUF, 1967, p. 10ff. 高橋允昭譯, 理想社, 1970, 22頁 이하: 『목소리와 현상』, 김상록 옮김, 인간사랑, 2006, 19쪽 이하). 또 본문에서의 요약을 바꿔 말하면, 데리다의 현상학비판은 결국 "나는 생각한다, 고로 나는 존재한다Je pense, donc je suis"에서의 '고로donc'에서 일종의 늦음, 또는 어긋남을 보는 것이다.

들어보자. 예를 들어, 제1장에서도 인용한 인터뷰에서 데리다는 자신의 동일성identity을 탈구하는 '무엇인가 또는 누군가'(유령)는 '외친다crier'고 서술하고 있다.[12] 또 『우편엽서』에서는 여러 번 소크라테스나 프로이트를 고민하게 만든 데몬의 목소리가 다루어지고 있다. 이 목소리는 그들의 경험적인 지知를 탈구시키고 피안, 초월론적 사고로의 발걸음을 강요한다.[13] 더욱이 '목소리Ⅱ'라는 제목의 1985년의 공개서한에는 신체에서 '이탈détachement'하는 '흔적, 에크리튀르 [……] 로서의 목소리', 즉 전기의 은유대립을 횡단하는 새로운 목소리에 대한 기술이 있다.[14] 게다가 1993년에 간행된 『이름을 제외하고Sauf le nom』에서는 분명히 시스템을 강화하는 권위적인 목소리와 역으로 시스템을 끊임없이 '탈-고유화시키는ex-approprier' 다른 목소리의 '두 가지 목소리의 이중적 힘'이 주제가 되고 있다.[15] 즉 후기 데리다에서는 의식의 동일성 또는 시스템의 중심성을 강화하는 후설적 '목소리'와 그것을 탈구시키는 다른

---

12. 제1장에서의 인용 부분 참조. 또 '탈구'는 『마르크스의 유령들』에서 대대적으로 도입되고, 그 이후 데리다가 즐겨 사용하는 말이다. 거의 '탈구축'과 같다. " ~가 ~를 탈구한다"는 표현은 프랑스어 disjointer의 타동사성을 그대로 가져온 것으로서 일본어에서는 예외적이지만 유령의 능동성을 강조하기 위해 애써 채용했다.
13. 예를 들어 다음과 같은 구절. "데몬이 전화를 건다[appelle], 소크라테스는 전화를 받는다, 기다려, 프로이트로 바뀝니다(무슨 차이일까, 매우 중요한 시차時差다), 그리고 데몬은 프로이트에게 말한다, 직접, 피안으로부터, 그 자신에 '기다려'라고 말하는 유령처럼, hold on, 다시 한 번 실패를 되돌려서, 끊지 말고, 지금 하이데거로 바뀌기 때문에"(*La carte postale*, pp. 36).
14. "Voice Ⅱ" in *Ponts de suspension*, p. 172ff.
15. *Sauf le nom*, p. 76ff.

'목소리'라는 적어도 두 가지 목소리의 은유가 존재한다고 생각할 수 있다.

보다 자세히 검토해보자. 전기의 대표적인 저작 『그라마톨로지에 대하여』의 한 구절에서 데리다는 하이데거의 '존재의 부름'에 대해 짧게 언급하고 있다. 후자의 '부름Ruf'은 후설의 목소리와는 다르다. 『존재와 시간』에 따르면 그것은 오히려 일상적이고 내內세계적인 주체, 즉 '세인das Man'의 동일성을 내부에서 좀먹는 것이다. 부름은 세인을 '무의미함에 빠뜨린다'(제56절).[16] 그런데 데리다는 한편으로 '부름'이 형이상학적인 목소리-의식phones에 대한 비판적 함의를 가진 은유라는 것을 인정하면서도 결국 그런 하이데거적 전략을 지지할 수 없었다. 왜일까. 거기에서는 여전히 목소리의 은유가 사용되고 있기 때문이다. 게다가 그것은 '목소리'로서는 너무나 애매한 은유이다. 데리다가 지적하는 것처럼 하이데거 자신도 그런 '부름'이 '침묵하는 양태로 말하는' '아무것도 말하지 않는' 것, 즉 더 이상 목소리라고 말할 수 없는 것이라는 점을 인정하고 있다. "근본적인 은유를 확증함과 동시에 은유적 낙차를 고발함으로써 그것을 의심하기도 하는 이런 단절은 현전의 형이

16. 이하 본서에서 인용하는 『존재와 시간』은 기본적으로 다음에 기초하고 있다. 細谷貞雄 譯, ちくま學芸文庫版, 1994. 단 필요에 따라 독일어 원문을 참조하여 고친 부분도 많다. 참조한 것은 *Sein und Zeit*, Max Niemeyer Verlag, 17. Aufl., 1993이다. 또 이 저작에 대해서는 주註의 번잡함을 피하기 위해 쪽이 아닌 절節로 바꿔 표기한다.(『존재와 시간』의 한국어본으로는 다음 두 가지를 참조할 수 있다. 이기상 번역, 까치, 1998/소광희 번역, 경문사, 1995. 저자가 쪽이 아닌 절로 표기하고 있기 때문에 본 번역서도 참조는 하되 따로 쪽수는 표기하지 않기로 한다.－옮긴이).

상학과 로고스중심주의라는 관점에서 본 하이데거적 상황의 애매함을 잘 전달하고 있다."[17] 여기에서 데리다의 주장은 분명하다. 하이데거의 '부름'은 목소리-의식의 중심성을 탈구축하는 개념장치이고, 그런 점에서 평가를 할 수 있다. 그런데 문제는 그것이 목소리의 은유로 행해졌다는 데에 있었다. 아무리 '부름'과 일상적-내[內]세계적인 '잡담[Gerede]' 사이에 단절을 도입한다고 해도, 그와 같은 은유를 채용함으로써 하이데거는 곧바로 형이상학적 사고에 다시 붙들리게 된다. 사고의 절단은 은유의 절단과 분리할 수 없다. 그렇기 때문에 데리다에 따르면 그는 먼저 분명하게 은유를 바꿔야 했었다.

거의 20년 후인 1987년(첫 게재는 1984년)의 「율리시즈 그라모폰」에서 데리다는 다시 하이데거의 '부름'을 다룬다. 하지만 거기서의 어프로치는 이제 『그라마톨로지에 대하여』와 크게 달라져 있다. 그는 우선 『율리시즈』의 주인공 블룸이 빈번히 전화를 거는 것에 주목하고 "그의 현존재는 대[對]전화존재[être-au-téléphone]다"라고 서술한다. 즉 하이데거적인 '현[現/Da]'이라는 관념을 전화와 마주하는 것, 네트워크 공간에 접속되는 것으로 바꿔 읽는다. 그리고 이런 착상에 따라 그는 이어서 Ruf의 불어 역 appel의 뉘앙스를 이용해 하이데거적 부름을 전화의 호명[appel]으로 재해석할 것을 제안한다. 그에 따르면, 애당초 "하이데거적 현존재는 항상 [……], 먼 곳에서 도래하는 호명에 의해서만 자기 자신에 도달할 수 있는 것"이고, 블룸 또한 같은 구조를 가지고 있다. 후자는 항상 '목소리

17. *De la grammatologie*, p. 36. 邦譯, 上卷 52頁(『그라마톨로지』, 69쪽).

의 다수성', '네트워크', '다多전화구조structure polytéléphonique'에 접속되어 복수의 전화에 대한 응답가능성(=책임responsabilité)에 노출됨으로써 『율리시즈』의 작품세계를 뒷받침하고 있기 때문이다.[18] 여기에서는 이제 은유가 '목소리'라는 것 자체는 문제가 되지 않는다. 대신에 데리다가 주목하는 것은 그 목소리가 어디서 도래하는가 하는 내력의 문제이다.[19]

『존재와 시간』에서 부름이라는 관념은 윤리적 문제계를 여는 '양심의 목소리'로서도 도입되고 있다. 하이데거에 의하면, 일상적-내內세계적인 의식을 탈구하는 부름이야말로 '죄' 또는 '책임'이라는 관념을 가능하게 한다. 그러나 여기에서 주목해야 하는 것은 그가 구상하는 '양심'이 칸트의 정언명법과는 다르며 저것이 좋다거나 이것이 나쁘다는 구체적인 판단을 전혀 해주지 않는다는 것이다(제55절). 양심의 목소리는 거기서 내가 어떤 것의, 또는 (같은

---

18. *Ulysse gramophone*, p. 83ff.

19. 똑같은 바꿔 읽기가 다른 텍스트에서도 행해지고 있다. 예를 들어, 1976년의 텍스트 「걸음歩み=부否」에서 데리다는 '걸음'과 '부'를 함께 의미하는 단어인 pas에 주목하고 'Le pas au-delà'라는 블랑쇼의 표현을 이중으로 독해한다("Pas" in *Parages*, Galilée, 1986). 한편으로 그것은 존재자의 '피안au-delà'이 '부否'라는 것, 즉 초월론성의 영역이 무無라는 것을 의미한다(부정신학). 다른 한편으로 그것은 또한 '피안'이 '걸음'의 효과로서 생겨난다는 것, 보다 자세히 말하자면, 초월론성이 부름('오라viens'라는 목소리가 문제가 되고 있다)이 통과하는 네트워크의 효과로서 생겨나는 것을 보여주고 있기도 하다(우편적 사고). 두 개의 탈구축은 pas로서 접합된다. '오라'는 목소리의 등장도 포함하여 이 논문의 문제설정은 「율리시즈 그라모폰」과 나란히 하고 있다. 블랑쇼의 사고가 하이데거와 가깝다는 것은 굳이 말할 필요도 없을 것이다.

것이지만) 세계전체가 어떤 것의 근본적인 '무[無]'를 폭로하고 그 '섬뜩함[Unheimlichkeit]'에 의해서만 나에게 윤리를 강제한다(제58절). 즉 그 목소리는 세계 내의 '타인에게서 도래하는 것이 아니라' 자기 한가운데에 난 구멍, 『존재와 시간』의 술어로는 '개시성[Erschlossenheit]'에서 울려 퍼진다(제57절). 그리고 그 구멍은 세계전체를 인식하는 현존재 자체의 '존재근거의 결여' 또는 '순환구조'에 대응하고 있다(제32절). 현존재의 자기언급적 순환구조가 '구멍'을 요청하고 그로부터 '부름'이 울려 퍼진다는 이상의 개념계는 우리가 앞장에서 '부정신학'이라고 명명한 논리 바로 그것이다. 따라서 하이데거의 윤리적 사고 또한 지젝의 고유명론이나 이데올로기론과 마찬가지로 내[內]세계적 존재와 아무런 관계도 가지고 있지 않다. 목소리-의식[phones]은 부름[Ruf]에 의해 내부로부터 탈구된다.

데리다는 그런 순환구조를 '다[多]전화구조'로 치환했다. 전화선=네트워크 저편에는 복수의 타자들이 있고, "블룸은 사람들이 응답하기를 기다리고 있다."[20] 『존재와 시간』의 이론적 퍼스펙티브에서 부르는 것은 단수(Es)로 파악되고 있다. "그것이 나를 부른다[Es ruft mich]"(제57절). 부름의 기원인 '순환구조'는 세계전체에 대응하기 때문에 단수화가 불가피하다. 그런데 데리다는 거기서 목소리의 내력을 조금 바꿈으로써 복수의 타자=부르는 자를 도입한다. 다만 그 '타자'의 의미에는 주의할 필요가 있다. 이런저런 타인은 목소리-의식의 전제[專制]를 원리적으로 위협하지 않는다. 경험적 타자는 항상 '나'를 구성하는 타자이고, 따라서 거기서 발견되는 것

---

20. *Ulysse gramophone*, p. 85.

은 나의 거울상에 지나지 않는다. 목소리-의식이란 원래 세계의 지평 그 자체이며, 모든 내內세계적 대상은 거기에 속한다. 하이데거와 데리다는 모두 현상학의 (또는 초월론적 철학일반의) 이런 전제前提에서 출발하고 있다. 따라서 목소리-의식의 중심성을 탈구하기 위해 그들은 필연적으로 어떤 비非세계적인 존재를 가정하지 않으면 안 된다. 하이데거의 '부름'이 이런저런 존재자와 무관한 것은 이상으로부터의 이론적 요청이었다. 그렇다면 데리다의 '호명'도 마찬가지로 경험적 타자(타인)의 수준에서 생각되어서는 안 된다. 그리고 이점에서 데리다의 발걸음은 하이데거보다도 곤란하다고 생각된다. '부름'의 비非세계성은 결국 내內세계적 사물(세계)과 그것들 총체의 존재근거(비세계), 『존재와 시간』의 술어를 사용하면 '객관적 존재자Vorhandensein'와 '현존재Dasein'라는 레벨구분으로 보증받고 있다. 앞장에서 라캉과 관련하여 살펴본 대로 일단 그런 레벨 구분을 도입하면, 최종적으로 그 분할선이 괴델적 결정불가능성에서 유지되지 않게 된다고 하더라도, 이번에는 그런 결정불가능성 자체에 의해 새로운 '초월론성'이 보증받게 된다. 하지만 이런 전략이 '부름'을 단수화하는 한, 데리다는 그런 사고방식을 채용하지 않는다. 그렇다면 그는 어떻게 호출의 비세계성과 복수성을 이론적으로 가능하게 하는 것일까?

목소리-의식(=세계)의 중심성과 전체성은 불가피하게 무언가에 의해 부식된다. 그런 비세계적 존재를 어떻게 파악할 것인가 하는 전략이 바로 여기에서 문제가 되고 있다. 『그라마톨로지에 대하여』와 「율리시즈 그라모폰」 간에는 그런 점에서 전술적 차이가 존재한다. 전자의 논의는 아직 『목소리와 현상』의 틀, 파롤/에크리튀르의 은유대립 위에 있다. 따라서 거기에서 비세계적 존재는 목소리-의식이 닫힐 때 불가피하게 생기는 회수불가능한 어긋남, 의식의 현전에서 일탈하는 것, 즉 '에크리튀르'로서 지시되고 있다. "이 순수한 차이, 그것은 살아있는 현재의 자기에 대한 현전을 구성하는 것이면서 그로부터 배제할 수 있다고 생각되었던 모든 불순성을 근원적으로 다시 도입한다."[21] 탈구축은 그 흔적을 쫓는다. 그에 반해 후자에서 비세계성은 오히려 목소리-의식에 침입하고 그것을 탈구하여 응답을 요구하는 것, 즉 능동적인 것으로서 파악되고 있다. 데리다는 하이데거에 의한 목소리 은유를 일부 승인하면서 비세계적 존재에 의해 '호출된다appelé'는 문제설정을 새롭게 세운다. "모든 퍼포머티브한 차원의 '초월론적 조건' '탈구축의 조건'으로서 어떤 응답이라는 관념이 필요하다"는 그의 주장[22]은 앞장에서 문제 삼았던 『법의 힘』이나 『마르크스의 유령들』과 같은 1990년대 텍스트의 정치적-윤리적 문제계를 직접적으로 준비한 것으로 생각된다. 그리고 여기에서 '전화'라는 은유는 적어도 다음 두 가지 점에서 요청되고 있다.

(1) 하이데거를 다른 형태로 탈구축하기 위해서. 『그라마톨로지에 대하여』의 하이데거 비판은 기본적으로 『목소리와 현상』의 현상학 비판의 연장선상에 위치한다. 즉 거기에서 하이데거와 형이상학, '부름'과 후설적 목소리는 연속적으로 파악되고 있다. 그러나 목소리의 은유를 바꿔 읽는 것은 하이데거

---

21. *Le voix et le phénomène*. p. 95. 邦譯, 159頁(『목소리와 현상』, 129쪽).
22. *Ulysse gramophone*, p. 126.

비판의 다른 국면을 연다고 생각된다. 본서에서 자세히 다룰 수는 없지만, 1987년의 『정신에 대해서』나 1989년의 「하이데거의 귀」 등 후기 데리다의 하이데거 독해에서 목소리의 은유는 항상 결정적 위치를 점하고 있다. 그리고 반복해서 '부름'의, 또는 현존재의 중심성·단수성이 문제되고 있다. 그것은 우리가 생각하기에 데리다의 하이데거 독해가 형이상학 비판에서 부정신학 비판으로 중점을 옮겼다는 것을 의미한다.

(2) 현상학 비판을 텔레미디어의 문제계와 접합시키기 위하여. '목소리phonē'에 에크리튀르의 특징인 접두사 télé[23]를 부가함으로써 구성된 '전화téléphone'라는 은유는 주체가 자신의 동일성을 유지하기 위해 사용하는 "자신이 말하는 것을 듣는" 회로(목소리-의식)에 항상 이미 매개성이나 타자가 침입하고 있는 모양을 어떤 의미에서 매우 경제적으로 명명하고 있다. 하지만 이 은유는 다른 한편으로 애써 문자 그대로 받아들일 필요가 있다고 생각한다. 앞장에서 강조했던 것처럼 후기 데리다는 비세계적 존재(불가능한 것)를 파악하기 위해 '우편'이라는 은유를 중시하고 있다. 불가능한 것은 네트워크에 머문다. 그 때문에 목소리-의식의 회로가 순수하게 있을 수 없는 것은 거기에 항상 이미 네트워크가 침입해 있기 때문에, 바꿔 말하자면 살아있는 신체에 항상 이미 미디어가 접합되어 있기 때문이다. 「송부」에 수록된 의사서한에서 데리다가 (블룸처럼) 항상 전화를 거는 것은 그런 모습을 묘사하기 위해서이다.

---

23. cf. *Marges*, p. 369ff. 論文邦譯, 「署名 出來事 コンテクスト」, 15頁 이하.

이상의 작업을 통해 우리는 여기에서 세 가지 '목소리'를 구별한 것이 된다. 정리해보자. 첫째로 초월론적 시니피에-형이상학 시스템을 뒷받침하는 후설적 목소리. 여기에서는 목소리의 지평(세계)에 회수되지 않는 것, 즉 비세계적 존재는 인정되지 않는다. 둘째로 초월론적 시니피앙-부정신학 시스템을 여는 하이데거적 부름. 여기에서는 목소리의 지평에 회수되지 않는 비세계적 존재가 단 하나만 '세계' 전체 순환구조의 대응물로서 인정된다. 그리고 셋째로 형이상학 시스템과 부정신학 시스템 모두를 탈구하는 계기로서의 데리다적 호출. 이것은 앞장에서 소묘한 우편=오배 시스템에 대응하며, 여기에서는 비세계적 존재는 복수적으로 파악된다. 형이상학과 부정신학이란 데리다가 생각하기에 하나의(데리다적으로 말하면 '현전적인') 세계를 상정한다는 점에서 공범적이다. 사실 그의 텍스트에는 종종 후설이 부정신학, 하이데거가 형이상학으로 불리는 교차도 보인다.[24] 그리고 이 양자에 대항하여 데리다는 묻는다. "만약 (예를 들어) 하이데거의 사고되지 않은 것이 하나가 아니라 복수라고 한다면?"[25] 후기 데리다가 이용하는

---

24. 하이데거가 형이상학이라고 일컬어진 예는 많다. 후설을 '부정신학'으로 간주한 기술은 cf. "Qual Quelle", in *Marges*, pp. 335-336. 또는 *Sauf le nom*, p. 78. 덧붙이자면, 들뢰즈에 의한 1967년의 유명한 논문 「구조주의는 왜 그렇게 불리는가」는 본서의 관점에서는 구조주의가 얼마나 두 가지 시스템의 하이브리드로서 성립하고 있는가, 그 접합 양태를 정리한 시도로서 이해될 것이다. 본장 말미의 appendix도 참조.

25. *Psyché*, p. 616.

은유는 이런 수사의문을 다듬어 완성시키기 위한 이론적 장치로 이해되어야 한다. 더욱 구체적으로 살펴보자.

1-b

다시 「송부」로 돌아가자. 「송부」 전체는 앞서 서술한 것처럼 일종의 서한소설로 읽을 수 있다. 그 전체 설정은 간단히 말하자면 다음과 같은 것이다. 글쓴이 '데리다'는 과거에 어떤 배신행위[26]를 저질러 상대의 신용을 결정적으로 잃어버렸다(나는 너에게 사죄하면서 계속 인생을 보낼지도 모른다). 상대는 '결의'를 암시하고

---

26. 소위 바람피우기. "그녀는 너보다 나를 사랑하고 있다, 그것이 카타스트로프인 것이다."(p. 183) 다시 말해, 아마 이때 '데리다'는 그 여성을 임신시켰거나 이미 아이가 생겼다고 추측한다. 그런 설정은 복수의 서한에서 애매하게 냄새가 나고 있는 것 외에, 이론적 문맥에서도 애써 '임신', '중절'이라는 단어가 사용되고(ex. p. 163), 정액을 우편으로 보내는 망상이 기록되고 있다(ex. p. 29). 유감이지만 이런 읽기는 확실한 근거가 없기 때문에 결국 무리한 독해에 지나지 않지만, 그것은 또 『우편엽서』의 이론적 배치와 매우 정합적이기도 하다. 의도하지 않은 임신, 그리고 그 결과로 생겨난 아이는 정확히 오배송된, 즉 잘못해서 '발송=사정射精/émission'된 편지와 그 재래再來의 알레고리가 되어 있다. 아버지에게 아이(유령)의 기원은 이미 확실하지 않지만, 그것은 가차 없이 '책임'을 요구한다. 본래 70년대 데리다의 이론적 중심을 이루는 '산종' 자체가 그 자신이 서술한 것처럼 매우 생식적 함의가 강한 은유였다(『他者の言語』 223頁 참조). 따라서 그가 생각하는 '성性'은 일관되게 푸코적 성적 욕망(주체의 구성)의 문제계보다도 오히려 생식이나 임신(커뮤니케이션)의 문제계로 이어지고 있는 것처럼 생각된다.

있다. 그는 그것에 대처해야 한다. 그러나 강연이나 세미나 등 외국에서 하는 작업이 많은 데리다는 결국 프랑스에 있는 상대와 충분한 커뮤니케이션을 할 수가 없다. 따라서 그는 그 '결의'를 지연시키기 위해 대량의 편지를 계속해서 부칠 수밖에 없다. 편지를 하루에도 몇 통씩 우체통 속에 넣고 전화도 자주 건다. 그런 동시에 그는 정신분석에 대한 저작 — 결국은 중단된 그 1부가 『우편엽서』의 제2부가 되지만 — 을 준비하기도 한다. 그러므로 그 러브레터들에는 거의 망상에 가까운 단편화된 이론적 아이디어도 많이 기입된다. 「송부」는 절반은 러브레터, 절반은 이론적 단장으로 이루어진 의사서한의 집적으로(상대의 답장은 수록되어 있지 않다), 1977년 6월에서 시작되어 1979년 8월로 끝난다. 앞서의 인용은 1977년 6월 5일부 편지, 거의 첫 부분의 편지에서 가져온 것이다.

논의의 출발점으로 우선 인용 부분에서 보이는 세 가지 은유에 주목해보자. 제일 처음으로 '울림=우표^timbre'라는 동음이의어. 우편망이 우표가 붙은 편지를 배달하는 것처럼 전화망은 울림이 붙은 목소리를 전달한다. 둘째로 '필터를 통과한^filtrée'이라는 표현. 전화의 목소리는 그 결과 '어떤 종류의 순수성'을 갖는다. 셋째로 '유령들의 회귀^retours des revenants'. 그것은 노이즈의 혼입에 의해 가능하다. 그렇다면 이것들이 의미하는 것은 무엇일까.

후기 데리다의 텍스트에서 복수의 비세계적 존재는 문맥에 따라 다양한 은유로 제시된다. 그러나 본장에서는 이하 제1장의 퍼스펙티브를 받아들여 그 총칭으로서의 '유령'을 채용하기로 하자.

데리다는 『마르크스의 유령들』에서 유령의 비세계성(비현실성)과 복수성을 명기하고 있다. '환영 즉 현전하지 않는 타자들', '하나의 관점으로는 더 이상 지시할 수 없는 망령의 무리들 [……] 망령이란 수數이다.'[27] 「율리시즈 그라모폰」 또한 몇 번인가 전화의 목소리를 유령에 견주고 있다.

그리고 『마르크스의 유령들』은 유령에 대해 복수성에 더하여 세 가지 중요한 점을 시사하고 있다. 첫째로 유령이 능동적이라는 것. 그것은 hanter나 appeler라는 동사의 주어가 되어 사람들에게 '응답'을 요구한다. 앞서 서술한 것처럼 『마르크스의 유령들』은 탈구축적 윤리 — 데리다는 그것을 '래디컬한 비판'이라고 부른다 — 가 일종의 응답을 전제로 한다는 것을 여러 번 강조하고[28] 호소하는 유령의 범례로서 『햄릿』의 아버지 망령을 자세히 다루고 있다. 둘째로 유령은 '현재' 및 그 변용으로서의 '과거', '미래'라는 통속적 시간 개념을 따르지 않는 기묘한 시간성, '살아있는 현재의 자기 자신에 대한 비동시성non-contemporanéité à soi du présent vivant'에 의해 나타나는 것.[29] 이 시간성은 『목소리와 현상』에서는 에크리튀르나 차연의 시간성으로서 분석되고 있다. 그렇기 때문에 이런 식이라면 유령을 전기 데리다의 은유대립에서 에크리튀르와 같은 것으로서 이해할 수 있다(목소리-의식이 통제하는 현전적 세계와 그로부터 일탈하는 유령들). 하지만 그것은 유령의 능동성을 놓칠 위험이 있다.[30] 셋째로 유령에의 응답. '메시아적인 것' 또는 '약속'

---

27. *Spectres de Marx*, pp. 15, 214(『마르크스의 유령들』, 12, 262쪽).
28. ibid., pp. 13-18, 40-48, 59-65(같은 책, 9-16, 47-61, 75-84쪽).
29. ibid., p. 16(같은 책, 13쪽).

이라고 불리는 희망의 지평(제1장의 표현으로 말하자면, 조건법적 미래)이 '아마peut-être'라고 불리는 양상성=확률의 위상에서 열린다는 것.[31] 『마르크스의 유령들』에서는 적게 언급되지만 '아마'는 다른 텍스트에서 '모든 약속 가능성의 조건'이라고도 이야기되는 중요한 관념이다.[32] 그리고 그 위상은 유물론적으로는 앞장에서 검토한 것처럼 네트워크의 불확실성, '도달하지 않을 수 있다는 것pouvoir-ne-pas-arriver'의 효과로서 생겨나고 있다. 데리다는 '역운歷運/Geschick'이라는 하이데거적 관념을 '보내는 것schicken'으로 재해석하여 거기서 오배가능성을 읽어내려는 시도를 여러 번 전개하고 있으며(독일어 Geschick는 문법적으로는 '보내진 것'을 의미한다),[33] 그것을 참조하면 peut-être는 '확률존재'라고도 번역될 수 있다(프랑스어 peut는 '있을 수 있다pouvoir'의 변화형). 현존재의 '현現'을 '확률'로 치환하는 이런 작업은 Da를 네트워크로 다시 바꿔 읽는 「율리시즈 그라모폰」의 제안과 이론적으로 같다.

유령은 복수이고 능동적이며 특수한 시간성과 양상성에서 등장한다. 후자의 두 가지 점은 유령의 비세계성(비현전성)을 의미

---

30. 예를 들어, 에르네스토 라클라우의 독해. cf. Ernesto Laclau, "The time is out of joint", in *Diacritics* 25:2, Johns Hopkins University Press, 1995, pp. 88-89. 이 논문에서 라클라우가 데리다를 보완하기 위해 '헤게모니의 논리'를 들고 나오는 것은 그가 유령의 능동성에 주목하고 있지 않기 때문이다.
31. *Spectres de Marx*, pp. 62-65(『마르크스의 유령들』, 79-84쪽).
32. "Avances" in *Serge Margel, Le tombeau du dieu artisan*, Minuit, 1995, p. 37.
33. 예를 들어 cf. *La carte postale*, p. 71ff.

하기 때문에 오히려 유령의 정의定義이다. 문제는 전자의 두 가지 점, 복수성과 능동성이다. 어떻게 해서 그 특징들은 사고될 수 있을까. 즉 비세계적 존재를 복수적이고 능동적으로 파악하기 위해서는 도대체 어떤 사고가 요구되는 것일까. 여기에서 우리는 비세계적 존재를 파악하기 위한, 부정신학적이지 않은 다른 논리, 괴델의 불완전성 정리와는 다른 별도의 분석장치를 필요로 한다.

우편=오배 시스템에서 '불가능한 것', 즉 유령이라는 관념은 두 가지 계기(전기적과 후기적)에 의해 뒷받침되고 있다. 첫째로 편지=시니피앙의 오배가능성. 이것은 전기 데리다의 은유대립(목소리/에크리튀르)에서 도출된다. 예를 들어, 「서명 사건 콘텍스트」에서 커뮤니케이션의 실패가능성은 제1장의 요약으로부터도 명확한 것처럼 목소리-의식의 통제로부터 일탈하는 것(인용가능성)으로 파악되고 있다. 따라서 이 논문은 1부에서 『우편엽서』의 문제계를 예고하면서도 아직 전기의 퍼스펙티브에 속한다. 그리고 둘째로 유령, 즉 '죽은=행방불명인dead' 존재가 잠재적으로 계속 존재할 수 있는 공간. 우리들은 앞으로 이것을 '데드스톡 공간'이라고 부르기로 하자. 이 공간은 「율리시즈 그라모폰」에서는 전화망에 접속된 무수한 자동응답전화기가, 또 「송부」에서는 행방불명된 우편물이 축적되는 Dead Letter Office가 은유로서 이야기되고 있다.[34] 이런 상정은 전기의 은유대립으로부터는 도출되지 않는다. 하지만 그것은 유령=재래하는 것revenant에 대해 사고하기 위

---

34. ibid., p. 136ff.

해 불가결한 계기이다. 일탈한 것이 유보되는 공간의 도입이야말로 그 회귀를 가능하게 하기 때문이다. 『우편엽서』 제2부의 데리다는 비세계적 존재의 특징을 반복re- 에 집약시키고 있다.[35] 유령은 되풀이해서 재래하고, 그 반복에 의해 목소리-의식을 탈구한다. 여기에서 유령의 복수성(되풀이 하는 것)과 능동성(도래하는 것)이 이론적으로 가능하게 된다. 그리고 이 데드스톡 공간은 『마르크스의 유령들』에서는 '잠재적 공간espace virtuel',[36] 또 『아르시브의 악』에서는 '잠재적인 것의 아르시브l'archive du virtuel'로 불리게 된다.[37] '잠재적'이란 여기에서는 들뢰즈와 마찬가지로 현전의 논리에 따르지 않는 것을 의미한다.

우편공간, 보다 정확히는 '데드스톡 공간'이 유령을 가능하게 한다. 『마르크스의 유령들』은 이런 효과를 '망령화spectralisation'라고 부르고 있다[*]. "정보, 출판, 텔레커뮤니케이션은 [……] 공공공간을 망령화한다."[38] 이 모티브 자체는 전기 때도 여기저기서 보인다. 예를 들어, 『「기하학의 기원」 서설』은 제1장에서 검토한 것처럼 이념의 '전승'에 주목하여 후설 비판을 수행하고 있다. 데리다는 거기서 이미 목적론으로부터 일탈하는 비세계적 존재가 '전승' 즉 미디어효과로서 생겨난다는 것을 명확히 지적하고 있다.[39]

---

35. "문제는 re-일반, 수입 또는 유령, 재래하는 것 일반의 re-이다"(Il s'agit de *re*-en général, du revenu ou du revenant, du revenir en général). ibid., p. 339.
36. *Spectres de Marx*, p. 268(『마르크스의 유령들』, 326쪽).
37. *Mal d'archive*, p. 107.
38. *Spectres de Marx*, p. 89(『마르크스의 유령들』, 116쪽).
39. 제2장 주(9) 및 (13) 참조. 되풀이하자면, 데리다의 이 최초의 저작은

하지만 그 계기가 본격적으로 사고된 것은 1970년대 중반 이후의 텍스트, 특히 1980년의 『우편엽서』에서이다.

「송부」에서 데리다와 아내(연인)의 커뮤니케이션은 끊임없이 망령화되고 있다. 우편은 상대의 현전을 빼앗는 것에 그치지 않는다. 오배효과는 수신자 '너tu'를 불가피하게 '너희들=당신들vous'로 복수화·소격화한다.[40] 또는 서문에서 시사되고 있는 것처럼 그것은 글쓴이=데리다 자신도 복수화해버린다.[41] 그렇기 때문에 '너'와의 편지교환은 점점 유령에의 응답이라는 색깔이 짙어간다. "편지를 쓸 때, 사람들은 왜 항상 환영들을 소환하는 것일까."[42] 그리고 이런 망령화 효과는 「송부」의 이야기 진행에서 이중적인 기능을 하게 된다. 한편으로 데리다와 '너'의 직접적인 화해는 한없이 지연된다. 예를 들어, 문제의 배신행위에 대해 설명한(것 같은) 가장 중요한 편지는 우연히 이름이 같은 마을이 있어서 오배되고 결국 상대에게 도달하지 않는다. 하지만 다른 한편으로 현전적이고 직접적인 이해의 그와 같은 회피는 상대의 '결의', 관계의 파국을 지연하는 것이기도 하다. 데리다는 행방불명이 되고 발송인에게로 되돌아온 문제의 편지를 재발송하지 않고 그대로 태워버린다. 그 결과 상대는 그 망령화한 편지(읽을 수 있었을지도 모르는

후기적 문제의 맹아를 거의 품고 있다. 그런 관점에서 보면, 『목소리와 현상』의 데리다는 오히려 목소리와 에크리튀르라는 전기적 은유대립을 이끌기 위해 그런 맹아들을 의도적으로 정리한 것처럼도 생각된다.

40. *La carte postale*, pp. 147-149.

41. ibid., p. 10.

42. ibid., p. 40.

편지)에 사로잡히고, 이후 '결의'의 순간은 끊임없이 탈구축된다.[43] 따라서 이런 의사서한군에서 '너'에 대한 호소의 망령화는 데리다의 사랑을 계속 방해하지만 동시에 그것의 존재조건이기도 하다. 그는 이런 이율배반, 이중구속double bind을 피할 수가 없다.

『그라마톨로지에 대하여』 제2부는 모든 커뮤니케이션을 뒷받침하는 이와 같은 이중구속을 이미 주제로 삼고 있었다. 루소 독해의 문맥에서 '대리보충의 논리'라고 불린 것이 바로 그것이다. 그러나 제2장에서 본 것처럼 '대리보충의 논리'는 형식적으로는 괴델의 불완전성 정리와 동일하다. 따라서 거기서 데리다는 어떤 언설의 이해심급이 칸스터티브한지 퍼포머티브한지 결정할 수 없는, 그런 결정불가능성에서 불가피하게 생기는 발화자 측의 조건, 드 만에 대해 서술한 가라타니의 말을 빌리자면 "언어가 글쓴이의 의도를 배반하고 다른 것을 의미해버리는"[44] 논리적 조건에 대해서 말하고 있는 것이 된다. 그러나 우리가 생각하기에 『우편엽서』에서 우편공간의 도입은 그 조건을 또 다른 논리로 파악하는 것을 가능하게 한다. 그러므로 "언어가 글쓴이의 의도를 배반하고 다른 것을 의미해버리는" 상황은 이제 발화자 측의 결정불가능성(발화자의 현전에의 회수불가능성)으로부터가 아니라 발신자와 수신자 사이에 펼쳐진 네트워크로부터 분석되기 때문이다.

[*] 망령화 메커니즘으로서의 우편공간을 놓치면, 후기 데

---

43. ibid., pp. 52-84.

44. 『日本近代文學の起源』, 講談社文芸文庫, 1988, 247頁(가라타니 고진, 『일본근대문학의 기원』, 박유하 옮김, 도서출판 b, 2010, 255쪽).

리다에 대한 이해는 애매한 것이 된다. 예를 들어, 본론과 같이 데리다의 텍스트를 다룬 최근의 논문 두 편, 마조르의 「도둑맞은 편지」론[45]과 가셰의 「율리시즈 그라모폰」론[46]을 잠깐 살펴보자.

전자는 포 소설에 빈번히 등장하는 '분신'이라는 테마에 주목하여 앞에서 문제 삼았던 라캉의 포 독해를 비판하려는 시도로서 「진리의 배달부」도 참조하고 있다. 이 논문에서 마조르는 몇 가지 중요한 지적을 하고 있지만, 유감스럽게도 그것들은 결국 테마틱한 작업, 즉 '분신'이라는 테마 자체에 대한 해석에 머물고 있다. 따라서 그런 고찰은 포의 소설에 '분신'이 빈번히 나오는 필연성, 소설가에게 그런 테마를 요청하는 구조는 전혀 다루고 있지 않다. 그리고 이런 결함은 우리가 생각하기에 마조르가 「진리의 배달부」에서 데리다가 제시한 이야기의 연쇄=네트워크의 문제계를 중요시하지 않은 데에서 기인한다. 「도둑맞은 편지」에서 일어난 도난사건은 복잡한 이야기의 연쇄(왕비→경시총감→뒤팽→화자), 말하자면 전언傳言을 통해 비로소 독자에게 이야기된다. 누구도 사건을 직접적으로 보고 있지 않다. 바로 그 때문에 등장인물이나 아이템(편지)은 필연적으로 분신화하고 망령화하게 된다. 전언(우편)이 분신(유령)을 낳는 이런 메커니즘을 마

---

45. René Major, "La parabole de la lettre" in *Lacan avec Derrida*, Éditions Mentha, 1991.

46. Rodolphe Gasché, "On Responding Responsibility" in *inventions of Difference*, Harvard University Press, 1994.

조르는 명확히 할 수 없었다. 덧붙여 이런 관점에서 앞장에서 읽은 존슨의 논문 「참조의 틀」은 그런 전언구조를 중첩구조(말해지는 오브젝트레벨/말하는 메타레벨)로 해석함으로써 네트워크의 문제를 괴델적 결정불가능성으로 변형시켜버린 예로 이해된다.

다른 한편 후자는 「율리시즈 그라모폰」을 하이데거와의 관계 및 전화 모티브에 주목하여 독해하는 논문이다. 착안점은 우리들과 비슷하다. 더구나 가셰는 목소리의 복수성에 주목하고 있다. 하이데거에게서는 단수였던 원초적 응답이 데리다에게서는 전화의 응답 "예, 예$^{oui, oui}$"로 이미 이중화되어 있다. 그것은 데리다의 책임주체가 그 시원에서 이미 타자(미디어)에 의해 오염되어 있다는 것을 보여준다. 우리는 이런 읽기에 대부분 동의하지만, 거기서 마조르와 같은 결함도 지적할 수 있다. 가셰는 목소리의 내력을 묻지 않기 때문에 우편공간이라는 관념을 도입하지 않은 채로 목소리의 복수성이나 전화라는 은유에 대해 직접 고찰하고 있다. 따라서 그 작업은 필연적으로 테마틱한 것에 가까워져 버린다.

마조르도 가셰도 결국 '편지', '분신,' '전화' 등의 후기 데리다적 은유들에 주목하면서도, 그것을 이미지로서 읽는 것밖에 할 수 없었다. 그것은 그들의 논의가 그 은유들을 뒷받침하는 이론적 구조를 파악하고 있지 않기 때문으로 생각된다. 여기에서 우편공간의 상정이 필요하다.

방금 전에 주목한 세 가지로 돌아가자. 이상의 분석을 통해 우리는 이제 '울림=우표timbre'라는 동음이의어의 함의를 명확히 분석할 수 있다. 간단히 정리해보자. 예를 들어, 1970년대 초의 어떤 논문에서 데리다는 '울림'에 대해 다음과 같이 서술하고 있다. "내 목소리의 울림, 내 에크리튀르의 스타일, 그것은 나(자아)에게 있어 결코 현전하지 않았다는 말이 될 것이다. 내가 내 목소리의 울림을 이해하거나 다시 인식하거나 하는 일은 결코 없다."[47] '울림'은 결코 현전화하지 않는다. 그것은 나=자아moi의 동일성을 보증하는 목소리에 항상 수반되면서, 동시에 그런 동일성으로부터 끊임없이 일탈하고 있다. 이 주장은 말할 것도 없이 이제까지 서술해 온 전기의 은유대립에 속한다. 하지만 『우편엽서』의 '울림'과 '우표'라는 동음이의어는 그런 일탈성을 다른 관점에서 파악할 수 있는 가능성을 열고 있다. 그리고 거기서 '울림'의 비현전성이란 이번에는 전화=우편망의 효과로서 생각할 수 있게 된다. 인용 부분을 보자. 전화망은 목소리를, 우편망은 편지를 망령화한다. 그 때문에 현전적 메시지는 전달되지 않는다('어떤 메시지도 없이'). 바꿔 말하면, 거기에서 도달하는 것은 망령화한 것, 즉 목소리의 울림, 우편의 우표뿐이다("네가 나에게 송부하는 것은 그 울림=우표다"). 그리고 그런 망령들을 받아들임으로써 데리다 또한 망령화하고("나는 완전히 그 울림=우표다"), 이번에는 상대에게 집요하게 재래한다('여러 번 되풀이되는 그 결과'). 즉 '울림=우표'는 전화=우편망을 통해서 나타나는 유령을 의미한다. '울림'을 '우표'로서 다시 파악하는 이런 은유적 전략은 『그라마톨로지에 대하

---

47. "Qual Quelle" in *Marges*, p. 351ff.

여』와 「율리시즈 그라모폰」 간의 목소리 은유의 이동과 완전히 평행하고 있다.

그렇다면 남은 두 가지, '필터를 통과한'과 '유령들의 회귀'에 대해서는 어떻게 될까? 이것들은 우편공간의 성질에 대해서 말하고 있다. 한편으로 '필터', '선별[tri]'이란 네트워크의 개입을 의미한다. '노이즈', 즉 오배가능성의 존재는 망령화를 불러일으키는 것이지만, 다른 한편 그것은 '어떤 종류의 순수성'을 가져오는 것이기도 하다. 다른 한편으로 '유령들의 회귀'는 전술한 데드스톡 공간의 효과로서 생겨난다. 다음으로 이 두 가지에 대해 시점을 바꾸어 검토하고 싶다.

2

유령이 머무는 데드스톡 공간. 하지만 우리는 여기에서 자동응답전화나 Dead Letter Office 등의 은유에 이끌려 그 공간을 실체적으로 이미지화해서는 안 된다. 비세계적 존재가 머무는 공간이 어딘가 있다고 한다면, 그것은 이미 신비주의에 지나지 않다.[48] 그러면 어떻게 생각해야 할까. 망령화의 메커니즘을 좀 더 명확히 정리해보자.

---

48. 그렇지만 현재 이와 같은 신비주의는 인터넷의 이데올로기로서 적잖은 힘을 가지고 있다.

인용된 의사서한에는 망령화를 불러일으키는 어긋남이 두 가지 존재한다.

먼저 첫 번째 어긋남은 목소리의 복수화, 분할séparation과 관련이 있다. 인용 부분에서 데리다는 국제전화를 걸고 있다. '시차時差'가 존재한다. 따라서 그와 상대는 같은 시각을 공유할 수 없다. 확실히 이것은 내內세계적(경험적)인 현상이고 목소리-의식의 단일성을 위협하는 것은 아니다. 그런데 애당초 그런 '시차'를 인식할 수 있었던 것은 어떤 이유에서일까. 그것은 국제전화로 데리다와 상대가 한편으로 전화망에서 같은 시간을 공유함과 동시에 다른 한편으로 각각의 장소土地에서 다른 시각을 살고 있었기 때문이다. 그러므로 이런 '한편으로…… 다른 한편으로'를 가능하게 한 조건은 좀 더 검토할 가치가 있다.

우리가 종종 경험하는 것처럼 전화는 눈의 장소와 목소리의 장소, 눈앞pré-과 귓전을 절단한다. 이것은 현전前성présence의 분할을 의미한다. 그러므로 인용한 장면에서 데리다는 눈으로 옥스퍼드를, 귀로 프랑스(또는 전화망의 어딘가)를 '지금 여기'로서 지각하게 된다(실제로는 후술하는 것처럼 이것은 나중에 씌어진 편지이기 때문에 사태는 보다 복잡하지만, 여기에서는 이야기를 간단하게 하기로 하자). 그리고 이런 전화 경험은 다시 『목소리와 현상』이 지적한 현전성과 가까움의 현상학적 공범관계를 해체하고 가까움의 감각(근접성proximité)의 분할도 불러일으킨다. 인용 부분은 분명히 기술하고 있다. 데리다는 상대와 이야기를 계속 주고받으면서 동시에 취객과 '서로를 주시한'다. 그는 그 남자의 행동이 상당히 신경이 쓰였지만(인용에서는 생략했지만, 데리다는 실은 폭력을 두려워하고 있다), 그 '나의 무한한 방심'은 회화의 집중을 '조금도 어지럽히지 않는'다. 왜일까. '분할되고' '현혹된[hallucinée] 근접성의 감각'에서 눈과 귀는 근접성을 따로따로 지각하기 때문이다. '종종 내가 너에게 말을 걸면서 눈을 감는' 것은 그런 환각hallucination을 일으키기 위해서이다.

다음으로 두 번째 어긋남은 편지의 비현전화, 즉 망령화와 관계하고 있다. 데리다는 이상의 행위를 편지에 쓰고 그것을 발송한다. 하지만 그는 1977년 6월 4일에 실은 또 하나의 편지를 쓰고 있다. 문제의 전화는 첫 번째 편지를 쓰는 도중에 걸려온 것인데, 인용한 편지는 그 첫 번째 편지를 우체통에 넣은 후 씌어진 두 번째 편지이다. 이 두 통의 편지는 동시에 우체통에 넣지 않았기 때문에 다른 날에 도착한다. 게다가 데리다는 인용 부분에서 약속되어 있는 것처럼 다음날도 편지를 쓰고 있다. 그리고 그 5일자 편지에 이번에는 그 편지 자체가 도착하기 전에 재회가 예고된다(덧붙여 인용의 말미 한 문장은 4일의 두 번째 편지와 5일의 편지가 동시에 우체통 속에 넣어졌다는 것을 시사하는 것일지도 모른다). 이상의 수순이 끝나고 그는 10일 귀국한다. 이런 몸짓은 모두 커뮤니케이션의 다양한 모드, 목소리(전화), 문자(편지), 현전성(재회) 사이의 시간적 순서를 전도시키고 착종시키기 위해 취해지고 있다. 같은 것이 「송부」의 모든 장면에서 중층적으로 전개되고 있으며, 따라서 거기에서 '나'의 발화 순서와 '너'의 이해=청취entendre라는 순서는 항상 미묘하게 어긋나게 된다. 정의상 하나의 목소리-의식에 의한 현전적 파악을 피하고 있는 이런 어긋남이 바로 「송부」의 커뮤니케이션을 망령화한다.

먼저 두 번째 어긋남에 대해 생각해보자. 『목소리와 현상』은 '에크리튀르'의 비현전성, 즉 유령적인 비세계성을 철저한 초월론적인 절차('초-초월론적'이라고 데리다는 부르고 있다)[49]를 통해 도출했다. 따라서 이 비세계성은 경험적인 조건에 의해 손쉽게 야기될 수 있는 것이 아니다. 그러므로 우리는 다양한 미디어장치, 예를 들어 테이블레코더나 비디오, 그리고 가상현실virtual reality의 등장에 의해 주체의 현전성이나 동일성이 해체된다는 논의[50]에 원칙적으로 신중해야 한다. 이것은 데리다를 읽는 데에 있어 일종의 전제이다. 하지만 그럼에도 불구하고 앞서 서술한 완전히 경험적인 착종상태는 『목소리와 현상』이 분석한 초월론적인 비현전성과 이론적으로 직결되고 있다고 생각된다. 무슨 말인가.

제1장에서도 참조한 것처럼 데리다는 1972년의 텍스트 「책의 바깥」에서 서문은 현전성의 사고를 벗어난다고 서술하고 있다. 이번에 다시 주목하고 싶은 것은 거기서 일탈의 이유로 시제時制의 전도가 지적되고 있다는 점이다. 데리다는 "이미 씌어져버린 것이 될[aurait déjà été écrit] 것의 의미나 개념적 내용을 서문은 미래형으로 언표하게 된다"고 쓴다.[51] 여기에서 문제가 되고 있는 것은, 간단히 말하자면, 저자의 시간적 순서와 독자의 시간적 순서, 본문→서문

---

49. *La voix et Phénomène*, p. 18. 邦譯, 30頁(『목소리와 현상』, 26쪽).

50. 예를 들어, 마이클 하임의 『仮想現實のメタフィジックス』, 田畑曉生 譯, 岩波書店, 1995(마이클 하임, 『가상현실의 철학적 의미』, 여명숙 옮김, 책세상, 1997). 이 저작은 데리다를 다루고 있지는 않지만, 하이데거에게 많은 것을 빚지고 있다.

51. *La dissémination*, p. 13.

과 서문→본문의 충돌이다. 데리다는 헤겔을 참조하면서 그것을 '철학적 순서'와 '교육적 순서', '과학적 순서'와 '형식적 순서'의 충돌이라고도 부르고 있다. 서문은 한편으로 독자(교육되는 사람)의 시간적 질서에서 씌어지고 있는 것처럼 보이지만, 실제로는 필자(전부 이해한 철학자)의 위치에서 씌어지고 있다. 따라서 거기서 본문의 내용은 한편으로는 미래의 것이면서 다른 한편으로는 모두 끝나버린 것으로 파악된다. 데리다가 "이미 씌어져버린 것이 될"이라는 조건법을 사용한 것은 한 쪽의 시간적 순서로부터는 다른 쪽의 시간적 순서가 가능세계적으로밖에 표현될 수 없기 때문이다(앞장의 크립키의 논의도 떠올리기를 바란다). 그렇다면 우리는 여기에서 약간 대담하게 현전성의 탈구는 복수의 시간적 순서의 충돌에 의해 생긴다고 서술해도 좋을 것이다. 서문을 후기와 동일시한 헤겔의 목적론은 바로 그런 충돌의 말소를 시도하고 있었다. 또 프로이트는 주지하듯이 무의식적 기억의 '무無시간성'에 대한 주의를 촉구하고 있다.

「송부」의 착종은 여기에서 분석된 서문의 착종과 같은 구조로 생겨나고 있다. 다만 「책의 바깥」에서의 데리다는 아직 그 충돌을 책의 '바깥'과 '안', 즉 메타레벨과 오브젝트레벨의 상호오염으로 정리하고 있다. 따라서 이 논의는 결국 괴델적 결정불가능성(대리보충의 논리)으로 귀착되어버린다. 그러나 「송부」에서 데리다가 설정한 상황은 충돌=망령화가 일어나는 메커니즘을 다른 각도에서 조명하고 있다고 생각된다. 데리다의 사고 순서와 '너'의 이해순서, 즉 복수의 서로 다른 시간적 질서가 생기는 것은 거기에 존재하는 전화와 편지 간에 속도의 차이 때문이다. 속도가 다른 미디어를 복수로, 그리고 동시에 사용하는 것은 현전적인 대면對面 커뮤니케이션이 억압한 시간적 착종을 폭로한다. 일반화하면, 다음과 같다. 눈앞에 있는 정보의 집합, 예를 들어 지금 전화에서 울리는 상대의 목소리와 오늘 도착한 상대방이 보낸 편지는 실제 각기 다른 속도의 내력을 가지고 있다. 하나의 목소리-의식이 하나의 세계를 한 번에 파악하기 위해서는 그 전체를 '지금 여기'에 중심화된 것(현전성)으로서 그들 간 속도의 차이를 억압하지 않으면 안 된다. 즉 현전화란 내력의 말소인 셈이다. 그리고 그 말소가 충분히 행해지지 않을 때 바로 정보내력 간의 속도 차이가 시간적 순서의 복수화와 그 충돌을 불러일으킨다(데리다와 '너', 헤겔과 독자). 그 결과 '유령'이 태어나고 미디어 환경은 그것을 다시금 현재顯在화한다.

속도라는 시점을 도입할 때 최대 이점은 데드스톡 공간을 실체적으로 상정할 필요가 없게 된다는 것이다. 예를 들어, 앞서의 서술처럼 데리다의 가장 중요한 편지는 상대에게 도달하지 않는다. 하지만 그것은 우체통에 넣어지고 데리다에게 되돌아올 때까지의 9일간, 현전하지 않지만 존재하는 것(유령)으로서 두 사람의 전화상 대화에 계속 커다란 영향을 준다. 그렇다면 그 사이 행방불명된dead 편지는 어디에 있었던 것일까. 어디에도 없었다. 그것은 단지 우편망 안을 천천히 순환하고 있었을 뿐이다. 그렇다면 우리는 여기에서 '유령들의 회귀'를 불러일으키는 메커니즘, 즉 데드스톡 공간을 어떤 회로와 속도의 선택효과로 재해석할 수 있을 것이다. '죽음'을 둘러싼 하이데거/라캉적 언설에 데리다가 강한 위화감을 가졌다는 것은 이 장 첫 부분에서 서술한 대로지만, 그런 그에게 있어 행방불명=죽음이란 결국 통상보다 극단적으로 더딘 회로를 통하는 것일 수밖에 없다. 어떤 의미에서 편지는 항상 현전하고 있다. 하지만 데리다와 편지의 이동속도가 너무나 어긋나 있기에 후자는 전자의 현전적 세계를 초과해버린다.

'불가능한 것'은 복수로 있다고 우리는 서술해왔다. 그런데 보다 정확히는 '불가능한 것', 비세계적 존재 그 자체는 어디에도 없다고 말해야 한다. 단 비세계적 효과는 존재하며, 그것은 개개의 정보가 가진 속도의 어긋남에 의해 복수적으로 발생하고 있다. 하이데거적 사고가 '불가능한 것'을 단수로밖에 생각할 수 없었던 것은 애당초 그가 '세계'라는 단일성 그 자체를 미세하게 뒤흔드는 효과, 우리들이 여기에서 사용하는 언어를 사용하면 '속도의 충돌'을 말소시킴으로써 입론立論하고 있기 때문이다. 그리고 이 말소는 또 제2장에서 검토한 라캉(지젝)의 태도, 상징계 전체를 파악하기 위해 개개의 시니피앙의 오배가능성을 말소시킨 것과 같다. 오배가 회로의 선택미스인 이상, 오배가능성의 말소는 내력의 말소, 그리고 속도의 말소를 의미한다. 이제 우리는 유령이나 에크리튀르의 비세계성을 설명하기 위한 『목소리와 현상』이나 『그라마톨로지에 대하여』에서 사용된 논리(괴델적 결정불가능성)와는 다른 또 다른 논리를 손에 넣게 되었다고 해도 좋다. 그리고 이 논리에서 비세계적 존재는 그저 '일탈하는' 것만이 아니라 능동성(회귀)도 가지게 된다.

여기에서 우리가 '속도'라고 부르고 있는 것은 데리다의 텍스트에서 종종 '리듬rythme'으로 명명되고 있다. 예를 들어, 『우편엽서』 제2부 마지막 절은 반복강박, 즉 유령이 재래하는 '리듬'을 다루고 있다.[52] 그러나 이 텍스트는 한편으로 그런 리듬의 문제계를(니체를 참조하면서) 열면서, 다른 한편으로 바로 거기서 중단되고 있다. 우리가 확신하는 한 다른 텍스트에서도 '리듬'에 대한 참조는 대체로 단편적이고 시사적인 것에 머물고 있으며, 그것이 전면적으로 전개된 논문은 없다. 아마 이런 불발 자체는 데리다가 제시한 은유들이 가진 어떤 이론적 한계를 보여주고 있다 하겠다. 하지만 그에 대한 검토는 독립된 작업을 필요로 한다. 따라서 데리다의 '리듬'에 대해 서술하는 것은 다른 기회에 하기로 하고, 여기에서는 '속도', '리듬'이 연 퍼스펙티브를 조금 더 살펴보기로 하자.

하이데거는 『존재와 시간』에서 '세계' 안에 있는 사물, 즉 목소리-의식의 통제 하에 있는 존재자를 Zuhandensein과 Vorhandensein이라는 두 개의 카테고리로 처리할 것을 제안했다. 이 단어들은 통상 '도구적 존재자', '객체적 존재자'라고 번역되지만, 굳이 직역하자면 '손 안에[zu] 있는 존재', '손 앞에 있는[vor] 존재'가 된다. 즉 하이데거는 '손'으로부터의 가까움과 멂이라는 조합으로 내세계적 존재자의 총체를 파악하려고 한 것이다. 그가 생각하기에 모든 존재자는 최종적으로 Zuhandensein의 카테고리(도구성)로 귀결된다. "도구성은 '즉자적으로' 존재하는 것으로서 존재자의 존재론적-카테고리적 규정이기" 때문이다(제15절). 대조적으로 Vorhandensein이란 그것의 퇴락태[頹落態], 보다 자세히 설명하면, 세

---

52. *La carte postale*, p. 433ff.

계와의 원초적 관계성Sorge이 결여됨으로써 Zuhandensein이 "이제는 그저 객체적으로만 존재하게 된 것"으로 간주된다(제16절). 여기에서는 '앞前/vor-'조차 '안zu-'이 유지하는 가까움이 망각되고 유리된 양태를 보여주는 접두사로서 사용되고 있다. 데리다가 지적한 것처럼[53] 이런 주장은 하이데거가 세계 전체를 어떤 종류의 '손'에 대한 현전, 현존재에의 절대적 근접성(그것은 이미 '앞'보다도 가깝기 때문에)으로 환원하는 경향을 가지고 있다는 것을 의미한다. 즉 한마디로 말하면 '세계'는 다음과 같이 이미지화되어 있다. 현존재의 손에는 세계의 모든 존재자로부터 무수한 계열이 집중된다. 먼 곳에 있어서 아직 손이 닿는 곳에 없는 Vorhandensein은 각자의 계열을 통과한 후 현존재에 인접한 Zuhandensein으로 바뀐다.

그렇다면 우리가 여기에서 주목해야 하는 것은 하이데거 또한 텔레커뮤니케이션의 발달이 그 인접성을 강화한다고 생각하고 있었다는 점이다. 예를 들어, 그는 라디오를 '원격성의 제거Entfernung'의 예로서 들고 있다(제23절). 그러나 지금까지 검토해온 것처럼 우리들의 퍼스펙티브에서는 현존재가 마주하는 내세계적 존재자의 총체, 하이데거의 술어로 '현現/Da'이라고 불리는 '세계' 자체는 복수의 회로와 리듬을 통과한 하이브리드한 정보의 다발로 구성되어 있다고 파악할 수 있다. 현존재에 인접하는 Zuhandensein은 각기 다른 계열을 통과해왔다. 그렇다면 우리는 여기에서 먼 곳fort과 가까운 곳da, 이쪽저쪽, 즉 바로 Vorhandensein과 Zuhandensein

---

53. *Psyché*, p. 432ff.

사이에 펼쳐지는 우편공간을 고려하지 않으면 안 된다. 텔레커뮤니케이션의 발달은 확실히 원격성을 제거한다. 하지만 문제는 그것을 제거하는 리듬, 즉 먼 곳의 Vorhandensein이 (라디오 등을 통해) 현존재의 근처까지 다가오는 속도이자 거기서 필연적으로 일어나는 다른 속도 간의 충돌, 어긋남이다. 이미 서술한 것처럼(그리고 다음 장에서 자세히 다루겠지만) 하이데거는 우선 하나의 목소리-의식과 하나의 세계=Da를 상정한 후, 그것들이 서로 뒷받침하는 순환구조로부터 괴델적 결정불가능성을 도출했다. 하지만 우리가 생각하기에 Vorhandensein의 총체를 한 번에 파악하는 것 자체가 이미 전도된 것이다. 그런 행동은 vor가 zu로 변하기 위해 필요한 우편공간을 말소해버리기 때문이다. 뒤집어 말하면, 거기에서는 zu가 언제라도 vor로 전락할 수 있는 망령화의 효과가 무시되고 있다. 하이데거의 부름은 현존재에 난 구멍에서 도래했다. 이에 반해 데리다의 호명은 우편공간에 가득 찬 리듬의 차이에서 생긴다.

우리의 이런 해석은 이미 데리다의 명시적 주장을 일탈하여 『쾌락원칙을 넘어서』에서 프로이트가 한 유명한 표현을 빌리자면 '사변'으로 돌입하고 있다. 하지만 그것은 자의적인 것이 아니다. 예를 들어, 그는 1992년에 행한 중요한 강연에서 "만약 Dasein, Zuhandensein, Vorhandensein이라는 세 가지 타입의 존재자 간의 경계가 확실한 것이 아니라면, 죽음에 대한 이들의 [하이데거적] 언설은 전부 그 근저와 관계하는 무언가를 잃을 위험이 있다"라고 서술하고 있다.[54] 죽음에 대한 하이데거적 언설을 탈구축하는, 즉 행방불명=죽음에 대한 언설을 만들기 위해서는 우선 그 존재자들

간의 차이를 재고할 필요가 있다. 그리고 부가하자면 데리다는 『우편엽서』 제2부에서 '현존재Dasein'의 Da를 프로이트적인 '없다 있다fort : da'로부터, 즉 Da 내부를 관통하는 원근 간의 '리듬'이라는 관점에서 재해석할 것을 시사하고 있다.[55] 이들의 언어를 우리 나름대로 해석하면, 다음과 같이 될 것이다. zu와 vor 사이에는 우편공간이 있고 리듬으로 가득 차 있다. Da는 그 말소(zu에서 vor로의 투명한 확장)에 의해 단일한 '세계'가 된다. 따라서 우편공간의 효과를 고려하는 데리다는 그런 존재자들의 세 종류의 구별을 필요로 하지 않는다. 실제 우리에게 주어지고 있는 것은 Zuhandensein과 그 안에서 무수히 흐르는 리듬 간의 차이뿐이기 때문이다. 현존재의 순환구조는 리듬 소거의 산물이다. "비非리듬적 구분 속에 리듬의 숨결을 재확인하는 것. 그것이 아직 우리들에게 필요하다."[56]

다음으로 첫 번째 어긋남에 대해 생각해보자. 베닝턴이 주의를 촉구하는 것처럼[57] 데리다는 '삶生'에 다시 침입하는 죽음(불가능한 것)의 계기를 자주 기계의 은유로 지시해왔다. 1960년대의 그에 따르면 '기계는 죽음이'고, 그 '작동은 그것이 자기 안에 순수한 상실을 써넣는다는 점에서 사고불가능한 것이다.'[58] 전화의 은유 또한 그 한 예이며, 따라서 전기의 은유대립에 속해 있다. 사실

---

54. *Apories*, p. 114.

55. *La carte postale*, p. 381. "없다 있다"에 대해서는 다음 장에서 상술.

56. *Psyché*, p. 630.

57. *Legislations*, p. 141ff.

58. *L'écriture et la différence*, p. 335. 邦譯, 下卷 110頁(『글쓰기와 차이』, 357쪽) 및 *Marges*, p. 126.

「율리시즈 그라모폰」에서 데리다는 '전화적 테크네는 목소리의 내부에서 기능하고', '목소리-내부에 멂, 거리, 차연, 공간화를 새겨 넣는 심리적 전화성[téléphonie]은 동시에 자신에게 말하는 혼잣말을 설립하고, 금지하고 혼란스럽게 한다'고 서술하고 있다.[59] 여기에서 '전화'란 에크리튀르의 다른 이름에 지나지 않는다. 그러나 인용한 서한에서의 '분할된 근접성'이라는 표현은 기계의 은유를 그로부터 일탈시킨다.

데리다의 술어계에서 '근접성', '가까움'이라는 단어는 일반적으로 커다란 이론적 역할을 담당하고 있다. 본장의 I-a절에서 확인한 것처럼 『목소리와 현상』의 비판은 목소리가 보증하는 '자신이 말하는 것을 듣는' 구조를 향하고 있지만, 자신의 목소리를 곧바로 자신의 귀로 파악하는 그 구조는 또 절대적인 '자기에의 가까움'을 보증한다고 서술되어 있다. 다른 한편으로 데리다는 앞서 이야기한 논문 「인간의 목적=종언」에서는 똑같은 '가까움'에서 하이데거의 Da의 기능을 파악하고 있다. "근접성의 가치, 즉 현전성 일반의 가치가 이런 Dasein 분석의 본질적 방향을 결정한다."[60] 여기에서 목소리와 Da, 즉 초월론적 통각과 현존재가 같은 관점에서 파악되고 있다는 것은 후설과 하이데거의 이론적 연속성을 의미한다. 양자는 모두 정보의 내력[télé]을 말소하고 세계를 '근접성' 하에서 전체화=단일화한다. 그렇다면 데리다가 제출한 '분할된 근접성'은 역으로 하나의 의식과 하나의 세계의 거울상적 지평 자체

---

59. *Ulysse gramophone*, p. 82.

60. *Marges*, pp. 151-152. 論文邦譯, 309頁.

가 탈구되어 복수화하는 양태를 지시하는 것이 된다. 무슨 말인가.

『존재와 시간』에서는 우편공간에서 자라난 정보의 계열은 '손'에 집중하고 있었다. 즉 하이데거는 '지금 여기'를 결정하는 근접성의 장場을 '손'에 국재화局在化시킴으로써 Vorhandensein의 집적을 Da=전체로 완전히 정리하는 것을 가능하게 했다. 마찬가지로 그런 근접성의 장은 후설이라면 '귀'에 국재화되어 있다. 그러나 「송부」의 서한군은 그런 국재화작용 자체가 효력을 상실하는 것을 그리고 있다. 눈에 접속되는 계열(취한의 모습)과 귀에 접속된 계열(전화를 통한 '너'의 목소리)은 제각기 다른 리듬을 새기며, 그 때문에 근접성의 장場은 눈으로도 귀로도 확정되지 않는다. 그렇다면 도대체 어디에서 이 리듬들이 충돌하는 것일까?

데리다의 텍스트를 힌트로 다시금 사변을 진행시켜보자. 기계의 은유는 이 리듬이 충돌하는 장을 생각할 때 매우 중요하다고 생각된다. 기계가 '삶'의 안쪽에 침투시키는 것은 죽음 자체가 아니라 오히려 fort : da의 리듬, 반복이라고 생각하면 어떠할까. "처음에 전화가 있었다"고 데리다는 서술했다.[61] 전화에는 반드시 전화선이 붙어있다. 그리고 사람은 말할 것도 없이 전화 외에도 다양한 정보기계에 항상 접속되어 있다. 그런 정보기관을 매개로 하여 각각의 계열에 머무는 리듬이 목소리-의식 안으로 불가피하게 침입한다. 우리가 여기에서 참조하고 싶은 텍스트는 예를 들어 앞서 든 「고막」이다. 거기서 데리다는 '근접성, 절대적 고유성의 효과'를 생산하는 기관으로서의 귀, 즉 후설적인 목소리 장치에 대해

---

61. *Ulysse gramophone*, p. 80.

말하고, 이어서 그 안으로 펴져있는 '귓속'을 다루었다. "'속귀[內耳] 현상'으로서의 음성환청, 『목소리와 현상』은 명문[銘文]에서 가짜 끝 근처에 이르기까지, 바로 그런 현상에서 에크리튀르라는 문제를 도입하고 있었던 것이다. 물론 사람들은 항상 '속귀성 현기증'을 흔한, 아무것도 아닌 병의 이름으로, 즉 어떤 특수한 기관의 국소적 문제로 생각해 스스로를 안심시킬 수도 있겠지만."[62] 여기에서 '속귀'라고 번역된 프랑스어 labyrinthe는 '미궁', 즉 우편공간을 의미하기도 한다. 목소리-의식의 중심화 장치(귀)가 기동하기 이전에 그보다도 내부에 항상 이미 우편공간(속귀)이 침투하고 있다. 복수의 계열과 리듬은 거기서 충돌한다. 그리고 그 결과 '속귀성=미궁적인 현기증[vertige labyrinthique]'이 생긴다. 『목소리와 현상』에서 '에크리튀르'로서 도입된 것이 실은 '미궁의 현상'이었다고 이 텍스트는 명기하고 있다. 그렇다면 우리는 거기서 역으로 에크리튀르의 관념을 목소리-의식에서 일탈하는 것으로서만이 아니라, 오히려 바깥에 가득한 다양한 리듬을 서로의 차이를 계속 유지하면서 목소리-의식 안으로 도입하는 어떤 게이트[gate]의 은유로서 생각할 수도 있을 것이다. 정보의 계열이 목소리-의식의 안과 바깥을 꿰뚫는 이런 조건에서 양자의 경계는 이미 효력을 상실한다.

이미 서술한 것처럼 1980년대 중반 이후 데리다는 많은 텍스트에서 '불가능한 것의 경험'을 언급하며 때로 그것을 '탈구축'의 정의로 채용하고 있다. 앞장에서 우리는 그 신비성(부정신학성)을 지적했다. 그러나 이상의 정리에 의해 우리는 여기에서 비세계적

62. *Marges*, pp. x-xiii.

존재에 대한 그런 '경험'의 함의를 보다 비非신비적으로 이해할 수 있다. 단일화된 목소리-의식의 평면(세계=Da) 밑에는 각기 다른 리듬을 새기는 기계들의 충돌상태가 있다. 대면對面커뮤니케이션에서 공유된 현전성이란 눈이나 귀나 손이나 입 사이의 리듬의 차이를 기관들이 모두 동시에 상대 앞에 있다는 경험적 사실성을 통해 강력하게 말소한 후에 비로소 성립하는 것에 지나지 않는다. 인용된 서한에서 데리다는 전화의 목소리는 '유래 없이 가깝고' 또 '어떤 종류의 순수성을 가진다'고 쓰고 있다. 필터=네트워크로의 접속은 하나의 목소리에 의한 전제적 통제를 부분적으로 해제하고, 각 기계의 리듬(과 그들 사이의 충돌과 공명)을 '귀'보다도 가까운 지점, 속귀에서 울리게 한다. 그로부터 생겨난 '속귀성현기증', 『마르크스의 망령들』에서 '탈구disjointment'라고 불린 리듬의 충돌이야말로 '불가능한 것의 경험'이다. 즉 탈구축은 무엇보다도 속(귀)적인 우편공간의 통제 실패로부터 요청되는 것이다. 그것이 탈구축이란 호명에의 응답이라는 명제가 가진 한 가지 의미이다.

우리는 이런 사변을 다시 프로이트의 인식에 접속시킬 수 있다. 예를 들어, 주지하다시피 그는 『정신분석입문』에서 '각각의 기관쾌감을 구하는 부분욕동들에 의한 자율적인 활동'으로 이루어진 '무정부상태Anarchie'를 언급하고 있다.[63] 단일한 '주체'는 그 무수한

---

63. *Studienausgabe*, Fischer, 1975, Bd. 1, S. 323. 邦譯, 『精神分析入門』, 高橋義孝・河坂幸三 譯, 新潮文庫, 1977, 下卷 19頁. 이하 본서에서의 프로이트 텍스트에 대한 참조는 원칙적으로 독일어 원문은 이 『연구판전집』(이하SA)에서, 번역본은 인문서원人文書院에서 나온 『프로이트 저작집』에 따른다. 다만 두 저작 『정신분석입문』(SA, Bd. 1)과 『꿈의 해석』(SA, Bd. 2)에 관해서는 독자들의 편의를 생각하여 신초문고판

기관쾌감을 성기(팔루스)의 우위 밑에 종속시킨 후에야 비로소 구성된다. 지금 여기에서 위의 정리를 변형하여 리듬을 욕동으로 바꿔 읽고 각각의 정보기계가 고유한 부분욕동을 가지고 있다고 생각해보면 어떨까.

덧붙여 프로이트는 『일상생활의 정신병리학』에서 「송부」의 데리다를 떠올리게 하는 흥미로운 분석을 기록하고 있기도 하다. 그는 언젠가 특정한 지인에 대해 생각하고 있던 바로 그때에 그 당사자로부터 호명을 당하는 '섬뜩한' 경험을 했다. 프로이트에 따르면, 그런 섬뜩한 감정의 기원은 다음과 같이 분석된다. 먼저 지인이 멀리 떨어져 있는 시점에서 그의 눈은 이미 지인의 모습을 인식하고 있었다. 하지만 그의 지각은 감정적 동기(상대는 불쾌한 사람이었다)에 의해 억압되어 의식에 떠오르지 않았다(그는 그것을 '부정적 환각negative Hallucination'이라고 부르고 있다). 하지만 그런 억압의 다른 방향에서 같은 정보를 수취한 무의식은 독자적으로 연상의 줄을 더듬어 지인의 일을 마음에 떠오르게 한다. 즉 하나의 정보가 분할되어 개개의 회로에서 처리된다. 그리고 그 사이에 프로이트 자신과 지인의 거리가 가까워진다. 결과적으로 그는 의식적으로 정확히 지인에 대해 생각하고 있을 때, 그 당사자가 말을 건 것이 된다.[64] 여기에서는 '섬뜩한 것'의 경험, 즉 비세계적

의 쪽수를 기록했다. 또 SA 또는 『프로이트 저작집』에 수록되지 않은 텍스트를 참조할 경우는 별도의 서지정보를 명기한다.

64. *Zur Psychopathologie des Alltagslebens*, Fischer Taschenbuch, 1996, S. 206ff. 邦譯, 『著作集』 第4券 223頁(『일상생활의 정신병리학』, 이한우 옮김, 열린책들, 2004, 350쪽) 이하.

존재에 대한 경험이 정보를 처리하는 복수의 회로(눈-의식과 눈-무의식, 게다가 귀-의식)의 충돌, 또는 속도의 어긋남이 만든 효과로서 훌륭히 설명되고 있다. 프로이트가 행한 이상의 분석은 그대로 『마르크스의 망령들』에서 데리다가 '차양효과effet de visière' — 저쪽에서는 보이지만 이쪽으로부터는 보이지 않는다 — 라고 부른 유령 특유의 성질,[65] 즉 목소리-의식에 일방적으로 침입하는 유령의 능동성에 대한 뛰어난 해설이기도 하다는 생각이 든다.

이상의 귀결은 중요하다. 아마 우리는 이로부터 프로이트와 데리다를 잇는 연장선상에서 보다 넓게 정신분석적 사변을 전개할 수 있다. 하지만 유감스럽게도 그것은 데리다론으로 시작된 이 책의 범위를 넘어선다. 다만 우리는 다음 장에서 데리다와 프로이트의 관계에 대해 다른 방향에서 검토하게 될 것이다. 또 본장의 마지막에서는 같은 문제를 『안티 오이디푸스』 직전의 들뢰즈에게서 보이는 간단한 이론적 라인을 부록으로 덧붙여둔다.

조금만 더 '기계'라는 은유에 대해 생각해보기로 하자. 1978년의 어떤 인터뷰에서 데리다는 다음과 같이 말했다.

> 나는 항상 자신이 어떤 매우 멀리 떨어진 곳에서 쓰고 있다는, 그런 기분이 듭니다. 마치 그 장소는, 즉 내가 말하는 것이나 내가 쓰는 것이 그곳으로부터 나에 의해 구술되는 그런 장소는, 내게서조차 무한히 멀리 떨어진 장소인 것 같습

---

65. *Spectres de Marx*, p. 26(『마르크스의 유령들』, 26쪽. 한국어본에서는 '면갑面甲효과'라고 번역하고 있다).

니다. 마치 나의 '무의식'이 — 나는 편의상 그것을 그렇게 부르는데 — 완전히 다른 어떤 시간과 연결되어 있고, 나는 매우 많은 중단을 통해 어떤 에크리튀르의 첨단尖端이랄까, 어떤 타이프라이터의 첨단에 도달한다는 그런 관점을 드러냅니다. 이런 식으로 말하는 것도 정말이지 내가 타이프라이터로 쓰고 있기 때문인데……. 지금 내 머리에 떠오르는 것은 어떤 종류의 기록기계입니다. 한 개의 바늘 끝이나 만년필이나 펜이 매우 먼 곳에서 그렇게 해온 여러 가지 명령으로부터 출발하여 사람의 손 없이 쓴다는 그런 종류의 기계인 것입니다…….[66]

여기에서 데리다는 우편공간이 '기계'를 통해 목소리-의식으로 침투하는 모양을 개인적 경험을 들어 상당히 솔직하게 말하고 있다. 그의 손, 만년필, 타이프라이터는 '매우 먼 곳'에서 온 다양한 '명령'을 받아들여 그것을 '인간의 손 없이' 적어두는 '기록기계'로서 기능한다. 이런 기술記述은 지금까지 우리들이 행한 독해를 뒷받침해주고, 더욱이 '무의식'이라는 현상 역시 기계의 은유와 프로이트의 문제계 사이의 관련을 보여주기에 주목할 만한 가치가 있다. 두 가지를 보충함으로써 데리다를 둘러싼 이런 일련의 사변을 끝내기로 하자. 두 가지 tomber를 둘러싸고.

첫째, 여기에서 '명령'이라고 불리고 있는 것, 즉 호명은 구체적인 메시지의 전달을 의미하지 않는다. 「서명 사건 콘텍스트」에서

66. 「他者の言語」, 『他者の言語』, 303頁. 번역문의 한자 표현을 일부 변경.

이론적으로 주장되고, 또 우리가 읽어온 서한에서도 '필터'라는 단어로 제시된 것처럼, 오배가능성으로 가득 찬 우편공간은 메시지의 순수한 통과를 정의상 저지한다. 따라서 그런 공간을 횡단하고 목소리-의식 안으로 침투할 수 있는 것은 울림=우표, 바꿔 말하면 리듬뿐이다. 네트워크에 접속된 정보기계는 각자가 수취한 정보의 리듬에 필연적으로 공명하거나 공명시킬 수 있다. 예를 들어, 우리가 전화에 귀를 기울이는 순간, 귀의 근접성은 '지금 여기'로부터 일탈하여 전화망의 리듬과 공명하게 된다. 인용 부분의 '명령'은 이런 공명, 말하자면 튜닝 과정을 지시하고 있다.

데리다는 '쓰는 것'에 대해 서술했다. 현실적으로 텍스트를 쓰고 메시지를 선택하는 것은 데리다임에도 불구하고, 그에게 있어 그 행위는 항상 '멀리 떨어진' 것으로서 느껴진다. 왜일까. '쓰는' 것이 목소리-의식에서 손으로, 그리고 그로부터 기계의 네트워크로(타이프라이터에서 도서관으로)의 접속인 이상, 거기서 끊임없이 튜닝이 요청되기 때문이다. 무언가(누군가)에 대해, 또는 무언가(누군가) 앞으로 쓸 때, 데리다는 항상 자신의 내부에 상대의, 즉 자신으로부터 '멀리 떨어진' 리듬을 도입하고 만다. 그 상대는 예를 들어 「송부」의 서한군에서는 하이데거, 프로이트, 플라톤=소크라테스, 그리고 '너'가 된다. 여기에서 메시지는 데리다의 것이라고 하더라도, 그런 에크리튀르의 스타일, 목소리의 울림은 이미 그만의 고유한 것이 아니다. 데리다는 1984년의 어떤 텍스트에서 바로 「송부」의 서한군을 되돌아보면서 다음과 같이 서술하고 있다. "사실 나는 항상 'self-centered'한 텍스트를 쓰는 것을 꿈꾸었다. 그러나 나는 결코 거기에 도달하지 않는다, 나는 항상 타자

위에서 넘어진다[tomber].[67] 넘어짐은 속귀에서 초래된다. 우리는 다음 장에서 주체에 타자의 리듬을 침입시키는 이런 튜닝효과에 대해 프로이트의 '전이'라는 관점에서 재검토를 하게 될 것이다.

둘째, 데리다는 이 인터뷰에서 '기록기계'를 다루고 있다. 그러나 앞서 서술한 것처럼 우리가 생각하기에 기억=기록을 가능하게 하는 데드스톡 효과는 우편공간에서의 속도와 회로의 차이에 의해 설명가능하다. 따라서 거기서 등기enregistrement란 어떤 특정한 장場에 흔적을 남기는 것이 아니라 오히려 정보를 우편공간의 어떤 회로로 발송하고, 그 재래再來를 기다렸다가 받아들이는 타임락time lock이라는 문제로 재정식화된다. 즉 '기억하는 것'과 '송부하는 것'은 이론적으로 같다. 이런 등치는 매우 큰 의미를 가지고 있다. 특히 그것은 정신분석과 데리다를 연결하는 계승선과 관계하고 『우편엽서』가 가진 퍼스펙티브로부터 프로이트 다시 읽기를 예고한다. 방향만 간단히 제시해보자. 프로이트는 1900년에 『꿈의 해석』을 출판하여 언설분석 중심의 방법을 확립했다. 하지만 그 이전의 그는 '마음'의 메커니즘을 해명하기 위해 보다 생리학적이고 기계론적인 모델을 채용했다고 알려져 있다. 그리고 그 시기의 몇 가지 착상은 이후 정신분석에도 암묵적인 형태로 계승되었다. 그중에서도 특히 중요한 것이 1895년의 「과학적 심리학 초고」에서 제안된 두 가지 뉴런의 구별, 정보(자극)를 통과시켜도 전혀 상태가 바뀌지 않는 'ϕ뉴런'과 정보를 통과시키면 상태가 변화하는 'ψ 뉴런'의 구별이다.[68] 실제 이 구별은 의식(정보처리)과 기억(정

67. "Mes chances", p. 23 n.l.

보축적)의 상호배타성이라는 테제로『꿈의 해석』이후에도 완전히 유지되었고(의식은 기억흔적 대신에 발생한다),[69] 프로이트의 '마음'에 대한 생각을 말기까지 계속 규정했다. 정보를 통과시키는 네트워크와 정보를 기록하는 장소라는 이런 구별은 우리의 언어로 번역하자면, '우편'과 '기억'이라는 구별을 의미한다. 그러나 만약 이런 이분법이 유지되지 않거나 또는 유지되지 않아도 된다면, 그가 제안한 마음의 모델화(제1국소론이나 제2국소론)는 어떻게 변형될까? 이 문제에 대한 상세한 검토 또한 본서의 범위를 넘어선다.

만약 우편과 기억 사이에 엄밀한 이론적 차이가 없다고 한다면, 우리는 여기에서 데리다의 '기록기계'를 '배달기계'로 고쳐 부를 수 있다. 그것의 기능은 먼 곳으로부터 정보를 받아들여, 그것에 다른 울림=우표를 더해 다른 회로로 재발송하는 것이다. 제1장에서 참조한『우편엽서』의 말 "위대한 철학자, 그것은 항상 조금 커다란 우체국이다"를 여기에서 떠올려야 할 것이다.[70] 우체국은 스탬프를 찍는다, 그것은 우표를 다시 붙이는 것과 같다. 철학자는 배달기계이다. 데리다 자신이「송부」의 첫 서한에서 다음과 같이 기록하고 있다. "나는 고대의 사자[使者], 메신저보이와 닮았다. [……] 나는 어떤 통지를 그들에게 전달하기 위해 달린다, 그것은 비밀유지

---

68. "Entwurf einer Psychologie" in *Gesammelte Werke*, Nachtragsband, Fischer, S. 391ff. 邦譯,『著作集』第7券, 236頁(「과학적 심리학 초고」,『정신분석의 탄생』, 임진수 옮김, 열린책들, 2005, 221쪽) 이하.

69. SA, Bd. 2, S. 516. 邦譯,『夢判斷』, 高橋義孝 譯, 新潮文庫, 1969, 下卷 298頁(『꿈의 해석』, 김인순 옮김, 열린책들, 2004, 627쪽).

70. 제1장 주 (91) 참조.

가 되어야 하는 통지이다. 그리고 나는 항상 넘어진다[tomber].”[71] 우편배달부가 구르면 당연히 행방불명된 우편물이 생긴다.

*

이미 알고 있는 것처럼 우리는 본서에서 데리다가 1980년대에 출판한 약 550쪽의 저작, 즉 『우편엽서』를 가장 중요시하고 있다. 왜일까. 이유는 세 가지다. 우선 첫째로 이 저작의 테마인 우편계의 은유가 데리다의 작업에서 갖는 특권적 중요성. 이것에 대해서는 지금까지 되풀이해서 설명해왔다. 그리고 데리다 자신도 인정하고 있다.[72] 둘째로 이 저작이 씌어진 스타일. 날짜가 붙은 절반은 허구적 단장으로 이루어진 제1부, 세미나용 원고의 발췌인 제2부(프로이트론), 논문형식의 제3부(라캉론), 강연과 인터뷰가 합쳐진 제4부라는 구성으로 이루어진 이 책은 데리다가 좋아하는 논술스타일을 거의 망라하고 있다(반半허구, 구두발표, 논문, 대화). 그리고 셋째로는 프로이트와 하이데거의 관계에 대한 빈번한 언급. 데리다 자신이 이런 작업이 '전부' '어떤 방법으로든 그들을 대화하게 만드는 시도'라고 말하는 것에서도 명확한 것처럼[73] 이 두 사상가는 그에게 특권적인 위치를 점하고 있다. 그리고 『우편엽서』는 그야말로 그런 '그들을 대화하게 만드는 시도'를 시도한 저작이다. 예를 들어, 「송부」에는 다음과 같이 기술되어 있다. "프로이트와

71. *La carte postale*, p. 12.

72. cf. *Psyché*, p. 48 (p. 47 n.1).

73. 『他者の言語』, 233頁.

하이데거, 나는 그들을 '위대한 시대'의 두 위대한 환영으로서 내 안에서 결부시키고 있다. [……] 그들은 서로 읽는 일 없이, 서로 응답하는 일도 없이 서로 결부되어 있다. 이런 상황에 대해 나는 자주 너에게 말했으며, 또 나는 『유증遺贈』에서 바로 그런 이미지를 묘사하고 싶었다."[74] 여기에서 『유증』이라고 불리는 준비 중인 저작이 나중에 『우편엽서』 자체가 되었다.

그런데 여기에서 마지막으로 주목해야 하는 것은 이 『우편엽서』가 정신분석의 사고와 우편의 사고를 매우 빈번하게 병치시키고 있다는 점이다. 예를 들어, 제1부와 제2부에서 데리다는 쾌락원칙principe de plaisir과 우편원칙principe postale이라는 두 가지 말을 굳이 같은 PP라는 약어로 기록하고 그것의 혼동에서 적잖은 이론적 착상을 얻고 있다.[75] 또 보다 직접적으로는 포스트정신분석의 시대는 포스트우편의 시대라고도 쓰고 있다.[76] 이들의 병치가 갖는 의미는 크다. 우리는 이제까지 형이상학 시스템과 부정신학 시스템에 동시에 저항하는 이론적 가능성을 바로 '우편'의 사고, 즉 우편계 은유들에 의해 가능하게 된 사고 안에서 찾아왔다. 우편은 부정신학에 저항한다. 그리고 정신분석은 우편과 같다. 그렇다면 결국 1960년대의 「인간의 목적=종말」에서 이미 시사되어 있던 또 하나의 탈구축, 하이데거적 '파괴', '해체'의 내폐성에서 일탈하는 탈구축의 또 다른 전략의 이론적 지주는 프로이트이나 정신분석에서 발견된 것일까?

---

74. *La carte postale*, p. 206.

75. ibid., p. 124ff et passim.

76. ibid., p. 134.

우리는 이 물음에 대해 대체로 긍정적으로 답하고 싶다. 데리다 자신의 적잖은 말들이 그것을 지지하고 있다. 예를 들어, 그는 『아르시브의 악』에서 '잠재적인 것에 관한 사고', 즉 우편공간에 대한 사고는 '<무의식의 논리>와 교차시켜'야 한다고 서술하고 있으며,[77] 또 1991년에 발표된 정신분석을 주제로 하는 텍스트에서는 "탈구축, 그것은 또한 끝없는 분석의 드라마이기도 하다"라는 선언도 하고 있다.[78] 그렇다면 본서가 문제로서 삼고 있는 탈구축의 이중성은 결국 데리다에 있어서 하이데거와 프로이트의 충돌 또는 '만남'이라는 문제로서 재정식화된다.

그렇지만 이 문제의 검토는 우리들에게 방법론상의 태도변경을 요구하는 것이기도 하다. 데리다 자신이 쓴 텍스트는 하나같이 너무나 신중해서 그것에 직접 기초하여 '탈구축'을 하이데거와 프로이트로, 라고 계보적으로 분할하는 것은 거의 불가능 또는 불성실하다고 생각되기 때문이다. 그의 텍스트를 상세히 읽으면 읽을수록 사태는 점점 복잡해진다. 예를 들어, 지금 든 문장, 탈구축과 정신분석(끝없는 분석)의 친근성을 단적으로 인정한 것처럼 보이는 위 인용에서조차 실제로는 '분석'이라는 말 자체의 이중화라는 유보 하에서 씌어지고 있다.[79] 그리고 그의 논술은 이로부터 '분

---

77. *Mal d'archive*, p. 107.

78. "Résistances" in *Résistances*, p. 43.

79. ibid., p. 33ff. 여기에서 데리다는 '분석'이라는 관념을 '해체론적lytho-logique'과 '고고학적archéologique'으로 구별하고 있다. 이것은 말할 것도 없이 앞장에서도 다룬 『법의 힘』에서의 탈구축이 가진 '두 가지 스타일', 논리적과 계보학적이라는 구별과 같다. 그 이중성 또는 '더블 바인드'야말로 탈구축의 끝없는 성격을 요청한다.

석', '비판', '탈구축'과 같은 개념의 계보학적 검토로 나아가버린다. 유감스럽지만 그와 같은 작업으로부터는 데리다적 탈구축에 대한 어떤 새로운 인식도 얻을 수 없다. 보다 정확히는 우리가 그와 같은 작업에 침잠하는 것 자체가 전도된 것이다. 본서의 시도는 애당초 데리다에게 기묘한 텍스트적 실천을 강제한 것을 탐구하기 위해 시작했다. 그렇다면 정의상 그 원인을 텍스트 내부에서 데리다가 명시적으로 말한 것에서만 이끌어내는 데에는 무리가 있다. 우리는 이 장에서 지금까지 제2장의 말미에서 제시된 과제에 답변해야 했고, '후기 데리다의 은유적 지도'의 일부(우편-유령계)를 가능한 정밀하게 그리려고 노력해왔다. 그러므로 우리는 이 장의 정리를 통해 독자가 데리다의 텍스트를 보다 정밀하게 그리고 보다 간단히 읽게 되었기를 기대한다. 하지만 그럼에도 불구하고 우리는 다른 한편으로 그런 지도제작을 이 이상 정밀하게 한다고 하더라도 이제 본서의 과제에 가까워지는 것이 불가능하다는 것 또한 말하지 않으면 안 된다.

따라서 우리는 여기에서 다시 한 번 '탈구축' 자체의 기초적인 정립에서 출발해야 한다. 데리다적 탈구축, 또 하나의 탈구축, 정신분석적 탈구축, 혹은 『우편엽서』의 집요한 등치를 참조하여 앞으로는 그것을 **우편적 탈구축**이라고 부르기로 할 때, 그것은 결국 프로이트의 무엇을 계승하고, 또 하이데거의 무엇에 저항했던 것일까? 바꿔 말하면, 데리다가 발견한(그렇다고 우리가 생각하는) 프로이트의 가능성의 중심은 무엇일까? 제4장은 이 물음을 둘러싸고 전개된다. 그리고 그때 우리는 데리다를 통해서, 또 데리다를 역으로 비추면, 하이데거와 프로이트의 텍스트를 재독할 필요성과도 직면하게 될 것이다. 문제는 이제 데리다의 내재적 정리를 넘어서기 시작하고 있다.

*

appendix — 들뢰즈 『의미의 논리학』에 대하여

복수인 '기계'의 존재와 그것을 억압함으로써 성립하는 현전적이고 단수인 목소리-의식. 이런 인식이 들뢰즈+가타리의 『안티 오이디푸스』(1972년)에서도 발견되는 것은 우연이 아니다. 이 저작은 당초 라캉파 정신분석에 대한 비판을 주된 모티브로 삼고 있다. 라캉을 '결여의 이데올로기', '부정신학'이라고 부르고 비판하는 그들의 논점[80]은 「진리의 배달부」와 완전히 평행하고 있다. 또 거기서 제출된 대립모델에도 공통점이 많다고 생각된다. 예를 들어, 그들이 제출한 '욕망하는 기계들machines désirants'이라는 개념, 즉 복수의 부분욕동이 기계적으로 (사적死的으로) 자율적으로 움직이는 모델은 우리가 '배달기계'로서 추출한 것과 거의 그대로 접합가능하다. 서로 다른 리듬을 새기는 분자적 배달기계의 집합과 그것들을 꿰뚫는 여러 정보의 계열. 라캉파 정신분석에 의한 '주체'의 구조, 즉 팔루스(초월론적 시니피앙)에 의해 통제된 오이디푸스의 구조는, 『안티 오이디푸스』의 술어를 사용하면, 잡다한 집

---

80. Gilles Deleuze et Félix Guattari, *L'Anti-Oedipe*, Minuit, 1972, p. 70. 邦譯, 『アンチ・オイディプス』, 市倉宏祐 譯, 河出書房新社, 1986, 77頁(『안티 오이디푸스』, 김재인 옮김, 민음사, 2014, 113-114쪽).

합을 '몰mole적'으로, 하나의 전체로서 파악하는 전도에서 생겨난다. 다시 부가하자면 『우편엽서』와 『안티 오이디푸스』(또는 같은 1980년의 『천의 고원』)의 평행성은 사실 그 텍스트 형태 자체에 나타나 있다고 말할 수 있다. 『우편엽서』의 데리다는 저자의 복수화를 끊임없이 주장했는데, 들뢰즈+가타리는 그것을 문자 그대로 실천했다.

따라서 우리는 본장에서 전개된 사변을 데리다의 바깥에서 『안티 오이디푸스』가 제시한 분석장치를 사용하여 보다 멀리까지 나아갈 수 있다. 하지만 그런 작업 자체는 다른 기회로 미루지 않으면 안 되며, 여기에서는 본서의 문제와 관계하는 한에서 들뢰즈의 작업을 잠시 살펴보기로 하자.

"우리는 자연의 법칙들에 반反하는 무언가를 느끼고 사고의 원칙들에 반하는 무언가를 사고한다."[81] 다른 많은 철학과 마찬가지로 들뢰즈의 철학 또한 이런 비세계적인 '무언가'를 둘러싸고 전개된다. 그리고 그의 술어계에서 그런 비세계성은 일반적으로 '잠재적virtuel'이라는 단어로 명명된다. 그리고 '세계'에 속하는 것은 '실재적actual'이라고 형용된다. 한편으로는 실재적인 사물, 하이데거의 술어로 내세계적 존재자가 있다. 그것들은 통상적인, 즉 존재자에 관한 사고규칙('표상적 사고')을 따른다. 다른 한편으로 잠재적인 것이 있는데, 그것들은 그와 같은 규칙을 따르지 않는다. 경

81. Gilles Deleuze, *Différence et répétition*, PUF, 1968, p. 293. 邦譯, 『差異と反復』, 財津理 譯, 河出書房新社, 1992, 340頁(『차이와 반복』, 김상환 옮김, 민음사, 2004, 486쪽).

험적 세계와 초월론적 세계(또는 비세계)의 이런 분할은 철학사적으로 흔한 것으로 특별히 주목할 만한 가치는 없다. 문제는 그런 양자의 매개, 즉 경험적 세계에서 초월론적 비세계가 생겨나는 메커니즘이다. 하이데거의 '순환구조'나 데리다의 '우편'은 그것의 매개로서 고안된 은유=개념이었다. 그렇다면 들뢰즈는 어떠할까.

가시무라 하루카[樫村晴香]는 어느 논문에서 들뢰즈의 사고를 우리도 참조한 라캉의 「「도둑맞은 편지」에 대한 세미나」와의 관계 하에서 정리하고 있다.[82] 간단히 살펴보자. 거기서 주로 참조되고 있는 것은 들뢰즈가 1969년에 출판한 『의미의 논리학』이다. 이 저작은 '이중의 계열'과 그 '공명관계'를 주제로 하고 있는데, 우리의 문맥에서 이것은 실재성과 잠재성, 경험적 세계와 초월론적 비세계 사이의 매개에 대한 논의로 이해할 수 있다. 들뢰즈는 다음과 같이 서술하고 있다. "두 가지 계열의 상대적 전위[轉位] 및 한쪽의 다른 쪽으로의 과잉을 보증하는 것은 계열의 어떤 항[項]으로도, 그리고 항 사이의 어떤 관계로도 환원될 수 없는 매우 특수하고 역설적인 하나의 심급[une instance]이다."[83] 실재성과 잠재성이라는 두 가

---

82. 「ドゥルーズのどこが間違っているか？」, 『現代思想』 1998, 1月号.

83. Gilles Deleuze, *Logique du sens*, Minuit, 1969, p. 54. 邦譯, 『意味の論理學』 宇波彰 他譯, 法政大學出版局, 1987, 54頁(『의미의 논리』, 이정우 옮김, 한길사, 1999, 103-104쪽), 강조는 인용자. 들뢰즈의 부정관사는 그의 술어계 내부에서 '다양체성multiplicité'을 나타낸다고 여겨진다. 따라서 그것은 단수/복수의 카테고리를 따르지 않는다. 즉 인용 부분의 une는 그의 술어계 내부에서는 '단수의'라고 번역할 수 없다. 그러나 이론적 차이는 항상 은유의 선택에 존재한다. 그러므로 우리는 오히려 다양체를 나타내기 위해 단수명사가 선택되었다는 것, 그것 자체를 중시해야 한다. 같은 것을 하이데거/프로이트의 Es에 대해서도 말

지 '위상order'은 역설적인 '대상=X'에서 접촉한다. 즉 『의미의 논리학』에서 초월론적 비세계는 역설적인 한 대상의 자기차이적 운동에 의해 가능하다고 간주된다. 그리고 가시무라에 따르면, 이 구조는 들뢰즈의 사고 일반을 깊이 규정하고 있다. "니체에게는 진리=섬망譫妄=병病의 발생현장이 있는 데에 반해, 들뢰즈에게는 병의 수집활동이 있다."[84] '수집활동'은 필연적으로 수집의 기점, 어떤 특권적 시니피앙의 확정을 요청한다. 따라서 '진리=병', 즉 비세계적이고 초월론적 세계로 향하는 철학의 병은 거기서 특권적인 시니피앙에 의해 해석되고 철학사가 된다. 이로부터 가시무라는 하이데거, 라캉, 들뢰즈 사이의 사고가 가진 친근성을 지적한 후, 니체-프로이트의 선線과 대치시킨다. 이 정리는 본 논의에서 매우 중요하다. 「「도둑맞은 편지」에 대한 세미나」가 문제되는 것에서도 시사되는 것처럼, 가시무라가 제기한 이런 구별은 본서가 두 가지 탈구축의 구별로서 검토하고 있는 것과 거의 같다고 생각되기 때문이다. 그렇다면 그의 지적은 우리의 문맥에서 들뢰즈의 철학이 '부정신학'이라는 것을 의미한다.[85]

할 수 있다. 역으로 유령의 '능동성', '복수성'이라고 우리가 말할 때도 그것이 먼저 첫째로 은유의 문법적 특징이라는 것에 주의하지 않으면 안 된다. 본서는 비세계적 존재 그 자체에 대해서가 아니라, 그것을 파악하는 사고의 차이에 대해서 고찰하고 있다.

84. 「ドゥルーズのどこが間違っているか?」, 176頁. 단 들뢰즈의 텍스트를 의미하기 위해 저자가 채용하고 있는 기호 Dz는 '들뢰즈'로 바꿔 썼다.

85. 확실히 『니체와 철학』에서 두드러진 것처럼 들뢰즈는 명시적으로는 부정성의 논리를 배척하고 있는 것처럼 보인다. 그러나 그것은 그의 사고가 부정신학적인 것과 조금도 모순되지 않는다. 예를 들어, 가타리와의 공저 『철학이란 무엇인가』에는 문체와 어휘로부터 들뢰즈의

『의미의 논리학』으로부터 겨우 3년 후에 출판된 『안티 오이디푸스』는 앞서 서술한 것처럼 명확한 부정신학 비판이었다. 그 때문에 이상의 정리로부터 우리는 우선 후자에서 가타리의 이론적 역할이 결정적이었다고 추측할 수 있다. 실제로 '몰적'과 '분자적'

것이라고 생각되는 다음과 같은 구절이 있다. "존재평면 자체[LE plan d'immanence]는 사고되어야 하는 것임과 동시에, 또 사고될 수 없는 것이기도 하다고 말할 수 있을 것이다. 그것은 사고 안의 사고되지 않는 것[le non-pensé]이다. [……] 그것은 사고 안에서 가장 내밀한 것이면서 절대적인 외부이기도 하다. [……] 평면의 참을 수 없는 왕복, 무한운동. 아마 그것이 철학의 최고 행동이다. 존재평면 그 자체를 사고하는 것이 아니라, 그것이 거기서 각자의 평면 안에서 사고되지 않는 것으로서 존재하는 것을 보여주는[montrer] 것"(Gilles Deleuze et Félix Guattari, *Qu'est-ce que la philosophie?*, Minuit, 1991, p. 59: 『철학이란 무엇인가』, 이정임 옮김, 현대미학사, 1995, 89-90쪽, 강조는 인용자). 비세계적 존재(내재평면)를 '사고되지 않는 것'으로 규정하고, 다시 그것에 대해서 '보여줄' 수 있을 뿐이라는 이런 논술은 명확히 하이데거와 전기 비트겐슈타인의 결정적인 영향 하에서 씌어지고 있으며, 여기에서 부정신학을 보지 않은 것이 오히려 어렵다. 본서의 논의에서 중요한 것은 '불가능한 것'을 사고하기 위해 동원되는 은유들의 조직적인 배치에서의 부정신학성이다. 따라서 '불가능한 것' 그 자체가 어휘로서 아무리 긍정적인 말로 형용되더라도, 우리에게 그것은 본질적인 문제가 아니다. 같은 것을 다음 장에서 다루어질 후기 하이데거에 대해서도 말할 수 있을 것이다. 하이데거는 '존재'를 단적으로 '있다'라고 서술하고 있지만(이것은 동어반복이다), 우리는 그럼에도 불구하고 그것이 부정신학적 논리에 의해 뒷받침되고 있다고 생각한다.

그렇지만 앞서 서술한 것처럼, 다른 한편으로 어휘의 선택은 하나의 철학적 경향을 드러내는 것이기도 하다. 왜 하이데거나 들뢰즈가 비세계적 존재를 긍정적인, 또는 실증적positive인 표현으로 말하는 것을 좋아했을까. 이 물음은 별도의 논고를 필요로 한다.

	실재적actuel	잠재적virtuel
가능적 possible	Φ 실재적이고 가능적인 것의 기계적 문門 Phylum machinique	U 잠재적이고 가능적인 것의 의식적 세계 Univers conscientiels
현실적 réel	F 실재적이고 현실적인 것의 흐름의 체제 Économie des Flux	T 잠재적이고 현실적인 것의 실존적 영토 Territoires existentiels

<표 1> 가타리 『분열분석적 지도작성법』에서(pp. 40-41, 일역본은 49-50頁)
*actuel과 réel의 번역어는 상기 일역본과 본서에서 정확히 반대이기 때문에, 주의 바란다.

이라는 구별이나 '욕망하는 기계'라는 개념 등 『안티 오이디푸스』를 우편적 사고로 여는 많은 장치는 가타리에게서 유래하고 있다고 알려져 있다. 그렇다면 그의 위치는 자주 이야기되는 '철학에 정치의 도입'이라는 저널적인 관점으로는 이제 파악불가능하다. 우리는 오히려 그가 제출한 다양한 분석장치, 예를 들어 『분열분석적 지도작성법』에서 보이는 '네 가지 존립성의 구역'의 사정범위 등을 철저히 이론적인 관점에서 재검토해야 한다[*]. 그러나 여기에서는 좀 더 상세히 들뢰즈를 읽는다. 가시무라도 지적하고 있는 것처럼 그의 텍스트에는 부정신학적 사고로 회수될 수 없는 계기도 많이 포함되어 있기 때문이다. 그리고 우리가 생각하기에 들뢰즈와 라캉의 친근성을 매우 분명하게 보여준 『의미의 논리학』에도 동시에 초월론적 시니피앙체제에 대한 비판을 준비하는 중요한 전회가 각인되어 있다. 이런 검증 없이 『안티 오이디푸스』가 씌어진 필연성을 이해하는 것은 불가능하다.

[*] 아이디어만 소묘해보자. 가타리는 1989년의 『분열분석적 지도작성법』[86]에서 '존립평면' 즉 경험적 세계와 초월론적 세계(또는 비세계)를 함께 구성하는 다양한 대상들을 네 가지 '구역domaine' 또는 '기능체foncteur'로 분할할 것을 제안하고 있다. 그리고 이 네 구역은 그에 따르면 두 쌍의 각기 다른 개념대립, '현실적réel' 대 '가능적possible'이라는 대립과 '실재적' 대 '잠재적'이라는 대립의 교차에 의해 구성되고 있다 [<표 1> 참조]. 앞서 서술한 것처럼 들뢰즈에 의한 '실재적'과 '잠재적'이라는 대립은 거의 경험적과 초월론적이라는 고전적 대립과 같다. 그리고 가타리 또한 그런 용어법에 입각하고 있다고 생각된다. 따라서 이 네 가지 구역은 결국 우리의 언어로 말하자면, 현실적인 경험적 세계(F), 가능적인 경험적 세계(Φ), 현실적인 초월론적 세계(T), 가능적인 초월론적 세계(U)라는 네 가지 대상영역을 명명하고 있는 것이 된다. 실제 가타리의 설명에 따르면 F는 '물질적이고 신호적인 흐름', 즉 이 현실을 구성하는 사물들의 상태를 가리키고, 다른 한편으로 Φ는 '추상기계의 문', 즉 날것[生]의 상태에서 추출된 법칙 또는 심층구조의 세계를 가리키고 있다. 법칙이나 구조란 정의상 이런 현실의 유일성을 가능성에서 설명하는(있을 수 있

86. Félix Guattari, *Cartographies schizoanalytiques*, Galilée, 1989. 邦譯, 宇波彰・吉澤順 譯, 紀伊國屋書店, 1998.

었던 상태의 집합 속에 이 상태를 위치시키는) 것이기 때문에, 여기에서 가타리가 '현실적', '가능적'이라는 형용사를 그와 같이 분배한 것은 적확하다고 생각된다. 그렇다면 이런 도식은 본서의 퍼스펙티브에서 무엇을 의미할까.

우리는 앞장에서 일관되게 '불가능한 것', 비세계적 존재, 즉 초월론적 대상을 복수적으로 파악하는 사고의 가능성에 대해 고찰해왔다. 가타리의 도식이 그런 관점에서 주목되는 것은 초월론적 구역도 '현실적'과 '가능적'이라는 두 가지로 나누고 있기 때문이다. 그는 현실적인 초월론적 세계를 '실존적 영토Territoires existentiels'라고 부르고, 바로 여기에서 실존적 주체가 결정화된다고 서술하고 있다. 가타리가 여기에서 라캉적 '주체' 이론을 염두에 두고 있다는 것은 그의 이력으로 볼 때 의심할 수 없는 사실이다. 라캉은 앞에서도 다룬 것처럼 초월론적 대상(팔루스)에 바로 '현실적'이라는 형용사를 대응시키고('현실계'), 그 대응물로서 단수의 오이디푸스적 주체가 구성된다고 생각했다. 따라서 그의 이론을 상대화하기 위해 고안된 가타리의 '분열분석'이 현실적이지 않은 또 하나의 초월론성의 구역을 제안한 것은 매우 시사적이다. 그것은 바로 본서가 이제까지 시사해온 영역, '불가능한 것'이 복수적으로 구성되는, 말하자면 복수적인 초월론성의 영역을 지시한다고 생각된다.

더욱이 흥미로운 것은 가타라가 그런 복수적 초월론적 세계를 '가능적'이라고 형용하고, 바로 거기서 사회적 아장스망agencement: 배열/배치과 연결된 '기계상태의 주체성'이라는 사고가 가능하다고 생각하고 있다는 점이다. 앞장에서 논한 것처럼, 우편적 사고는 확률에 대한 사고이자 동시에 미디어의 유물론적 조건에서 주체의 구성을 생각하는 사고이기도 하다. 우리가 생각하기에 확률적 복수성, 즉 양상논리에 대한 매우 사변적인 사고는 '도달하지 않을지도 모른다'는 경험적 조건을 통해 미디어의 사회적 편성에 대한 구체적인 지知와 결합될 수 있다. 그리고 바로 그런 단락회로에서 데리다의 유령론과 크립키의 가능세계고유명론, 알튀세르의 이데올로기론이라는 세 가지 다른 타입의 언설을 접합할 가능성 또한 생겨난다. '가능적'인 초월론성의 영역에서야말로 집단적 무의식이나 주체의 사회적 구성에 대해 말할 수 있다고 생각한 가타리의 발상 또한 우리에게는 같은 이론적 라인을 그리고 있는 것처럼 생각된다. 그의 정치적 실천은 항상 매우 사변적 언설과 공존하고 있다. 우리는 그 공존의 의미를 보다 진지하게 받아들이지 않으면 안 된다. 가타리는 최후의 저작에서 다음과 같이 서술하고 있다. "라캉적 시니피앙은 이중의 결함으로 위협받고 있다. 무엇보다도 그것은 지나치게 추상적이다. 그것은 이종혼합적 표현의 소재를 쉽게 번역이 가능한 것으로 만들고, 존재론적 이종혼합성이 없으며, 존재의 다양한 영역을 근거 없이 단일화하고 통사적으로 정리해버린다. 하지만 그것은 동시에 충분히 추상적이지 않은 것이기도 하다. 왜냐하면 그것은 다양한 자기생성적 기계가 가진 핵의 특수성을 고려할 수 없기 때문이다."[87] 우편적 사고는 부정신학적 사고보다도 훨씬 추상적이기 때문에 사회적 아장스망을 구체적으로 파악하는 것이 가능하다.

1968년에 출판된 『차이와 반복』의 제2장은 프로이트적 주체구성을 문제 삼고 있다. 이 책에서 들뢰즈는 '국소적 자아'와 '대역大域적 자아'를 구별하고 있다. 국소적 자아는 부분욕동에 의해 구동되고 복수적으로 각각 존재한다. "이드에는 국소적 자아들이 북적대고 있다Le Ça se peuple de moi locaux".[88] 이런 무정부상태를 억압함으로써 비로소 대역적 자아와 그것을 통제하는 쾌락원칙이 성립한다. 이것은 프로이트의 충실한 해석이라고 생각해도 좋은데, 여기에서 흥미로운 점은 이상의 구별에 대응하여 들뢰즈가 두 종류의 '잠재적 대상'을 도입하고 있다는 것이다.

들뢰즈의 이론화에 따르면, 먼저 주체가 구성되는 최초의 국면에서 "잠재적 대상이란 부분대상이다." 부분대상, 예를 들어 어머니의 유방은 유방 그 자체라는 경험적 지향대상(실재성의 위상)임과 동시에, '어머니'라는 초월론적인 지향대상(잠재성의 위상)을 준비한다는 이중성을 가지고 있다. 그리고 두 가지 계열=위상에 걸친 이 운동이 각기 국소적 자아를 낳는다. "아이는 이중의 계열 위에 스스로를 구축한다." 따라서 이 단계에서 '잠재적 대상'은 무수히 존재한다고 생각된다. 예를 들어, 그것은 유방 외에 손가락, 입, 항문 등이다. 그러나 다음 국면에서는 '모든 잠재적 대상들이나 부분대상들 아래에서 라캉은 상징적 기관으로서의 <팔루스>를

---

87. Félix Guattari, *Chaosmos*, Galilée, 1992, p. 61(『카오스모제』, 윤수종 옮김, 동문선, 2003, 57쪽).

88. *Différence et répétition,* p. 129. 邦譯, 157頁(『차이와 반복』, 222쪽).

발견하게' 된다.[89] 그리고 그런 새로운 잠재적 대상은 이번에는 '대상=X'라고 명명된다. 이 말은 들뢰즈의 다른 텍스트 『칸트의 비판철학』 제1장[90]이나 『의미의 논리학』 제14-16계열에서는 '초월론적 주체'의 '상관물'로서 도입되어 있는 술어다. 즉 그에 따르면, 대역적 자아로서의 초월론적 주체는 다수의 국소적이고 잠재적 대상을 팔루스의 아래에서 통합하고 새로운 단일한 대상=X를 설정하여 그것의 상관물로서 성립한다. 앞서 서술한 것처럼, 잠재적 대상이란 실재성과 잠재성, 경험적 세계와 초월론적 비세계 사이의 매개를 의미하고 있다. 그렇다면 여기에서의 이분법, 복수의 국소적 자아를 구성하는 복수의 잠재적 대상(유방 등)과 단수의 대역적 자아를 구성하는 단수의 잠재적 대상(팔루스)이란 이런 구별은 초월론적 비세계, '불가능한 것'을 파악하기 위한 개념장치의 차이와도 대응하는 것이 된다. 즉 들뢰즈는 여기에서 부정신학이 발견하는 초월론적 시니피앙의 체계와는 또 다른, 그곳에서 억압된 복수적 체계에 대해 말하고 있는 것이다. 그렇다면 이런 관점에서 『의미의 논리학』을 다시 읽으면 어떨까.

우리가 생각하기에 『의미의 논리학』 제27계열에는 의미심장한 절단선이 뻗어있다. 무슨 말일까. 이 저작은 널리 알려진 것처럼 '표층surface'구조에서 논의를 시작하고 있다. 표층은 '계열화'되어 있다. 즉 실재성과 잠재성, 세계와 비세계 또는 '사물'과 '사건'이라는 두 가지 계열(위상)이 명확히 구분되어 있다. 그리고 매개,

---

89. ibid., pp. 132-136. 同書 160-165頁(같은 책, 『차이와 반복』, 226-234쪽).
90. 中島盛夫 譯, 法政大學出版局, 1984, 24-25頁 참조(서동욱 옮김, 『칸트의 비판철학』, 민음사, 2006, 41-42쪽).

또는 들뢰즈의 술어로 말하자면 '공명共鳴'이 문제가 된다. "모든 문제는 대상=X로서의, 즉 거세 행위자로서의 팔루스가 어떤 방법으로 계열들을 공명시키는가 하는 것이다."[91] 이 공명은 '정적靜的 생성'이라 불린다. 가시무라가 참조한 것은 이 구조이다. 그러나 들뢰즈는 이 저작 제27계열에서 '동적動的 생성genèse dynamique'이라는 관념을 도입하고 있다. "상정된 사건으로부터 사물상태에서 그것의 실현으로 [……] 이행하는 정적 생성은 더 이상 문제가 아니다. 동적 생성이 중요하다. [……] 어떻게 해서 표층 자체가 생산되는 것일까 [……] 그것은 완전히 다른 물음이다."[92] '동적 생성'이란 표층이 '심층profondeur'에서 생성되는 과정을 의미한다. 여기에서 '정적', '동적'이라는 용어상의 대칭성에 현혹되어서는 안 된다. 정적 생성은 두 계열을 전제로 삼는다. 그러나 심층은 '계열로는 조직되지 않는다.'[93] 즉 동적 생성은 정적 생성에 논리적으로 선행하고 있다. 따라서 들뢰즈는 여기에서 제26계열까지가 주제로 삼은 '이중계열'의 이론 자체의 성립조건을 묻고 있다고 생각해도 좋다. 그렇다면 『의미의 논리학』은 내용적으로 크게 둘로 나뉘게 된다. '표층'의 두 계열, 즉 경험적 세계와 초월론적 비세계의 관계에 대해 고찰하는 앞부분의 26계열과 '표층' 그 자체의 존재 가능성에 대해 묻는 마지막 8계열.

'부분대상의 연속'으로 간주되는 심층은 『차이와 반복』이 서술한 국소적 자아의 무정부상태에 대응하고 있다. 계열의 이론이 기

91. *Logique du sens*, p. 266. 邦譯, 288頁(『의미의 논리』, 377쪽).

92. ibid., p. 217. 同書 234頁-235頁(같은 책, 312-313쪽).

93. ibid., p. 261. 同書 279頁(같은 책, 366쪽).

능하지 않는 것은 잠재적 대상이 복수이고 단일한 대상=X(초월론적 시니피앙)가 그것을 완전히 하나로 종합하고 있지 않기 때문이다. '동적 생성' 즉 표층 자체의 '생성'은 그 대상=X에 비세계성(잠재성)을 집중화시키는 과정을 의미한다. 그 결과 팔루스에 의해 매개된 두 계열이 정리된다. 그렇다면 『의미의 논리학』 마지막 8계열은 본서의 용어로 이야기하자면 부정신학 시스템(표층)과 우편=오배 시스템(심층)이라는 두 시스템의 관계를 주제로 삼은 것이라고 이해할 수 있다. 그리고 여기에서 다시금 주목되는 것은 이 저작 전체를 통해 들뢰즈가 정적 생성에 대한 기술을 후설에게서, 동적 생성에 대한 기술을 프로이트에게서 참조하도록 하고 있다는 점이다. 현상학과 정신분석이라는 이런 대조는 비세계적 존재에 대한 두 가지 사고형식(두 개의 탈구축)을 각기 하이데거와 프로이트로부터의 계승으로 파악하는 우리의 가설을 다른 각도에서 보강하고 데리다의 텍스트를 넘어서 확대되도록 만든다. 우리는 바로 이런 관점에서 1968년의 『차이와 반복』과 1972년의 『안티 오이디푸스』, 즉 두드러지게 하이데거적인 저작과 전혀 하이데거적이지 않은 시도 사이에 낀 1969년의 이 저작이 가진 본질적인 애매함을 재검토해야 한다. 그리고 두 가지를 확인해두도록 하자.

(1) 들뢰즈는 제32계열의 동적 생성을 논하는 부분에서 세 가지 태도[position]를 구별하고 있다. 먼저 최초로 복수의 성감대[zones érogènes]가 있다. "각각[의 성감대]은 하나의 계열로 조직되고, 그 계열은 점막으로 둘러싸인 구멍에서 가장 빈번하게 표상되는 하나의 특이성 주위에 집중된다." 둘째로 '성감대들의 팔루스적 연결'이 있고, 계열들은 '[단수의] 성기대[性器帶] 이마주로서의 팔루스 주변에

집중된다.' 처음에 복수의 '특이성', 즉 잠재적 대상을 둘러싸고 구축된 복수의 국소적 자아들이 있고, 이어서 그것들이 팔루스 중심화가 된다. 이 과정은 『차이와 반복』에서 서술된 대로이다. 하지만 그뿐만이 아니다. 대역적 자아가 구성되기 위해서는 다시 '오이디푸스의 전회, 팔루스의 선線을 거세의 흔적으로[de la ligne phallique en trace de la castration] 변형시키는 것'이 요청된다. 그것을 경유하고서야 비로소 팔루스는 대상=X가 된다.[94] 그렇다면 이런 두 번의 변화는 무엇을 의미할까.

우리의 언어로 치환시켜 보자. 우선 첫째로 초월론적 시니피에(이마주로서의 팔루스)가 시니피앙(부분욕동)의 잡다한 집합을 통합하는 단계가 있다. Vorhandensein은 목소리-의식의 지평에 의해 전체화되고, 개개의 국소적 자아=배달기계의 리듬은 말소된다. 그리고 둘째로 경험적 대상으로서의 페니스에서 말소기호를 끌어내어 그것을 초월론적 대상=X로서의 팔루스로 바꾸는 단계가 있다. '거세'라고 불리는 이런 행동에 의해 비로소 목소리-의식이 배제한 비세계성이 다시 결집된다. 즉 초월론적 시니피앙의 체제는 우편적 무정부상태에서 현전적 주체(충실한 주체)로, 그리고 그런 현전적 주체에서 오이디푸스적 주체(주체성의 한가운데에 구멍이 난 주체)로라는 이중의 전도에 의해 생겨나고 있다. 그리고 이 이중성은 또 『안티 오이디푸스』가 주장하는 '거세'의 전도성을

---

94. ibid., pp. 271, 262, 271. 同書 287, 280, 289頁(같은 책, 367 , 368, 378쪽). 이하 종종 주註 안에서 동일한 쪽수가 되풀이되는데, 그것은 동일 쪽수로부터 복수의 부분을 인용했다는 것을 보여준다. 쪽수의 지시는 인용과 같은 순서이다.

이해하기 위해 불가결한 것이기도 하다. 들뢰즈+가타리는 명확히 서술하고 있다. 먼저 제일 처음으로 '욕망을 표상하는 것들les représentants du désir', 즉 욕망의 다형적이고 복수적인 흐름이 있다. 다음으로 그것들을 중심화하는 '억압하는 표상작용la représentation refoulante', 즉 목소리-의식에 의한 전체화가 있다(제1의 전도). 그 결과 '위치가 조금 옮겨지고 표상된 것le représenté déplacé', 예를 들어 근친상간에의 욕망이 허구화된다. 프로이트-라캉적 '거세'는 이 허구화된 욕망을 다시 금지하고, 그 금지를 통해 그 허구성을 망각하게 만드는 장치로서 기능한다(제2의 전도). "오이디푸스는 함정으로 설치된 이마주이다."[95]

(2) 제13계열에서 들뢰즈는 "캐롤의 모든 것에 대해서도 우리는 앙토냉 아르토의 한 쪽도 주지 않을 것이다"라고 서술하고 있다. 루이스 캐롤이 '의미의 논리학 전부가 그곳에 있는' '표층의 지배자 또는 측량사'로 간주되고 『의미의 논리학』의 많은 쪽이 실제 그의 작품을 참조하고 있기에 이런 언명은 조금 뜻밖이라는 느낌을 준다. 그러나 우리는 이상의 고찰로부터 그 의도를 분명히 이해할 수 있다. 아르토는 '절대의 심층'이자 계층화될 수 없는 언어를 능숙히 구사한다. "분열병적 언어가 시니피앙의 계열이 시니피에의 계열로 끊임없이 맹렬히 미끄러져 내리는 것으로 정의된다고 말하는 것으로는 매우 불충분하다. 실제로는 이제 계열은 전혀 존재하지 않는다, 두 가지 계열은 소멸되어 버렸다."[96] 그렇다면

---

95. *L'anti-Œdipe*, p. 193ff. 邦譯, 201頁(『안티 오이디푸스』, 288쪽) 이하.

96. *Logique du sens*, pp. 111-114. 邦譯, 118-121頁(『의미의 논리』, 176-179쪽).

우리는 실제로는 다루어지지 않았음에도 불구하고 본래는 아르토야말로 캐럴을 대신하여 마지막 8계열이자 범례로 간주되어야 할 형상이었다고 생각해야 한다. 정적 생성과 계열화된 잠재성을 다루는 캐롤/후설에 대해, 동적 생성과 계열화되지 않은 잠재성을 다루는 아르토/프로이트. 이런 대치가 명확하지 않았기 때문에 『의미의 논리학』은 애매함을 남겼다.

캐롤의 문학적 전략은 자주 이야기되는 것처럼 '가방어'로 상징된다. 가방어는 예를 들어 '산란물散亂物/litter'과 '문학literature'을 합하여 만들어진 '문학紊學/litterature'처럼[97] 복수의 단어가 압축되어 만들어진, 그 자체는 무의미한 언어를 의미한다. 그리고 제5계열의 들뢰즈에 따르면, 그런 무의미nonsense 즉 의미결여의 순환운동에 의해 비로소 캐롤의 작품세계는 '초존재extra-être' 쪽으로 열리게 된다. 즉 본장 앞부분의 표현으로 서술하자면 '외부'는 역설에 머문다. 들뢰즈는 캐롤의 소설에서 부정신학적인 사고의 범례적 표현을 보고 있는 것이다. 그렇다면 아르토는 어떨까.

들뢰즈는 캐롤 분석에서 가방어에 주목한 것과는 대조적으로 이번에는 아르토가 '말을 파괴하는' 것에 주의를 기울이고 있다. 그의 텍스트에서 말은 '단편이 되고 음절, 문자, 특히 자음으로 분해된다.' 그 단편들은 이미 '읽을 수 없으며' '발음할 수 없다.' 심

---

97. 『실비와 브루노』의 예. '문학紊學'이라는 표현은 柳瀬尙紀 譯(ちくま文庫, 1987, 14頁)에 의함. 이와 같은 가방어는 주지하다시피 프랑스 현대사상, 특히 라캉과 데리다에 의해 매우 빈번하게 사용되었다. 따라서 가방어의 기능을 다루는 들뢰즈의 분석은 그들의 사고형식에 대한 자가진단이기도 하다.

층은 목소리의 통제가 미치지 않는 기호의 단편으로 가득 차 있다. 가방어, 즉 말語단위의 역설은 그 단편들의 분자적 운동이 목소리에 의해 억압되어[98] '표층'이 성립한 후에야 비로소 존재가능하다. 이런 들뢰즈의 분석은 우리로 하여금 데리다와 퍼스펙티브를 공유하는 것처럼 생각하도록 만든다. 데리다는 같은 아르토에 대해 그런 연극적 에크리튀르를 '무의식 특유의 에크리튀르'와 관련짓고 있다. 그에 따르면, 무의식은 무수한 '상형문자적hiéroglyphique'인 단편에 의해 구성되는 것이고, 거기에 도달함으로 비로소 아르토는 '인스피레이션의 자유나 숨이 불어넣어진 언어[parole soufflée] 등과 연을 끊을' 수 있다.[99] 우리는 들뢰즈와 데리다의 이런 공통된 주장에서 다음과 같은 인식을 이끌어낼 수 있을 것이다. 명제단위의 논리적 역설("나는 거짓말을 하고 있다"), 그리고 말단위의 역설인 가방어의 더 밑에는 음절 또는 철자의 무수한 분자적 운동이 있다. 보다 정확히는 오히려 명제/말단위의 역설이야말로 그런 운동의 억압에 의해 생기는 허구물, '치환되고 표상된 것'에 지나지 않다.

이런 인식은 후기 데리다가 쓴 텍스트의 '기묘함'을 부분적으로 설명하는 것이기도 하다. 그의 텍스트는 지금까지 보아온 것처

---

98. 제30계열에서 들뢰즈는 우편공간/초월론적 시니피에의 체계/초월론적 시니피앙의 체계라고 부르는 것을 각기 '노이즈bruits'의 분열병적 태세/'목소리'의 억울抑鬱적 태세/'파롤'의 성적 태세라고 명명하고 있다고 생각된다. 이런 세 가지 태세는 멜라니 클라인과 달리 단순한 발전단계적 구분으로 파악되고 있지 않다. 세 가지 체제는 공존할 수 있다.

99. *L'écriture et la différence*, Seuil, pp. 287-288. 邦譯, 下卷 45頁(『글쓰기와 차이』, 305쪽).

럼 하나의 개념이 그 이름을 구성하는 어간이나 접두사나 접미사로 분해되고, 게다가 그들 요소 자체가 '의사疑似아톰적'으로 운동하고 충돌하는[100] 일종의 상형문자적 계기로 가득 차 있다. 같은 특징은 후기 하이데거나 라캉의 텍스트에서도 지적이 가능하다. 그러므로 우리는 그들의 사고가 이용한 '놀이'의 이론적 의미를 위에서 기록한 세 가지 시스템의 관계로부터 다시 검토해야 한다. 되풀이하자면, 데리다는 "위대한 철학자, 그것은 항상 조금 커다란 우체국이다"라고 서술하고 있다. 우체국은 편지(=문자lettre)를 개봉하는 일, 이를테면 그것을 소리 내어 읽는 일은 하지 않는다. 따라서 그것을 이해하는=듣는entendre 것도 하지 않는다. 철학자는 수취한 편지를 읽지 않는다. 그들의 '사고思考'는 단편화된 철자(에크리튀르)의 무리를 읽는 것이 불가능한 상태로 결합시켜 배달하는 기계들의 무리로서 언어에 머무는 반복강박(유령)에 의해 호명됨으로써 성립한다.

---

100. cf. "Mes chances", p. 26ff. 이 논문에서 데리다는 에피쿠로스의 원자론을 「진리의 배달부」의 문제의식과 연결시켜 읽고 있다. 주지하다시피 데모크리토스의 원자론에 '클리나멘' 즉 원자의 흐름에 침입하는 확률적 칭동秤動이라는 관념을 도입함으로써 그런 결정론적 세계관을 전도시켰다. 하지만 제2장에서도 이미 다룬 것처럼, 데리다에게 확률성의 도입은 '편지의 분할가능성'과 본질적으로 분리할 수 없다. 그 때문에 그는 에피쿠로스가 전제한 원자atom의 분할가능성에 대해서는 의심을 드러내는 것이다. 역으로 데리다가 거기서 구상하는 것은 '매우 작고, 미소微小한 의사疑似아톰적 입자[particules quasi atomiques]'의 확률적 운동이다. 덧붙여 거기서 흥미로운 것은 이런 의사아톰이 사상가들 사이의 전이관계, '사고의 전달 또는 텔레파시'에서 생겨난다고 논해지고 있다는 점이다. 전이의 문제는 다음 장에서 자세히 다뤄진다.

제4장

존재론적, 우편적

문제는 이제 데리다에 대한 정리를 넘어서고 있다. 따라서 우리는 다시 출발하지 않으면 안 된다. 우리는 우선 탈구축을 두 가지로 나누었다. 괴델적 탈구축과 데리다적 탈구축. 또는 하이데거의 영향을 받은 **논리적-존재론적 탈구축**과, 프로이트의 영향을 받은 **우편적-정신분석적 탈구축**. 현재 막연하게 '탈구축'이라고 명명되고 있는 데리다의 독특한 철학적-해석학적 방법론이란 실제로는 이런 양자의 접목에 의해 성립하고 있다.

논리적 탈구축은 무엇인가? 그것은 초월론적 사고의 한 타입이다. 제2장에서 우리는 그것의 도식화를 위해 가라타니의 형식화를 둘러싼 논고 및 지젝에 의한 라캉파 정신분석의 차트화를 참조했다. 논리적 탈구축의 방법 — 하이데거와 데리다가 좋아하는 표현으로는 '길Weg/voie' — 은 두 가지 스텝step에 의해 성립한다. 첫째로 그런 사고는 임의의 경험론적 텍스트/시스템에서 그 자신의 논리로는 제어=결정불가능한 특이점singularité을 적어도 하나 발견한다(**형식화의 한계**). 둘째로 사고는 그 특이점을 통해 텍스트/시스템 이전의 차이공간 또는 '사고되지 않은 것'으로 소행한다(**한계의 존재론화**). 그리고 그런 소행의 정당성은 많은 경우 시적 언어의 힘에 대한 신뢰에 의해 뒷받침된다.

우리는 이 '길'을 니체 이후, 즉 초월론성의 나이브한 설정의 무효화("신은 죽었다") 이후, 비경험적인 영역을 다른 형태로 재발견하기 위해 채택된 아크로바틱acrobatic한 사고법 중 하나로 생각할 수 있다. 그것은 구체적으로는 1920년대의 하이데거에 의해 정리되었다. 그리고 그에게서 영향을 받은 1960-70년대의 (소위) 프랑스 현대사상 또한 대체로 그 길을 따라 각자의 사고를 전개했다. 데리다의 작업은 이 흐름 안에 위치한다. 그러므로 그는 기본적으로 논리적 탈구축을 따른다. 예를 들어, 1960년대 데리다의 철학적 텍스트는 '대리보충의 논리'를 통해 '흔적', '공간화'의 영역을 발견하는 '의사-초월론적 발걸음'에 의해 뒷받침된다. 이것은 형식화의 한계→차이공간의 길을 정확히 따라가고 있다. 또 1980년대 중반 이후의 정치적 텍스트도 모든 언표행위에 있는 '이중의 oui', '약속'이라는 의사근원적 상相/phase, 즉 모든 언표행위에 머무는 결정불가능성이 '와야 할 민주주의'의 정치공간을 연다는 논리에 의존하고 있고, 제재題材의 세속성과 관계없이 구조적으로는 논리적 탈구축의 틀 내에서 씌어지고 있다. 이런 점에서 그의 사고패턴은 끝까지 변함이 없다.

그렇다면 우편적 탈구축은 무엇인가. 그것은 초월론적 사고의 또 하나의 타입, 형식화→존재론화의 길에 빠지지 않는 다른 사고의 가능성이다. 우리는 데리다의 몇 가지 텍스트에서 그런 사고의 흔적을 발견했다. 그리고 그 계승의 원천을 프로이트라고 추정했다. 지금까지의 장에서 우리는 그런 일탈하고('도달하지 않는 일이 있을 수 있다는 것') 저항하는('떼어놓아라, 몸을 떼어놓아라') 사고의 특징을 어느 정도 명확히 했다. 제2장에서 우리는 논리적 탈구축과의 대조를 통해 우편적 탈구축으로의 어프로치를 시도했다. 그곳에서는 두 개의 탈구축이 사고가 사고불가능한 것을 자기언급적으로 파악할 때의 두 가지 다른 해결법, '불가능한 것'을 단수화하는 부정신학적 사고와 '불가능한 것'의 복수성에 주목하는 우편적 사고라는 두 가지 패턴으로 정리되었다. 그리고 제3장에서 우리는 그런 이분법을 전제한 후, 우편적 탈구축을 특징짓는 몇 가지 은유=개념, 특히 '우편'과 '유령'에 비급cathexis*1된 함의의 명확화를 시도했다.

---

*1. 독일어 Besetzung의 번역어. 정신분석의 핵심어 중 하나. 일본에서는 이 용어에 '비급備給'이라는 낯선 표현을 별도로 할당하여 번역하고 있는데, 어떤 심적 에너지가 특정 대상이나 관념에 투입되거나 달라붙는 것을 가리킨다. 한국에서는 이를 문맥에 따라 '점유', '충당', '(에너지) 집중', '투입' 등으로 다양하게 번역한다. 혼란을 피하기 위해 본 번역서는 저자에 따라 모두 '비급'으로 통일한다. 이 용어에 관해서는 다음을 참조할 수 있다. 라플랑슈+장 베르트랑 퐁탈리스, 『정신분석사전』, 임진수 옮김, 열린책들, 2005, 490-494쪽.

'우편적 탈구축'을 둘러싼 우리의 논의는 두 가지 방법론적 전제 위에 성립하고 있다.

첫째. 제2장에서 우리는 '우편적 탈구축'이라는 이름을 데리다가 1970년대 이후 산발적으로 시도한 기묘한 텍스트 실천과 거기에 새겨진 특징적 은유들=개념에 의해 시사된 '사고다운 것'에 부여했다. 그러나 지금까지 여러 번 서술한 것처럼 데리다 자신은 그런 사고를 테제나 용어, 도식으로 제시한 적이 한 번도 없다. 이런 한정은 우편적 탈구축의 움직임이 논리적 탈구축의 그것(형식화의 한계→한계의 존재론화)과 달리 텍스트의 표면에 직접적으로 나타나지 않는다는 것을 의미한다. 바꿔 말하면, 우편적 탈구축의 존재는 텍스트를 충실하게 되풀이한다면 가설적일 수밖에 없다. 이것은 우리에게 특수한 독해태도를 요청한다. 예를 들어, 우리는 여기에서 가셰가 '반성의 한계로 향하고' 또 '반성을 넘어서는' 사고운동(즉 논리적 탈구축)을 끄집어냈던 것처럼[1] 직접적이고 교과서적인 데리다 독해는 채용할 수 없다. 가셰는 데리다가 명기한 것만 읽는다. 그러나 우편적 탈구축의 움직임을 파악하기 위해서는 오히려 데리다가 명기하지 않은 것을 읽을 필요가 있다.

그렇다면 어떻게 해야 할까. 우리는 본서에서 우편적 탈구축을 발견하기 위해, 데리다가 퍼포머티브하게 보여준 데 그쳤던 것을 굳이 칸스터티브하게 다시 말하는 독해방법을 취해왔다. 예를 들면, 나는 제3장에서 『우편엽서』에 수록된 매우 퍼포머티브한 텍스

1. 「반성의 한계를 향하여Toward the limits of Reflection」, 「반성을 넘어서 Beyond Reflection」는 각각 『거울의 주석박裏箔』의 제1부 및 제1부 제6장의 타이틀.

트(의사서한)에서 다소 무리하게 이론적 틀을 추출했다. 본서는 칸스터티브/퍼포머티브라는 구별을 의도적으로 침범한다. 왜인가. 이유는 두 가지다. 첫째(일반적인 이유), 그런 언어행위적인 구별은 제1장에서 살펴본 것처럼 데리다 자신에 의해 비판되고 있다. 그 때문에 그의 텍스트를 읽을 때 이런 구별은 권리상 적용불가능하다. 둘째(개별적인 이유). 두 가지 탈구축이란 결코 이론과 실천, 형식화할 수 있는 탈구축과 그렇지 않은 탈구축이라는 이분법으로 규정되는 것이 아니다. 말하다/보이다의 구별을 도입한 순간, 우리는 데리다의 어떤 종류의 텍스트 — 예를 들어, 『우편엽서』 — 를 특이한 실천으로서, 즉 한 철학자의 별난(또는 신중한, 어느 쪽이든 마찬가지다) 퍼포먼스로서 받아들일 수밖에 없게 된다. 그때 우리는 텍스트 자체에 대해 아무것도 말할 수 없게 될 것이다. 그런 침묵은 피해야 한다.

둘째, 우편적 탈구축은 가설적인 존재이다. 그러면 왜 그런 가설이 필요했을까.

앞장까지 '전기', '후기'라고 불렀던 것을 재정리하고 지금부터는 데리다의 텍스트를 보다 자세히 3기로 나누기로 하자. **제1기**는 1967년에서 1972년. 『목소리와 현상』, 『그라마톨로지에 대하여』, 『에크리튀르와 차이』, 『철학의 여백』, 『산종』과 같은 뛰어난 철학적 저작이 다량으로 집중적으로 출판된 시기. 1962년의 『「기하학의 기원」 서설』은 이미 여러 번 시사한 것처럼 내용적으로는 제1기에 포함시키지 않는 쪽이 정확하다고 생각된다. **제2기**는 1972년에서 1980년대 중엽. 『조종』, 『회화에 있어서의 진리』, 『우편엽서』와 같은 저작을 중심으로 철학적이라고 해야 할지 문학적이라고 해야 할지 판단하기 힘든 기묘한 텍스트 실천이 단속적으로 추구되던 시기. **제3기**는 1980년대 중엽에서 현재. 영어권 강연의 활자화가 텍스트의 중심이 되고 『프시쉐Psyché』, 『마르크스의 유령들』, 『법의 힘』 등 '탈구축'과 정치적이거나 사회적인 문제와의 접합을 시도하는 경향이 전경화되어 가던 시기. 다만 제2기와 제3기는 상호침입적이고 1983년의 『철학에서 최근의 묵시록적 경향에 대하여』나 1991년의 「할례고백」 등 중요한 예외가 몇 가지 존재하는 것에 주의해야 한다. 이상의 구분은 매우 난폭한 것이지만, 잠정적으로 충분히 사용할 만하다. 그리고 우리의 인상으로는 현재 데리다의 이론적 수용은 명확히 제1기와 제3기 텍스트에 편중되어 있다. 우리는 그 결락을 메우고 싶다.

제2기의 난해하고 실험적인 텍스트는 독특한 텍스트 형태, 소위 '데리다적인' 서술스타일이라는 점에서 사람들에게 커다란 영향을 주었다. 그리고 그 결과 1970년대 후반 이후 프랑스, 아메리카, 일본에서는 그것을 모방하려는 많은 추종자들이 생겨났다. 현재 '데리다'나 '탈구축'에 대해 막연하게 공유되고 있는 이미지도 대부분 이 시기에 고착된 것이라고 해도 좋을 것이다. 즉 1970년대의 데리다는 이미지로서는 유통되고 있다. 하지만 그럼에도 불구하고(혹은 그렇기 때문에) 제2기의 이론적 사정범위 자체는 거의 검토되고 있지 않다. 데리다파 외부에서 그 시기의 텍스트는 이성비판에서 수사학 영역으로의 이동(하버마스), 철학의 사적私的 언어화(로티), 서양문법 내부에서의 provincial한(편협한) 언어유희(가라타니)로서 평가가 매우 낮다. 데리다파 내부에서도 그것은 이론적인(철학적 엄밀성에 관심이 있는) 데리다파에 의해 자주 무시되고 있다. 예를 들어, 이 책 첫 부분에서 서술한 것처럼 가셰의 『거울의 주석박』은 『조종』, 『우편엽서』에 관해 전혀 언급하고 있지 않다. 혹시 주목되더라도 제2기의 변화는 '이론화의 칸스터티브한 형태에서 에크리튀르의 퍼포머티브한 양태로'라는 이동의 귀결, 즉 하나의 퍼포먼스로서만 처리되고 있다. 하지만 거기에서는 가장 곤란한 물음이 회피되고 있다.

데리다는 매우 철학적인, 즉 독일관념론의 전통을 정면으로 계승한 철학자로서 출발했다. 그 후 그는 다양한 텍스트 실천을 시도하며 세속화되었다. 그렇다면 그것은 도대체 왜일까. 도대체 왜 그는 토트나우베르크[*2]의 하이데거처럼 심연에 대해 사색하는 '위대한' 철학자가 되지 않았을까? '이론이 실천으로 옮겨진' 것이라고 할 경우도, 그런 실천화의 이유, 필연성에 대한 이런 물음은 권리상 남는다. 데리다의 그런 저항/회피의 필연성을 파악하지 않으면, 우리는 제2기의 실험적 에크리튀르도, 제3기의 '정치적', '실천적' 발언도 모두 기회주의적인 것으로 받아들일 수밖에 없게 된다. 그리고 그렇게 되면, 냉전체제 하에서 시니컬한 '언어의 유희'로부터 냉전붕괴 후 '현실'에 눈을 뜬 지식인의 사명으로, 라는 범용한 데리다 이해밖에 나오지 않는다. 그러므로 우리는 여기에서 데리다의 실천이 가진 의미가 이론적으로 고찰될 필요가 있다고 생각한다. 바꿔 말하면, 데리다에게 실천을 강요한 것의 이론적 의미가 명확해지고, 그런 텍스트로의 침입이 구체적으로 확인되는 것이

---

*2. Todtnauberg, 독일 서남부 슈바르츠발트에 있는 지역 이름. 하이데거의 별장이 여기에 있는데, 그는 이곳에서 『존재와 시간』을 비롯한 수많은 저서를 집필했고 말년도 이곳에서 보냈다.

필요하다. 이론과 실천, 칸스터티브와 퍼포머티브라는 구별은 여기에서는 무효가 되어야 한다. '우편적 탈구축'의 가설은 이런 요청에서 생겨났다.

하지만 본장에서는 1, 2, 3장과 다르게 이제 우편적 탈구축을 인도해온 데리다적 분석장치, '우편'이나 '유령'과 같은 은어[jargon]의 이론적 명확화에는 관여하지 않을 것이다. 대신에 우리는 다른 물음에 관여하고 싶다. 왜인가. 이유는 다시 두 가지가 있다. 우편적 탈구축의 사정범위에 따른 이유와 애당초 그와 같은 사정범위 이전의 이유.

첫 번째 이유. 우리는 논리적/우편적이라는 탈구축의 이중성(접목성)을 하이데거/프로이트의 '일어나지 않았던 만남'과 서로 겹쳐 보았다. 그 양자는 해석학적 순환=자기언급성의 심연에서 타자성(존재의 목소리)을 발견하는 타입과 커뮤니케이션=욕망이 흐르는 장[場]에서 생겨나는 데드스톡에서 타자성(반복강박)을 발견하는 타입이라는 타자성에 대한 두 가지의 서로 다른 사고에 의해 규정[規整]되어 있다. 바꿔 말하면, 데리다의 텍스트에는 칸트=하이데거적 초월성에서의 '초[trans-]'와 프로이트적 초자아에서의 '초[über-]'라는 두 개의 서로 다른 hyper-[2], 경험론적 자아를 넘어서기 위

---

2. 데리다는 1993년의 『이름은 제외하고』에서 hyper의 문제를 다루고 있다. 그에 따르면 이 접두사는 plus, ultra, au-delà, beyond, über와 같이 '초월성의 운동'을 지시하는 말이다(*Sauf le nom*, pp. 32, 73ff). 여기에서 우리가 hyper를 대표로서 사용한 것은 하나는 데리다 자신이 '초월성의 운동' 일반을 *hyper*bole paradoxale로 부를 것을 (플라톤까지 소급하는 어원적 의미에 계속 주의하면서) 제안하고 있다는 점, 다른 하나는

한 두 가지 다른 계기가 항상 갈등하고 있다 하겠다. 우리들에게 이런 정리는 개별 데리다만의 개별적인 검토에만 그치지 않는 넓은 유효성을 갖는다고 생각된다. 앞 두 장에서 시사한 세 가지 방향을 다시 확인해보도록 하자.

(i) 첫째로 우리는 들뢰즈의 『의미의 논리학』에서 앨리스의 이동과 아르토의 신체, 즉 두 종류 hyper의 혼재와 길항[拮抗]을 읽어낼 수 있다. 이 저서에서 앨리스는 후설의, 아르토는 프로이트의 예로서 명확히 배분되어 있다. 1969년에 현상학(존재론)과 정신분석의 이런 대조는 동시기에 시작된 가타리와의 공동작업을 이론적으로 준비하고 있다. 『차이와 반복』, 『의미의 논리학』에서 『천의 고원』에 이르는 들뢰즈의 1970년대를 비존재론화=프로이트화의 시기로 정리하는 단서 중 하나가 여기에 있을 것이다. (ii) 둘째로 우리는 만년의 알튀세르가 쓴 '유물론적 전통의 지하수맥', 즉 에피쿠로스에서 마르크스를 경유하여 프로이트에 이르는 사고의 흐름이라는 발상을 우편적[hyper] 철학사에 대해서 말한 것으로 해석할 수 있다고 생각한다. 그리고 만약 이것이 정당하다면, 이로부터는 역으로 그가 1970년대에 펼친 이데올로기론, 「이데올로기와 국가의 이데올로기장치」에서의 '호출'이라는 테마를 우편적으로 재독

1990년대의 그가 종종 '탈구축'을 *hyper*critique으로 바꿔 부르고 있는 점에 의한다. 똑같이 '초월성의 운동'을 지시하기 위해 본장 제2절 이하에서는 오히려 plus라는 말이 사용되고 있다. 또 『이름은 제외하고』는 초월성의 운동을 가능하게 하는 두 가지 '길', 두 가지 '목소리'의 차이에 대해 부정신학을 참조하면서 검토한 텍스트이고(처음에는 영어로 발표되었는데, 그때의 부제는 'Apories, Ways and Voices'였다), 짧지만 본론에 있어 중요한 시사점을 포함하고 있다.

할 가능성이 열린다고 생각된다. (iii) 셋째로 우리는 1970년대의 라캉과 데리다의 길항관계를 존재론적hyper과 우편적hyper의 접목에서 중점의 차이, 즉 프로이트의 하이데거화와 하이데거의 프로이트화의 차이로서 설명가능하다고 생각한다. 1970년대 데리다에 의한 몇 편의 하이데거 독해, 예를 들어 '운명Schicksal', '역운Geschick' 이라는 개념을 동사 '보내다schicken'로 재독하려는 시도는 존재론적hyper을 우편적hyper으로 강제로 바꿔 읽으려는 것으로서 하이데거적 자기언급성을 프로이트적 커뮤니케이션, 또는 가타리의 용어를 원용한다면 '횡단성'으로 변형시키는 것으로 해석된다.

이상의 퍼스펙티브 확대는 필연적으로 데리다에 의한 명시적 언급이 거의 없는 텍스트를 데리다적으로 읽고, 역으로 데리다에 의한 언급이 없는 텍스트를 참조하면서 데리다를 읽는 독해태도를 요청한다. 여기에서는 데리다가 제출한 '우편', '유령' 그 밖의 은유의 힘이 그 자신의 텍스트를 넘어 보다 넓은 해석학적 아르시브 속에서 검토되게 된다. 실제로 우리는 이미 데리다에 의한 언급이 전무한 들뢰즈와 알튀세르를 다루었다. 이런 확대 자체는 부당하지 않다. 데리다 자신이 여러 번 비슷한 것을 행하고 있다. 하지만 그런 작업은 본서의 범위를 일탈한다. 따라서 우리는 앞 두 장의 직접적인 계속은 다른 기회에 데리다론이 아닌 장소에서 하는 것이 어울릴 것이다.

두 번째 이유. 앞 두 장은 '우편적 탈구축'의 존재를 전제로 하여 씌어졌다. 우편적 탈구축 그 자체의 사고법을 탐구하려는 앞서의 시도는 이런 전제에 기초하고 있다. 하지만 본래 우편적 탈구축은 가설적 존재에 지나지 않는다. 데리다 자신은 그런 사고를 명기하지 않는다. 우리가 가장 중요시하고 있는 『우편엽서』 자체가 원래 유산된 미완성 텍스트의 집적으로서 발표되었다.[3] 오해를 피하기 위해 부가하자면, 우리 가설의 유효성은 이로 인해 조금도 줄지 않는다. '두 개의 탈구축'이라는 시점의 도입은 의심할 나위 없이 후기 데리다를 독해하는 것을 용이하게 만들기 때문이다. 실제 우리는 탈구축의 이분법에 의해 이제까지 그 목적을 구체적으로 붙잡을 수 없었던(또는 그저 다의적이어서 번역이 불가능하다고만 파악되었던) 수많은 언어유희, 예를 들어 'Pas', 'Fors', 'Du tout'와 같은 몇 권의 제2기 텍스트의 제목을 명확히 해독할 수 있다.[4] 우

---

3. 「송부」의 글쓴이는 하이데거와 프로이트를 주제로 하는 '다음 저작의 계획'을 집요하게 언급한다. 그런데 그것은 『우편엽서』 자신이다. 그러나 그는 결국 그것을 쓸 수 없다. 그러므로 그는 실패의 기록을 그대로 책으로 만들려고 한다. 그것이 제1부가 된다. 『우편엽서』는 이와 같은 자기언급적 구조를 갖고 있다. 다시 덧붙여 말하자면, 이 실패는 의사서한의 이야기레벨에서는 주인공(글쓴이)과 아내 사이의 신뢰관계가 상실된 것과 결부되어 있다. 제1부에 수록된 절반은 이론적이고 절반은 프라이비트private한 내용의 서한군은 바로 이런 이중적 실패의 기념비(데리다 풍으로 말하자면 '재灰/cendre')이다.

4. 'Pas'와 'Du tout'가 가진 이중성에 대해서는 각각 제3장의 주註 (19)와 제2장의 주 (49)에서 상술했다. 여기에서는 「Fors」에 대해 짧게 다룬다. 나중에 본장에서도 문제 삼을 이 논문은 1976년 니콜라 아브라함과 마리아 토록에 의한 『늑대인간의 언어표본』의 서문으로서 발표되었다. fors에는 이중의 의미가 있다. 한편으로 그것은 '을 제외하고'를 의미하는 전치사이고, 어원적으로는 라틴어의 forīs로 거슬러 올라간다. 다른 한편으로 그것은 '재판권'을 의미하는 명사 for의 복수형(실제로는 사용되지 않지만)이고, 어원적으로는 forum, 즉 '광장'으로 거슬러 올라간다. 이것들은 각기 두 개의 탈구축에 대응한다고 생각된다. 전자의 fors는 논리적 탈구축에서의 부정신학적 절차via negativa를 상징한다. 아마 여기에서 데리다는 라캉의 가장 중요한 개념인 '배제'가 *for*clusion으로

편적 탈구축은 결코 자의적인 허구가 아니다. 탈구축의 두 가지 움직임은 확실히 데리다 텍스트 속에서 길항하고 있다. 그렇다면 더욱더 우리는 왜 데리다가 논리적 탈구축과 우편적 탈구축의 차이를 명시적으로 쓰지 않았는지 또는 쓸 수 없었는지를 여기에서 물을 필요가 있다. 그리고 이 물음은 제3장의 계속에 우선한다. 우편적 탈구축이라는 사고 그 자체에 존재하는 불능성, 1970년대의 데리다가 빠진 일종의 막다름에 대한 접근을 회피한다면, 아무리 우편적 또는 유령적 모티브의 해석을 쌓아올린다고 하더라도 본론이 정당한 데리다론이 될 수 없다고 생각하기 때문이다.

우리는 사실 본서의 시작, 제1장에서 이미 그 불능성을 다루려고 했다. 하지만 거기서 그것은 '넘어짐'으로 명명되었다. 키르케고르에게서 가져온 이 단어에는 우리의 고찰을 실존주의적이고 통속적인 이해 속에 가둬버릴 위험이 있다("데리다는 실패했다", "데리다는……의 곤란에 직면했다"). 이로부터는 사고가 진전되지 않는다. 제2장 이후의 논의가 보다 형식적으로 진행되었던 것은 그런 함정을 피하기 위해서였다. 따라서 우리는 이 장에서 문제를 설정하는 방식을 바꾸지 않으면 안 된다. 지금까지 보아온 것처럼 데리다는 많은 텍스트에서 논리적 탈구축의 '길'을 비교적 명석하게 도식화하고 용어[term]화하고 있다(예를 들어, 『그라마톨로지에 대하여』 제1부). 하지만 그는 우편적 탈구축의 아이디어에 대해서

이루어졌다는 것을 암묵적으로 참조하고 있다. 다른 한편 후자의 for는 우편공간을 표현한다(우편공간은 항상 복수적이기 때문에, 약간 비관용적이지만 fors가 된다). 이런 함의는 데리다에 의해 for cryptique라는 단어연결에서 시사되고 있다.

는 실험적 텍스트 안에 암호crypte로서 여기저기 흩뿌리는 데에 그치고 있다(예를 들어, 『우편엽서』 제1부). 즉 초월론적 사고의 두 가지 타입은 데리다의 텍스트에서 매우 다른 방식으로 나타나고 있으며, 그 차이가 후기 데리다의 난해함을 규정하고 있다. 그렇다면 이런 비대칭성은 무엇을 의미할까, 그리고 무엇이 데리다에게 이런 비대칭성을 강요한 것일까 — 본장의 우리는 오히려 이와 같은 물음을 설정해야 한다고 생각한다. 즉 우리는 더 이상 '데리다'라는 고유명을 주어로 삼아 생각하지 않는다. 우리는 두 개의 탈구축, 두 개의 사고법의 차이로부터 출발한다.

1. 논리적

1932년의 유명한 논문에서 루돌프 카르납은 논리실증주의의 관점에서 하이데거 철학을 비판하고 있다.[5] 그의 비판은 간결하다. 카르납에 따르면, 하이데거의 형이상학적 언명은 논리적으로 의미가 없다. 왜냐하면 그의 주장은 내용의 진위 이전에 애당초 형식적으로 올바르지 않기 때문이다. 그리고 그런 오류는 명제형식과 명제변수, 바꿔 말하면, 구문론적 형식과 명사의 혼동에서 생겨나고 있다. 여기에서 우리는 하이데거를 검토하는 데에 있어 무엇보다도 이 비판을 길잡이로 삼기로 하자. 그렇다면 이것은 무엇을 의미할까.

---

5. 「言語の論理的分析による形而上學の克服」, 『カルナップ哲學論文集』, 永井成男 他譯, 紀伊國屋書店, 1977.

예를 들어, 하이데거는 "무[無]는 무엇인가"라고 묻는다. 하지만 카르납에 의하면 이런 물음은 논리적으로 성립하지 않는다. 왜일까. 카르납은 여기에서 사태를 명확하기 만들기 위해 자연언어를 대응하는 논리적 표현으로 바꿔 쓸 것을 제안한다. 예를 들어, 지금의 문장 "바깥에 X가 있다", "X는 무엇인가"를 각기 Ou(x), ?(x)라는 명제함수로 표현하기로 한다. 그 경우 "바깥에 무엇이 있는가?[What is outside?]"→"바깥에 비가 있다[Rain is outside]"→"어떤 비인가?[What about this rain?]"이라는 자연언어의 연쇄는 Ou(?)→Ou(rain)→?(rain)이라는 명제함수의 연쇄로 변환된다. 이런 연쇄는 유의미하고 전혀 문제가 되지 않는다. 다른 한편, 우리는 이것과 유비적으로[analogical] "바깥에 무엇이 있을까?"→"바깥에는 아무것도 없다[Nothing is outside]"라는 자연언어의 연쇄에서 "이 무[無]는 무엇인가?[What about this nothing?]"라는 세 문장을 즉 Ou(?)→Ou(nothing)→?(nothing)이라는 명제연쇄로 구성하는 것도 가능하다. 이것은 일견 올바른 것처럼 보인다. 하이데거의 언설도 이런 아날로지 위에 성립한다. 그러나 사실 이것은 무의미한 문장연쇄이다. 왜? 문제는 두 번째 문장에 있다. 자연언어문 "Nothing is outside"는 실제로는 Ou(nothing)라는 명제함수, 즉 "바깥에 무가 있다"로 변환되어서는 안 된다. 그것은 정확히 ~∃xOu(x), 즉 "'바깥에 있다'라는 성질을 충족하는 x는 존재하지 않는다"는 형식으로 변환되지 않으면 안 된다('∃'는 존재를, '~'는 부정을 나타내는 논리기호). nothing은 영어에서 가끔 명사의 형태를 하고 있지만, 논리적으로 그것은 어떤 특정 구문론적 형식 ~∃x를 지시하는 것에 지나지 않다. 단어 nothing은 결코 명제변수가 될 수 없다. 그렇기 때문에 제3명제 ?(nothing)는 성립하지 않는다. 대응하는 자연언어문, 하이데거의 물음 또한 논리적으로 성립하지 않는다.

하이데거는 구문론적 형식을 물상화(명사화)했다. 이 때문에 그는 틀렸다. 카르납 자신이 시사하는 것처럼 이런 물상화는 하이데거식 철학적 언설의 핵심에 위치하고 있다. 예를 들어, 주지하다시피 하이데거의 철학은 '존재sein'에 대한 고찰이 중심을 이루고 있다. 카르납의 해석에 따르면, 이것은 '존재'를 명사(사고대상=명제변수)로서 다룬다는 것을 의미한다.[6] 이런 전제가 없다면, "존재란 P이다"라는 언설일반, 즉 P^{Sein}라는 명제는 유의미하게 구성되지 않는다. 하지만 카르납에 따르면, '존재'를 사고대상으로 삼는 것은 정의상 불가능하다. '존재'라는 자연언어의 기능(무언가가 존재하는 것을 보여주는)은 논리적으로는 구문론적 형식, 기호로서는 존재양화사ㅋ로 번역된다. 간단히 말하자면, 그것은 문장을 뒷받침하는 형식이지 문장의 내용이 되지는 않는다. '존재'를 대상으로 하는 자연언어문("존재란 P다")에 대응하는 명제함수 P

6. 여기에서 '명사'는 단순히 사고대상인 것, 바꿔 말해 명제계산의 대상으로서 정리된 실체를 가지고 있는 것, 즉 '이름'이라는 것을 의미한다. 거기서 문법적 품사구분은 특별히 참조되고 있지 않다(술어논리에 품사는 없다). 우리는 나중에 후기 하이데거가 '불가능한 것'을 명사화했다고 다시 쓰겠지만, 거기서의 '명사noun'도 마찬가지로 '이름name'으로서의 의미이다. 주지하다시피 후기 하이데거는 '존재'라는 단어의 명사적 이해와 동사적 이해의 관계에 대하여 상세한 고찰을 전개하고 있다. 그런 문맥에서는 Sein을 명사라고 간단히는 말할 수 없다(그의 주장에서 on은 분사적 이중성을 가지고 있고 동시에 명사이면서 동사이기도 하다). 그러나 우리는 여기에서 논술을 간결하게 하기 위해 명사(명제변수)와 동사(명제형식)의 카르납적 분할을 따른다.

(ㅋ)는 +나 −를 변수에 대입한 수식같이(예를 들어, 2++=5라고 하는 것처럼) 완전히 부조리한 것이다. 하이데거와 카르납, 즉 존재론과 논리실증주의는 여기에서 '존재'의 이해를 둘러싸고 대립하고 있다. 명사로서의 Sein/구문론적 형식으로서의 sein.

1930년대 초 이와 같은 대립은 철학사적으로 1940년대에서 1970년대에 걸쳐 생겨난 '철학'의 극단적인 이분화, 대륙계 존재론철학과 영미계 분석철학이라는 분열이 시작되었음을 상징하는 사건으로서 이해할 수 있다. 실제 카르납의 이와 같은 주장, 언어의 물상화는 이후 금세기 후반의 대륙철학(즉 프랑스 현대사상)에 대한 비판의 유력한 범례로서 기능하게 된다. 그리고 그것은 분석철학자의 비판에 그치지 않는다. 예를 들어, 앞서 든 세 가지 데리다 비판(하버마스, 로티, 가라타니)도 모두 분석철학자가 아닐뿐더러 각기 다른 입장을 가졌음에도 불구하고, 기본적으로 이런 카르납적 비판의 변주로 해석가능하다. 대륙철학은 언어와 유희한다. 1930년대의 그와 같은 비판은 지금도 완전히 살아있다. 그렇기 때문에 제2기 데리다를 긍정적으로 읽는 우리, 즉 일반적으로 프랑스 현대사상에서 가장 언어를 물상화하고 있다고 간주되고 있는 철학자의, 그것도 가장 언어를 물상화하고 있다고 간주되고 있는 시기의 텍스트에 대한 이론적 독해가 가능하다고 믿고 있는 우리에게는 특히 그런 비판의 의미와 필연성을 미리 이해하고 그에 대해 답할 의무가 있다고 생각된다. 되풀이하지만, 우리는 이 책을 "왜 데리다는 그와 같이 기묘한 텍스를 썼는가"하고 소박하게 묻는 것에서 시작했다. 이런 소박한 위화감이 실은 1930년대부터 대륙철학을 계속 떠나지 않고 있었던 것이다.

논리실증주의는 1921년 비트겐슈타인의 『논리철학논고』에서 시작되었다고 이야기된다. 주지하다시피 이 저작은 '사고가능한 것'과 '사고불가능한 것', 철학의 유효범위와 그 월권의 준별 위에 성립하고 있다. 간단히 정리해보자. 비트겐슈타인은 사실事象*3의 총체를 '세계'라고 부르고, 모든 사실이 각기 대응하는 명제표현(논리상)을 갖는다고 규정한다. 사고는 명제군을 다룬다. 명제군은

---

*3. 여기에서 일본어 역 '事象'의 원어는 'Sache'가 아니라 'Tatsache'이다. 이 개념들의 번역과 관련해서 일반적 내용은 『현상학사전』, 『헤겔사전』(도서출판 b)의 '사태', '사실' 항목을 참조하고, 비트겐슈타인에 국한해서는 다음을 참조하기 바란다.

"'사실=Tatsache', '사태=Sachverhalt'. 사태는 사실에 비해서 원자적이다. 비트겐슈타인이 러셀에게 보낸 한 편지의 설명에 의하면, 사태는 어떤 한 요소 명제가 참일 때 거기에 대응하는 것이요, 사실은 요소 명제들의 논리적 곱積이 참일 때 거기에 대응하는 것이다(『철학일기 1914~1916』, p. 129). 그래서 최초의 영역본에서 (그리고 1933년의 수정본에서도) '사태'는 '원자적 사실atomic fact'이라 번역되었다. 그리고 이 번역은 비트겐슈타인 자신에 의해서도 받아들여졌다. 물론 사태가 원자적 '사실', 즉 사실의 일종인가는 문제가 될 수도 있다. 여기 2에 의하면 사실이란 사태들 자체가 아니라 사태들의 '존립' — 그리고 2.06에 의하면, 사태들의 존립 및 비존립 — 이라고 이야기되고 있기 때문이다. 그러나 사태들은 현실 속에서는 반드시 존립 아니면 비존립의 어느 한편이다. 따라서 어디까지나 사실의 일종이다. 그렇다고 사실과 사태의 구별이 단지 그 원자성 여부에만 있는 것은 아니라고 보인다. 왜냐하면 사태는 또 한편으로 우리가 그 존립 · 비존립 여부를 모르면서도 이야기할 수 있는 어떤 것이기 때문이다(cf. 3.001&2.22). 이에 반해서, 사실은 우리가 사태의 존립 · 비존립 여부를 모르고선 이야기할 수 없는 어떤 것이다. 이런 점으로 하여, 'Sachverhalt'의 번역으로는 '원자적 사실'보다는 글자 그대로 '사태'가 낫다고 보인다."(비트겐슈타인, 『논리철학논고』, 이영철 옮김, 천지, 1991, 35~36쪽, 역주 2).

세계를 모사한다. 여기에서는 세계의 한계, 사고의 한계, 논리의 한계가 엄밀히 일치한다(명제 5.6과 5.61).[7] 철학은 그 한계 내에서 움직인다. 이상은 정의^定義^다. 그렇다면 이런 비트겐슈타인적 세계=사고에서 '불가능한 것', 즉 명제표현의 '한계^Grenze^'는 어떻게 나타날까? 그는 명확히 서술하고 있다. "명제는 모든 실재를 서술할 수 있다. 그러나 명제는 다음과 같은 것은 서술불가능하다. 그것은 실재를 서술하기 위해 명제가 실재와 공유해야 하는 것, 즉 논리형식^[logische Form]^이다. 논리형식을 서술하기 위해서는 [……] 논리의 바깥, 즉 세계의 바깥쪽에 설 수 있어야 한다."(4.12) 우리는 논리

---

7. 본서에서 『논리철학논고』로부터의 인용은 坂井秀壽 譯(法政大學出版局, 1968)을 참조하면서 원칙적으로 원문으로부터 번역했다(*Tractatus logico—philosophicus*, Suhrkamp Taschenbuch, 1984). 단 이 저작에 대해서는 주의 번잡함을 피하기 위해 쪽수 지시를 명제번호 지시로 바꾼다. 또 본장에서 참조되는 비트겐슈타인은 어디까지나 1920년대의, 소위 '전기'의 작업이고, 크립키/가라타니가 주목한 후기의(『철학적 탐구』를 중심으로 한) 작업은 포함되지 않은 것에 주의하기 바란다.
(참고로 여기서 언급되는 명제 5.6과 5.61의 내용은 다음과 같다. "5.6 내 언어의 한계들은 내 세계의 한계들을 의미한다.
5.61 논리는 세계를 가득 채우고 있다; 세계의 한계들은 또한 논리의 한계들이기도 하다. / 그러므로 우리는 논리학에서 다음과 같이 말할 수 없다: 이것과 이것은 세계 내에 존재하고, 저것은 존재하지 않는다. / 요컨대, 그것은 우리가 어떤 가능성들을 배제한다고 전제하고 있는 것으로 보이는데, 이 전제는 사실일 수 없기 때문이다. 왜냐하면 그렇지 않다면 논리는 세계의 한계들을 넘어가야만 — 즉 만일 논리가 이 한계들을 다른 편 쪽에서도 또한 고찰할 수 있다면 — 할 것이기 때문이다. / 우리가 생각할 수 없는 것을 우리는 생각할 수 없다; 따라서 우리는 또한 우리가 생각할 수 없는 것을 말할 수도 없다."(한국어판 『논리철학논고』, 117쪽. – 옮긴이).

에 의해서만 세계를 사고할 수 있다. 바꿔 말하면, 세계와 사고 모두 논리에 의해 뒷받침되고 있다. 그렇다면 필연적으로 논리 자체는 세계=사고를 넘어서는 게 된다.

비트겐슈타인은 '불가능한 것', 세계=사고의 한계를 논리형식으로서 끄집어내었다. 카르납 또한 그것을 답습하고 있다(앞에서 든 그의 논문은 그것을 '구문론적 형식'이라고 부르고 있다). 그리고 거기서의 '논리형식'이란 구체적으로는 술어논리를 뒷받침하는 장치들, 즉 양화사quantifier나 진리함수적 연산자 등에 의해 표현된다. 존재카테고리는 존재양화사로서 거기에 포함된다. 즉 그것들에게 있어 존재카테고리는 사고를 규정하는 형식이지 결코 사고대상이 아니다, 바꿔 말해 세계=사고의 내부에 들어오지 않는다. 물론 우리는 "어떤 것(예를 들어, 페가수스)이 존재하는지 존재하지 않는지"는 유의미하게 물을 수 있다. 그것은 명제 ∃x Pegasus(x)(함수 Pegasus(x)는 "x는 페가수스의 성질을 갖는다"고 표현하는)의 진위에 대한 물음에 지나지 않기 때문이다. 하지만 『논리철학논고』가 주의를 촉구하는 것처럼 명제 ∃x Pegasus(x) 자체는 그것의 진위와 무관하게 존재한다(4.05 이하 참조). 그리고 대상 페가수스의 '존재' 자체, 즉 ∃x 자체의 의미를 바로 묻는 것은 결국 명제 ∃x Pegasus(x) 자체의 존재근거를 묻는 것, 알기 쉽게 말하자면 "도대체 왜 우리는 페가수스에 대해 말하는가"를 묻는 것과 똑같다. 이런 탐구는 한계를 넘어선다. 사람은 명제의 진위에 대해서는 유의미하게 말할 수 있지만, 도대체 왜 그 명제가 존재하는지에 대해서는 말할 수 없다. 또 명제의 진위/명제의 존재라는 이 두 위상의 구별은 비트겐슈타인에 의해 "세계가 어떻게 존재하는지가 아니라 세계가 존재한다는 점이 신비다"(6.44)라는 명제에서도 명확히 표현되어 있다. 그렇다면 그 '신비'에 대해 사람들은 어떤 태도를 취해야 할까? 이미 명확한 것처럼 비트겐슈타인의 사고는 정의상 그것을 다룰 수 없다. 그렇기 때문에 『논리철학논고』는 "말할 수 없는 것에 대해서는 침묵해야 한다"는 유명한 요청으로 끝난다(7). 논리실증주의와 그것을 계승한 분석철학은 '불가능한 것'에 대해서는 적극적으로 말하지 않는다.[8]

그러나 하이데거는 '불가능한 것', 사고의 한계에 대해 그들과는 완전히 다른 어프로치를 취하고 있다. 이쪽도 정리해보자. 먼저

---

8. 스티븐 툴민 · 앨런 재닉은 그 침묵의 적극성을 『논리철학논고』와 20세기 초엽의 빈 문화와의 동시대성에 착안하여 도출하고 있다. 그들 연구에 따르면, 1910-20년대의 비트겐슈타인(게다가 당시의 빈 지식인 일반)의 "주요한 관심사는 인생 경영에 관한 영역이 사변의 영역으로 인해 침해당하는 것을 막는 것"에 있었고, 그 때문에 『논리철학논고』에서의 윤리적 영역에 관한 침묵은 '윤리의 주체성을 확립하기' 위한 역설적 수단으로 읽혀야 한다(『ウィトゲンシュタインのウィーン』, 藤村龍雄 譯, TBSブリタニカ, 1992, 新裝版, 237頁: 『비트겐슈타인과 세기말 빈』, 석기용 옮김, 필로소픽, 2013, 286쪽 이하). 논리실증주의-분석철학으로 이어지는 40년대 이후의 흐름이 비트겐슈타인으로부터 계승하지 않았던 것이 바로 이런 역설적 적극성이라고 생각된다. 그들은 존재론적 문제를 간단히 말소하거나 무시한다. 예를 들어, W. V. O. 콰인은 1948년의 논문 「무엇이 존재하는가에 대하여」에서 "존재한다는 것은 변항變項의 값이다"(27쪽)라고 주장하고(즉 다시 카르납-러셀의 정식화를 확인하고), 비트겐슈타인이 '신비'라고 부른 영역을 '오캄의 면도날'로 잘라내 버릴 것을 분명히 제안하고 있다(『論理的觀点から』, 飯田隆 譯, 勁草書房, 1992, 22頁 이하: 『논리적 관점에서』, 허라금 옮김, 서광사, 1993, 14쪽 이하). 여기에서 존재론적 문제는 의미론적 차원으로, 즉 명제 $\exists x$ Pegasus(x)를 둘러싼 해석의 차이로 완전히 환원되어 버린다.

확인해야 하는 것은 그의 철학 또한 『논리철학논고』와 마찬가지로 논리적 영역과 탈논리적 영역, 존재자(존재하고 있는 것)와 존재(존재한다는 것)라는 두 위상의 준별에 의해 관철되고 있다. 똑같은 1920년대의 『존재와 시간』은 분명히 서술하고 있다. 모든 과학=지[Wissenschaften]는 존재자의 영역을 이동한다. 사람들은 대상이 사전에 존재하고 있다는 것을 전제한 후, 개별 존재자의 성질[essentia]을 묻는다. 뒤집어보면, 거기에서는 성질만 문제가 되고 있다. 대조적으로 철학은 존재의 영역, 개개의 존재자가 존재하고 있다는 것[existentia] 그 자체를 파고든다. 이런 작업은 '존재의 물음'이라고 불린다. 그리고 그것은 구체적으로 존재자를 대상으로 삼는 모든 과학이 전제하고 있는 '존재이해', '<존재>라는 표현으로 우리가 본래 의미하고 있는 것'에 대한 감추어진 공통이해를 명확히 드러내는 시도를 의미한다(제3절). 이런 작업은 논리를 일탈한다. 왜냐하면 "과학은 일반적으로 올바른 명제의 논증연관 전체로서 규정가능하다"는 것인데, 존재의 물음은 정의상 그런 논리적 연관의 전체에 선행하고 그것에 기초를 부여하는 것이기 때문이다(제4절). 존재자를 다루는 과학들/그 전체를 뒷받침하는 존재이해, 논리적 영역/탈논리적 영역이라는 하이데거의 이런 이분법은 세계와 논리적 투영관계에 있는 명제군/그 전체를 뒷받침하는 논리형식이라는 비트겐슈타인의 이분법과 완전히 대응된다. 하지만 그로부터 도출되는 철학 프로그램이 하이데거와 논리실증주의에서 대조적이다.

논리실증주의는 철학을 '한계' 안에 가둔다. 철학은 과학의 명확화에만 관계한다(『논리철학논고』 4.1 이하). 다른 한편 하이데거는 지금 서술한 것처럼 철학을 바로 그 한계, '불가능한 것'에 대한 사고라고 규정한다. 1935년에 그는 다음과 같이 서술하고 있다. "철학은 결코 과학과 동렬에 놓일 수 없다. 철학은 도리어 과학보다 앞 서열에 놓이는데, 그것은 단순히 '논리적으로'라거나 과학의 체계표 안에서라는 의미에서가 아니다."[9] 존재의 물음은 과학의 권역을 넘어서 그 총체를 뒷받침하는 초월론적 기초Grund로 향한다.

그렇지만 이런 대조는 그 자체로 하이데거의 우월성을 의미하지 않는다. 확실히 하이데거는 논리실증주의가 회피한 문제(신비)와 씨름한다. 그러나 후자 또한 신비를 둘러싼 언설을 금지한 것은 아니다. 다만 그들은 그것에 대해 철학적으로, 즉 엄밀하고 보편적으로 말하는sagen 것이 불가능하다고 생각한 것에 지나지 않는다. 신비의 영역은 윤리학이나 미학이나 예술을 위해 남겨지고, 거기에서는 '보여주다zeigen'라는 동사가 사용된다. 실제 그들은 하이데거적 탐구의 가치를 '문학적인' 즉 직감적이고 개인적인 언어표현으로서는 충분히 인정하고 있다. 예를 들어, 비트겐슈타인은 하이데거의 『형이상학이란 무엇인가』가 출판된 직후, 그런 기도企圖가 '전부 아프리오리하게 그저 무의미'한 것을 지적하면서도, 그 심정에 공감을 표명했다고 전해진다.[10] 또 카르납도 앞서의 논문에

---

9. 『形而上學入門』, 川原榮峰 譯, 平凡社ライブラリー, 1994, 50-51頁(『형이상학 입문』, 박휘근 옮김, 문예출판사, 1994, 57쪽). 단 Wissenschaft의 역어 '학문'은 '과학'으로 변경(한국어본은 '과학'으로 번역되어 있다.－옮긴이).

10. 『ウィトゲンシュタイン全集』 第5券, 大修館書店, 97-98頁.

서 니체의 사고 스타일에 대해 "오해받기 쉬운 이론적 형식을 선택하지 않고 공공연하게 예술의, 시의 형식을 취하고 있기" 때문에 오히려 허용된다고 서술하고 있다(하이데거는 시가 아니기 때문에 문제시된다). 즉 '불가능한 것'으로 향하는 사고의 필연성에 관해서는 논리실증주의와 하이데거의 의견은 기본적으로 일치한다. 그렇다면 양자의 차이는 무엇일까. 양자는 그 역설적-탈논리적 사고가 '엄밀streng'할 수 있는지 어떤지, 즉 사고의 방법론에서만 대립하고 있다. 논리실증주의자에게 '불가능한 것'은 예술을 통해서만 접촉되는 것이다. 이에 반해 하이데거에게 그것은 어떤 종류의 엄밀함을 가진 절차를 통해 접촉이 가능하다. 그러므로 우리는 여기에서 그들의 그런 방법론적 차이를 낳은, 보다 근본적이고 구조적인 차이를 검토해야 한다. 하이데거는 과학적 사고를 넘어서는 '존재의 물음', 논리나 오성이라는 '최고심급'을 인정하지 않는 사고에[11] 도대체 어떻게 엄밀함을 부여할 수 있었던 것인가.

도식화하여 생각해보자. 논리실증주의는 사고의 한계를 그 구체적 대상성을 뒷받침하는 형식, 즉 사고의 메타레벨로서 파악했다(<그림 1-1>). 메타레벨은 정의상 사고대상(오브젝트레벨)이 결코 될 수 없다. 이런 발상은 칸트에 의한 오성/이성이라는 이분법의 직접적인 계승이며, 철학사적으로 매우 오소독스orthodox한 것이다. 이런 설정은 한계에 대한 사고를 정의상 불가능하게 한다. 그러나 하이데거는 그런 전통에 저항하여(또는 그런 칸트적 전통에

11. *Wegmarken*, Vittorio Klostermann, 3 Aufl., 1996, S. 107. 邦譯, 『道標』, 創文社版全集 第9券, 128頁(『이정표』(1), 신상희 옮김, 한길사, 155쪽).

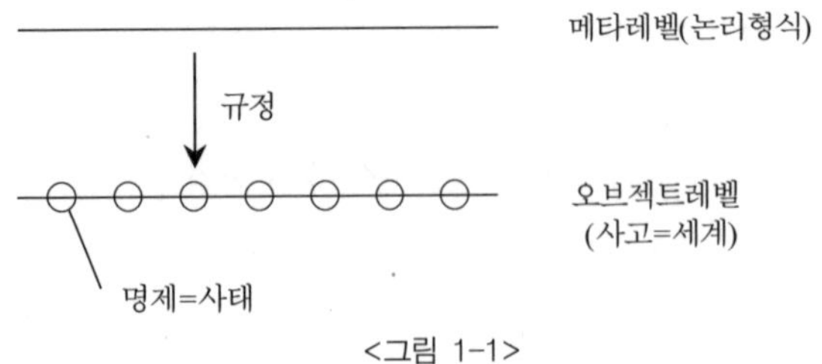

<그림 1-1>

저항하는 다른 전통, 소위 독일낭만파를 계승하여) 칸트/비트겐슈타인이 금지한 한계=기초에 대한 물음을 철학적으로 다시 조직하려고 한다. 따라서 그의 작업은 논리적으로는 사고의 메타레벨(Grund는 상하관계를 반전시키면 über=mata도 된다) 그 자체를 사고의 대상으로 삼는 것, 즉 메타레벨과 오브젝트레벨을 어떤 형태로 매개하는 것을 요청하게 된다. 이런 과제는 일견 무리로 여겨진다. 사실 카르납과 그를 계승한 1940년대 이후의 분석철학자는 한결같이 그렇게 생각하고 하이데거의 언설에 대해 철학적 엄밀함을 인정하지 않는다(예를 들어, 러셀의 『서양철학사』는 그를 완전히 무시하고 있다). 그러나 실제로 하이데거는 『존재와 시간』 서론에서 '존재의 물음'의 정당성을 둘러싼 역설('순환논증')을 회피하기 위해 사전에 일정한 절차를 준비하고 있다. 그리고 한계에 대한 사고는 그것을 따르는 한 엄밀하다고 여겨진다. 그렇다면 그 절차란 구체적으로 어떤 것일까.

하이데거의 착상은 기본적으로 단순하다. 그는 사고대상의 총체 또는 세계, 즉 존재자의 집합 속에서 사고대상과 사고형식이 포개어지는 특정한 존재자를 발견한다. 하이데거는 자주 그런 상태를 '이중주름Zwiefalt'이라고 부르고 있다.[12] 독특한 이중구조를 가진 그런 특이한 존재자를 통해 한계에 대한 사고가 간접적으로 가능하게 된다. 그런 존재자에 대해 사고하는 것, 즉 그것을 사고대상으로 삼는 것은 그대로 동시에 사고형식(존재)에 대한 물음을 유발하기 때문이다. 그렇다면 그 점이란 구체적으로 무엇일까. 하이데거는 그것이 바로 인간, 그의 술어로 말하자면 '현존재Dasein'라고 주장한다(『존재와 시간』 제4절). 논리형식은 인간에 의해 산출된다. 그럼에도 불구하고 동시에 인간은 한 사물로서 논리형식을 따른다. 그러므로 세계=사고의 한계에 대한 물음Frage은 세계=사고 자체를 산출하는 인간이라는 존재자의 '실존론적 구조'에 질문을 던짐으로써 탐구된다. "존재에 대한 물음이란 현존재 자신에 구비된 본질적인 존재경향, 즉 현존재론적 존재이해의 근원적 수립에 다름 아니다." 인간을 둘러싼 물음의 이런 이중구조를 하이데거는 '질문을 하다befragen'와 '묻다fragen'라는 두 개의 동사를 구별해 보이고 있다(제2절). 인간은 사고대상으로서 '질문을 당한다befragt'. 한계=기초는 그런 질문을 통해서 '물어진다gefragt'. 이런 이중구조의 도입에 의해 그의 철학은 비로소 메타레벨을 메타레벨인 채로, 즉 대상화하는(존재자성을 부여하는) 것 없이 고찰하는 것이 가능하게 되었다. 그리고 이런 '사고의 다른 차원',[13] 어떤 종류의 간접

---

12. 예를 들어, *Was heißt Denken?*, S. 134ff. 邦譯, 185頁 (『사유란 무엇인가?』, 228쪽) 이하(여기서 '이중주름'이라고 번역한 Zwiefalt는 일본에서는 보통 '이중성(이중구조)'으로 옮기고 있고, 한국에서는 '이중성'(권순홍) 또는 '일체이중성'(신상희)으로 번역되고 있다.－옮긴이).
13. *Was ist das —die Philosophie?*, Verlag Günter Neske, 10 Aufl., 1992, S. 15. 邦譯, 『哲學とは何か』, 原佑 譯, 理想社, 1960, 19頁(『철학이란 무엇인가 外』, 삼성출판사, 1990, 40쪽).

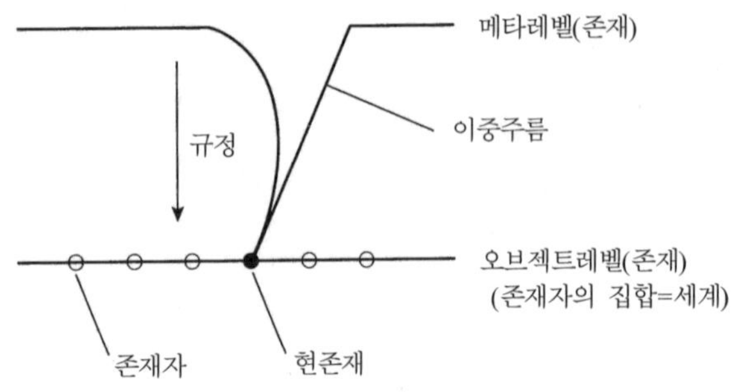
메타레벨(존재)
규정
이중주름
오브젝트레벨(존재)
(존재자의 집합=세계)
존재자
현존재

<그림 1-2a>

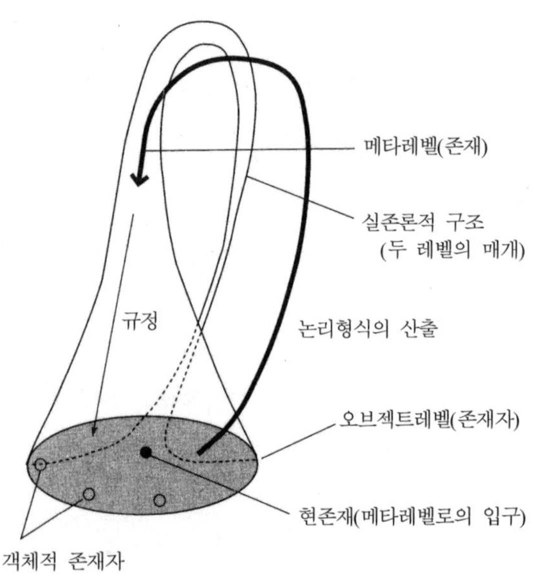
메타레벨(존재)
실존론적 구조
(두 레벨의 매개)
규정
논리형식의 산출
오브젝트레벨(존재자)
현존재(메타레벨로의 입구)
객체적 존재자

<그림 1-2b>

적인 사고의 가능성을 인정할지 부정할지는 이후 만년에 이르기까지 하이데거 자신의 사고와 그 외 '논리학', '형이상학', '소피스트적 사고', '근대과학적 사고'를 나누는 유일한 지표로서 계속 기능하게 된다.

그렇다면 이런 발상은 도식화하면 어떻게 될까. 논리형식(존재)은 이번에는 실존론적 구조를 매개로 하여 어떤 특이한 존재자, 즉 현존재와 연결되어 있다. 우리는 여기에서 존재/존재자라는 두 레벨이 단락된 시스템을 아사다 아키라가 『구조와 힘』에서 사용한 그림을 전용하여 '클라인의 병'으로 표현하고 싶다(<그림 1-2a>, <그림 1-2b>). 하이데거는 사고대상과 그 조건과의 관계를 클라인의 병壺적 뒤틀림 속에서 파악했다. 그가 '논리학'의 유효성을 단호하게 거절한 것은 그런 학문이 '뒤틀림'을 소거한다고 생각되었기 때문이다. 하지만 그런 거부에도 불구하고 하이데거의 이런 착상은 그야말로 논리학적으로 엄밀했다고도 말할 수 있다. 왜냐하면 그것은 내용적으로나 시기적으로나 명확히 수학사에서 프린키피아 마테마티카Principia Mathematica 체계(논리실증주의의 수학적 대응물)의 내재적 비판으로서 등장한 1931년 괴델의 불완전성 정리에 대응하고 있었기 때문이다. 하이데거도 괴델과 더불어 메타/오브젝트라는 레벨 구별, 소위 '논리유형화logical typing'의 무모순성consistency을 파괴하는 구조를 발견했다. 이 구조는 전자에서는 '실존론적 구조'로, 후자에서는 '괴델수數'로 불리고 있다.

이미 앞 두 장의 기술로부터도 명확한 것처럼 이후 라캉파 정신분석은 이 양자를 조합하여 보다 세련된 이론적 도식을 완성시키고 있다. 『존재와 시간』은 상술한 것처럼 특이점(현존재)이 가지는 이중성을 실체적으로 인간이라는 사물의 성질로부터 도출했다. 하지만 라캉파는 그런 종류의 실체론조차 완전히 파기하고 있다. 거기서 사고의 한계(현실계)는 사고대상의 집적(상징계) 한가운데의 텅 빈 균열, '결여'로서 제시되고 있다. 그리고 그런 결여의 존재는 괴델의 불완전성 정리에 의해 보증된다.[14] 존재자의 총체는 결코 하나의 레벨(평면)에 가둘 수 없다. 하이데거가 '현존재'라고 부른 균열, 즉 '팔루스'는 그 수학적 불가능성의 구조적 표현으로서 규정된다. 팔루스는 현존재와 다르며 그런 이중주름성을 뒷받침하는 실체적 성질을 갖고 있지 않는다.

논리실증주의적(러셀적) 사고에서 세계의 한계=기초는 메타레벨로서 정적靜的으로 존속한다. 그러나 하이데거적(괴델적) 사고에서 한계=기초는 오히려 세계 내의 특이점, '현존재'를 통하여 동적動的으로 산출된다(현상학적 의미에서). 그렇다면 사고의 한계=기초 그 자체에 대한 것은 아니라고 하더라도 적어도 그런 산출과정에 대해서는 사고가능하다. 이 작업이 실존론적 분석이라고 불린다. 논리적으로 불가능하다고 생각되었던 하이데거의 기도企圖는 이리하여 논리적으로 가능하게 되었다. 우리는 이런 아크로바틱한 논리단계의 발견을 우선 높이 평가해야 한다. 그것은 한계나 기초에 대한, 즉 '초超' 운동일반meta/trans/über/hyper/plus에 대한 새로운 사고방법을 제출했다.

---

14. 라캉파 정신분석의 괴델적 정리는 1960년대에 이미 확립되었다. 예를 들어, cf. Alain Badiou, "Marque et Manque: à propos du zéro", in *Les cahiers pour l'analyse*, no.10, Seuil, 1969.

2. 존재론적

카르납은 명제형식과 명제내용, 즉 메타레벨과 오브젝트레벨의 준별을 통해 하이데거를 비판했다. 그러나 지금까지 살펴본 것처럼 원래 후자의 논리는 그런 준별의 내재적 비판에서 출발하고 있다. 이런 논리에 의한 논리의 넘어섬의 필연성, 클라인의 병 구조의 엄밀함을 이해하지 않는 한, 하이데거 비판은 본질적인 비판이 될 수 없다. 이 점에서 카르납은 틀렸다. 우리는 한편으로 그것을 확인해둔다. 그러나 다른 한편으로 우리는 '논리형식의 명사화'에 대한 그의 비난은 아직 완전히 포기할 수 없다고 생각한다. 왜일까. 확실히 우리는 논리형식이 이중주름이 되는 이유를 검토했다. 그 결과, '불가능한 것' 즉 세계=사고의 한계로 향하는 하이데거의 철학적 기도는 충분히 정당화되었다. 그러나 우리는 아직 논리형식이 명사화되는 이유는 검토하지 않았다. 그러므로 '불가능한 것'이 어떤 특정한 단어(이 경우는 '존재')에 의해 명명되고 실체화되어 논술주제가 되는 메커니즘은 아직 정당화되지 않았다. 즉 우리는 논리형식에 대해 침묵해야 한다는 카르납의 요청이 잘못이라는 것은 알고 있지만, 그것이 명사화되는 것을 비난한 그의 주장이 잘못인지 아닌지는 모른다. 하이데거적인 철학스타일, 특히 그의 사적私的/시적詩的 언어성에 대한 비난은 주로 후자의 과정을 향해 있었다. 따라서 우리는 여기에서 그가 명사화를 행한 이유 쪽으로 논의를 진행시켜야 한다.

주지하다시피 하이데거는 30년대 전반에 '전회'라고 불리는 커다란 사상적 변화를 경험했다. 카르납의 앞선 논문은 바로 그 시작인 1929년에 출판된 텍스트 『형이상학이란 무엇인가』를 주된 비판대상으로 삼고 있다.[15] 그러므로 논리형식의 명사화라는 그의 비판은 뜻밖에도 전회의 어떤 측면과 호응하고 있다. 무슨 말인가.

먼저 교과서적으로 정리해보자. 이미 서술한 것처럼 『존재와 시간』의 하이데거는 사고의 한계(존재)를 둘러싼 클라인의 병 구조의 산출과정, 즉 '존재의 의미', '존재이해'가 인간이라는 특수한 존재자(현존재)에 의해 산출되는 메커니즘의 분석을 지향하고 있다. 그 때문에 그의 탐구는 아직 '인간'이라는 사물[物]과 관계하고, 그러는 한에서 여러 가지 과학적이고 유물론적인 식견과도 관계한다. 예를 들어 기타 겐[木田元]에 따르면, '존재이해'라는 발상은 당시 생물학이 제출한 '환경세계[Umwelt]'라는 개념으로부터 깊은 영향을 받고 있다.[16] 그러나 전회[Kehre] 후 이 상황은 크게 변한다. 후기 하이데거는 '존재'와 존재이해, 즉 한계=기초(클라인의 병 구조)와 그 산출과정의 관계를 역전시켜 버린다. 그는 이제 인간존재가 '존재'의 의미를 산출한다고 생각하지 않는다. 인간존재는 오히려 '존재' 그 자체의 힘에 의해 산출된다. 클라인의 병은 현존재보다 앞

---

15. 하이데거 자신은 전회Kehre의 개시를 1930년대의 『진리의 본질에 대하여』에 위치시키고 있다. cf. *Über den Humanismus*, Vittorio Klostermann, 9 Aufl., 1991, S. 19. 邦譯, 『'ヒューマニズム'について』, 渡邊二郎 譯, ちくま學芸文庫, 1997, 18頁(「휴머니즘 서간」, 『이정표』(2), 신상희, 한길사, 2005, 140쪽). 또 같은 텍스트가 『이정표』에도 수록되어 있지만, 독자의 편의를 생각하여 이하 참조 쪽은 독일어·일본어 역과 모두 단행본의 것을 사용했다(단 한국어본의 인용 쪽수는 『이정표』(2)의 것이다—옮긴이).

16. 『ハイデガーの思想』, 岩波書店, 1993, 83頁 이하.

에 '주어진다es gibt'. 따라서 거기에서는 필연적으로 '존재'분석이 현존재분석에 선행하게 된다. 그렇다면 그것은 어떻게 가능한가. 여기에서 주목되는 것은 하이데거가 언어Sprache에 특권적 가치를 부여한 점이다. 예를 들어, 1935년의 강연 『형이상학 입문』은 Sein의 '문법과 어원학' 검토에 꼬박 1장을 할애하고 있다. 또 1947년의 『'휴머니즘'에 대하여』 첫 부분은 "존재는 언어에 도래한다", "언어는 존재의 집이다"라고 집요하고 되풀이한다.[17] 후기 하이데거의 사고는 이제 사물에 관계하지 않고 과학적 식견으로부터도 멀어진다. 대신에 존재의 물음은 'Sein'이라는 단어의 역사, 그가 말하는 '존재사存在史'를 통해서만 인도된다. 이상의 전회는 와타나베 지로渡辺二郎의 용어로 '실존사상'에서 '존재사상'으로의 변화라고 요약된다.

후기 하이데거는 언어에만, 그것도 그리스어와 독일어를 중심으로 한 특정한 어휘 해석에만 의존하여 사고를 진행시킨다. 이것은 통상 철학의 신비사상화 또는 해석학화(합해지면 카발라화)[18]로 간주된다. 예를 들어, 아도르노는 그것은 '은어隱語/jargon'화라고 부르며 강하게 비난했다. 그에 따르면, 하이데거의 언설에는 "은어가 메시지를, 은어 자체가 가지는 성질만을 개재시켜 자동적으로 만들어냄으로써, 은어를 활성화시키는 경험으로부터 메시지를 차단해버린다." 거기에서는 '체계 안에서만 가치를 가지는 것이

---

17. *Über den Humanismus*, S. 5. 邦譯, 18頁(「휴머니즘 서간」, 123-124쪽).

18. 후기 하이데거와 카발라의 의도하지 않은 친근성에 대해서는 マルレーヌ ザラデル, 『ハイデガーとヘブライの遺産』, 合田正人 譯, 法政大學出版局』, 1995 참조.

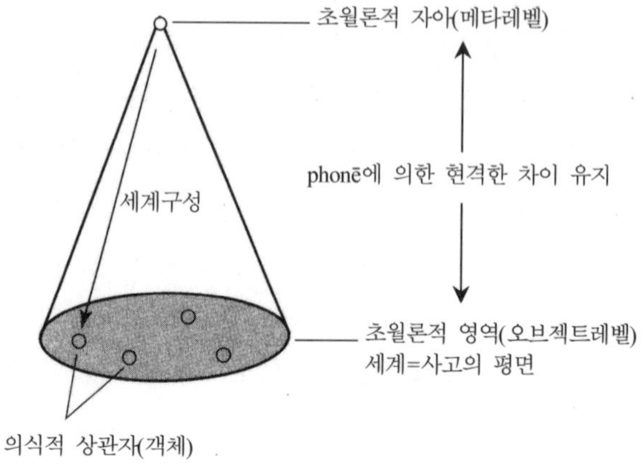

<그림 2-1> 형이상학 시스템

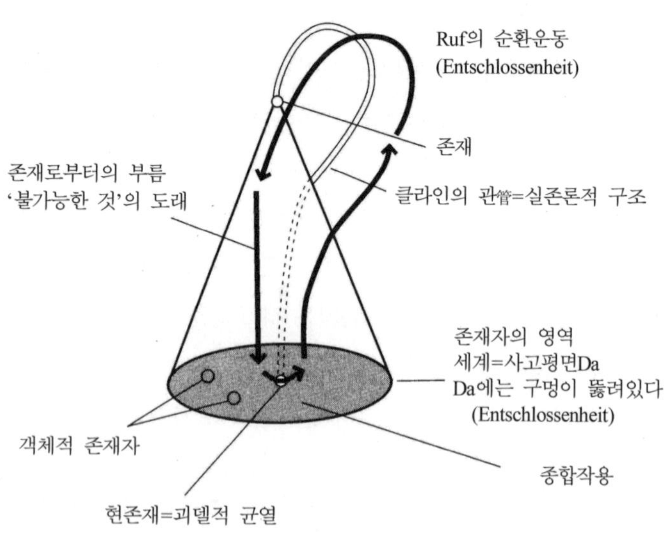

<그림 2-2> 부정신학 시스템

단순한 단언으로 변화'하고, 사항으로부터 자립한 은어들은 결국 '비틀거리면서 난센스에 도달할' 수밖에 없다.[19] 아도르노의 이런 지적은 실제로 이후 확실한 형태로 확증되었다고 말할 수 있다. 제3장에서도 서술한 것처럼 후기 하이데거는 1960년대의 프랑스 철학에 깊은 영향을 주었다. 프랑스에서는 라캉이나 들뢰즈나 데리다에 의해 은어성이 강한 사고 스타일이 다시금 세련되게 재현되었다. 하지만 이런 움직임은 1960년대 말에 이미 이론적 정점을 맞이했고, 그 이후로는 급속하고 확실하게 쇠퇴했다. 이런 쇠퇴의 주된 원인은 오늘날의 입장에서 돌아보면 그들이 이용한 개념=은어계 자체의 고갈, 즉 하이데거적 은어들에 비급되었던 힘 그 자체의 고갈에서 찾아진다. 그들은 하이데거의 사상권 내에서 가능한 것을 거의 다 했다. 그것은 그들 자신도 자각하고 있었다. 예를 들어, 1970년대의 들뢰즈는 가타리와의 공동작업을 통해 '철학' 스타일 자체의 변혁을 기도했다고 생각할 수 있다. 또 같은 시기의 데리다도 주로 라캉과의 길항관계를 통해 하이데거적인 스타일이나 어휘에 대한 저항을 복잡하게 조직화하고 있었다. 철학의 가능성을 언어 내부로, 즉 특정한 해석학적 아르시브 내부로 가두는 후기 하이데거의 선택은 확실히 철학의 자폐화를 불러들인다. 그리고 실제 그렇게 되었다. 그렇다면 무엇이 하이데거에게 철학의 은어화를 강요했던 것일까.

앞서 든 그림에 입각하여 다시 형식적으로 생각해보자. 철학은 세계 인식의 구조를 다룬다. 하이데거는 후설에서 출발했다. 후자

---

19. 『本來性という隱語』, 笠原賢介 譯, 未來社, 1992, 10/104頁.

의 현상학은 칸트의 초월론철학을 계승하고 채용했다. 초월론적 자아(메타)가 의식적 상관자(오브젝트)를 구성한다는 현상학의 주장, 소위 '노에시스-노에마 구조'는 형식적으로는 논리형식(메타)이 세계=사고(오브젝트)를 규정한다는 『논리철학논고』의 주장과 같다고 할 수 있다(<그림 2-1>). 그리고 이 원추는 구조상 의식적 상관자가 투영되는 스크린, 세계=사고의 바닥면底面의 안정을 요청한다. 제3장에서 우리는 그것을 위한 장치를 데리다를 참조하여 '목소리'라고 명명했다. 목소리는 정점과 바닥면의 동떨어짐懸隔을 유지하고[20] 양자의 관계를 안정시킨다. 여기에서의 논의를 앞 두 장의 퍼스펙티브와 연결하기 위해 우리는 앞으로 이 원추를 '형이상학 시스템'이라고 부르기로 하자(이것은 하이데거에 의한 '형이상학'의 용법과 엄밀히 일치한다).[21] 초월론적 자아는 초월론적 시

---

20. 데리다는 『목소리와 현상』의 첫머리에서 그의 후설 독해가 경험적 영역과 초월론적 영역의 '그런 불가시不可視적 거리cette invisible distance'를 유지하는 장치와 관련이 있다는 것을 명확히 서술하고 있다. "순수하게 심리적인 경험의 영역은 실제로는 후설이 초월론적 경험이라고 부르는 영역의 총체와 겹치고 있다. 하지만 이런 완전한 겹침에도 불구하고 거기에는 여전히 근원적인 차이가 존재한다. [……] 그와 같은 이중화의 가능성과 재인정 없이는 [……], 즉 두 에포케의 작용 사이에 뻗어있는 이 불가시적 거리가 없다면, 초월론적 현상학은 그 근본에서 파괴되어버릴 것이다"(pp. 10-11. 邦譯, 24頁: 20-21쪽). 이후 데리다는 이 두 영역의 '평행관계'를 유지하는 것이 후설적 '생生' 개념이라는 것, 그리고 그 개념이 '살아있는 목소리la vive voix', 즉 목소리의 은유에 의해 뒷받침되고 있다는 것을 명확히 해간다.
21. 형이상학metaphysics은 정의상 Physik(존재자의 영역)에 meta를 설정하는 사고이며, 이를 통해 클라인의 관(존재)을 지워버린다. 하이데거는 논리실증주의나 분석철학의 시도(그는 그것을 Logistik이라고 부른다) 또한 형이상학에 넣고 있다. cf. *Unterwegs zur Sprache*, Verlag

니피에에 해당된다. 이 시스템에서 '불가능한 것'은 세계(바닥면) 내에서 나타나지 않는다. 후설의 원추, 초월론적 주관은 이 구멍이 난 바닥면에 의해 뒷받침된다.

그렇다면 후기 하이데거는 어떨까. 앞서 서술한 것처럼 그의 시스템은 두 레벨의 단락으로 성립되었다. 그런 단락회로를 앞으로 '클라인의 병'이라고 부르기로 하자. 이 존재는 목소리의 기능, 메타와 오브젝트의 준별을 어긴다. 제3장에서도 다룬 것처럼 『존재와 시간』은 이런 기능침범에 '부름Ruf'이라는 음성적 은유를 부여하고 있다. 부름은 나의 바깥에서 도래하는 것이 아니다. 그것은 "내 안에서 더구나 나를 넘어서aus mir und doch über mich" 울려 퍼진다. 그리고 이 소리야말로 '현존재의 본래적인 존재가능'을, 즉 '객체적 존재자의 <사실성>으로부터 본질적으로 구별되어야 할' '실존성'을 개시한다(제54-57절). 부름이 실존론적 구조를 가능하게 한다. 우리는 이런 하이데거의 주장을 이번에는 클라인 병의 안정화 장치에 대해 이야기된 것으로 해석가능하다. 부름은 관管과 원추부분을 순환하고 바닥면=세계의 괴델적 균열을 보다 고차원적으로 '봉합한다suturer'.[22] 이런 봉합작용이 없으면 세계는 열려진 채로 방

Günter Neske, 10 Aufl., 1993, S. 116, 160. 邦譯, 『言語への途上』, 創文社版全集 12巻, 136, 191頁(『언어로의 도상에서』, 신상희 옮김, 나남, 2012, 156, 212쪽) 참조.

22. 자크 알랭 밀레의 은유를 빌렸다. cf. Jacques-Alain Miller, "La suture", in *Les cahiers pour l'analyse* no.1, 1966. 밀레는 이 논문에서 라캉파 정신분석의 중심 개념을 프레게의 산술론을 채용하여 설명하는 가운데 '봉합'이라는 단어를 사용하고 있다. 여기에서 그의 논의를 자세히 소개할 수는 없지만, 단 하나, 거기서 이미 '논리적 봉합작용suturation

치되게 된다. 바꿔 말해, 상징계는 시니피앙의 단순한 집적으로 흩어져버린다(<그림 2-2>). 현존재의 통일성은 바닥면에 난 구멍과 그 봉합작용, 즉 '현[Da]'의 개방성과 그것을 닫는 부름의 순환운동으로 유지되는 것이다. 우리는 앞으로 이런 시스템을 역시 앞 두 장에 따라 '부정신학 시스템'이라고 부르기로 하자. 그런데 '불가능한 것'은 세계 내에 하나만 나타난다. 괴델적 균열을 봉합하는 부름이란 제2장의 퍼스펙티브로 말하자면, 시스템을 불완전성에서 완전하게 하는 역설적-초월론적 시니피앙, 라캉이 말하는 '반드시 도착하는 편지'이다. 실제 주제적으로도 『존재와 시간』의 부름은 '어떤 지식도 부여하지 않음'에도 불구하고 사람들을 '부채가 있는 존재'로 바꾸는 '섬뜩함'으로 규정되어(제58절) 「도난당한 편지」에 등장하는 편지와 많은 특징이 일치한다.

1920년대의 하이데거는 부정신학 시스템, 새로운 '초[超]'를 발견했다. 그 중요성에 대해서는 방금 전에 서술했다. 그러나 여기에서 보다 주목해야 하는 것은 그가 동시에 그런 시스템의 안정화 장치, 즉 초월론적 시니피앙의 순환운동을 발견하고 있었다는 점이다. 앞서 든 책의 아사다는 같은 장치를 자본주의 시스템을 항상 파괴하면서 동시에 안정화시키는 '화폐-자본의 순환운동'에서 발견하고 있다. 이런 경제용어를 은유적으로 사용한다면, 하이데거는 자본주의(부정신학시스템)와 동시에 화폐(초월론적 시니피앙)를 발견했다고도 말할 수 있을 것이다. 시스템 전체의 괴델적 순환구조,

---

logique'이 수평/수직이란 '두 개의 축'과 관계한다고 여겨지고 있는 것에 주의하기 바란다(p. 46ff). 수평으로 흩어진 것을 제로기호가 수직으로 봉합한다는 밀레의 생각은 그대로 우리의 그림에 채용되었다.

그리고 그런 순환구조 그 자체를 뒷받침하는 어떤 것의 기원적 운동이라는 그의 발견이 가진 이중성은 이 논의에서 매우 중요하다.[23] 우리가 생각하기에 그것은 논리적-존재론적 탈구축의 두 단계, 그리고 하이데거의 전기와 후기라는 구분에 정확히 대응하고 있다. 전기 하이데거는 주로 부정신학 시스템의 구조, 즉 현존재의 실존론적 구조의 분석에 관계했다. 이에 반해 후기 하이데거는 그런 시스템 자체의 성립근거, 초월론적 시니피앙의 유래Woher로 소행한다. 전기 하이데거는 형식화의 한계를 발견하고, 후기 하이데거는 그로부터 차이공간으로 소행한다. 우리는 제3장까지 논리적-존재론적 탈구축을 가라타니가 주장하는 '괴델 문제'와 거의 동일시해 왔다. 하지만 그것은 약간 수정될 필요가 있다. 괴델 문제에는 그런 탈구축의 제1단계(논리적)만이 대응한다. 그 뒤는 부정신학 시스템보다 앞前의 위상에 도달하기 위해 다른 절차(존재론적)가 이어진다.

---

23. 라캉파에서는 이런 이중성이 엄밀히 사라지는 것처럼 생각된다. 그들은 초월론적 시니피앙을 부정신학 시스템의 구조적 효과(괴델적 균열의 실체화)로 파악하기 때문에, 시니피앙 그 자체의 운동을 독립적으로 고찰할 필요성을 인정하지 않기 때문이다. 이와 관련하여 부가하자면, 제2장의 주 (55)에서 다룬 이와이 가쓰히토의 『화폐론』 또한 똑같은 말소를 행하고 있다. 화폐의 성질을 상품 세계의 구조적 효과('상품세계의 구멍')로서만 파악하는 이와이의 논의는 원리적으로 화폐 자체의 기원에 대한 물음을 배제한다. 그러므로 그는 이 저서에서 가치형태론을 상세히 전개하는 한편, 교환과정론이나 화폐계보론을 등한시할 수밖에 없게 된다(그는 항상 '화폐의 신비'를 재확인하는 것으로 끝난다, 99, 132頁 참조).

하이데거의 텍스트로 돌아가자. 부정신학 시스템에서 편지는 '도착하지 않는 것으로 도착한다'. 『존재와 시간』의 은유계에서 이런 역설은 '개시성Erschlossenheit'과 '결단성Entschlossenheit'의 관계, erschließen(열다)과 schließen(닫다)의 결부로 표현되고 있다('결단하다entschließen'라는 독일어는 닫힌 상태로의 이행을 의미할 수 있다).[24] "결단성은 현존재의 개시성이었을 때의 양태이다(제60절)." 현존재는 엶으로써 역으로 닫히고, 또는 닫힘으로써 역으로 연다. 인간이 인식하는 세계Da의 한가운데에는 구멍이 나 있는데(Da의 개시성), 그 구멍은 역으로 인간이라는 존재를 닫는 급소가 된다(현존재의 결단성). 이런 주장은 뒤집으면 인간이 현존재로서 하나의 통일체라면, Da의 구멍은 항상 관-원추의 폐쇄회로에, '개시성'은 '결단성'에 선행해야 한다는 것을 의미한다. 실제 하이데거는 이런 순서관계를 '선구적 결단성vorlaufende Entschlossenheit', 즉 '선행하는 폐쇄성'이라는 말로 명확히 명명하고 있다(제61절). 부름의 순환운동이 현존재에 선행한다. 제3장에서도 다룬 논리적 함의를 강조하여 바꿔 말하면, 양심의 부름이 항상 일상적 의식에 선행한다. 그러면 당연히 다음과 같은 의문이 든다. 그렇다면 그런 목

24. Ent-라는 접두사는 하이데거의 사상에서 종종 양의적인 가치를 갖는다. 예를 들어, 그는 '거리遠さ'를 의미하는 단어 Entfernung을 동시에 Ent-fernung, 즉 '거리fern'의 '제거ent-'로서도 사용하고 있다(『존재와 시간』 제23절). 그렇기 때문에 Entschlossenheit 또는 Ent-schlossenheit 라고(하이픈을 붙여서) 표기됨으로써 닫힌 상태의 제거로 파악되기도 한다. "결단성이란 어떤 주체가 결의한 행동이 아니라 존재자 안에 갇혀있는 것에서 존재의 열림으로 현존재를 열어가는 것이다." *Holzwege*, Vittorio Klostermann, 7 Aufl., 1994, S. 55. 邦譯, 『杣徑』, 創文社版全集 第5券, 71頁(『숲길』, 신상희 옮김, 나남, 2008, 97-98쪽).

소리는 '어디에서' 온 것일까? 『존재와 시간』은 몇 번이나 이런 물음을 제기한다. 하지만 대답은 애매하다. 하이데거의 걸음은 이 시점에서 부름이 스스로 자신을 부른다는 순환구조의 재확인에 머물고 있다("현존재는 부른 것임과 동시에 불리는 것이다" 제57절, "Das Woher des Rufens im Vorrufen auf…… ist das Wohin des Zurückrufens" 제58절).[25] 여기에서 문제가 되고 있는 것은 부정신학 시스템을 안정화시키는 초월론적 시니피앙의 유래, 말하자면 '화폐'의 기원이다.

1930년대의 하이데거는 이로부터 전진을 시도한다. 그것은 전회[Kehre]라고 불린다. 그렇다면 어떻게 전진했던 것일까? 부름의 유래가 현존재 내부에서 구해질 수 없다면, 그것은 외부에서 침입했다고 생각할 수밖에 없다. 따라서 전회 이후의 하이데거는 초월론적 시니피앙의 순환운동이 아니라 그것이 도래하는 국면을 문제 삼는다. 우리는 이런 변화를 은유적으로는 초월론적 시니피앙을 지시하는 말이 '부름'에서 '존재의 목소리'로 이동했다는 것으로 확인할 수 있다. 소유주가 불분명했던 부름과 달리 '존재의 목소리'는 바로 '존재'의 목소리로서 들린다. 즉 그것의 청취에서 현존재는 확실히 수동적 위치에 놓인다(후기 하이데거에서 '듣는 것[hören]'은 일반적으로 '예속 · 소속[hörig/gehören]'을 의미한다). 그리고 이

---

25. 이 문장에서는 호출의 Woher이 Wohin인 것, 즉 부름Ruf의 출발점이 동시에 도착점이기도 하다는 것(순환)이 강조되어 있다. 호소타니細谷 번역으로는 "'……를 향해 부르는' 호출이 그곳에서 들려온다는 것은 그런 부름이 사람들을 그곳으로 되돌아오도록 하고 있다는 것이다" (下卷 122頁).

런 이론적 변화와 더불어 '존재'의 함의 또한 전기와 미묘하게 달라진다. 그것은 이제 단순한 사고의 한계, '불가능한 것'을 지시하는 하나의 단어가 아니다. 후기 하이데거에서 '존재'는 오히려 현존재가 귀를 기울이고 따르는 목소리, 부정신학 시스템을 안정화시키는 초월론적 시니피앙의 발신원Ursprung의 이름으로서 기능한다. 예를 들어, 『'휴머니즘'에 대하여』의 독일어는 다음과 같이 쓰고 있다. "Daß aber das Da [……] sich ereignet, ist die Schickung des Seins selbst." 의역하자면 이렇다. Da의 생기生起, 즉 클라인 병의 밑바닥 성립가능성은 '존재 자체'로부터 송부schicken된다. 현존재는 그것의 수신자에 지나지 않는다. 따라서 철학의 목적도 바뀌게 된다. 철학은 이제 실존론적 구조가 아니라 실존 자체의 성립가능성의 근원=발신원을 문제 삼아야 한다. 그리고 "Als das hörend dem Sein Gehörende ist das Denken, was es nach Wesenscherkunft ist."[26] 존재의 목소리에 귀를 기울이고 그곳에 소속되었을 때 비로소 사고는 자신이 어디에서 도래했는지를 생각할 수 있다.

'실존'에서 '존재'로, 시스템에서 시니피앙으로의 이런 전회 자체는 완전히 정당하다고 생각된다. 이런 발걸음이 없으면 사고는

---

26. Über den Humanismus, S. 27, 8. 邦譯, 72, 23頁(「휴머니즘 서간」, 150쪽, 127쪽). 각각 직역하면, "현現이 스스로 생기한다는 것은 존재 그 자체로부터 보내진 것이다"(생략된 부분까지 포함한 온전한 원문과 한국어본의 번역은 다음과 같다: Daß aber das Da, die Lichtung als Wahrheit des Seins selbst, sich ereignet, ist die Schickung des Seins selbst: 현Da, 즉 존재 자체의 진리로서의 밝음이 생기한다는 사실은 존재 자체의 증여다—옮긴이). "존재에 계속 귀를 기울이면서 소속되는 것으로서, 사고는 그 본질이 유래하는 바에 따른 사고가 된다."

괴델 문제에서 멈추고 말기 때문이다. 그러나 우리가 검토해야 하는 것은 거기서 하이데거가 채용한 절차, 언어의 특권화가 가진 정당성이다. 앞서 서술한 것처럼 1930년대 이후 그의 텍스트에서는 존재에 대한 물음이 많은 경우 Sein 및 그것과 호응하는 특정 단어의 해석을 통해서만 수행된다. 파르메니데스라면 moira, 아낙시만드로스라면 chreon, 헤라클레이토스라면 logos……, 그의 해석은 다양한 대상을 취급하면서도 최종적으로는 항상 '같은 것das Selbe', 즉 '존재'의 물음에 도달한다. '형이상학적 언어의 도움으로는 완전히 잘라낼 수 없었던' 전회를 가능하게 하기 위해 도입된 이런 특이한 절차야말로[27] 앞서 서술한 논리형식의 명사화, 철학의 은어화라는 비판을 불러일으키고 있다. 이 때문에 후기 하이데거의 스타일이 갖는 필연성을 문제 삼는 우리는 먼저 그 자신이 그것을 어떻게 정당화했는지를 확인하지 않으면 안 된다.

여기에서 우리의 주의를 끄는 것은 후기 하이데거가 자주 사용한 **명명**命名과 **전승**傳承의 은유이다. 예를 들어, 1946년의 「아낙시만드로스의 잠언」은 다음과 같이 쓰고 있다. "to chreon은 존재자의 존재를 사고가 언어로 가져온 가장 오래된 이름이다." "언어는 존재라는 현성現成하는 것을 명명하기 위해 어떤 유일무이한, 그것밖에 없는 단어를 발견해야 한다." "존재의 존재자에 대한 구별은 [……] 존재가 그곳에 도래하는 언어 속에서 계속 유지되는 어떤 흔적을 각인하는 [……] 그리고 그때만 그 구별은 망각된 구별로서 경험에 들어갈 수 있다."[28] 하이데거의 주장은 이렇다. 먼저 최

---

27. ibid., S. 19. 同書 50頁(같은 책, 140쪽).

초에 '존재'는, 즉 목소리의 발신원은 어떤 말로 명명되지 않으면 안 된다. 그리고 그 말은 명명의 힘을 흔적으로서(목소리로서) 유지한다. 철학은 그런 흔적을 실마리로 삼은 후에야 비로소 존재자의 영역을 넘어 '존재' 자체로 소행할 수 있다. 이런 규정은 구체적으로 하이데거가 각각의 철학용어(예를 들어 chreon)를 일종의 고유명으로 독해하고 있다는 것을 의미한다. 그리고 이런 함의는 1950년대 텍스트에서 더욱 명확해진다. "인간존재의 이중주름과 관련하여 지배적인 뒷받침을 하는 것은 언어이다." 부름=목소리는 언어를 통해서만 현존재에 도달한다. 따라서 "말은 사물도 존재자도 아니다. [……] 시인의 시적 경험을 따르든 그리고 사고의 가장 오래된 전승[Überlieferung]을 따르든 말은 존재를 부여하는 것이다."[29] 언어는 특권적 존재자로서 존재의 목소리를 전달한다. 철학은 그런 목소리의 전달경로를 거슬러 올라간다. 그리고 "그 길은 그리스 세계의 현존재로부터 우리에게까지 이어지고 있다."[30] '존재의 최초의 말', 즉 명명 순간으로의 소행을 보증하는 목소리는 여기에서 명확히 제2장에서 검토한 크립키의 고정지시자에 해당되는 역할을 다하고 있다. 그렇다면 이런 기묘한 발상, 철학소[哲學素]의 고유명화는 무엇을 의미하는 것일까?

---

28. *Holzwege*, S. 363, 366, 365. 邦譯, 408, 412, 410頁(『숲길』, 532, 537, 535쪽).

29. *Unterwegs zur Sprache*, S. 122, 193. 邦譯, 144, 231-2頁(『언어로의 도상에서』, 164, 257-259쪽).

30. *Was ist das —die Philosophie?*, S. 11. 邦譯, 13頁(「철학이란 무엇인가?」, 37쪽).

시점을 거꾸로 하여 생각해보자. 도대체 고유명이란 어떠한 것이었나.

고유명을 둘러싸고는 세 종류의 철학적 언설이 있었다. 다시 확인해보기로 하자. 첫째로 러셀의 **기술주의**. 여기에서 고유명은 축약된 확정기술의 다발로 간주된다. 예를 들어, 이름 '아리스토텔레스'는 '플라톤의 제자', '『자연학』의 저자', '알렉산더대왕의 스승' 등 복수의 언어표현의 다발(논리축적)로 원리적으로 환원가능하다고 생각된다. 로만 야콥슨의 술어로 바꿔 말하면,[31] 이것은 고유명의 '언어 내 번역'이 항상 보증되고 있다는 것을 의미한다. 즉 러셀은 고유명이 언어체계의 내부에 위치한다고 생각했다. 둘째로 크립키에 의한 **반기술주의**. 여기에서는 반대로 고유명은 확정기술의 다발로는 환원불가능하다고 간주된다. 왜일까? 우리는 모든 확정기술에 대해 항상 그것이 부정된 가능세계를 상정할 수 있다('아리스토텔레스가 플라톤의 제자가 아니었던 세계', '『자연학』의 저자가 아니었던 세계', '알렉산더대왕의 스승이 아니었던 세계'……). 그리고 고유명의 동일성은 그들 가능세계들을 관통하여 유지되고 있다. 따라서 필연적으로 고유명의 동일성은 어떤 확정기술에도 의존하지 않는다고 생각할 수 있다. 이것은 고유명 안에 어떤 언어 내 번역도 따르지 않는 비언어적인 잔여가 존재한다는 것을 의미한다. 『명명과 필연성』의 크립키는 그런 잔여를 '고정지시자'라고 이름 붙이고 각각의 이름을 처음 지시대상과 결부

31. 『一般言語學』, 川本茂雄監 譯, みすず書房, 1973, 56頁(『일반언어학이론』, 권재일 옮김, 민음사, 1989, 85쪽) 참조.

시켰던 '명명의식'으로의 소행가능성, 즉 언어 외적 사건이 가진 힘의 흔적으로서 설명했다. 여기에서는 고유명에 언어체계의 외부(현실[réalité])가 침입한다고 상정되어 있다. 그리고 셋째로 지젝에 의한 **라캉화된 반기술주의**. 여기에서도 크립키와 마찬가지로 고유명은 확정기술의 다발로 환원불가능하다고 간주된다. 다만 고유명의 잔여=잉여[plus]는 더 이상 개개의 이름에 포지티브하게 존재한다고 생각할 수 없다. 그것은 오히려 라캉파 정신분석이 '대상a'라고 부르는 것, 즉 주체의 결여의 '상관물'로서 해석된다('고정지시자'의 현실적이고 불가능한 상관물로서의 대상a).[32] 고유명이 언어 내 번역(상징계에 있어 시니피앙의 상호송부운동)에 저항하는 것은, 그것이 언어체계=상징계에 난 구멍을 현재화하는 특수한 시니피앙이기 때문이다. 즉 지젝은 고유명에 언어체계의 괴델적 자괴(현실계[le réel])가 나타난다고 생각했다.

그렇다면 여기에서 우리가 주목해야 하는 것은 크립키와 지젝의 차이이다. 위의 요약에서도 알 수 있는 것처럼, 그들은 모두 고유명에서 언어체계=상징계의 한계, 즉 세계[Da]의 평면으로 회수되지 않는 plus의 존재를 발견하고 있다. 하지만 그 근거가 다르다. 한편으로 크립키는 plus를 부여하는 것의 장소를 주체에 도래하는 고유명 하나하나의 내부, 또는 그 배후=전달경로에서 찾는다. 이 때문에 그는 고정지시자의 현전과 그 순수한 전승(명명의식으로의 소행가능성의 완전한 보증)이라는 매우 비현실적인 가정을 도

---

32. *The Sublime Object of Ideology*, p. 95. 邦譯(部分譯), 『批評空間』 第1期 第6号, 1992, 62頁(『이데올로기라는 숭고한 대상』, 169쪽).

입할 수밖에 없게 된다. 다른 한편 지젝은 이런 곤란을 피한다. 이 때문에 그는 plus를 부여하는 것의 장소를 고정지시자가 아니라 현실계에서, 즉 고유명의 측면이 아니라 그것을 받아들이는 측면에서 찾는다. 따라서 고유명의 plus는 주체의 plus의 투사에 의해, 보다 정확히는 주체에 항상 '초[trans=plus]'라는 운동을 부여하는 자기언급적 구조를 접어 넣음으로써 보증된다. <그림 2-2>에 따라 이미지화한다면, 여기에서는 클라인의 관이 수직 방향으로 압축되어 Da의 평면에 위치하는 특수한 시니피앙=고유명 위에 끼워 넣어져 있는 것이다. 즉 지젝에 의한 크립키의 수정은 이론적으로는 고유명에서 주체로라는 plus의 위치이동에 의해 뒷받침되고 있다.

사실 이런 이동은 지젝에 국한된 것이 아니다. 예를 들어, 존 설은 『지향성』 제9장에서 크립키를 비판하며 고유명의 plus의 근거를 고정지시자가 아니라 '단순한 확정기술보다 조금 더 많은[a bit more] 지향적 내용'에 둘 것을 제안한다.[33] 그리고 이런 주장은 이론적으로는 같은 책 제2장에 의해 뒷받침되고 있다. 설은 그곳에서 지시의 인과설(즉 반기술주의[反記述主義])을 비판하면서 지향성이 가진 '인과적 자기언급성'을 강조하고 있다. 즉 이 논의에서도 크립키 비판은 고유명의 more=plus의 근거를 마음의 자기언급적 구조에 놓음으로써 가능하게 된다. 들뢰즈의 고유명론을 살펴봐도 좋다. 『의미의 논리학』 제16계열에서 행한 그의 논의는 상술한

33. John Searle, *Intentionality*, Cambridge University Press, 1983, p. 251(『지향성: 심리철학 소론』, 심철호 옮김, 나남, 2009, 363쪽).

크립키/지젝의 행보와 정확히 평행하고 있다. 우선 크립키와 마찬가지로 고유명의 plus(들뢰즈의 용어로는 '단독성')가 '복수의 세계에 공통된 어떤 아담=x', 즉 가능세계들을 횡단하는 이름의 동일성으로서 제시된다. 그리고 이어서 그 동일성은 세계 내 존재자 individus mondains를 초월하는 주체성, '비인칭인 초월론적 영역'을 생성하는 심급(초월론적 주체)의 상관물인 '대상=x'로서 설명된다.[34] 여기에서도 여러 번 고유명의 plus는 주체의 초월론성=자기언급성이 특정 시니피앙에 접어 넣어진(들뢰즈의 용어로는 '수렴'된) 결과로 파악되고 있다. 그렇다면 지젝, 설, 들뢰즈 세 사람의 이런 공통성이 의미하는 것은 무엇일까. 여기에서 문제가 된 고유명론에 이야기를 한정하자면, 사실 그들의 언설은 계보적으로 그렇게 멀리 떨어져 있지 않다. 예를 들어, 그들의 핵심 개념인 '현실계', '지향성', '초월론적 대상=x'는 모두 공통적으로 후설에 그 원천을 두는 것으로 알려져 있다('현실계'는 라캉과 하이데거를 경유하여). 그렇기 때문에 우리는 여기에서 주체의 자기언급적 구조의 특정 시니피앙으로의 접어 넣음이라는 그 구조를 고유명에 대한 어떤 타입의 — 어쩌면 '인식론적'이라고도 부를 수 있을 것 같은 — 철학적 언설이 구조적으로 선택하는 사고 패턴으로 이해해도 좋다. 거기에서는 간단히 말하자면 타자성(Da의 통일성을 침범하는 것)은 안에 있는 타자의 투사로서만 사고된다.

여기에서 하이데거로 돌아가자. 후기의 그는 언어를 특권화하

---

34. *Logique du sens*, pp. 139, 141, 137. 邦譯, 145, 149, 147頁(『의미의 논리』, 214, 217, 212쪽). 초월론적 주체성의 '상관물'에 대해서는 제3장 appendix 참조.

고 철학소를 고유명화했다. 우리는 그 의미를 생각하고 있다. 먼저 후자의 특징부터 어프로치를 해보자. 존재로 향하는 사고가 의거하는 개념의 특수성에 대해 하이데거 자신은 1955년의 논문 「존재의 물음을 향하여」에서 다음과 같이 쓰고 있다(인용한 부분에서 '형이상학'이라는 단어는 '철학'과 거의 같은 뜻으로 사용되고 있다). "형이상학적 개념들은, 그 개념이 개념화하는 것과 그런 개념화 자체가 어떤 기원적 의미에서 같은 것에 머문다는 점에서 본질적으로 [과학적 개념들과는] 다른 형태를 취하고 있다. 그러므로 사유의 근본어들의 영역에서는 사람들이 그런 근본어들을 망각하고 있는지 어떤지 [……] 아무래도 좋은 것이 아니다."[35] 이 문장에는 후기 하이데거의 발상이 명확히 나타나 있다. 정리해보자. 『존재와 시간』 이래 여러 번 되풀이 된 것처럼 철학은 과학들과 달리 표상작용의 원추구조, 즉 표상되는 것(오브젝트)과 표상하는 것(메타)의 준별에 의거할 수 없다. 따라서 철학적 개념에서는 개념화되는 것was die Begriffe begreifen과 개념화하는 것das Begreifen은 정의상 구별되지 않는다. 인용 부분은 그런 전제 위에서 철학적 개념의 그런 성질이야말로 그런 개념들의 '망각'에 대한 문제를 불러들인다고 주장하고 있다. 그리고 같은 텍스트의 다른 곳에서도 시사된 것처럼[36] 여기에서 '망각'이란 개념들의 '유래Herkunft'와 그곳으로

---

35. *Wegmarken*, S. 403. 邦譯, 503-504頁(『이정표』(1), 343쪽), 강조는 인용자.

36. 예를 들어, 다음과 같은 표현. "Das *Zurück* nennt hier die Richtung auf jene Ortschaft (die Seins*vergessenheit*), aus der schon die Metaphysik ihre *Herkunft* empfing und behälter". ibid., S. 422. 同書 526頁(같은 책, 『이정표』(1), 367쪽), 강조는 인용자. 일본어 역에는 다음과 같이 번역되어

의 '회귀Rückkehr'라는 후기 하이데거적 사고법을 요청하는 계기, 즉 철학소의 고유명화의 근거를 지시하고 있다. 간단히 정리하면 이렇다. 먼저 전기 하이데거가 현존재의 특수성(클라인의 병 구조)을 발견하고, 이어서 그로부터 철학적 개념들의 특수성(개념화되는 것과 개념화하는 것의 미분화)이 생기고, 다시금 그로부터 후기 하이데거에서 철학소의 고유명화가 필연적으로 귀결된다. 적어도 그 자신은 그렇게 주장하고 있다. 그렇다면 이런 3단계는 무엇을 의미하는 것일까.

하이데거의 도정은 우리가 생각하기에 앞서 서술한 세 종류의 고유명론의 추이와 밀접히 평행하고 있다. 설명해보자. 그의 사고는 다음과 같이 나아간다. 한편으로 과학적 개념들에서는 개념대상(개념화되는 것)과 그 정의(개념화하는 것)가 반드시 구별된다. 우선 개념의 이름은 대상을 명명하고(오브젝트레벨), 다음으로 정의들이 그 이름을 규정한다(메타레벨). 과학의 영역은 이런 레벨 구분, 즉 정의에 의한 개념명槪念名의 규정이라는 일방향성(메타→오브젝트)의 보증에 의해 성립한다. 이런 구조는 고유명론에서 확정기술의 다발에 의한 이름의 규정이라는 러셀의 생각과 대응한다. 다른 한편으로 철학적 개념들에서는 상황이 다르다. 거기에서는 레벨구분이 유지되지 않는다. 하이데거에 의하면, 개념대상과 그 정의는 오브젝트/메타관계에 있는 것이 아니라 모두 '같은 것'에서 유래한다. 바꿔 말하면, 개념의 이름은 그런 '같은 것'을 통해

있다. "돌아간다는 것은 여기에서 그 터전[(존재有의 망각), 즉 그로부터 이미 형이상학이 그 유래를 받아들였을 뿐만 아니라 그 유래를 유지하고 있는 그런 터전으로의 방향성을 일컫는다."

대상과 확정기술을 동시에 명명하고 있다. 따라서 그 이름은 확정기술들로 환원되지 않는다. 즉 개념은 정의들에 의해 규정되지 않는다. 이것은 하이데거가 생각하는 철학적 개념들이 크립키의 고유명과 정확히 같은 특징을 갖는다는 것을 의미한다. 그렇다면 필연적으로 철학적 개념들(고유명)을 과학적 개념들(확정기술로의 환원가능성)로부터 구별시키고 있는 것, 즉 철학적 개념들에 plus를 부여하는 것의 장소가 문제시된다. 후기 하이데거의 언설에서 '같은 것' '존재' 또는 '존재의 목소리'라는 용어term가 크립키의 고정지시자와 매우 유사한 이론적 가치를 부여받기 시작하는 것은 이 지점이다. '존재'는 한편으로 plus, 즉 초월론성을 부여하고('존재 안에 어떤 mehr가 가로놓여 있다),[37] 다른 한편으로 순수한 전승에 의해 뒷받침되고 있다. 철학의 은어화는 여기에서 필연이 된다.

하이데거에 의한 철학소의 고유명화는 실제로 크립키적 신학과 지젝적 부정신학 사이를 오가고 있다. 한편으로 후기의 그는 앞서 서술한 대로 '존재'와 그 전승에 대하여 매우 포지티브하게 말한다. 예를 들어, 1961년의 어떤 논문에서 그는 사고는 '언제부터인지 끊임없이 모든 곳에서 우리 인간과 관계하고 있는 것의 전승'을 다룬다고 분명히 말하고 있다.[38] 고정지시자(존재의 목소리)가 각 철학소에 실체적으로 존재하고, 하이데거는 그것에 귀를 기울인다. 후기의 언설은 거기서 전근대적인, 즉 인식론 이전의 소박하고 비교秘敎적인 존재론에 무한히 가까워진다(크립키의 신

---

37. *Holzwege*, S. 310. 邦譯, 343頁(『숲길』, 454쪽).

38. "Kants These über das Sein" in *Wegmarken*, S. 445. 邦譯, 555頁(「칸트의 존재 테제」, 『이정표』(2), 211쪽).

화神話). 하지만 다른 한편으로 하이데거는 그와 같은 포지티브한 표현방식을 집요하게 계속 물리치고 있기도 하다. 예를 들어, 앞서 인용한 1955년 텍스트는 '존재'의 실체적 파악을 피하기 위해 그 단어 위에 X를 칠 것을 제안하고 있다.[39] '존재의 목소리' 그 자체가 있을 리 없다. 이 경우 철학소의 고유명성固有名性은 지젝/설/들뢰즈가 공통적으로 채용한 포맷, 주체의 자기언급적 구조의 특정한 시니피앙으로의 접어 넣음=투사라는 인식론적 메커니즘에 의해 보증된다. 전기에서 후기로의 청각적 은유의 이동, '부름'에서 '존재의 목소리'로의 변화와 연속성은 사실 그런 메커니즘의 작동을 잘 보여준다. 클라인의 병(주체)을 안정화시키는 초월론적 시니피앙=부름이 고유명에 투사되어 고정지시자=목소리가 된다. 보다 정확히는 부름의 순환운동(클라인의 병)이 있는 특정 시니피앙으로 접어 넣어짐으로써 거기서 고정지시자=목소리가 발견되어 고유명이 생성된다. 이 접어 넣음을 카르납은 논리형식의 명사화로서 파악했다.

우리는 여기에서 마침내 후기 하이데거의 또 하나의 특징, 언어의 특권화가 가진 중요성을 인식할 수 있다. 하이데거에게 있어 이런 특권화는 그저 사고의 도구로 행해진 것만은 아니다. 그에 따르면, '모든 예술은 본질적으로 시작詩作'이고, 또 "우리는 샘에 가고 숲을 완전히 지나갔을 때, 항상 이미 '샘'이라는 말, '숲'이라는 말을 통과하고 있다." 그리고 동물에는 '세계가 없다weltlos'[40]

39. ibid., S. 411-412. 邦譯, 512頁(『이정표』(1), 352쪽).

40. *Holzwege*, S. 59, 310. 邦譯, 76, 344頁(『숲길』, 104, 455쪽). 『形而上學入門』, 81頁(『형이상학입문』, 84쪽).

즉 그의 이론적 퍼스펙티브에서 존재자나 세계에의 접근은 본질적으로 언어에 의해서만 가능하다고 생각된다. 이시미쓰 야스오石光泰夫의 표현을 빌리자면, 하이데거의 언설은 '언어를 결여한 것들의 존재를 결코 인정하려고 하지 않는다.'[41] 그리고 이런 특징은 이론적으로는 세계 인식의 지평이 철두철미 언어화되고 있다는 것, 바꿔 말하면 Da를 구성하는 Vorhandensein이 본질적으로는 '언어'라는 것을 의미한다. 하이데거의 세계는 언어에 의해서만 구성되고, 모든 존재자는 말로서만 파악된다(숲='숲'). 그렇다면 거기에서는 필연적으로 세계의 지평에 회수불가능한 초월론적 시니피앙에 대한 고찰은 언어체계에 회수불가능한 고유명에 대한 고찰과 완전히 같은 은유=개념계를 이용하여 진행되게 될 것이다. 즉 카르납이 문제시한 논리형식의 명사화, 우리들의 보다 정확한 표현으로 말하자면 초월성의 계기의 고유명화는 하이데거가 세계를 '언어'에 의해 완전히 뒤덮여 있다고 생각한 것에서 구조적으로 도출되고 있다. 그렇다면 그런 도정을 계속 회피하면서 초월론적 시니피앙에 대한 사고를 다른 형태로 전진, 또는 일탈시키려면 어떻게 하면 좋을까.

이런 물음에 대해 답하기 위해 우리는 여기에서 하이데거에 대한 추적을 중단하고, 문제를 다른 형태로 다시 검토하지 않으면 안 된다.

---

41. 『身体 光と闇』, 未來社, 1995, 66頁.

2′. appendix Ⅱ — 푸코 『말과 사물』에 대하여

우리는 이제까지 ①논리형식의 자기언급적-내재적 붕괴(논리적 탈구축=**부정신학**)와 그 결과 초래되는 ②언어적-초월론적 시니피앙의 특권화(존재론적 탈구축=고유명의 철학)라는 철학적 언설의 한 패턴을 정리해왔다. 여기에서는 그런 움직임이 주로 하이데거-데리다라는 계승선을 따라 제시되었지만, 사실 그것은 그들의 개별텍스트로만 제한되지 않은, 20세기 후반(즉 현재에 이르는) 대륙철학의 성과들을 관통하고 있던 '상투적인 것'의 하나였다고 말할 수 있다. 소위 '프랑스 현대사상'은 우리가 생각하기에 우선 1960년대에 그런 '상투적인 것'에 대한 어떤 종류의 자각을 형성했고, 이어서 1970년대에 그것에 대한 저항선을 몇 가지 조직했다. 1980년대 초에 출판된 『우편엽서』나 『천의 고원』과 같은 저작이 가진 스타일의 이론적 의미는 이런 흐름 속에서 비로소 이해될 수 있다.

우리는 이미 제3장에서 들뢰즈+가타리를 다루었다. 방증傍證을 보다 풍부히 하기 위해 여기에서 푸코도 다루어보기로 하자. 주지하다시피 그는 1966년 『말과 사물』에서 르네상스, 고전주의시대, 근대라는 세 가지 시대의 에피스테메의 변천을 매우 간결하게 그려내고 있다. 르네상스적인 지知는 언어(=말mot)와 사물chose을 같은 공간에 배치한다. 그렇기 때문에 거기에서는 말에 대한 고찰과 사물에 대한 고찰, 예를 들어 '뱀'의 어원적 탐구와 뱀의 해부학적 특징이 병치되어 기술된다. 이에 반해 고전주의시대는 말의 세계와 사물의 세계, 표상의 질서와 자연의 질서, 메타레벨과 오브젝트레벨이라는 두 위상을 준별한다. 즉 거기서 '뱀'이라는 말은 뱀이라는 것의 투명한 표상으로 간주되고, 어원적 탐구와 해부학적 특징은 기술상에서 엄밀히 구별된다. 고전주의적 지는 표상의 질서와 자연의 질서를 따로따로 정리한다. 그리고 마지막으로 근대, 18세기 말 이후의 서구세계에서는 다시 두 위상의 준별이 흔들린다. 거기에서는 이제 표상질서의 자율성, 메타레벨의 메타레벨성은 자명하다고 간주되지 않는다. 따라서 근대적 지는 말의 영역과 사물의 영역의 정리에 따로따로 관계할 수 없다. 대신에 그런 지知는 말/사물(사고형식/사고대상)의 이중성을 산출하는 특수한 존재자, '경험적=초월론적 이중체'로서의 '인간' 분석으로 향한다. 이미 명확한 것처럼 이상의 '고고학적' 기술은 전기 하이데거와 완전히 같은 논리 전개로 이루어지고 있다. 근대적 지는 메타/오브젝트라는 레벨 구분 자체의 산출 구조를 탐구한다. 이런 푸코의 주장은 우리들의 술어로 표현하자면, 근대적 지知가 모두 부정신학 시스템을 다룬다는 것을 의미한다.[42] 18세기 말에는 한편으로는

---

42. 주지하다시피 푸코는 이 저작의 제9장에서 근대적 사고를 특징짓는 '네 가지 이론적 선분線分'으로 '유한성', '경험적=초월론적 이중체', '사고되지 않는 것', '기원'이라는 네 가지를 들고 있다. 근대적 지知는 유한한 것의 분석에서 출발하여 경험성과 초월론성이라는 이중성을 다룬다. 거기에는 필연적으로 '사고되지 않은 것'이 지의 잔여로서 생겨나고, 그 결과 세계나 인간의 기원에 대한 지는 공중에 붕 뜨게 될 것이다. 자세한 논증은 생략하지만, 이상의 네 가지는 우리들의 술어로는 순서대로 클라인 병의 폐쇄성Entschlossenheit, 클라인의 병, Da에 빈 구멍, 초월론적 시니피앙에 대응한다고 생각된다. 그렇기 때문에 예를 들어 근대적 지가 '기원에 대해 질문하는 가운데에서 유한성을 발견한다'는 푸코의 주장은 초월론적 시니피앙에 대해 질문하는

비판철학이 클라인의 병 구조를 순수한 형태로, 즉 '인간'으로서 검토하는 지로서 등장한다. 그리고 다른 한편으로는 문헌학・생물학・경제학이 클라인의 병 구조를 유물론적으로 탐구하는 지로서 그 구조의 구체적인 발현장소(언어・생명・노동)에 따라 배분되어 등장한다.

우리는 『말과 사물』과 『존재와 시간』에 존재하는 이런 퍼스펙티브의 유사성에서 다음 두 가지 귀결을 이끌어낼 수 있다. 한편으로 푸코의 인식은 전기 하이데거의 작업, 앞서 서술한 부정신학적 '초超'의 발견을 역사적으로 상대화하는 것이라고 생각된다. 하이데거 자신이 1929년의 『칸트와 형이상학의 문제』에서 상술한 것처럼[43] 존재-존재자-현존재(메타-오브젝트-클라인의 병)라는 클라인의 병 구조는 어떤 의미에서 이미 칸트에 잠재되어 있었다. 그렇기 때문에 『존재와 시간』의 중요성은 엄밀히는 신종 '초超'의 발견에서가 아니라 형이상학적 '초超'의 배후에서 항상 이미 기능하고 있던 별종의 '초超'의 재발견에서 찾아져야 한다.

하지만 다른 한편으로 『존재와 시간』과 『말과 사물』의 유사성은 역으로 전자를 상대화하는 후자의 고고학적 시야 자체가 실제로는 전자의 인식을 깊숙이 전제하고 있다는 점, 그래서 결국 푸코가 하이데거 자신을 이용하여 하이데거의 상대화를 시도했다는 점도 시사하는 것처럼 여겨진다. 확실히 푸코는 자주 지적되는 것처럼

가운데에서 그런 순환=봉합회로를 발견하는 것, 즉 라캉의 "편지는 반드시 도착한다"를 의미한다고 해석된다.

43. 『カントと形而上學の問題』(『칸트와 형이상학의 문제』, 이선일 옮김, 한길사, 2001), 第41節 이하.

하이데거에 대한 언급을 신중하게 피해왔다. 그러나 '언어'와 '존재'의 관계를 축으로 전개하고, 근대적 지의 특징을 '유한성의 분석론'으로 요약하는 『말과 사물』의 논술은 명확히 하이데거의 결정적 영향을 받고 있다(『칸트와 형이상학의 문제』는 칸트철학의 중심개념을 바로 '인간의 유한성'에서 보았다). 실제 그 책의 제9장은 『존재와 시간』에 대한 숨겨진 주석으로서 독해가능하다고 알려져 있다.[44] 또 푸코 자신도 만년의 어느 인터뷰에서 그의 '철학적 생성의 전부'가 50년대의 하이데거 독해에 의해 결정되었다고 고백하고 있기도 하다.[45] 따라서 우리는 여기에서 클라인의 병 구조의 역사적 '기원'을 정하는 『말과 사물』을 1960년대 하이데거적 사고의 상대화의 한 예로서 다시 위치지을 수 있을 것이다. 그리고 그런 기도는 동시대의 『그라마톨로지에 대하여』나 『차이와 반복』과 공통된 것이다.

주지하다시피 『지식의 고고학』 이래 1970년대의 푸코는 하이데거적(보다 정확히는 하이데거=블랑쇼적) 사고 스타일로부터의 탈바꿈을 시도한다. 그로 인해 그의 주요한 작업장은 언설들의 고고학적 고찰에서 언설체제를 뒷받침하는 '지知–권력'분석으로 이

44. ヒューバート・ドレイファス + ポール・ラビノウ,『ミシェル・フーコー: 構造主義と解釋學を超えて』, 鷲田清一 他譯, 筑摩書房, 1996, 70頁(드레피스+라비노우,『미셸 푸코: 구조주의와 해석학을 넘어서』, 서우석 옮김, 나남, 1989, 78쪽) 이하 참조. 데리다 또한 똑같은 독해의 가능성을 간접적인 형태로 시사하고 있다. cf. *Résistances*, pp. 130-138. 論文邦譯,「フロイトに公正であること」, 石田英敬 譯,『批評空間』, 제Ⅱ期 第2号, 1994, 158-162頁 참조.

45.「道德の回歸」,『同性愛と生存の美學』, 增田一夫 譯, 哲學書房, 1987, 93頁.

동한다. 『말과 사물』을 위와 같이 위치지은 우리는 이런 변천을 데리다나 들뢰즈와는 또 다른 부정신학에 대한 저항 형태로서 해석이 가능하다. 그리고 그로부터 다시 1976년의 『지知에의 의지』(『성의 역사』 제1권)를 『우편엽서』와 나란히 읽을 가능성도 생겨난다. 예를 들어, 푸코는 이 저작을 출판한 직후 라캉파와의 공동토의에서 『성욕에 관한 세 편의 에세이』보다 『꿈의 해석』 쪽이 중요하다고 분명히 말하고 있다.[46] 우리들이 생각하기에 그런 선택은 다음 절에서 검토될 데리다의 프로이트 독해와 본질적으로 일치한다. '성sexualité'의 존재론적-부정신학적 특권화(오이디푸스화)가 아니라 무의식에 머무는 리좀상 정보처리(꿈의 논리)의 발견에 중점을 두고 프로이트를 읽는 것. 실제 데리다는 1991년의 푸코론에서 『쾌락원칙을 넘어서』가 '권력과 지배의 심급을 문제화하고' '권력의 욕동을 명명하고 있다는' 것, 그 때문에 『우편엽서』의 고찰이 푸코의 권력론과 서로 반향한다는 점을 시사하고 있다.[47] 1970년대의 푸코가 그려낸 정치공간, 단일한 법(초월론적 시니피에)이 아니라 복수권력의 정류整流장치(복수의 편지를 배달하는 우체국)에 의해 유지되는 '요동하는 대좌臺座'[48]라는 이미지는 확실히 『우편엽서』가 사고한 우편공간의 그것에 근접해 있다. 아마 우리는 이로부터 데리다의 정치적 독해의 한 방향, 예를 들어 베닝턴이

46. 同書 145頁.
47. *Résistances*, p. 143ff. 論文邦譯, 「フロイトに公正であること」, 166頁 이하.
48. 『知への意志』, 渡辺守章 譯, 新潮社, 1986, 120頁(『성의 역사 1: 지식의 의지』, 이규현 옮김, 나남, 2004, 108쪽. 한국어본에서는 이를 '변화의 모태'라고 번역하고 있다 — 옮긴이)

말하는 '우편적 정치학'[49]의 수립을 구상할 수 있다. 하지만 그런 작업 또한 본 논의의 주요한 테마로부터 벗어나 있다. 그러므로 다른 기회에 논하고 싶다.

3. 정신분석적

우리의 목적은 ①논리적 탈구축을 거치면서 ②존재론적 탈구축에는 이르지 않는 사고, 즉 '우편적 탈구축'이라는 다른 사고의 발걸음을 될 수 있는 한 명확히 보여주는 데에 있다. 우리는 먼저 카르납에서 출발했다. 그는 논리형식의 자율성, 즉 오브젝트/메타라는 레벨 구분의 일관성consistency을 고집했다. 이 은유=개념계의 구조는 원추로서 이해하기 쉽게 그림으로 제시되었다. 다음으로 전기 하이데거의 사고(현존재 분석론)가 그것의 내재적 비판에서 생겨났다는 것이 명확해졌다. 이 은유=개념계의 구조는 클라인의 병으로서 이해하기 쉽게 그림으로 제시되었다. 그리고 셋째로 그런 사고가 클라인 병의 안정화 장치, 즉 초월론적 시니피앙(고유명)을 둘러싼 존재론적-비교秘教적 사고에 가까워지는 것을 볼 수 있었다. 후기 하이데거의 스타일은 그로부터 설명이 가능하다. 이상의 추이에 의해 앞으로 우리의 방향은 이미 어느 정도 한정되어 있다. 첫째 우리는 이제 원추를 믿을 수 없다. 둘째 그럼에도 불구하고 우리는 클라인의 병을 안정화시켜서는 안 된다. 따라서 우리

49. cf. *Legislations*, ch.13.

에게 필요한 것은 원추를 내파시키면서 클라인의 병을 닫지 못하도록 하는 다른 은유=개념계, 바꿔 말하면 클라인의 관(이중주름성)을 매개하는 것이 아니라 오브젝트레벨과 메타레벨이라는 각각의 평면이 가진 견고함consistance를 내파시킬 수 있는 다른 논리이다. 이것만이 부정신학에의 1970년대적 저항, '우편적 탈구축'의 기도企圖를 이론적으로 지지할 것이다. 그렇다면 그것은 어떠한 것일 수 있을까.

여기에서 우리는 데리다의 또 한 명의 '위대한 아버지' 프로이트의 텍스트를 검토해야 한다. 그리고 거기서 우선 읽혀져야 하는 것은 정신분석의 출발점, 1900년 저작 『꿈의 해석』이다. 이 책 제6장 「꿈-작업」에는 다음과 같이 기록되어 있다.

> [꿈-사고라는] 이 복잡한 형성물의 각 부분은 본래적으로 서로 다양한 이론적 관계를 맺고 있다. 그 각 부분들은 전경이나 후경, 보론이나 주석, 조건이나 증명 과정이나 항변을 형성하고 있다. 그렇다면 다음과 같은 물음이 생길 것이다. 이 같은 꿈-사고의 집합 전체가 꿈-작업의 압착을 받아 각 부분이 어쩔 수 없이 마치 유수流水처럼 회전하고 깨어부서져 접어 넣어질 때, 그때까지 전체구성[Gefüge]을 형성하고 있던 논리적 유대[Band]는 어떻게 될까? '만일' '…… 때문에' '마치……처럼' '라고 하더라도' '……이거나 아니면……이거나' 등의, 그리고 그 밖의 모든 전치사는 꿈속에서 어떠한 표현을 알고 있을까. 우리는 그런 전치사들 없이는 문文=

> 명제[Satz]나 이야기를 이해할 수 없지만.
>
> 이런 물음에 대해서는 당분간 이렇게 답해야 한다. 꿈은 꿈-사고 간의 이런 논리적 관계[logische Relationen]를 위해 사용가능한 표현수단을 딱 맞게 가지고 있지 않다. 꿈은 많은 경우에 이런 전치사 모두를 고려하지 않고 꿈-사고의 사항적 내용[sachliche Inhalt]만을 가공을 위해 채택한다.[50]

여기에서는 중요한 문제가 시사되고 있다. 정리해보자. 첫째로 프로이트는 여기에서 '논리적 관계'와 '사항적 내용' 즉 논리/사항, 관계/내용이라는 두 위상을 준별하고 있다. 이런 구별은 문법적으로는 전치사와 명사의 관계에 비유하여 파악된다. 각성시의 문장, 의식적 명제는 그 양자가 함께 작동하고서야 성립한다. 그리고 둘째로 프로이트는 그런 준별을 전제한 후 꿈=무의식의 사고작업에서 전자의 부재를 주장한다. 꿈에는 논리적 관계가 없고 사항적 내용만 있다. 바꿔 말해, 꿈에서는 거기에 포함된 여러 명사를 완전히 묶어내고binden/fügen 전체의 통일성을 보증하는 전치사의 위상이 존재하지 않는다. 프로이트는 같은 저작에서 꿈은 무수한 사항의 '잡다한 집적Konglomerat'이라고 표현하고 있다. 그러므로 꿈해석은 하나의 꿈을 일관된 전체로서 다루지 않는다. 그것은 오히려 꿈을 '다시 파괴하고' 이리저리 흩어진 개개의 꿈-사고=사항을 둘러싼 해석의 연쇄를 더듬어가는 것이 된다.[51] '논리적 관계'

---

50. SA, Bd. 2, S. 310-311. 邦譯, 『夢判斷』, 下卷 9-10頁(『꿈의 해석』, 372-373쪽).

51. ibid., S. 434. 同書 下卷 180頁(같은 책, 526쪽).

와 '사항적 내용'의 이런 구별은 우리가 제1절에서 '논리형식'과 '명사'의 구별이라고 부른 것과 같다. 즉 꿈에는 논리형식이 없고 명사만 있다. 그렇다면 왜 그러한 것일까?

프로이트는 그 이유를 예를 들어 다음과 같이 설명한다. "[꿈-작업의 작동은] 마치 어떤 대수방정식에는 숫자 외에 +나 −, 거듭제곱 기호나 제곱근 기호가 존재하는데, 이 방정식을 베껴 쓰는 사람이 그런 기호를 이해하지 못하고 베껴 쓸 때 연산기호를 숫자처럼 받아들여 쌍방을 혼동하여 아무렇게나 던져 넣는 것과 같다."[52] 우리는 앞서 논리형식과 명사의 혼동이라는 비유로 연산기호와 수학의 혼동, 2++=5라는 부조리한 수식을 들었다. 프로이트는 여기에서 완전히 같은 비유를 사용하고 있다. 꿈-작업은 대낮의 잔여를 꿈 재료로, 즉 전의식적 기억을 무의식적 작업의 재료로 바꿔서 기록한다. 이 과정에서 논리형식과 명사는 혼동되고 모든 것이 명사로서 새롭게 기록된다. 그 결과 꿈에서는 논리형식이 사라진다. 그런데 주의하자. 우리는 '논리형식'이라는 개념을 현대 논리학에서 빌려왔다. 기본적으로 모든 문장=명제가 기술대상이 되는 변항 및 그들의 기술형식을 부여하는 (변항 간의 관계를 규정하는) 양화사와 술어 함수라는 두 요소 (오브젝트/메타)의 조합으로서 분석가능하다고 간주되고[53] 우리들의 논의 또한 그런 인식

52. ibid., S. 435-436. 同書 下卷 183頁(같은 책, 529쪽).

53. 이다 다카시飯田隆는 다음과 같이 서술하고 있다. "중세의 논리학자들에게, 그리고 1900년 전후의 러셀에게 결여되어 있었고 프레게에게는 확실히 갖추어져 있었다고 생각되는(단 어떤 유보 하에서) 본질적인 통찰이 있다. 그것은 문文이 그것을 구성하는 단어의 일차원적인 나열이 아니라 일련의 단계를 통해 구성되는 것이라는 통찰이다"(『言語

을 전제로 하고 있다. 따라서 여기에서 '논리형식'이란 후자, 사고대상 간의 관계를 규정하는 모든 조작=판단의 차원을 명명하고 있다고 이해되었으면 한다. 즉 여기에서 "꿈은 논리형식을 명사화한다"란 단순히 꿈이 (소위) 논리적 사고를 할 수 없다는 것을 의미하는 것이 아니라 꿈-작업이 사고대상 간의 모든 관계를 다시 사고대상으로 바꿔버린다는 것, 즉 메타레벨을 끊임없이 오브젝트레벨로 되돌린다는 것을 의미한다. 꿈에서는 판단이 사라지고 '판단했다'라는 사항만이 남는다. 프로이트는 몇 가지 예를 들고 있다. 예를 들어, 언젠가 그는 자신이 태어난 해와 다른 사건의 해를 비교하는 꿈을 꾼다.[54] 그런 꿈-작업은 일견 두 가지 사고대상(꿈-사고) 사이에 논리적 관계를 만드는 것처럼 생각된다. 하지만 실은 그렇지 않다. 꿈에 나타난 의사추론은 사실 그 전체로 '추론한다'는 의미를 가진 하나의 꿈 재료로 동원되고 있다. 즉 추론의 프로세스 자체가 하나의 내용으로서 제시되고 있으며 꿈-작업이 실제로 꿈-사상의 사이를 관계짓고 있는(계산하고 있는) 것은 아니다. "꿈속에서의 판단행위는 꿈-사고에서 유래하는 어떤 선례의 반복에 지나지 않는다."[55]

꿈=무의식에는 메타레벨이 결여되어 있다. 즉 무의식은 '판단

哲學大全 I — 論理と言語』, 勁草書房, 87, 28頁). 프레게는 문文에 두 가지 차원=레벨의 끼워 넣음을 발견했다. 그런 주름을 넓히고 Argument와 Function 즉 변항(오브젝트)과 술어 함수(메타)로 분할함으로써 그의 '개념기법', 이후의 술어논리가 태어난다.

54. SA, Bd. 2, S. 434-435. 邦譯, 『夢判斷』, 下卷 180-181頁(『꿈의 해석』, 527쪽).

55. ibid., S. 443. 同書 下卷 193頁(같은 책, 537-538쪽).

Urteil,'이라는 차원을 모른다. 『꿈의 해석』의 시점에서 이런 주장은 아직 단편적이다. 그것은 기본적으로 '꿈-작업은 원래 사고나 계산이나 판단을 행하지 않는다'는 경험적 관찰에 그치고 있다.[56] 그러나 1910년대 중반 이후 프로이트는 그런 종류의 관찰에 커다란 이론적 가치를 부여하기 시작한다. 그중 한 성과를 확인해보자. 예를 들어, 1925년 논문 「부정」은 『꿈의 해석』의 유명한 테제, "꿈에는 '아니오否'가 존재하지 않는다고 생각된다"[57]라는 메타심리학적 정식화를 시도하고 있다. 프로이트는 우선 '일차적인 욕동이동의 놀이로부터 지적 기능이 생겨나는 과정', 즉 '판단기능의 심리학적 기원'에 대한 이론적 탐구를 시도하겠다고 선언한다. 그리고 이어서 '지적인 판단기능의 사명이란 사고내용을 긍정 또는 부정하는 것이다'라고 규정한다. 즉 그가 생각하기에 긍정/부정의 이항대립은 의식에 속한다. 따라서 무의식(꿈)에 부정은 없다. 그리고 거기서 프로이트가 주의를 촉구하는 것은 긍정판단과 부정판단이 대칭적인 것이 아니라는 점이다. 긍정은 의식적 사고의 한 기능에 지나지 않는다. 그러나 부정에는 의식적 사고지평 자체의 성립 이전의 상相, 소위 '억압'(라캉의 술어로는 이 경우 '배제')[58]의

56. ibid., S. 486. 同書 下卷 254頁(같은 책, 591쪽).

57. ibid., S. 316. 同書 下卷 17頁(같은 책, 380쪽).

58. 주지하다시피 '억압Verdrängung/refoulement'과 '배제Verwerfung/forclusion'는 라캉에게서는 이론적으로 준별된다. 그러나 프로이트는 양자를 계통적으로 나누고 있지 않다. 그러므로 때로 번역은 교착된다. '부정'으로 사용된 Verdrängung는 라캉에 따르면 '배제'라고 번역되어야 할 개념, 시니피앙의 상징계 그 자체로부터의 삭제를 의미한다. cf. *Écrits*, p. 387ff.

존재가 울려 퍼지고 있다. 시간적 순서에 따라 바꿔 말하자면 이렇다. 사람들은 무언가를 억압한다. 그런 작업은 무의식적으로 행해진다. 그리고 그 이후에야 비로소 의식적 사고=판단의 지평이 성립한다. 그럼에도 불구하고 그런 억압의 흔적은 대상의 '부정'이라는 형태로 의식적 사고=판단에 재래한다. "판단에서 무언가를 부정한다는 것은 결국 '그것은 내가 가장 억압하고 싶은 것이다'라는 것을 의미한다."[59]

여기에서 이상의 논의를 제1절에서 도식화한 은유=개념계, 즉 부정신학 시스템을 사용하여 정리해보자. 「부정」이라는 텍스트는 이렇게 서술한다. 무의식에는 부정이 없다. 왜냐하면 '부정'은 무릇 욕동의 무의식적 놀이(1차과정)를 억압하고 특정 시니피앙을 배제한 결과로서 성립한 의식적 사고(2차과정)의 한 기능이기 때문이다. 그러나 상술한 것처럼 다른 한편으로 부정판단은 '억압의 지양'으로서 그런 억압=배제의 흔적도 존재한다. 바로 그 때문에 정신분석에서는 환자의 부정이 매우 중요시된다. 그렇다면 여기에서 우리가 주목해야 하는 것은 프로이트가 '부정[Verneinung]'이라는 개념에 부여한 기묘한 레벨횡단성이다. 이 말은 긍정/부정의 한 항인 논리적 부정[Nein]을 의미함과 동시에, 긍정/부정이라는 이항대립 그 자체의 기원(억압)을 엿보게 하는 부인행위도 지시한다. 일찍이 장 이폴리트는 라캉의 세미나에서 이 양자를 프랑스어로 négation/dénégation이라고 구분하여 번역하고 후자를 négation의 négation

59. SA, Bd. 3, S. 373-377. 邦譯, 『著作集』 第3券, 359頁(「부정」, 『정신분석의 근본개념들』, 윤희기 옮김, 열린책들, 2004, 447쪽).

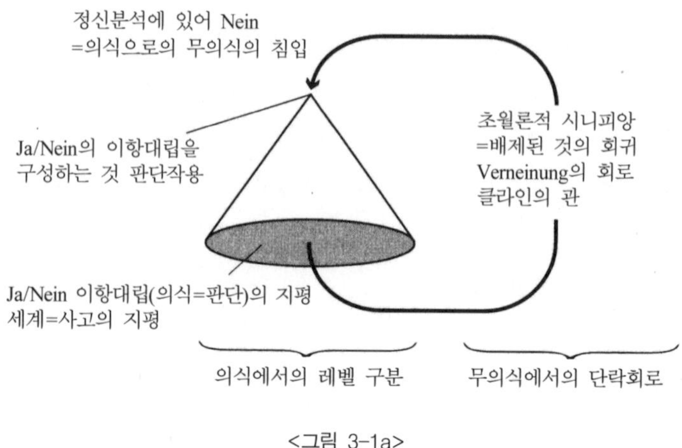

<그림 3-1a>

이라고 정의함으로써 그 비틀린 구조를 들추어냈다.[60] Verneinung은 오브젝트레벨의 부정과 메타레벨의 부정, 단순한 논리적 부정과 논리적 부정의 장[場] 그 자체의 부정('부정의 부정')을 동시에 울려 퍼지게 만든다. 바꿔 말해, Verneinung을 통해서 두 가지 레벨은 항상 단락되어 있으며, 바로 그 때문에 의식적 대화를 통해 무의식을 폭로하는 것이 가능하게 된다. 따라서 그 기능은 우리의 그림으로 '클라인의 병'에 해당한다고 생각된다(<그림 3-1a>). 의식=판단의 지평[Da]에서 배제된 시니피앙은 Verneinung의 회로를 통과하고 논리적 부정의 징후 하에서 의식=판단으로 회귀한다. 프로이트가 문제 삼은 "자아 쪽으로부터의 무의식적인 것의 승인이 부정적 형식으로 표현된다"는 임상적 사실은 이런 회귀구조에 의해 이론적으

60. *Écrits*, p. 882ff.

로 설명된다(라캉식으로 표현하자면, 그 구조는 '상징계의 빛 아래서 도래하지 않는 것이 현실계에서 나타난다'가 된다).[61] Verneinung의 단락회로를 가진 무의식은 Ja/Nein의 이항대립=논리형식을 모른다. 뒤집어 말하자면, 그런 이항대립이 통용되는(판단대상이 되는 존재자가 놓인) 세계=사고의 지평, 즉 Da의 평면은 클라인의 관을 으로 압축함으로 비로소 정리된다. Verneinung이 Nein으로 접어 넣어지는 그런 구조(앞 절에서 고유명에 대하여 서술된 구조와 같다)는 프로이트에게서는 '부정否定상징의 창조', 라캉에 의해서는 'Rien n'existe qu'en tant qu'il n'exsite pas'[62]라는 표현으로 다루어지고 있다.

무의식에는 클라인의 관이 뻗어있다. 그 때문에 무의식에는 오브젝트/메타라는 레벨 구분이 없다. 의식의 평면은 그 관을 접어서 작게 함으로써 성립한다. 그러나 여기에서 멈추자. 이상의 정리는 클라인의 병 구조에 대한 확인에 지나지 않는다. 확실히 라캉이 매우 주도면밀하게 행했던 것처럼 프로이트의 많은 텍스트는 부정신학적 논리(현실계의 논리)로 충분히 독해가능하다. 그리고 하이데거와 프로이트는 한없이 접근해 갈 것이다. 사실「부정」에 대한 이상의 논의도 라캉이 시사한 것처럼 하이데거의 존재론과 깊이 호응하고 있다.[63] 말할 것도 없이 거기에는 생산성이 높은 이론

61. ibid., p. 388.

62. ibid., p. 392. "사물은 그것이 존재하지 않는 한 존재하지 않는다"와 "무無는 그것이 존재하지 않는 한 존재한다"라고 이중으로 번역할 수 있는 이런 문장은 부정성=결여를 실체화하는 라캉적 논리를 집약적으로 표현하고 있다.

63. ibid., p. 388.

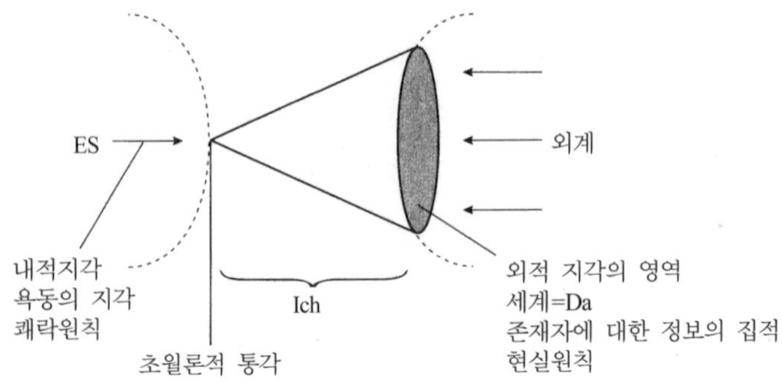
ES
외계
내적지각
욕동의 지각
쾌락원칙
Ich
초월론적 통각
외적 지각의 영역
세계=Da
존재자에 대한 정보의 집적
현실원칙

<그림 3-1b>

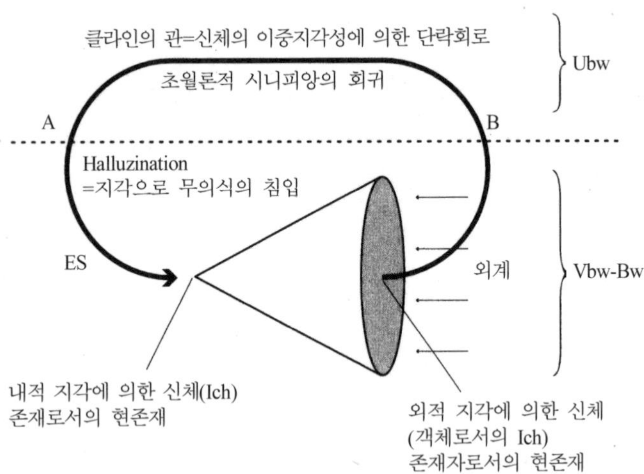
클라인의 관=신체의 이중지각성에 의한 단락회로
초월론적 시니피앙의 회귀
Ubw
A
B
Halluzination
=지각으로 무의식의 침입
ES
외계
Vbw-Bw
내적 지각에 의한 신체(Ich)
존재로서의 현존재
외적 지각에 의한 신체
(객체로서의 Ich)
존재자로서의 현존재

<그림 3-2>

적 교차가 얼마든지 포함되어 있다. 그러나 우편적 탈구축의 명확화를 지향하는 우리의 논의는 그런 추적에 만족해서는 안 된다. 우리는 다른 방향으로 나아가야 한다. 즉 프로이트의 논리 속에서 클라인의 병이 가진 안정성[Entschlossenheit]을 일탈시키고 교란시키는 은유=개념을 발견하고 바로 그것들을 이론화해가야 한다.

앞서 서술한 것처럼 하이데거는 현존재의 '이중주름'성, 세계 전체를 산출함과 동시에 또 세계 내의 한 존재자이기도 한 그런 특수한 이중성에 주목했다. 프로이트 또한 '자아'의 특성을 논할 때에 유사한 이중성에 주의를 촉구했다. 예를 들어, 1923년 「자아와 이드」에서 그는 자아가 발생할 때 신체가 완수하는 결정적인 역할에 대해 다루었다. 이 논의는 이렇다. 우선 처음으로 이드가 있다. 거기에는 욕동들이 쾌락원칙에 따라서 멋대로 꿈틀거리고 있다. 그러므로 여기에 자아는 없다(따라서 의식도 없다). 그렇다면 자아는 왜 생기는 것일까. 그것은 이드와 외계[外界]의 접촉에 의해 생긴다. 자아는 외계로부터의 정보를 외적 지각에 의해 파악하고 내계[內界]=이드로부터의 욕동을 내적 지각에 의해 파악한다(<그림 3-1b>). 그리고 양자를 조정한다(현실원칙과 쾌락원칙의 갈등). 그렇다면 왜 이드와 외계는 접촉하는 걸까. 「자아와 이드」의 프로이트는 그 조건을 세계(외적 지각의 권역)의 내부에서 계속 나타나고, 그리고 동시에 세계 바깥(내적 지각)에서 멈추는 신체의 지각적 이중성에서 도출하고 있다. "자신의 신체, 특히 그 표면은 외적 지각과 내적 지각이 동시에 생길 수 있는 장소이다. 그것은 다른 대상처럼 보이지만 접촉할 수 있다는 다른 감각으로부터도 생긴다. [……] 자아는 그런 표면의 투사물[Projektion einer Oberfläche]이다.'[64] 즉 자아는 세계 안과 세계 바깥의 다른 면, 세계에 대한 이중 주름적 존재로서 생성된다. 여기에서 다시 이 주장을 클라인의 병으로 가져가 도식화해보도록 하자(<그림 3-2>). 앞서 서술한 논의 및 <그림 3-1a>로부터 우리는 그림의 원추는 의식가능한 표상들의 배치를 보여주고, 다른 한편으로 클라인의 관은 의식불가능한, 즉 무의식적 표상들의 움직임을 보여준다고 해석할 수 있다. 원추 구조는 애초에 후설(초월론적 의식의 현상학)의 개념=은유계에서 도출된 것이기 때문에 이런 해석은 충분히 지지받을 것이다. 프로이트의 술어(제1국소론)로 바꿔 말한다면, 그것은 원추가 전의식-의식체계[Vbw-Bw]에, 클라인의 관이 무의식체계[Ubw]에 해당하다는 것을 의미한다. 이 그림은 우리가 생각하기에 현존재분석론과 정신분석의 관계에 대해 몇 가지를 시사해 준다. 예를 들어, 제3장에서 다룬 것처럼 『존재와 시간』은 부름이 '이드'로부터 도래하는 것['Es ruft']임을 몇 번인가 강조하고 있다(제57절). 또 후기 하이데거의 텍스트에서는 '이드'가 초월론성을 보낸다[schicken]고도 이야기된다.[65] 그들의 주장은 이 그림에 의해 프로이트의 '이드'와 접합되어 이해된다. 세계(외적 지각의 장)에서 배제된 초월론적 시니피앙은 무의식을 통과하고 이드(내적 지각의 장)에서 '환각[Halluzination]'으로서 재래한다. 하이데거가 생각하는 주체는 이런 재래를 귀로 지각하고 배송물[Schickung]로서 받아들이는 것이다.

그렇다면 이런 퍼스펙티브에서 정신분석의 어떤 이론적 요소

---

64. SA, Bd. 3, S. 294. 邦譯, 『著作集』 第6券, 274頁(「자아와 이드」, 『정신분석의 근본개념들』, 364-365쪽).

65. Wegmarken, S. 413. 邦譯, 516頁(『이정표』①, 355쪽).

가 클라인의 병 구조를 잉여로 삼는 것일까? 우리는 여기에서 두 가지 정신분석적 식견에 주의하고 싶다. 그것들은 모두 다음 절에서 데리다의 프로이트론을 검토할 때 중요한 보조선[補助線]이 될 것이다.

(1) 첫째로 프로이트가 행한 두 종류의 '표상'의 구별, 즉 사물표상[Sach-, Dingvorstellung]과 언어표상[Wortvorstellung]의 구별. 우선 교과서적으로 확인해보자. 이 구별은 프로이트의 변천과정에서는 매우 오래된 것이다. 그것은 이미 『꿈의 해석』 이전, 1891년의 『실어증론』에 '대상표상'과 '언어표상'의 구별이라는 형태로 나타났다. 거기서는 주로 전자는 시각에서 후자는 청각에서 유래하는 표상으로 간주되었다. 그렇지만 이런 구별의 이론적 의미가 명확해지는 것은 1915년의 논문 「무의식에 대하여」, 즉 메타심리학적 체계화로의 지향을 강화한 후기 프로이트의 작업에서이다. 그는 거기서 "의식적 표상은 사물표상과 그것에 속하는 언어표상을 포함하지만, 무의식적 표상은 사물표상뿐이다"라는 중요한 테제를 제출한다.[66] 무의식의 심리적 과정(1차과정)은 사물표상밖에 다루지 않는다. 따라서 거기에는 —『꿈의 해석』에서 이미 사용된 술어를 사용하자면 — '지각동일성'만이 문제가 된다. 이에 반해 전의식-의식의 심리적 과정(2차과정)은 언어표상을 사용함으로써 '사고동일성'도 조작한다. 이 두 종류의 동일성의 차이를 「무의식에 대하

66. SA, Bd. 3, S. 160. 邦譯, 『著作集』 第6劵, 111頁(「무의식에 관하여」, 『정신분석의 근본개념』, 210쪽).

어』는 신경증과 분열증이라는 병상病像의 차이로 설명한다. 신경증 환자는 양말 전체를 하나의 질膣로서 간주한다. 이런 대리형성은 지각동일성에 기초한다. 이에 반해 분열증환자는 양말의 그물코 하나하나를 질로 파악한다. 이런 동일시를 지각동일성으로 설명하는 것은 어렵다. 거기서는 오히려 '구멍은 구멍이다'라는 '시니컬한 명제'가 기능하고 있다. 분열증의 대리형성은 사고동일성, 즉 언어에 기초한다.[67] 그런데 여기에서 주의해야 할 것은 이시자와 세이이치石澤誠一가 지적하는 것처럼[68] 사물표상/언어표상의 구별이 시니피에/시니피앙의 그것과 겹치지 않는다는 점이다. 사물표상은 순수한 지각상知覺像이 아니다. 그것은 '주관성'의 개입으로 구성되는 다른 타입의 시니피앙이다. 즉 사람의 마음은 두 종류의 표상=시니피앙, 두 종류의 동일성논리를 사용하여 정보를 처리한다. 초기 프로이트의 신경학적 은유를 빌리자면, 사람의 마음에는 '흥분의 두 가지 과정 또는 경과방식'이 있다.[69] 그렇다면 이것이 의미하는 것은 무엇일까.

다시 『꿈의 해석』으로 돌아가자. 앞서 인용한 부분에서 이루어진 논리와 사항의 준별은 메타심리학적으로 두 종류 표상의 이런 질적 차이에 기초하고 있다고 생각된다(*sach*liche Inhalt와 *Sach-*

67. ibid., S. 159. 同書 111頁. 실제 이 텍스트에는 '지각동일성', '사고동일성'이라는 술어 그 자체는 사용되고 있지 않다. 또 ジャン・ラプランシュ＋J-B. ポンタリス, 『精神分析用語辭典』, 村上仁監 譯, みすず書房, 1977: /장 파장 라플랑슈＋장 베르트랑 퐁탈리스, 『정신분석사전』, 열린책들, 임진수 옮김, 2005)의 해당 항목도 참조할 것.

68. 『翻譯としての人間』, 平凡社, 1996, 81頁.

69. SA, Bd. 2 S. 578. 邦譯, 『夢判斷』 下卷 382頁(『꿈의 해석』, 701쪽).

vorstellung은 어휘적으로도 대응하고 있다). 꿈=무의식은 언어표상을 가지지 않는다. 그렇기 때문에 꿈은 그 내용을 시각적으로 즉 사물표상을 이용하여 표현할 수밖에 없다. "꿈-작업은 꿈-사고를 시각적으로 표현하기 위해 가능한 모든 방법을 사용한다."[70] 꿈의 표현방법[Darstellungsmittel]에 부과된 이런 제한으로부터 앞서 서술한 논리형식의 명사화, 즉 논리적 관계의 시각화가 생겨난다. 프로이트는 이 저작의 제6장에서 그 예를 풍부하게 들 뿐만 아니라 제7장에서 다음과 같이 기록하고 있다. 꿈과 히스테리증상에서는 "이차적인 사고작업의 성과로서 제시된 사고가 일차적인 과정 안으로 빠져든다." 즉 꿈은 이차 과정에 속하는 표상을 다시 일차 과정으로 되돌려 보낸다(퇴행[Regression]). 따라서 그런 표상에서는 사고동일성이 박탈되어 이후 그것은 그저 지각동일성에 의해서만 처리되게 된다. "무의식적 소원충동에서는 강력한 비급을 받는 반면 전의식에서는 비급을 받지 못하고 버림받는 순간부터, 억압된 사고들은 일차적 심리적 과정에 예속되고 [……] 소원하는 지각동일성을 환각에 의해 활성화시키려고 한다."[71] 프로이트는 이후 다른 논문에서 꿈-작업이란 'Vbw에서 Ubw을 경유해 지각에 이르는 자극진행의 역회전'이라고 다시금 명확히 서술하고 있다. 그러므로 '역회전[Rückwendung]'이란 우리의 그림에서는 '클라인의 관'을 통과하는 행정[行程]에 의해 표현되는 것이라고 생각하고 싶다. 꿈이 가지는 환각적 성격은 전의식-의식에 속하는 표상이 무의식적 정

---

70. ibid., S. 400. 同書 下卷 132頁(같은 책, 485쪽).

71. ibid., S. 572, 574. 同書 374, 376頁(같은 책, 696쪽).

보처리(꿈-작업)를 경유한 후 다시 내부에서 지각됨으로써 생겨난다("환각은 보통의 경우처럼 외부가 아닌 내부에서 생기는 Bw(W)계系의 비급 안에서 성립한다"). 즉 꿈 또한 현실계와 같은 회귀구조에 의해 성립한다. 그리고 그때 "언어표상은 그것에 대응하는 사물표상에 의해 인도되고 되돌려진다[zurückgeführt]."[72]

그렇다면 여기에서 우리가 주목해야 하는 것은 사물표상+언어표상으로서의 Vbw-Bw표상(낮 동안의 잔여)이 다시 사물표상으로서의 Ubw표상(꿈재료)으로 변환될 수 있다는 것, 즉 <그림 3-2>의 점 B에서 표상의 '바꿔 쓰기Umschrift'의 존재이다.[73] 그렇다면 거기에서는 구체적으로 무엇이 일어나고 있는 것일까? 『꿈의 해석』 제6장은 한 가지 결정적인 사례를 들고 있다. "꿈에 의해 말은 자주 사물과 똑같이 다루어지고, 또 사물표상과 같이 합성작용을 경험한다." 예를 들어, 어느 여성의 꿈에서 Maistollmütz라는 조어

72. SA, Bd. 3, S. 189, 184, 189. 邦譯, 『著作集』 第10券, 319, 322, 319頁(프로이트, 「꿈-이론과 초심리학」, 『정신분석의 근본개념』, 윤희기·박찬부 옮김, 열린책들, 2003, 227, 233, 227쪽).

73. 프로이트가 플리스에게 보낸 1896년 12월 6일자 편지에서 사용한 표현. 앞에서 언급한 이시자와의 책 『번역으로서의 인간翻譯としての人間』, 38頁 이하 참조. 또 이시자와는 이 책에서 초기 프로이트에서 표상간의 '바꿔 쓰기' 개념의 중요성에 주의를 기울이면서 그 개념을 사물표상에서 언어표상으로의 변환에 한정하고 있다. 따라서 그는 그런 변환을 결국 사물표상에서 언어표상으로의 '바꿔 쓰기'의 시점에서 배제가 행해지고 배제된 사물표상이 나중에 상징계(언어표상의 세계)에 La Chose로서 회귀한다는 직선적(라캉적) 전개의 일 단계에 갇히고 만다. 다른 한편으로 꿈-작업에 대해 프로이트가 서술한 '퇴행', '역회전'에 주목하는 우리는 '바꿔 쓰기'는 오히려 쌍방향에서 기능한다고 생각한다.

가 나타난다. 분석에 의해 그것이 그녀가 각성시 기억에서 뽑아낸 실재의 네 단어 Mais, toll, mannstoll, Olmütz의 압축결과라는 것을 알 수 있다. 더욱이 그 네 단어도 각각 복수의 단어를 내포한다 Mais-Meißen-Miss-mies. "낱말 덩어리의 각 철자마다 사고와 연상의 긴 사슬이 이어졌다."[74] '철자의 화학Silbenchemie'이라고도 불리는 꿈=무의식 특유의 이런 언어처리가 주지하다시피 정신분석에서 매우 중요한 이론적 위치를 점하고 있다. 실제 프로이트는 1905년에 그것을 주제로 한 저작 『기지와 무의식에 대한 관계』를 발표하여 같은 사례를 무수히 검토하고 있다. 기지는 "단어를 한 번은 하나의 전체로서, 그 다음은 분할된 철자로 여러 번 사용한다."[75] 전의식적 사상의 무의식으로의 '침잠Herabsinken' 즉 점 B의 통과에서 단어는 언어표상의 자격을 상실한다. 바꿔 말하면, 거기에서 '단어'라는 단위는 사라진다. 그 이후 각 단어는 복수 철자의 집합체(시각적 사물표상)로 간주되고 지각동일성의 논리에 따라 분할되고 결합되고 압축된다.

우리는 이로부터 데리다와의 관계에서 두 가지 귀결을 이끌어낼 수 있을 것이다.

(α) 무의식에서 시니피앙의 분할가능성. 이미 제2장에서 검토한 것처럼 데리다는 라캉파 정신분석의 이론적 핵심을 '편지의 분할불가능성'에서 보았다. 상징계로부터 배제된 시니피앙은 현실계

---

74. SA, Bd. 2 S. 297-298. 邦譯, 『夢判斷』 上劵 382-384頁(『꿈의 해석』, 356쪽).

75. SA, Bd. 4, S. 34. 邦譯, 『著作集』 第4劵, 256頁(『농담과 무의식의 관계』, 임인주 옮김, 열린책들, 2004, 41쪽).

로서 회귀한다. 라캉의 이런 주장은 필연적으로 회귀하는 시니피앙의 단일성이 보증된다는 것을 함의한다. "주체는 더없이 분할되지만, 팔루스는 결코 분유되지 않는다." 즉 초월론적 시니피앙=팔루스는 분할불가능한 '이념성'을 가지고 클라인의 병 내부를 계속 순환한다(앞에서 서술한 '부름[ruf]'의 구조). 데리다는 이런 주장에 저항하고 있다. "물질성, 기록의 감각가능하고 반복적인 측면, 종이의 문자나 잉크의 데생은 분할되고 복수화되고 파괴되고 기만당할 수 있다[s'égarer]."[76] 앞장까지 되풀이해온 것처럼 여기에서는 세계(Da=상징계)에서 배제된 비세계적 존재를 둘러싼 두 가지의 서로 다른 사고방식, 분할불가능하고 단수적이고 이념적인 '불가능한 것'(라캉의 대상a)과 분할가능하고 복수적이고 물질적인 '불가능한 것'(데리다의 유령)이 대립하고 있다.

언어표상/사물표상의 구별에 주목하는 우리는 이제 데리다의 그런 저항의 메타심리학적인 의미를 보다 정확히 파악할 수 있다. 시니피앙의 단일성은 무의식(클라인의 관)에서는 유지되지 않는다. 거기서 초월론적 시니피앙은 목소리=초월론성을 박탈당하고 시각적이고 물질적인 사물표상, 즉 씌어진 것(에크리튀르)으로서만 처리되기 때문이다. 그리고 '에크리튀르'가 발음가능한 철자의 집합체에 불과한 이상, 초월론적 시니피앙은 그런 회귀의 과정에서 항상 파괴[Zerbröckeln]의 가능성에 노출된다. 즉 라캉의 정식 "편지는 반드시 도착한다"가 무시한 것은 사물표상/언어표상이라는 대

76. *La carte postale*, pp. 494, 492, 501. 邦譯 論文, 「眞理の配達人」, 85, 82, 91頁.

립쌍雙對을 사물표상으로 일원화해버리는 클라인의 관이라는 필터, 모든 시니피앙의 구조에 존재하는 에크리튀르/파롤이라는 원초적 대립쌍(시니피앙/시니피에의 대립쌍은 그로부터 파생된다)[77]을 에크리튀르의 평면으로 압축시켜 버리는 무의식적 정보처리의 특성이다. 사실 데리다는 1966년의 「프로이트와 에크리튀르의 무대」에서 이미 '파롤로 환원불가능한 에크리튀르', '말을 계속 표현하면서도 그것에 종속되지 않는 근원적 에크리튀르'의 장인 꿈=무의식에서는 '말이 순수하고 단순한 사물로 변하는 경향이 있다'는 것을 분명히 지적하고 있다.[78] 무의식에서 사물과 언어의 경계는 유지할 수 없게 된다.

(β) 정신분석적 독해=암호crypte적 독해. 데리다는 1976년에 니콜라 아브라함과 마리아 토록의 공저 『늑대인간의 언어표본』에 대한 서문 「Fors」를 발표했다. 그는 이 글에서 crypte에 대해 고찰하고 있다. 데리다에 의하면 이 단어는 세 가지 의미를 가지고 있다. 첫째로 교회의 지하성당, 즉 '길을 헤매게 하기égarer 위해 만들어진 복수複數의 장場 조직'. 이것은 무의식(클라인의 관)이 우편공간=네트워크로서 조직되어 있다는 것을 보여준다. 이런 이론적 함의는 바로 뒤에 서술한다. 둘째로 납골당, 즉 '살아있는 사자死者를 지키기(감추고 보존하기) 위한 장소'. 여기에서 '살아있는 사자'는 내부에 머무는 외부, 아브라함+토록에 따르면 '체내화體內化에 의해 자아 안에 포함된 소원한 신체'라고 표현된 것을 의미한다.

---

77. 『グラマトロジーについて』(『그라마톨로지』) 第1部 第2章 참조.

78. *L'écriture et la différence*, pp. 310, 324. 邦譯, 下卷 78, 96頁(『글쓰기와 차이』, 331, 345쪽).

즉 여기에서 crypte는 라캉의 술어로 말하자면 '팔루스'의 장소를 지시한다. 자아의 내부에 뚫린 지하실, Da 내부에 뚫린 구멍으로 비非자아는 침입한다. 이런 발상의 이론적 의미(괴델의 불완전성 정리)에 대해서는 이미 여러 번 검토했다. 그리고 셋째로 crypter라는 동사형으로 '암호화하는 것'. 여기에서 crypte는 배제된 표상을 '사물-언어chose-mot', 사물표상과 언어표상의 중간적 존재로서 다루는 무의식적 정보처리의 특성(데리다는 그것을 '일반 히에로글리프성hiéroglyphie générale'이라고 부르고 있다)을 보여주고 있다. 쉽게 알 수 있는 것처럼, 이 세 가지 점들은 무의식에 대한 데리다의 사고를 훌륭하게 요약하고 있다. 상징계에는 구멍이 뚫려있다(제2의 crypte). 구멍의 내부에는 우편공간=미로가 열려있다(제1의 crypte). 그리고 그 미로는 암호의 벽으로 구성되어 있다(제3의 crypte). "읽혀야 하는 것은 지하성당 내벽에 있는 암호화된 텍스트, crypte상의 crypte이다. 그러나 내벽이 선행하는 것이 아니며, 그것은 텍스트의 재료 그 자체 안에서 구성되고 있다."[79]

데리다의 이 텍스트는 이와 같은 것을 파악한 후에 다시금 무의식=지하성당의 내벽을 통과하여 '말의 형성으로 재래하는' 시니피앙들, 즉 꿈과 분열병적 언설이 가진 특징에 대해 고찰하고 있다. 그의 논의에 따르면 그것들은 언어형식을 취하지만 이제는 언어표상이 아니다. 그런 시니피앙들은 무의식에서 '뾰족한 모서리가 있는 우회로détour anguleux'를 통과하고 다양한 암호적 처리를

---

79. "Fors" in Nicolas Abraham et Maria Torok, *Le verbier de l'homme aux loups*, Aubier-Flammarion, 1976, p. 53. 論文邦譯, 「Fors」, 若森榮樹・豊崎光一 譯, 『現代思想』, 1982, 2月(臨時增刊号), 139頁.

받아들이고 있기 때문이다. 그런 처리의 결과, 각 언어는 "형식적 접목을 교차시키고 음성적 유사성을 연결시키면서 타의적인[allosémique] 정면이나 측면을 다수화한다." 예를 들어, 늑대인간의 언어[Ich stehe]는 이제 독일어에 소속되지 않는다. 아브라함+토록이 명확히 한 것처럼, 이 암호는 독해코드에 영어를 포함하기 때문이다.[80] 어쩌면 Wolkenkratzer는 더 이상 하나의 언어 단위로 간주되지 않는다. 그것은 먼저 Wolke와 kratzen으로 파괴되고, 이어서 전자의 일부는 러시아어 volk로 후자의 일부는 kr/gr/skr란 음소의 연동을 통해 독일어 Krebs, 프랑스어 gratte-ciel, 러시아어 skreb, skroit 등으로 바로 반송되기 때문이다. 데리다는 무의식에서 회귀한 시니피앙들의 이런 특징을 아브라함+토록을 받아들여 '크립트명[名/cryptonymie]'이라고 이름 붙인다.[81] 여기에 명기되어 있지는 않지만, 필시 이 조어는 만년의 프로이트가 기록한 '크립트 기억[Kryptomnesie]'이라는 조어를 참조했을 것이다.[82] 데리다적 정신분석은 크립트명

80. '나는 서있다'라고 직역되는 이 문장은 늑대인간의 신경증적 언어에서는 '나는 거짓말을 하고 있다'를 의미한다. 이런 메커니즘은 다음과 같은 것이다. 첫째로 Ich stehe가 반대의 의미(나는 누워있다)를 드러내는 독일어 문장 Ich liege로 변환되고, 둘째로 그와 같은 의미의 영어 I am lying으로 번역되고, 셋째로 그 문장이 Lie의 이의성二義性(눕다/거짓말하다)에 의해 '나는 거짓말을 하고 있다'로 바꿔 읽힌다. 동시에 복수의 언어에 속하는 이 문장은 제1장에서 주제로 삼았던 'he war'와 마찬가지로 번역 불가능한 것이다.

81. "Fors", p. 61ff. 論文邦譯, 144頁 이하.

82. SA, Bd. Erg., S. 384. 邦譯, 『著作集』 第3券, 405頁('Kryptomnesie'라는 조어는 『프로이트 전집』에 두 번 등장한다. 한 번은 1920년의 소품 「분석기법의 전사에 대한 노트」(미번역)에서이고 다른 한 번은 「끝이 있는 분석과 끝이 없는 분석」(또는 「끝낼 수 있는 분석과 끝낼 수 없

=기억을 다룬다. 사실 그는 이 서문을 쓴 시기에 그런 류의 분석을 많은 텍스트에서 시도했다. 1972년의 『조종』이나 1975년의 「+R」의 논의는 gl이나 tr이란 단편적인 철자를 둘러싸고 전개되고 있다.

(2) 둘째로 초기 프로이트의 이론적 중심을 점하고 있던 마음의 신경학적-경제론적 모델, 특히 거기서 제출된 '경로Bahn', '경로 할당=소통疏通/Bahnung'이라는 개념. 다시 교과서적인 확인에서부터 시작하자. 그것들의 기원 또한 오래된, 『꿈의 해석』 이전, 즉 정신분석기법의 확립 이전으로 거슬러 올라간다. 1891년의 『실어증론』은 이미 실어증례의 다양함을 '전달경로Leitungsbahn'의 차이에서 설명하고 있다. 복수의 지각표상은 복수의 경로에 의해 연결된다. 이 경로가 인식에서의 연합=연상관계Assoziation를 규정한다. 그리고 다양한 경로의 단절이 다양한 실어증을 불러일으킨다. 1890년대 전반 히스테리 연구를 경유한 프로이트는 이 모델에 다소 변경을 가하여 1894년 논문 「방어-신경정신병」에서 각 표상에 비급되는 심적 에너지라는 개념을 도입했다. 그리고 이 모델은 다시 1895년에 씌어진 미완의 노트 「과학적 심리학 초고」에서 한 번 체계화되고 있다. 거기에서 '마음'은 지각표상을 유지하는 뉴런(ψ 뉴런)과 그 사이를 빙 두른 경로의 네트워크로 구성된 것으로서 파악되고, 그와 같은 정보처리 과정은 모두 심리적 에너지양(Qή)의 이동으로 설명되었다. 그리고 표상들의 결합 강도, 즉 연

는 분석」)에서이다. 후자의 경우 두 가지 번역본(열린책들, 도서출판 b)이 존재하는데, 전자는 이것을 '숨은 기억'으로, 후자는 '은재 기억'으로 각각 번역하고 있다.—옮긴이).

상의 경향이나 기억의 강도는 그들을 연결하는 경로의 저항에 의존하는 것이라고 생각되었다. 심적 에너지는 가능한 한 저항이 낮은 쪽으로 흐를 것이 분명하기 때문이다. "기억은 ψ 뉴런 사이의 경로 할당의 차이에 의해서 드러난다."[83] 이상의 모델은 거의 그대로 『꿈의 해석』 제7장에 계승되고 있다.

여기에서부터도 마찬가지로 데리다와 관련이 깊은 두 가지 방향을 이끌어낼 수 있다.

(α) 클라인 관의 **복수화**. 여기에서 우리가 주목해야 하는 것은 의식적 정보처리(2차 과정)와 무의식적 정보처리(1차 과정)의 차이에 대해 「과학적 심리학초고」가 시도한 설명이다. 프로이트는 두 과정을 심적 에너지의 성질로부터 구별한다. 1차 과정의 심적 에너지(자유에너지)는 2차 과정의 그것(구속에너지)과 비교하여 유동성이 높다. 그러므로 전자는 경로에 장해(예를 들어 외상적 표상)가 있는 경우나 특별히 보다 저항이 낮은 경로가 있는 경우 손쉽게 지나가는 길을 바꾼다. 즉 무의식에서는 종종 의식적 정보처리의 경로에서 벗어난 ψ 뉴런에 심적 에너지가 비급된다. 그 결과 꿈에서의 부조리한 지각표상이나 히스테리에서의 강박관념적 사고표상이 생겨난다. 의식과 무의식의 차이는 여기에서 Qή의 우회/일탈의 유무로 설명되고 있다.[84] 1895년의 『히스테리 연구』에서 『꿈의 해석』을 지나 1901년의 『일상생활의 정신병리학』에 이르는 세계 전환기에 프로이트가 한 작업은 이론적으로는 전부 이

—

83. *Gesammelte Werke*, Nachtragsband, S. 393. 邦譯, 『著作集』 第7券, 238頁(「과학적 심리학 초고」, 222쪽).

84. cf. ibid., S. 436-438, 444-449. 同書 274-275, 281-286頁.

모델에 의해 뒷받침되고 있다. 꿈이나 히스테리나 착오행위는 무의식에서의 정보처리 경로의 복수성, 어떤 표상에서 다른 표상으로 이동하는 심적 에너지의 우회/일탈가능성에 의해 초래된다. 그리고 그 우회/일탈은 경로들이 가진 저항의 차이와 상호우회에 의해 조건지어진다. 『일상생활의 정신병리학』의 마지막은 분명히 서술하고 있다. 꿈-내용이나 착오행위가 가진 '부정확한 기능이라는 외관은 두 가지 또는 그 이상의 정확한 능력수행이 독특한 방식으로 서로 간섭한다는 것에 의해 설명된다.'[85] 그렇다면 이상의 사고는 우리들의 그림에서 무엇을 의미할까?

정보처리 경로의 복수성은 클라인 관의 분기[分岐]를 의미한다. 무의식의 표상은 똑바로 나아가지 않는다. 그 경로는 분기하고 우회하고 일탈한다. 우리는 앞서 시니피앙의 분할가능성을 다루었다. 단일한 언어+사물표상에서 복수의 사물표상으로의 그런 '파쇄'는 이 모델에선 각 표상에 비급된 심적 에너지의 '분리[Entbindung]', 그리고 그 결과 생긴 자유에너지의 분할과 확산에 의해 설명된다. 확실히 프로이트는 에너지의 분산된 흐름에 대해 직접적으로 말하고 있지 않다. 하지만 그 반대 과정, 표상들의 '압축'에 대해 다음과 같이 서술하고 있다. "압축 과정에서는 정복된 요소들의 일부가 소멸하는 한편, 그 비급에너지를 이어받은 다른 요소가 압축을 통해 강해지거나 과잉되게 강하게 구성된다."[86] 또 앞서 든 데

---

85. *Zur Psychopathologie des Alltagslebens*, S. 217. 邦譯, 『著作集』 第4券, 235頁(『일상생활의 정신병리학』, 이한우 옮김, 열린책들, 2004, 371쪽).

86. SA, Bd. 4, S. 158. 邦譯, 『著作集』 第4券, 367頁(『농담과 무의식의 관

리다의 텍스트는 '암호[crypte]의 내벽을 넘어서 그것의 바깥으로 또는 그 바깥에서 침투하는 것'의 존재와 접촉하여 무의식=지하성당[crypte]의 '밀폐성'의 '실패'에 대해 말하고 있다.[87] 무의식에서는 심적 에너지가 각 표상에서 끊임없이 새어나온다. 그리고 그런 누출을 다른 표상이 이어받는다[übernehmen]. 이런 과정에서 에너지는 압축(결합[Verbindung])되고 분할된다. 즉 Wolkenkratzer의 심적 에너지는 volk나 kr에 의해 따로따로 운반되어 사라지고, 또 각기 '늑대', '하녀가 청소하는 모습'의 사물표상으로 흘러간다. 다수의 유통=배달 경로가 서로 엉키는 이런 무의식의 장[場]을 우리는 이제까지 '우편공간' 또는 '데드스톡공간'이라고 불러왔다. 초월론적 시니피앙은 회귀 과정에서 우편공간을 통과하지 않으면 안 된다.

(β) 주체의 철학에 **저항**하는 경로의 은유. 프로이트는 「과학적 심리학 초고」를 중단한 후에도 잠재적으로는 경로의 은유를 계속 유지했다. 그것은 예를 들어 그것과 불가분한 또 하나의 은유 '비급'(심적 에너지)이 그의 모든 시기의 텍스트에서 언급된다는 것으로도 쉽게 확인가능하다. 비급의 이동은 그런 경로의 존재를 함의한다. 그러나 실제로는 1895년 이후 '경로'라는 말은 그의 텍스트에서 오랫동안 사라졌다. 왜일까.

주지하다시피 정신분석은 1900년대에 들어서면, 주체 간의 언어커뮤니케이션에 기초한 '해석' 학문으로서 급속히 정비된다. 예를 들어, 프로이트는 1904년의 논문에서 정신분석의 방법을 '똑

계』, 임인주 옮김, 열린책들, 2003, 214쪽).

87. "Fors", p. 15. 論文邦譯, 118頁.

같이 각성한 두 인물 사이의 대화'에 의해 전개시킨 '해석기법 Deutungskunst'이라고 명확히 규정하고 있다.[88] 그리고 이런 해석의 중심에 '성性'이라는 문제가 부상하게 된다. 1905년에는 『성욕에 관한 세 편의 에세이』가 발표되고, 1910년에는 '오이디푸스 콤플렉스'라는 개념이 제출된다. 즉 1900년에서 1910년대 중반에 걸친 정신분석은 주체의 핵을 이루는 성적 원原광경(외상), 그리고 그런 원광경을 사후적으로 구성한다고 여겨지는 실증불가능한 '원原환상'(무無로서의 외상)의 의미를 찾는 해석학적 언설로서 점점 정치하고 대규모적으로 조직되고 변해간다. '주체', '의미', '언어'에 기반을 두고 전개되는 이런 방법은 심적 과정의 '양적'이고 '기계론적' 설명을 시도하는 1895년의 퍼스펙티브와 원리적으로 충돌한다. 그 때문에 이 시기 경로의 은유와 그것을 뒷받침하는 마음의 신경학적 모델은 강하게 억압된다.[89] '경로'라는 단어가 다시 프로이트의 텍스트에 나타나는 것은 1920년, 그가 그때까지의 이론적 퍼스펙티브에 커다란 변경을 가하고 '죽음욕동'이라는 문제계를 연 저작인 『쾌락원칙을 넘어서』에서다.

이런 억압과 회귀의 의미를 우리는 이미 명확히 파악할 수 있다. 하이데거에게 인간 존재의 통일성은 클라인의 병 구조의 Entschlossenheit, 즉 초월론적 시니피앙의 회귀구조에 의해 뒷받침

88. SA, Bd Erg., S. 102-104. 邦譯, 『著作集』 第9劵, 8-10頁.

89. 경로의 은유가 억압된 반면, 비급의 은유가 살아남은 것은 아마 심리적 에너지의 '비급'이라는 표현이 주체적 가치부여의 은유로서 파악되어 주체성의 철학(예를 들어 현상학)과 접합이 가능했기 때문이다. 『精神分析用語辭典』, 391-392頁(『정신분석사전』, 492-494쪽) 참조.

되었다. 하지만 경로는 그런 회귀를 불확정적인 것으로 만든다. 바꿔 말하면 '주체'의 장場을 뉴런의 네트워크 속으로 확산시켜버린다. 즉 이 개념은 주체의 통일성을 전제로 삼는 해석학적 은유=개념과 충돌한다. 따라서 그 단어는 프로이트의 텍스트에서 성적 주체에 대한 언설의 등장과 함께 억압되고, 또 그 언설에 대한 비판에서 회귀하게 되었다. 이 과정은 본 논의의 퍼스펙티브에서 매우 중요한 의미를 갖는다고 생각된다. 예를 들어, 앞에서도 다룬 것처럼 『성의 역사』를 집필한 직후 푸코는 라캉파와의 공동토의에 참가했다. 거기서 양자의 입장은 바로 이 해석학적 정신분석, 주체와 성의 결부를 강고하게 이론화한 프로이트적 언설에 대한 태도에 의해 나뉘어졌다. 또 데리다의 첫 프로이트론, 이후 그 자신이 라캉에 대항하여 씌어졌다고 분명히 말하고 있는[90] 「프로이트와 에크리튀르의 무대」를 대충 한 번 봐도 알 수 있다. 그는 거기서 1895년의 「과학적 심리학 초고」와 1925년의 「매직메모에 대한 노트」라는 주변적인 텍스트만을 문제 삼고 프로이트의 가장 유명한 시기의 텍스트, 1900년~1910년대의 주체와 성을 둘러싼 언설들을 의도적으로 무시했다. 푸코도 데리다도 라캉적 정밀화의 중심을 같은 시기의 프로이트 텍스트에서 발견하고 그것에 대한 저항을 시도했다. 그렇다면 '경로'라는 단어의 억압과 회귀는 실은 그들의 그런 저항이 프로이트 자신의 텍스트에 선취되어 있다는 것을 의미한다. 따라서 우리는 이 지점부터 '경로'의 은유, 즉 우편공간의 도입이 가진 이론적 의미에 대해 다시금 정밀하게 고찰하지

---

90. *Résistances*, p. 72ff. 論文邦譯, 「ラカンの愛に叶わんとして」, 102頁 이하.

않으면 안 된다. 그것은 아마 『우편엽서』 제2부의 프로이트론인 「사변한다 — <프로이트>에 대하여」의 정독을 요청한다.

4. 우편적

우리는 제3장 서두에서 두 가지 물음 "데리다는 왜 하이데거적 사고에 저항했는가"와 "데리다는 왜 그런 저항을 저와 같은 텍스트 형태로 전개했는가"를 분리해두었다. 그리고 우리는 주로 전자의 물음과 관련하여 거기서 '저항'이라고 명명된 전략의 명확화를 위한 논술을 전개시켜왔다. 제3장에서는 우선 참조 텍스트를 데리다와 데리다학파에 한정하여 거기서 사용되는 은유의 내재적 정리를 통해 '우편적 탈구축'의 정식화를 시도했다. 이어서 본장의 지금까지의 논의에서는 참조 텍스트를 오히려 데리다 바깥에서 찾아 보다 일반적으로 논리학과 존재론과 정신분석의 관계 속에서 '우편적 탈구축'의 위치를 부여하려고 했다. 상호보완적인 이런 두 가지 어프로치는 모두 지금까지 매우 엉성한 스케치에 그치고 있다. 따라서 우리들의 논의는 본래 지금부터 다시 한편으로는 『조종』이나 『우편엽서』나 그것을 언급한 많은 연구논문을 읽는 작업을, 다른 한편으로는 그의 텍스트에 참여하는 무수한 철학적 계보를 추적하는 작업을 더불어 점점 넓혀가야 한다. 보다 많은 계보=실[糸/filiation]을 발견하면, 텍스트=직물[texture]은 그런 만큼 치밀하게 풀어헤쳐지고 우편적 탈구축의 상[像]은 점점 명확해져 간다……. 그러나 우리는 여기에서 멈추지 않으면 안 된다. 그런 끝없는 작업은 그 자체가 함정이 아닐까. 제3장 말미의 절단에도 불구하고, 우리는 다시 데리다의 텍스트에 똑같이 침잠해가고 있는 것은 아닐까.

이것은 단순한 자기언급적 회의가 아니다. 끝없는, 이라고 우리는 썼다. 어떤 지적 작업에 수반되는 그런 성격에 대해서는 본론이 의거하는 프로이트와 데리다 자신이 매우 흥미로운 지적을 하고 있다. 본서의 방향은 여기에서 마지막으로 그들의 그런 통찰을 이끄는 실에 대해 지금 한 번 정리해두어야 한다. 그리고 그것은 제3장에서 잠시 제쳐둔 질문, 데리다의 텍스트 형태가 가진 의미로 다시 향한다는 것을 의미한다.

*

a

프로이트는 만년인 1937년 「끝이 있는 분석과 끝이 없는 분석」이라는 제목의 논문을 발표한다. 그는 이 논문의 제Ⅶ절에서 다음과 같이 쓰고 있다. 한편으로 분석치료의 종료를 결정할지 안할지는 '실천상의 사항'에 지나지 않는다. "자아기능으로 가장 풍족한 심리적 조작들을 만들어냄으로써 분석의 임무는 완수된다." 그러나 다른 한편으로 분석은 '끝없는 과제unendliche Aufgabe'이기도 하다. 왜 끝나지 않는 것일까. 분석가와 피분석가 사이에는 항상 '전이Übertragung'가 생긴다. 따라서 필연적으로 '분석치료의 전망에 영향을 주고, 또 저항이라는 방식으로 치료를 곤란하게 하는 계기들에서 분석가의 고유성 또한 어떤 장소를 점하게' 된다. 즉 분석가의 인격이 피분석가의 증상에 영향을 주고, 또 그로부터 영향을 받는 순환이 생겨난다. 이런 현상에 대응하기 위해서는 "어떤 분석가도 주기적으로 약 5년마다 스스로를 다시 분석대상으로 삼지 않으면 안 된다." 그리고 그것은 "환자에 대한 치료분석만이 아니라 자기분석 또한 끝이 있는 과제에서 끝이 없는 과제가 된다는 것을 의미한다."[91] 분석은 한편으로는 끝이 있고, 다른 한편으로는 끝이 없다.

이 두 가지 결론은 혼란을 의미하지 않는다. 보다 자세히 살펴보자. 프로이트는 같은 논문의 제V절에서 안나 프로이트, 즉 이후 자아심리학의 한 원천을 참조하면서 '자아분석'과 '이드분석'을 구별하고 있다. 끝이 있는 분석과 끝이 없는 분석은 이론적으로 거의 이 양자와 대응한다. 프로이트의 틀은 매우 명확하다. 우선 첫째로 분석가는 '분석대상이 되는 인물의 이드의 아직 지배되고 있지 않는 부분을 복종시켜 그것을 자아의 종합 안으로 집어넣기 위해 상대의 자아와 동맹을 맺'지 않으면 안 된다. 그리고 이 동맹관계는 이드에 대한 자아의 '지배'가 충분히 강화되면 종언을 맞이한다. 이것이 자아분석이다. 그러나 이드에서 자아로의 작용 자체는 그 이후에도 잔존한다. 따라서 정신분석은 '치유사례 이후의 운명을 예견하는 수단을 전혀 갖고 있지 않으며'[92] 항상 증상의 재래에 시달리게 된다(프로이트는 그 예로서 유명한 늑대인간 분

91. SA, Bd, Erg., S. 387-389. 邦譯, 『著作集』 第6券, 407-410頁(『끝낼 수 있는 분석과 끝낼 수 없는 분석』, 이덕하 옮김, 도서출판 b, 2004, 373쪽).
92. ibid., S. 375, 364. 同書 395, 384頁(『끝낼 수 있는 분석과 끝낼 수 없는 분석』, 349, 330쪽).

석 이후 과정을 다루고 있다). 그렇기 때문에 둘째로 분석가는 피분석가의 이드에도 발을 들여놓아야 한다. 그것이 바로 이드분석이다. 그렇다면 그것은 어떻게 이루어지는 것일까? 그 기법은 10년대에 집중적으로 쓰인 논문들에 상세히 설명되고 있다. 프로이트는 분석가가 자기 자신의 이드를 대화에 개입시킴으로써 비로소 피분석가의 이드(당시의 술어로는 무의식)가 조작가능하게 된다는 점을 여러 번 강조하고 있다. "의사는 환자가 내민 무의식에 대해 그 자신의 무의식을 수용기관으로서 내밀지 않으면 안 된다." 따라서 "어떤 정신분석의도 자신의 콤플렉스나 내적 저항이 허용하는 경우에만 분석을 진행할 수 있다."[93] 분석가와 피분석가 사이에서 욕망이 서로 전이하는(전이/역전이) 이 레벨에서 분석은 결코 끝나지 않는다. 양자의 이드는 서로가 서로를 참조하는 거울상 관계에 말려들게 된다.

분석은 분석가와 피분석가 사이의 전이, 프로이트 자신이 사용한 보다 일반적인 표현을 사용하자면, 양자의 '감정관계Gefühlsbeziehung'[94]에 의해 끝없는 것이 된다. 뒤집어 말하면, 끝없는 분석은 전이에 의해 뒷받침된다. 후속 논의를 위해 우선 여기에서는 두 가지를 확인해두자.

첫째로, 전이의 개념은 정신분석기법의 역사에서 '아는 것wissen'의, 즉 '의식Bewußtsein<be*wissen*'의 무력함의 발견과 깊이 결부되어

93. ibid., S. 126, 175. 邦譯, 『著作集』 第9劵, 48, 82頁(『끝낼 수 있는 분석과 끝낼 수 없는 분석』, 55, 226쪽).

94. ibid., S. 139. 同書 60頁(『끝낼 수 있는 분석과 끝낼 수 없는 분석』, 39쪽).

있다. 분석가는 증상의 해석을 통해 환자의 억압된 욕동이나 유소년시절의 외상을 재구성한다. 프로이트는 애초에 그런 해석을 환자에 직접 알림으로써 증상개선을 시도했다. 그러나 도라의 증례로 대표되는 몇 번의 실패 후, 1900년대 초엽에 그는 방법을 바꾼다. 환자는 처음부터 증상의 의미를 알기를 바라지 않는다[nicht wollen]. 그리고 이런 의욕의 결여는 증상의 일부를 이루고 있다. "그런 병리학적 계기는 무지[無知][Nichtwissen] 자체가 아니라, 바로 그 무지가 처음으로 불러내고 지금도 계속 유지하고 있는 내적 저항에 기초하고 있다는 데에 있다." 따라서 알리는 것, 즉 환자의 의식을 향한 해석투여만으로는 아무런 치료효과도 없었던 것이다. "의식적 지[知]는 이런 저항들에 대해 완전히 무력[ohnmächtig]했다." 분석기법에서 전이의 도입은 wissen 이전의 이런 위상을 조작가능하도록 이루어지고 있다. "분석가는 최초의 해석투여를 강력한 전이가 생길 때까지 기다려야 한다."[95] 전이=무의식적 조건의 정비가 지[知]=의식에 선행한다.

둘째로 wissen을 규정하는 wollen, 즉 지를 규정하는 의지[欲]라는 이런 퍼스펙티브는 니체나 하이데거의 통찰과 깊이 호응하고 있다. 예를 들어, 니체의 만년의 유고에는 다음과 같은 구절이 보인다. "'의지'—하나의 명령작용. 그러나 이 의식적 작용의 근저에 어떤 무의식적 작용이 있다면, 우리는 최소한 이 무의식적 작용을 똑똑히 상상해볼 필요가 있다. [……] 명령의 언어가 작용을 미치

---

95. ibid., S. 139, 201, 203. 同書 59, 105, 107頁(『끝낼 수 있는 분석과 끝낼 수 없는 분석』, 99, 102쪽).

는 것은 언어나 음성으로서가 아니라 음성의 배후에 숨겨져 있는 것으로서이다. 그리고 이런 작용의 힘으로 무언가가 전달된다.”[96] ‘의지Wille<wollen’는 어떤 무의식적 작용에 의해 뒷받침된다. 언어=지는 그런 작용에 의해 매개되고서야 비로소 힘Macht을 갖는다. 주지하다시피 프로이트는 니체에 대한 참조를 적극적으로 기피했지만, 실제 양자의 사변은 많은 점에서 겹친다.[97] 또 다른 한편 하이데거에서 wollen의 위상에 대한 논의는 ‘관심Sorge’론으로서 전개되고 있다고 생각된다. “의지와 원망願望은 존재론적으로는 필연적으로 관심으로서의 현존재에서 기인한다(『존재와 시간』 제41절). 여기에서 ‘관심’이란 존재자의 장場인 세계 전체를 성립시키면서 그 자신은 이미 세계 내에 머무는 현존재의 자기언급적 선구성, 즉 앞서 든 <그림 2-2>에서 클라인 관의 순환구조를 의미한다. 즉 의지=관심은 존재자의 영역Da을 앞선다. 앞서 말할 것처럼 하이데거에게서 존재자의 영역을 담당하는 지知는 ‘과학Wissenschaft<wissen’이라고 불리기 때문에, wissen에 선행하는 wollen이라는 도식은 여기에서도 공통된다. 실제 그 공통성은 이후 30년대에 니체의 ‘의지’를 ‘모든 존재자의 근본규정’으로 독해하는 『니체』 강의에서 명확한 형태로 제시되었다.[98]

이상을 근거로 하여 다시 데리다의 텍스트를 읽어보기로 하자.

---

96. 『生成の無垢』, ちくま學芸文庫全集 別券四, 183頁. 번역문 일부 수정.
97. 예를 들어, 앞서 언급한 이시자와는 니체의 ‘힘에의 의지’를 프로이트적 이드Es로 바꿔 읽을 것을 제안하고 있다. 『翻譯としての人間』, 197頁 이하, 특히 261頁 참조.
98. 『ニーチェ I 』 細谷貞雄監 譯, 平凡社ライブラリ, 1997, 36頁(『니체 I 』, 박찬국 옮김, 도서출판 길, 2010, 47쪽).

데리다는 1977년에 「유한책임회사 abc」라는 제목의 장대한 텍스트를 발표한다. 우선 전체적인 틀을 확인하기로 하자. 본서에서도 이미 되풀이해서 참조했던 것처럼, 그는 그로부터 6년 전인 1971년에 오스틴의 언어행위론을 다룬 논문 「서명 사건 콘텍스트」를 프랑스어로 발표했다. 이를 요약하면, 언어행위론이 의거하는 개념틀, 즉 발화분석에서의 칸스터티브/퍼포머티브라는 구별을 엄밀히 유지할 수 없다는 주장이었다. 어떤 발화가 칸스터티브한지 퍼포머티브한지(문자 그대로 이야기된 것인지 어떤 의도가 있는지) 결정하기 위해 언어행위론은 "남김없이 결정가능한 콘텍스트라는 가치를 영원히 필요로 한다."[99] 그러나 실제로는 콘텍스트의 전체성이란 결코 주어지지 않는다. 콘텍스트는 영원히 열려 있다. 따라서 오스틴 스스로도 인정하는 것처럼 모든 발화에는 항상 '불행'의 가능성, 즉 퍼포머티브한 언표가 칸스터티브하게 받아들여지거나 그 역이 생겨날 가능성이 따라다닌다. 데리다는 그런 실패가능성의 조건을 에크리튀르라고 부르며 오스틴이 한편으로 그런 문제계[問題系]를 열었지만 다른 한편으로 그것을 논의에서 배제했다고 비판했다. 이런 비판에서 열리게 된 이론적 사정범위에 대해서는 이미 제1장에서 확인했다. 이상의 논의는 1976년 아메리카의 전문지 『GLYPH』에 영역되었고(게재호의 날짜는 1977년), 언어행위론의 유산상속자를 자임하는 설(오스틴 자신은 1960년대에 죽었다)로부터 즉시 강한 반론을 불러일으켰다. 「유한책임

---

99. *Marges*, p. 383. 論文邦譯, 29頁.

회사 abc」는 그 반론에 대한 재반론으로 다시 즉석에서 씌어져 설의 「차이 다시 — 데리다에의 반론」과 함께 같은 지면의 다음 호에 동시에 게재되었다.

그렇다면 여기에서 우리가 주목할 것은 데리다의 그 두 텍스트가 채용한 스타일의 대조성이다. 고든 C. F. 번도 시사하고 있는 것처럼 그것들은 거의 탈구축의 두 가지 스타일, 즉 논리적 탈구축과 우편적 탈구축을 대표하고 있다.[100] 한편으로 제1기에 발표된 「서명 사건 콘텍스트」는 『목소리와 현상』이나 『에크리튀르와 차이』의 논문들과 마찬가지로 여전히 학술논문의 체재를 유지하고 있다. 이 글에서는 언어행위론에 내재한 아포리아가 우선 논리적인 순서로 추적되고 있다. 다른 한편으로 「유한책임회사 abc」는 전형적인 제2기 텍스트로서 20개 이상의 단편으로 나뉘어져 이미 논문의 체재를 갖추고 있지 않다. 그리고 이 논술은 또 설 논문의 초고에 기록된 날짜나 서명을 둘러싼 에피소드에서 시작하고 s.a.r.l.=Searle('유한회사'의 프랑스어 약칭 s.a.r.l은 설로 발음된다)을 시작으로 무수한 언어유희를 이용하여 지그재그로 전개되어 간다. 그러나 이런 대조는 1970년대 전반 데리다의 스타일 변화를

100. Gordon C. F. Bearn, "Derrida Dry: Iterating Iterability Analytically" in *Diacritics* 25:3, 1995, pp. 22-23. 번은 데리다 자신이 탈구축을 두 가지로 나눈 『법의 힘』의 한 구절을 인용하면서 여기에서 탈구축을 dry와 wet로 이분하고 있다. 우리도 제2장에서 같은 부분을 참조했고, 번의 구별은 우리들의 것과 같다고 생각한다. 본문에서도 쓴 것처럼 데리다는 「서명 사건 콘텍스트」의 첫 철자를 취해 Sec라고 약하고 있으며, 따라서 그 논문의 방법이 dry하다고 지적하는 번의 논의는 아무리 봐도 데리다적 언어유희에도 기초하고 있다(sec는 프랑스어로 dry를 의미한다).

보여주고 있는 것만은 아니다. 그것은 설의 반론에 대한, 보다 정확히는 '반론=응답하는 것replay' 자체에 대한 데리다의 사고와 내용적으로 연동하고 있다.

「유한책임회사 abc」의 착종된 논술전개를 무리하게 직선적으로 정리해보자. 데리다는 우선 이 텍스트에서 설이 'Sec의 단순한 논증을 가지고 Sec에 이의를 제기하는' 형태를 상세하고 엄밀하게 추적하고 있다(Sec는 논문 「서명 사건 콘텍스트」의 머리글자 약칭). 예를 들어, 설은 그의 「반론」에서 데리다가 음성언어와 문자언어를 대립시키고 후자에 범례성을 부여한 것처럼 Sec을 독해한다. 그리고 그런 주장에 반론을 제기한다. 그러나 사실 데리다의 에크리튀르 개념은 바로 그런 대립의 유지불가능성으로부터 도출되고 있다. 그렇다면 반론의 골자는 이미 Sec에 기록되어 있고, 설은 데리다의 주장을 다른 형태로 반복하고 있는 것에 지나지 않는다. 같은 예는 달리 얼마든지 들 수 있다. 즉 설에 의한 「반론」의 대부분은 실은 데리다 자신의 주장에 다른 감정적 가치평가를 부여하고 그것을 다른 방식으로 사용하는 것을 통해 구성되고 있다(적어도 데리다는 그렇게 서술한다 — 그 주장 자체가 타당한가 타당하지 않은가는 일단 문제가 되지 않는다). 이것은 뒤집어보면 설이 단호하게 'Sec에 대항하여 사용하려고 하는 논의를 Sec 속에서 읽기를 원하지 않는다[ne pas *vouloir*]' 것을 의미한다. 데리다는 이것을 이어받아 다음으로 설의 그런 '의지vouloir', 즉 지知 이전의 위상을 규정하는 '메커니즘'에 대한 사고를 진행시킨다. 여기에서의 논술은 주로 'ça rapplique'라는 암호적 표현 주위를 회전하고 있다. 간단히 독해해보자. ça는 '그것'을 의미하는 대명사임과 동시에 정신분석의 술어로서는 '이드'를 나타낸다. rappliquer는 '재래하다'를 의미하는 동사임과 동시에 어원적으로는 '복제하다ré-pliquer', '재응용하다re-appliquer'를 계속 연결하면서 영어의 replay와 대응한다re(+a)+plicare. 그러므로 ça rapplique의 중층결정된 함의는 다음과 같이 분해가능하게 된다. 설의 반론에서는 '그것ça(=Sec의 논의)이 재래한다rapplique.' 하지만 재래를 강요한 것은 그의 '의식적 자아'[101]가 아니다. 여기에서는 '이드ça가 Sec을 복제하고 재응용하는rappliquer' 것으로 '이드ça가 반론rappliquer을 하고 있다.' 따라서 데리다는 이미 「반론」이 설 개인에게 속하는 텍스트라고 생각하지 않는다(s.a.r.l.=Searle의 언어유희는 이 때문에 도입된다). 그 저자에 대해서는 '어쩌면 다른 손이 『반론』을 쓰도록 했을지도 모르기' 때문이다.[102]

---

101. 이 표현은 텍스트 속에서 데리다 자신에 의해 빈번히 사용되고 있다. 그러므로 본론이 '의식'과 '자아', '무의식'과 '이드'를 종종 등치시키는 것은 그 자신의 논술에 따르는 것이다. 의식과 무의식, 자아와 이드라는 두 구별은 마음의 구조를 기술하는 메타심리학적 문맥에서는 등치될 수 없다. 그러나 언어행위론이 전제로 삼는 '의식'의 현전이 커뮤니케이션의 위태로움으로 인해 비판당하는 데리다의 문맥에서는 이것들의 등치는 어느 정도 정당화된다. 본문에서 나중에 서술하겠지만, 이드의 존재는 '이드가 말한다ça parle'의 효과, 즉 의식의 현전에 통제되지 않는 무의식적 파롤(=에크리튀르)을 통해서만 꾸며낼 수 있기 때문이다.

102. "Limited Inc a b c⋯⋯" in *Limited Inc.*, Galilée, 1990, pp. 94, 153, 187, 94, 72. 論文邦譯, 「有限責任會社 abc」, 高橋哲哉・增田一夫 譯, 『現代思想』 1988, 5月 臨時增刊号, 106, 148, 173, 106, 90頁. 강조는 인용자. 또 이 일본어 역에서는 'ça rapplique'의 ça=이드의 함의는 번역되고 있지 않다. rappliquer에 re-appliquer의 의미가 삽입되어 있는 것에 대해서는 사무엘 웨버에 의한 (아마 데리다 자신의 체크를 경유한)

이렇게 정리하면, 「유한책임회사 abc」의 이론적인 그리고 스타일적인 사정범위는 매우 명확해질 것이다. 설의 반론은 그의 이드에 의해 인도되고 있다. 하지만 그는 그 힘을 자각하고 있지 못하고 또 조작할 수도 없기 때문에 상대의 주장을 무의식적으로 반복하게 된다. 여기에서 데리다는 그야말로 정신분석에서 말하는 '저항'이라는 현상과 만나고 있다. 따라서 그의 재반론은 불가피하게 두 가지 위상에서 행해지는 것이 된다. 다시 정리해보자. 첫째로 데리다는 우선 무의식=이드에 대한 지[savoir]를 설의 의식적 자아에 부여한다(자아분석). 여기에서는 주로 두 종류의 작업이 행해진다. 한편으로 그는 설의 반론에 잠재되어 있는 무의식적 욕망과 그것의 원천인 오이디푸스 콤플렉스를 정중히 지적한다(해석투여). 설은 아버지인 오스틴에 너무나 '동일화되고' 그의 '유일한 정통유산계승자이자 유일한 비판자'가 되기를 원하고 있기 때문에 '다른 자들이 그것을 하는[=오스틴에 대해 논하는] 것을 참을 수 없다.' 그리고 다른 한편으로 그는 설의 언어행위론이 무의식의 존재를 인정하지 않는다는 점도 이론적으로 비판한다. "이와 같은 무의식은 현재의 언어행위론, 특히 설에 의해 정식된 것과 같은 언어행위론의 공리계(그것은 또 하나의 가치론이기도 하다)에서는 절대적으로 배제되고 있다." 하지만 실제 이런 비판들은 거의 효과가 없다. 한편으로 설의 저항을 깊게 할 뿐이고 다른 한편으로 이미 Sec에서 행해진 것의 반복에 지나지 않기 때문이다. 「유한책임회사

영역을 참조. 거기서 rappliquer는 reapply라고 번역되어 있다. cf. *Limited Inc*, Northwestern University Press, 1988, p. 47.

abc」는 애초에 설에 대한 그의 Sec적=지적 어프로치의 무력함, 그리고 그 결과 생긴 강한 저항을 전제로 한다. 그렇기 때문에 데리다는 둘째로 설의 vouloir^wollen를 조작하기 위해 savoir^wissen와는 다른 위상에서의 전략을 세운다(이드분석). 언어유희 전략은 바로 여기에서 요청된다. 예를 들어, 이미 다룬 것처럼 데리다는 이 텍스트에서 「반론」의 저자를 일부러 Sarl(s.a.r.l.＋Searle)로 쓰고 있다. 인간으로서의 설은 아마 거기서 '빈정거림과 불유쾌한 변조'를 볼 것이다. 사실 데리다는 바로 그와 같은 감정적 반응을 기대하고 있다. 왜냐하면 그때 설은 바로 그 반응에 의해 '고유명, 카피라이터 또는 서명에 비급된 부과금이나 욕망이나 환상'의 존재, 즉 언어행위론이 배제한 욕망의 위상을 무의식적으로 인정하는 것이 되기 때문이다. 피분석가 설과의 '결코 완전히는 일어나지 않는 never quite takes happen' 대화의 never quite를 유지하기 위해, 즉 그것이 never로 전락하는(상대가 자신 밑에서 완전히 떠나는) 것을 회피하기 위해 분석가 데리다는 언어유희라는 '문의 틈'에 계속 '발을 넣고' 있다.[103]

「서명 사건 콘텍스트」와 「유한책임회사 abc」의 스타일상의 차이는 내용적으로는 자아분석과 이드분석, wissen과 wollen의 심급 차이에 대응하고 있다. 그리고 이 대응관계는 특수한 문제로 파악되어야 할 것은 아니다. 상술한 것처럼 이 두 텍스트는 각기 논리적 탈구축과 우편적 탈구축을 대표하는 스타일로 씌어졌다. 또 첫 발표 시기도 제1기/제2기의 구별에 대응하고 있다. 게다가 그 차

---

103. ibid., pp. 86, 141, 76. 論文邦譯, 100, 140, 93頁.

이화는 내용적으로도 강하게 뒷받침된다. 한편으로 「서명 사건 콘텍스트」는 언어행위론의 한계를 지적하는데 있어 칸스터티브/퍼포머티브(오브젝트/메타)의 준별불가능성, 즉 괴델적 결정불가능성의 존재를 주로 참조하고 있다. 한편 「유한책임회사 abc」는 같은 한계를 고찰할 때 앞으로 서술할 'mis-의 가설' 즉 카피라이터(목소리)의 우편적 분산에 초점을 두고 있다. 즉 우리는 여기에서 하나의 문맥(논쟁) 위에서 전개된 두 가지 텍스트의 탈구축을 눈앞에 두고 있다. 이와 같은 관계에 있는 텍스트는 달리 없다. 이런 1977년의 데리다-설 논쟁은 따라서 제1기에서 제2기로의 데리다의 변화, 우편적 탈구축의 전경화를 검토하는 데 있어 범례적인 위치를 점하고 있다. 그렇기 때문에 문제를 좀 더 일반화시켜 보자.

우리는 앞 3절에서 하이데거와 프로이트를 다루었다. 하이데거는 표상작용(앞에 세우는 것Vor-stellung)의 원추圓錐구조, 즉 표상되는 것과 표상하는 것의 준별에 의거한 사고를 *Wissen*schaft라고 부른다. 다른 한편으로 프로이트 또한 그에 호응하는 것처럼 사항적 내용과 논리적 관계의 준별에 의해 통제되지 않는 사고=꿈-작업에 대해 '무의식*Unbewußt*' 즉 be*wissene*되지 않는 것이라는 이름을 부여한다. 즉 그들은 모두 오브젝트/메타의 준별이 기능하는 장場으로서 wissen의 영역Da을 파악하고 또 그 한계나 외부에 대해 고찰하고 있다. 그리고 그들의 문제계를 계승한 데리다 또한 wissen의 외부, 그의 술어로 말하자면 '불가능한 것'에 대해 사고한다. 다만 그는 거기서 두 가지 길, 논리적 탈구축과 우편적 탈구축을 병행하며 걷는다. 전자에서 데리다는 wissen의 심급에서 wissen의

스타일 / 지시되는 것	wissenschaft	
wissen	표상적 언어 오브젝트/메타의 구별	
wissen의 너머	논리적 탈구축 오브젝트/메타라는 구별의 자괴自壞 via negartiva ↗ ? ↘	존재론적 탈구축 철학소의 고유명화 '불가능한 것'에 대한 단수적 표현 우편적 탈구축 철학소의 전이화 '불가능한 것'에 대한 복수적 표현

표

한계를 호소한다. 따라서 이론적 사고의 한계가 이론적으로, 무의식의 존재가 의식적으로 즉 클라인의 병구조가 원추의 언어를 사용하여 말할 수 있게 된다. 지금까지 여러 번 되풀이해온 것처럼, 그런 작업은 형식적으로는 괴델의 불완전성 정리로 환원된다. 이에 반해 후자에서 데리다는 wollen의 심급에서 wissen에 대한 신뢰(예를 들어, 로고스중심주의라고 불리는 것)를 와해시킨다. 거기서는 이론적 스타일, 즉 개념화되는 것과 개념화하는 것의 구별에 의해 뒷받침된 '과학적*Wissen*schaftlich'인 어휘는 효과가 없으며, 대신에 프로이트적 전이에 상당하는 기법이 필요하다. 제2기에 가장 복잡하고 과격하게 된 데리다의 텍스트 전략, 철자/어휘 레벨에서 항상 복수의 의미가 서로 겹치고, 문장/논문/책 레벨에서 항상 그 통일성이 탈구되어 있는 그의 텍스트의 기묘한 특징은 기본적으로 그로부터 요청되었다고 생각할 수 있다. 예를 들어, 그는 이미

1967년에 탈구축의 방법을 다음과 같이 특징짓고 있다(이 문장은 제1장에서도 인용되었다). 탈구축적 독해는 "그 [독해대상이 되는] 철학자가 지나온 길을 더듬어 그 내기를 이해하고 속임수로 속임수를 에워싸 그의 카드를 조종하여 그에게 그 전략을 전개하게 하도록 만들어 그 텍스트를 자신의 것으로 삼는다."[104] 분석가 데리다는 거기서 자기 고유의 언어를 결코 말하지 않고 끊임없이 피분석가의 언어를 재응용한다. 그렇기 때문에 그는 자신이 말한 언어의(철자/말의) 의미를 스스로 결정할 수 없고 또 분석의 (문장/논문/책의) 끝을 스스로 도입할 수도 없다. 프로이트가 부여한 유명한 주의, "의사는 마치 거울처럼 피분석가가 그에게 제시하는 것만 제시해야 한다"[105]가 그곳에서는 텍스트상에서 충실히 실천되고 있다.

여기에서 용어를 정리해두자. 우리는 이제까지 '탈구축'을 복수의 서로 다른 방법으로 구별하여 이름을 붙여왔다. 먼저 첫째로 우리는 '두 개의 탈구축'을 wissen의 외부, Da에서 배제된 것을 둘러싼 두 가지 사고방식으로 정리했다. 제2장부터 반복해온 것처럼 논리적-존재론적 탈구축은 그것을 단수로서 관념적으로, 그리고 우편적 탈구축은 그것을 복수로서 물질적으로 파악한다(내용적 차이). 그리고 둘째로 우리는 본장 제2절에서 논리적 탈구축과 존재론적 탈구축을 구별했다(내용적 스타일적 차이). 전자의 탈구축

---

104. *L'écriture et la différence*, p. 370. 邦譯, 下卷 159頁(『글쓰기와 차이』, 398쪽).

105. SA, Bd, Erg., S. 178. 邦譯, 『著作集』 第9劵, 85頁(『끝낼 수 있는 분석과 끝낼 수 없는 분석』, 60쪽).

은 오브젝트/메타의 매개회로 구성에 의해 Da에 뚫린 구멍을 발견한다. 표상작용의 원추구조를 해체하는 이런 작업은 아직 '과학적'인 어휘와 스타일로 실행되고 있다(그 구체적인 예가 괴델). 다른 한편 후자의 탈구축은 전자의 작업을 받아들이고 Da의 구멍을 봉합하여 시스템 전체를 다시 안정화시키는 운동, 오브젝트/메타의 매개회로를 계속 순환하는 초월론적 시니피앙에 대한 탐구를 전개한다. 클라인의 병 구조가 가진 폐쇄성에 대해 사고하는 이런 작업은 더 이상 과학적 어휘와 스타일로는 실행되지 않는다. 여기에서는 철학소가 은어화=고유명화 된다. 그리고 셋째로 우리는 본절本節에서 논리적 탈구축과 우편적 탈구축의 스타일적 차이에 대해 고찰했다. 그것은 텍스트상의 전이 관계의 유무에 의해 규정된다. 이상 세 가지 탈구축의 관계를 도표화한다면 다음과 같이 될 것이다[표]. 존재론적 탈구축과 우편적 탈구축은 모두 wissen의 저편을 언어화하려고 한다. 다만 전자는 거기서 철학소의 고유명화를, 후자는 그 전이화를 이용한다.

우리는 본서를 "왜 데리다는 그처럼 기묘한 텍스트를 썼는가"라는 매우 소박한 물음으로부터 시작했다. 앞 두 장의 고찰을 통해 그 물음은 "부정신학적=존재론적 탈구축에의 저항, 즉 우편적 탈구축은 왜 그와 같이 기묘한 텍스트 형태로 실천되었는가"라는 보다 조작적인 것으로 변형되었다. 그리고 우리는 지금 여기에서 그런 텍스트의 '기묘함'이 전이 관계에 의해 규정되고 있는 것을 보았다. 그러므로 출발점의 물음은 다시 다음과 같이 변형되게 된다. '불가능한 것'을 단수로 파악하는 사고에의 저항은 왜 전이 관계에 있는 텍스트에서 행해질 필요가 있었을까. 즉 철학소의 고유명화와 그 전이화라는 스타일상의 차이는 이론적으로 무엇을 의미하는 것일까.

b

'끝이 없는 분석'에 대해 1970년대의 데리다는 두 번 매우 흥미로운 언급을 하고 있다. 하나는 1971년의 인터뷰 『입장들[Positions]』, 그리고 다른 하나는 이제까지 다루어온 「유한책임회사 abc」다. 전자부터 읽어보도록 하자.

문제의 부분에서 데리다는 먼저 탈구축의 '이중거동'에 대해서 말하고 있다. 탈구축적 사고는 낡은 이항대립의 바깥으로 나가기를 원한다. 하지만 그 과정은 단순하지 않다. 남/여, 현전/부재, 파롤/에크리튀르라는 대립은 전부 실제로는 한쪽 항(남, 현전, 파롤)을 높은 것으로 여기는 위계질서를 가지고 있기 때문이다. 그러므로 탈구축의 사고는 첫째로 그런 위계질서를 '전도'시키고, 둘째로 위계질서의 장[場] 그 자체의 '위치를 조금 이동[déplacement]'하는 두 단계의 작업을 거치지 않으면 안 된다. 그리고 이때 "전도 국면의 필요성은 구조적인 것이기에 끝이 없는 분석[analyse interminable]을 필요로 한다. 왜냐하면 양자투쟁적 대립의 위계질서는 항상 재구성되기 때문이다."[106] 데리다의 텍스트에서 interminable이라는 단어는 거의 일관되게 프로이트에 대한 참조를 포함하기 때문에, 우리는 여기에서 그런 기술을 다음과 같이 바꿔 말해도 좋다. 기존의 위계질서(증상)는 탈구축(분석)을 원하지 않는다. 그러므로 탈구

106. *Positions*, p. 57ff. 邦譯, 60頁(한국어본 65쪽) 이하.

축은 항상 증상의 재발에 직면한다. 끝이 없는 탈구축=이드분석은 그로부터 요청된다. 더구나 데리다는 다른 부분에서 다음과 같이 말하고 있다. "전도에 의해, 그리고 개념화라는 사실만으로 전통적 개념이 다시 적절한 것으로 간주되어버리는[réapproprié] 일이 없도록 주의해야 한다. 새로운 개념화를 창안해 낼 필요는 있다. 그것은 확실하다. 하지만 개념화 자체 단독으로는 사람들이 '비판'하고 싶어 했던 것을 재도입해 버릴 수 있다. 이것을 잘 이해해야 한다. 따라서 이런 작업은 순수하게 '이론적', '개념적' 혹은 '언설적'인 것일 수 없다."[107] 탈구축은 증상의 저항, 낡은 위계질서에 의한 '새로운' 개념의 재고유화[réappropriation]와 항상 만난다. 그리고 그런 저항이 요청하는 '끝이 없는' 국면에서 탈구축은 이미 이론적/개념적/언설적인 지[知] 즉 wissen의 레벨에 그칠 수 없다. 이미 살펴본 것처럼 이로부터 우편적 탈구축의 기묘한 텍스트가 요청된다.

1970년대 초기 데리다는 일반적으로 위치를 조금 이동하는 국면의 전략, 즉 전도의 '끝없음'이 요청하는 전이적 기법을 '고명[古名/paléonymie]'의 전략이라고 이름 붙이고 있다. 그것은 어떤 것일까? 예를 들어, 데리다는 '에크리튀르'라는 단어를 도입한다. 하지만 이 단어는 사실 더 이상 기존의 철학적 이항대립, 파롤/에크리튀르(말해진 것/씌어진 것)라는 대립을 따르지 않는 것을 지시하기 위해 사용되었다. 즉 여기에서 데리다는 이항대립의 외부를 드러내기 위해 바로 그런 이항대립의 내부에 위치하는 오래된 이름을

---

107. ibid., p81, 同書 87-88頁(한국어본 87쪽) 이하.

계속 유지하고 있다. 그리고 그와 같은 비틂은 탈구축의 이런 국면이 전이적이기 때문에 생긴다. 거기에서는 모든 단어가 '탈구축되는 시스템의 안쪽과 바깥', 즉 분석가와 피분석가에 '이중으로 기재되고', '어떤 개념, 어떤 이름, 어떤 시니피앙도 이 구조를 피할 수가 없다.'[108] 그렇기 때문에 '단일한 저자에 의해 서명된 조작操作은 정의상 이런 간격[고명古名의 전략]을 실천할 수 없다.'[109] 분석가 데리다는 새로운 사태를 불러일으키기 위해 피분석가가 사용한 오래된 말을 재응용할 수밖에 없다.

고명古名 즉 철학소의 전이화를 사용하는 이런 데리다의 전략에 대해 그 이론적 함의를 조금 자세히 추적해보자. 여기에서 우선 주목해야 하는 것은 『입장들』이 고명의 조작을 2단계로 나누었다는 점이다. 데리다는 간결하게 서술한다. 제1단계에서는 '어떤 주어진 개념구조 안에서' '여러 힘들의 관계에 의해 제한되어' 'X라고 이름이 붙은' 술어적 특징, 즉 개념X가 환원되는 여러 확정기술의 '추출prélèvement'이 행해진다. 제2단계에서는 'X라는 이름'의 '보존'과 그것을 '개입을 위한 지렛대'나 '실마리'로서 이용한 술어적 특징의 '제한제거, 접목, 그리고 확장'이 행해진다.[110] 먼저 첫째로 어떤 개념의 확정기술이 추출되고, 이어서 둘째로 남은 그 개념의 '이름'을 이용하여 확정기술의 접목이나 확장이 시도된다. 그렇다면 이런 순서정하기는 무엇을 의미하는 것일까?

이런 2단계 조작은 어떤 개념에 부여된 '이름'이 그 개념과 등

---

108. *La dissémination*, p. 10.

109. *Positions*, p. 58. 邦譯, 62頁(한국어본 66쪽).

110. ibid., p. 96, 同書 106頁(한국어본 99쪽).

치가능한 확정기술의 다발로 환원불가능한 어떤 잉여=plus를 갖는다는 것을 전제하고 있다. 같은 시기 다른 텍스트에서 고명의 그런 plus는 '인용부'의 기능을 통해 설명되고 있다. "가시 또는 불가시의 인용부가 이것을 <책>으로 바꾸고, 철학의 탈구축을 다시금 <철학적 언설>로 삼는다."[111] 고명에는 '가시 또는 불가시의 인용부'가 붙어있고, 그 효과에 의해 탈구축 전략은 가능하게 된다. 무슨 말일까. 데리다는 이후 『우편엽서』 제1부에서 인용부의 문제를 몇 번인가 러셀에게 반송하고 있기 때문에[112] 우리도 여기에서 러셀의 논의를 짧게 확인할 필요가 있을 것이다. 후자는 1905년의 유명한 논문에서 고유명의 확정기술로의 환원불가능성(기술이론)에 대해 이야기한 후, 인용부의 기능을 언급하고 있다. 러셀의 언어론에서 문장이나 구句는 일반적으로 '표시'와 '의미'를 가지고 있다. 확정기술로 환원되는 것은 '의미'이고, '표시'는 언어외적인 실체를 가리킨다. 예를 들어 '태양계의 질량중심'은 어떤 공간점을 표시하고, 일군의 확정기술과 등치가능한 어떤 관념을 의미한다. 그리고 거기서 그는 인용부는 구句를 '의미를 가지지 않는' '구句 그 자체 phrase *per se*'로 바꾼다고 서술하고 있다. 예를 들어, '<태양계의 질량중심>'은 여덟 문자로 씌어진 구 자체를 표시할 뿐, 그 밖에 어떤 의미도 갖지 않는다. 즉 인용부에는 어떤 구 내지는 단어(여기에서는 구와 단어를 구별할 필요는 없다)를

---

111. *La dissémination*, p. 10.

112. *La carte postale*, p. 118 et passim. 데리다는 이 텍스트에서 인용부의 문제를 환기하기 위해 '"Fido"-Fido'라는 예를 매우 빈번히 사용하지만, 그 예 자체가 러셀에게서 빌려온 것이다.

확정기술로의 등치가능성으로부터 떼어놓는 기능이 있다.[113] 따라서 그것이 '가시 또는 불가시'라는 데리다의 주장은 그런 떼어놓기, 확정기술의 다발로의 환원불가능성=plus가 잠재적으로 모든 구/단어에 머물고 있다는 것을 의미한다. 고명古名의 전략은 그런 plus를 이용하여 어떤 개념의 '접목', '확장'을 시도한다.

우리는 존재론적 탈구축과 우편적 탈구축, 철학소의 고유명화와 그것의 전이화=고명화와의 차이에 대해 생각하고 있다. 하이데거는 앞서 서술한 대로 언어에 존재하는 plus를 이용하기 위해 철학소를 고유명화했다. 그렇다면 데리다에 의한 plus의 이용, 철학소의 전이화는 이론적이고 스타일적으로 그것과 어떻게 거리를 두고 있는 것일까.

고유명의 plus는 주체의 자기언급성을 접어 넣음=투사함으로써 확보되었다. 그러면 고명의 plus는 어떨까. 여기에서 하나의 보충선을 그어보자.

『입장들』에서 고명의 조작을 2단계로 나눈 직후, 데리다는 그 조작이 '내가 에크리튀르라고 부르는 것'에 의해 뒷받침된다고 말

---

113. "구句 그 자체는 어떤 의미도 가지고 있지 않다. 왜냐하면 그것이 나타나는 어떤 명제에서도 완전히 표현되어(=확정기술로 바뀌어) 버리면, 그 명제는 그 구를 포함하지 않기 때문이다. 구는 분해되어 버린다." 「指示について」, 淸水義夫 譯, 坂本百大編, 『現代哲學基本論文集 I』, 勁草書房, 1986, 66頁. 번역문 일부 변경. 즉 거꾸로 말하면, 구 그 자체는 확정기술의 다발을 넘어서고 있다. 또 이 일본어 역은 denoting은 '지시'라고 번역하고 있지만, 우리는 앞에서 든 이다飯田의 책 『言語哲學大全 I』에 따라 그것을 '표시'라고 번역한다.

했다. 이미 제1장에서 다룬 것처럼 데리다는 몇 개의 텍스트에서 에크리튀르를 '코라'라는 개념=은유에 근접시켜서 논하고 있다. '코라'는 플라톤의 대화편 『티마이오스』에서 사용된 단어로 일반적으로 장소, 용기, 모판苗床, 국가 등을 의미한다. 그것이 주제로 등장한 것은 1987년에 처음 발표된 텍스트 『코라』에서이지만, 그 단어 자체는 이미 1960년대 말 텍스트, 예를 들어 「플라톤의 파르마케이아」 등에서도 여러 번 언급되고 있다. 따라서 그 논의를 『입장들』과 연결시키는 것은 데리다의 엄밀한 독해로부터도 정당화될 수 있다. 우리는 제1장에서 에크리튀르=코라에 대해 설명하기 위해 마루야마 게이자부로의 풍선 비유를 빌린 바 있다. 그것을 다시 가져와 고명의 plus에 대해 정리해보자.

마루야마의 기술에 의하면, 소쉬르적 기호signe체계, 즉 랑그는 무수한 풍선=기호가 억지로 밀어 넣어진 상자로 이미지화된다. 거기서는 어떤 기호의 가치, 즉 풍선의 형태와 크기는 인접하는 압력의 집합=확정기술의 다발과 완전히 등치가능하다고 간주된다. 풍선 자체에 실체는 없다. "만약 그 가운데 풍선 하나를 밖으로 내보내면, 터져서 존재하지 않게 된다. 한편 남겨진 구멍도 그대로 있을 리 없어서 긴장관계에 놓여 밀치락달치락하고 있던 다른 풍선이 모두 부풀어 올라 곧바로 빈틈을 메우고 말 것이다." 그러나 데리다는 제1장에서 서술한 것처럼 이런 '차이의 체계'에 각각의 풍선에 각인된 '이름', 혹은 에크리튀르의 차원을 도입한다. 이름은 각 풍선에 대해서뿐만 아니라, 말하자면 그것들이 점하는 장소(코라)에 대해서도 증여된다. 체계=랑그의 전체 즉 풍선들의 압력 밸런스는 통시적으로 항상 변하기 때문에, 개개의 풍선의 형태와 크기 또한 항상 변할 것이다. 하지만 동일성과 차이의 이런 유희는 또 다른 차원에서 풍선의 장소(코라)=이름은 같은 것으로 계속 남는다. 이 '잔여restance'와 풍선 자체의 어긋남, 즉 이름과 확정기술의 어긋남이 각각의 단어에 plus를 부여한다. 이 두 가지 위상이 데리다에게 있어 '동일성' 및 '같음'의 위상으로서 도입되어 있다는 것은 이미 확인했다. 그런데 여기에서 주의하고 싶은 것은 그가 어떤 텍스트에서 고명古名의 운동을 '동일성 없는 반복'으로서 표현하고 있다는 점이다.[114] 고명 조작의 제1단계(추출)는 풍선으로부터의 동일성 제거를, 그리고 제2단계(접목)는 남겨진 '같은 것'과 다른 동일성을 부여한다는 것을 의미한다. 그런 후 '같은' 고명이 반복된다. 탈구축되는 시스템의 내측과 외측, 피분석가와 분석가는 그 양자의 경계에서 같은même 에크리튀르에 동일적identique이지 않은 효과를 부어넣는다(용기Khôra로서의 에크리튀르).

그렇다면 여기에서 우리가 검토해야 하는 것은 지금까지 살펴본 데리다의 plus와 본장 제2절에서 논한 하이데거의 plus의 차이이다. 데리다에 의한 코라 해석은 『코라』가 여러 번 시사한 것처럼[115] 하이데거의 '장소Ort'론과 강한 긴장관계에 있다. 주지하다시피 하이데거의 사고에서 장소의 은유는 중심적 위치를 차지한다. 예를 들어, 그에게 있어 사고, 즉 '논구論究하는 것erörtern'은 우선 장소의 명확화in den Ort weisen를 의미한다.[116] 그렇다면 사고가 논구하는 장소는 어떤 장소일까. 앞서 서술한 대로 하이데거의 사고는

114. *La dissémination*, p. 10.

115. *Khôra*, pp. 45, 101-102.

116. *Unterwegs zur Sprache*, S. 37. 邦譯, 35頁(『언어로의 도상에서』, 55쪽).

언어를 특권화한다. 그러므로 그의 사고가 집중하는 장소란 구체적으로는 특정 '단어Wort', '언어'를 의미한다. 단어를 한 장소로서 파악하는 그런 은유적 제휴W/ort는 "언어는 존재의 집이다"라는 테제에서는 물론, 좀 더 자세한 추적에 의해서도 다시 확인된다. 예를 들어, 1950년대 초기에 행해진 두 개의 유명한 강연은 한편으로 Ort를, 그리고 다른 한편으로 로고스를 모두 '모으는versammeln' 것으로 규정하고 있다.[117] 그렇다면 하이데거의 단어=장소와 데리다의 에크리튀르=코라는 어떻게 다른 것일까.

『코라』의 어떤 주는 하이데거의 1951-1952년 강의『사유란 무엇인가』의 한 구절을 인용하고 있다.[118] 거기서 데리다는 상세히 논의를 전개하고 있지는 않지만, 우리는 지금까지의 고찰을 통해 그것이 가진 함의를 어느 정도 추측할 수 있다. 데리다에 의해 인용된 부분에서 하이데거는 코라의 플라톤적 해석을 다루며 플라톤은 '존재자와 존재 사이에 chôrithmos[장소나눔]가 성립한다고 서술했다'고 쓰고 있다. 하이데거에 의하면, 플라톤은 존재자와 존재, 즉 오브젝트레벨과 메타레벨 사이를 장소의 차이로서 파악했다. 그런데 하이데거는 바로 이런 차이화를 형이상학으로서 비판한다. 따라서 필연적으로 그의 논구는 chôrithmos 이전의 chôra, Ortung(장소 나눔) 이전의 Ort(근원적 장소)로 향하게 된다.[119] 즉

---

117. 1951년의 [시 속의 말] 및 1952년의 [로고스].

118. *Khôra*, pp. 102.

119. *Was heißt Denken?*, S. 174-175. 邦譯, 243-244頁(『사유란 무엇인가』, 299쪽).『形而上學入門』, 112-114頁(『형이상학입문』, 113-115쪽)도 참조.

그리스어 '코라'는 거기에서는 현존재의 이중주름성(초월론성 또는 클라인의 관)과 거의 같은 뜻으로 해석되고 있다. 그렇다면 여기에서 우리는 단어에 plus를 증여하는 '코라'의 기능을 둘러싸고 하이데거와 데리다의 두 가지 사고방식을 대립시킬 수 있을 것이다. 한편으로 전자는 코라를 현존재의 이중주름성 위에 기초짓는다. 단어의 plus는 거기서 클라인 관의 접어 넣음 또는 투사로서 설명된다. 따라서 plus의 기원, 현존재의 Ort는 필연적으로 하나밖에 없다(그것은 주체=세계의 전체 구조와 상관하는 것이기 때문에). 다른 한편으로 후자는 코라를 각각의 단어에 존재하는 이중성으로부터 파악한다. 모든 시니피앙에는 에크리튀르가 분신으로서 붙어있다. 단어의 plus는 거기서 시니피앙의 이중성 사이, 또는 앞 절의 술어를 재응용rappliquer한다면, 언어표상와 사물표상 사이의 어긋남으로 미끄러져 들어간 차연에서 생긴다. plus의 기원은 각각의 단어마다 다르고 확산되어서 클라인의 관으로 집중화되는 일은 없다.

다시금 정확히 바꿔서 말해보자. 앞서 서술한 것처럼 하이데거의 세계=Da는 시니피앙만으로 구성되고 있다(라캉의 '상징계'는 그 직계자손에 해당된다). 거기서 시니피앙은 학문 또는 의식, 즉 wissen의 위상에서 처리가능한 존재자 일반을 의미한다. 그러나 이상의 논의는 데리다의 세계가 말하자면 시니피앙과 에크리튀르의 이중겹침으로 구성되고 있다는 것을 시사한다.[120] 이 두 가지

120. 언어+사물표상(시니피앙)과 사물표상(에크리튀르)은 보다 정확히는 이런 기술로부터 명확한 것처럼, 두 장의 개별 층이 아니라 전자의 일부가 떨어져나가 후자의 층이 되는 것 같은 구조로 되어 있다.

위상은 앞 절에서는 의식적 사고의 권내에서 사고동일성에 의해 처리되는 시니피앙(언어+사물표상)과 무의식적 사고의 권내에서 지각동일성에 의해 처리되는 에크리튀르(사물표상)와의 차이로서 파악되고 있다. 그렇기 때문에 우리는 여기에서 앞서 든 <그림 3-2>를 대폭 수정하지 않으면 안 된다. 우리가 지금 문제 삼고 있는 것은 표상작용의 원추 밑면이 끊임없이 이중화되고, 또 그 한 층이 끊임없이 벗겨져나가 Ubw계로 추락崩落하고 있는 모델이다. Da로부터 배제되는 시니피앙은 하나가 아니다. 모든 시니피앙의 분신이 Da로부터 배제되고 Ubw의 우편공간을 통과하여 재래再來한다. 하이데거의 현존재분석론과 괴델의 불완전성 정리는 모두 바로 Da 또는 공리계의 일관성(=견고함, consistance)에서 도출되고 있다. 그러나 데리다가 생각하기에 애당초 그런 전제 자체가 전도되어 있다. 목소리=의식의 평면, Da, 형식체계, 또는 소쉬르적 기호체계,[121] 뭐라고 불러도 좋지만 그것들은 모두 각 시니피앙을 뒷받침=이중화하는doubler 에크리튀르와 그것의 망령적 방황, 무의식적 우편공간으로의 사물표상의 추락tombe을 소거하고서야 비로소 성립하는 것이기 때문이다. 현존재의 이중주름성이 '앞서기' 전에, 즉 괴델적 균열이 퍼지기 전에 원추 밑면의 한 층은 항상 이미 사물표상들로 산종되고 있다.

뒤에 실린 <그림 4> 참조.

121. 본론에서는 다룰 수 없었지만, 랑그가 소거된 사물표상의 운동은 만년의 소쉬르 자신에게서도 아나그람anagramme 연구로 추구되었다. 장 스타로벵스키는 그것을 '말 아래의 말'에 대한 연구라고 이름 붙이고 있다. cf. Jean Starobinski, *Les mots sous Les mots*, Gallimard, 1972.

우리는 앞 절에서 부정신학에 대한 우편적 저항을 뒷받침하는 구체적 장치, 클라인의 관을 매개시키지 않고 원추구조를 파괴하는 논리가 어떤 것인지를 물었다. 그 답은 한마디로 말해 시니피앙=존재자 자체에 존재하는 이중겹침성이다. 존재론은 이중주름성(클라인의 관)을 다루고 그라마톨로지는 이중겹침성(덧대어지고 벗겨져 떨어지는 Da)을 다룬다. 존재자와 존재 사이의 존재론적 차이 대신에 시니피앙과 에크리튀르, 존재자와 그 유령 사이의 차연이 목소리의 수면에 계속해서 미세하게 거품을 일게 한다.

그렇다면 언어에 존재하는 plus를 둘러싼 이론적 차이는 하이데거와 데리다의 스타일에 어떻게 반영되고 있는 것일까? 전자부터 검토해보자. 후기 하이데거의 텍스트는 일반적으로 몇 가지 키워드, 즉 고유명화가 된 철학소(예를 들어 '존재') 주위로 스스로를 집중시키는[sich versammeln] 경향이 매우 강하다. 그것은 예를 들어 본장 제2절에서도 참조한 1946년의 「아낙시만드로스의 잠언」에서 가장 잘 확인된다. 그 텍스트는 먼저 첫 부분에서 다룰 잠언을 그리스어 원문으로 들고 있다. 이어서 50쪽 가량의 지면을 사용하여 거기에 포함되어 있는 거의 모든 단어를 하나하나 하이데거 자신의 은어로 치환=번역한다[übersetzen]. 그 결과 텍스트의 마지막에서 우리는 그의 은어만으로 구성된 새로운 '번역'을 읽게 된다. 그렇다면 이와 같은 작업이 정당화되는 이유는 무엇일까? 하이데거는 명확히 서술하고 있다. "사상가들 사이의 수많은 의존과 영향을 파악하려고 하는 것은 사고에 대한 오해이다. 모든 사상가는 존재의 언어에 의존한다. 이런 의존의 크기가 인간을 매혹하는 수많은 영향으로부터의 자유를 결정짓고 있다."[122] 아낙시만드로스의 그리스어도 그 자신의 독일어도 모두 하나의 같은 근원으로부터 그런 plus를 받아들인다. 그러므로 그의 독해는 사상가들의 영향관계에 구애될 필요가 없다. 바꿔 말하면, 어느 특정 철학개념이 어떻게 텍스트 공간 사이로 전승되어 왔는지 하는, 그런 경로는 그에게 원리적으로 말소되어 있다. 우편공간의 그런 말소는 plus의 기원이 단수로 즉 부정신학 시스템으로부터 생각되었을 때의 필연적 귀결이다. 후기 하이데거의 해석학적 스타일, 분석되는 텍스트나 시스템을 자신의 고유명=은어계로 강력히 동화(=고유화^approprier^) 시키고 그것의 내적 논리만을 따라서 전개하는 그의 텍스트 운동은 여기에서 나온다. 데리다는 이미 1968년의 강연에서 하이데거의 이 논문을 언급하며 그런 '고유한 단어와 단일한 이름의 탐구'를 '형이상학의 재유지'라며 확실히 비판했다.[123]

그렇다면 데리다의 스타일은 어떨까. 그의 텍스트는 종종(예를 들어 본장 첫 부분에서 든 하버마스, 로티, 가라타니 등에 의해) 존재론적 은어조작에 기초하고 있다 하여 하이데거와 친근한 것으로서 받아들여지고 있다. 아마 그런 이미지는 데리다의 작업이 주로 후설-하이데거적 문제계의 전도를 향하고 있어 필연적으로 존재론적 어휘가 빈번히 등장하는 제1기 텍스트만을 참조하는 데에서 생겨난다. 하지만 그의 텍스트를 어느 정도 시간 순서대로

---

122. *Holzwege*, S. 369. 邦譯, 416頁(『숲길』, 543쪽).

123. *Marges*, p. 29. 論文邦譯, 「ラ・ディフェランス」, 98頁. 철학소의 고유명화와 plus의 단수화(편지는 반드시 도착한다)의 이런 하이데거적 제휴는 『그라마톨로지에 대하여』에서는 onto-théo-téléologie, 즉 존재론과 목적론의 신학적 결탁이라고 명명되고 있다. 『「기하학의 기원」 서설』에 대한 제1장의 논의도 참조.

추적해보면, 그런 이미지의 한계는 쉽게 확인가능하다. 실제 제2기 데리다는 후기 하이데거보다 읽기 힘들다. 하지만 그 이유는 그것이 점점 세련된 은어=키워드조작에 기초하고 있기 때문이 아니라, 그저 그곳에 키워드가 없기 때문이다. 예를 들어, 우리들은 앞서 「유한책임회사 abc」의 중심적 표현 'ça rapplique'에 대해 고찰했다. 그러나 이 표현은 우리들이 확인한 범위에서 다른 텍스트에서는 한 번도 중요한 것으로 사용되고 있지 않다. 앞 절에서 참조한 「Fors」를 봐도 좋다. 본장의 주(4)에서 상술한 것처럼 이 논문의 타이틀은 forīs와 forum, 즉 부정신학적 배제와 우편공간을 이중으로 지시하는 언어유희로 되어 있다. 하지만 이것도 일회적인 유희에 지나지 않는다. 같은 예는 또 제3기에서도 확인할 수 있다. 예를 들어, 1986년 처음으로 발표된 부정신학론 「어떻게 말하지 않는가 — 수많은 부정」. 프랑스어로 「Comment ne pas parler — dénégation」이라 하는 이런 타이틀은 우리가 생각하기에 라캉의 두 가지 표현, Comment-taire와 단수형 dénégation을 조금 바꾸는 방식으로 모두 구성되고 있다.[124] 데리다가 여기에서 도입한 편차는 중요한 이론적 귀결을 수반할 것이 분명하지만, 이런 유희 또한 다른 텍스트에서는 사용되지 않는다. 즉 제2기 이후의 데리다에게서는 대개 어떤 텍스트에서 독해상의 '지렛대', plus가 존재하는 단어=장소로 간주되어 중요하게 간주된 용어(즉 고명)가 또 다른 텍스트에

---

124. Comment-taire는 '어떻게 침묵할까'를 의미하는 구 comment taire와 '주석comment'을 참조하는 명사 commentaire의 가케코토바(掛詞: 동음이의를 이용하여 한 단어에 두 개 이상의 뜻을 갖게 하는 것). dénégation(부정)에 대해서는 앞 절 참조.

서 같은 역할을 할 것이라는 보증이 전혀 없다. 따라서 이 시기의 그를 읽을 때 우리는 그런 개개의 텍스트에서 사용된 단어의 중층결정성을 풀어헤칠 뿐만 아니라(하이데거의 경우는 그것으로 충분하다), 각 텍스트에서 변이하는 키워드적인 것의 배치도를 몇 장이고 그린 후, 그것들을 겹쳐서 비쳐봄으로써 일종의 패턴을 읽어내려는 시도를 해야 한다. 우리가 이 시론에서 '후기 데리다의 은유적 지도'의 필요성을 반복해서 강조한 것은 이 때문이다. '유령', '우편'이라는 은유=개념은 그런 상호포개짐에서 잠정적으로 그것들을 꿰매는 실로서 기능한다.

우편적 탈구축의 텍스트 전략은 앞에서 서술한 것처럼 분석가와 피분석가의 전이 관계, 독해대상이 되는 텍스트나 시스템에 속하는 '고명[古名]'의 재응용에 의해 규정된다. 그러므로 제2기 이후의 데리다는 개개의 분석상황으로부터 추상화되어 고유(명)화된 키워드를 가질 수 없다. 그렇다면 다시 묻지만 왜 데리다는 키워드 없이, 즉 철학소의 고유명화를 통하지 않고 언어에 plus를 부여할 수 있다고 생각했던 것일까. 다시 정리해보자. 일반적으로 언어에는 그 언어를 뒷받침하는 '세계'에 회수되지 않는 plus가 존재한다. 그리고 철학은 그 plus, '비세계적인 것'에 대하여 언어를 사용하여 생각한다. 그 때문에 plus를 둘러싼 이론적 차이는 그대로 사상가의 언어전략에 반영된다(또는 그 역으로 — 여기에서 중요한 것은 이론적인 것과 스타일적인 것, 언설의 칸스터티브한 효과와 퍼포머티브한 효과가 어떤 종류의 거울상 관계에 들어가 있다는 점이지, 그것의 규정순서가 문제가 되지는 않는다). 한편으로 하이데거는 plus를 주체의 자기언급적 구조로 설명한다. 그것은 스타일적으로는 철학소의 고유명화와 조응한다. 다른 한편으로 데리다는 plus를 언어 자체가 가진 보강구조, 시니피앙과 에크리튀르의 이중겹침성으로 설명한다. 이런 구조의 도입에 의해 그는 분석가와 피분석가 사이에서 '분유[分有]'되는 기호 하나하나에 존재하는 plus, 에크리튀르를 발견할 수 있다. 에크리튀르는 거기서는 양자 사이에서 수용기[受容器/Khôra]로서 기능하고, 쌍방이 각기 다른 동일성[identé](사고동일성)을 흘려 넣음에도 불구하고, 그 너머에서 같은[même] plus, 같은 사물표상으로서 계속 존재한다. 뒤집어 말하면, 에크리튀르는 분석가와 피분석가가 동일성을 교환하기 위한 중계지점, 운반소로서 기능할 것이다('전이'를 의미하기 위해 프로이트가 선택한 독일어 Übertragung은 원래 Über[超]+tragen(나르는 것)에 의해 구성되고 일상용어로는 TV방송 등의 '중계'를 의미한다). 시니피앙과 그것을 뒷받침하는 에크리튀르, 존재자와 그 유령이라는 이중화된 Da에 대한 통찰은 그리하여 스타일적으로 수많은 전이상황에서 서로 다른 철학소로부터 plus를 발견하는 고명의 전략과 조응한다.

데리다는 『그라마톨로지에 대하여』 제1부의 마지막 쪽에서 '사고'라는 단어, 즉 하이데거가 고유명화한 가장 중요한 철학소 중 하나를 들면서 다음과 같이 서술하고 있다.

> 에크리튀르의 과학, 또는 그런 철학의 구축은 필요하지만 곤란한 과제다. 하지만 흔적의, 차연의, 또는 유보에 대한 그와 같은 사고는 이런 [지금까지 말해진] 수많은 한계에 도달하고 또 그 한계를 끊임없이 반복함으로써 에피스테메

> 의 영역 너머를 지시하지 않으면 안 된다. 하이데거는 오늘날 모든 철학소의 침범, 유비적이지만 동일적이지 않는 침범에서 이 사고라는 단어에 대해 경제적이고 전략적 언급을 하는 스스로를 정당화하고 있다. 하지만 그런 언급의 바깥쪽에서, 여기에서 우리의 사고란 어떤 완전히 중성적인 이름, 텍스트의 한 공백[un blanc textuel], 와야 할 차연의 시대에 대해 필연적으로 불확정일 수밖에 없는 지표이다. 어떤 의미에서 '사고'는 아무것도 의미하지 않는다[아무것도 말하고 싶지 않다ne veut rien dire]. [……] 그런 사고에는 무게가 없다.[125]

우리는 이제는 이 유명한 일절을 매우 명료하게 이해할 수 있다. 사고는 plus를, 즉 '초超'를 다룬다. 데리다의 '초超'는 존재자를 전이=중계한다übertragen. 수용기Khôra로서 작용하는 그 '초超'는 공허하고 중성적인 것으로, 하이데거의 '초超', 새롭게 우연히 만나는 존재자를 항상 자신의 권내로 치환하고übersetzen 동화시키는 바로 그런 치환작업에 의해 스스로를 그 존재자들을 넘어선 곳에Über 고정시키는setzen '초월론성'의 운동이 갖는 충만한 고유성을 결코 가지지 않는다.[126] 하이데거의 사고는 고유명을 다루며, 거기에서는 '사고'라는 철학소도 고유명화가 된다. 이에 반해 데리다의 사고는 코라에 드러나고, 거기에서 '사고'라는 단어는 항상 빈칸blank

---

125. *De la grammatologie*, p. 142. 邦譯, 上卷 193-194頁(『그라마톨로지』, 259쪽), 강조는 인용자.

126. Transzendenz와 übersetzen의 은유적 연합에 대해서는 cf. *Holzwege*, S. 344-345. 邦譯, 383-384頁(『숲길』, 505-506쪽).

인 채로 방치된다. 그 단어는 vouloir의 위상에서 상대와 전이를 일으키기 위한 하나의 전략거점에 지나지 않고, 그 때문에 자신은 '아무것도 vouloir하지 않는다'. 이상이 하이데거와 데리다, 존재론적 탈구축과 우편적 탈구축 사이의 이론적 차이이자 스타일적 차이이다.

C

우리는 본서의 마지막에 가까워지고 있다. 전이와 우편적 탈구축의 관계에 대해 한걸음 더 논의를 진행시켜보자. '끝이 없는 분석'에 대한 1970년대에 이루어진 또 하나의 언급에서 다시 시작하자.

「유한책임회사 abc」의 그 언급은 텍스트의 처음 다섯 번째 단장에서 보인다. 그곳에서 데리다는 칸스터티브/퍼포머티브의 경계획정[境界劃定]에 대해 말하고 있다. 언어행위론은 그런 획정을 전제로 삼는다. 하지만 "나의 가설은 그와 같은 분석은 본질적으로 끝이 없는[interminable] 성격과 관계하고 있다." 그러면 왜 그것은 끝나지 않는 것일까? 그는 다음과 같이 답한다. "왜냐하면 그와 같은 분석은 재차 [분석대상인] 집합의 일부가 되어 같은 문제들을 제기하기 때문이다."[127] 우리는 interminable이라는 단어가 사용된 짧은 문장에서 중요한 두 가지를 읽을 수 있다. 해독해보자.

첫째로 형식적 또는 정적[靜的] 문제. 어떤 언표 X가 칸스터티브한

127. *Limited Inc.*, pp. 81, 197. 論文邦譯, 97, 180頁.

지 퍼포머티브한지 판단하기 위해서는 먼저 X를 규정하는 콘텍스트의 경계를 획정하지 않으면 안 된다. 하지만 실제 그런 판단 X′ 자체가 소행적=사후적으로 콘텍스트의 일부를 구성해버린다. 즉 언표 X에 대한 판단(메타레벨)은 그것이 내려지는 순간 판단대상(오브젝트레벨)의 일부가 된다. 이런 중첩구조는 형식적으로는 괴델의 불완전성 정리와 같다. 사실 그런 함의는 이런 단장에서 데리다 자신에 의해 강하게 시사되고 있다. 예를 들어, 그는 그곳에서 '집합ensemble'이라는 단어가 '집합론에서처럼' 사용되고 있고, 문제의 분석은 '집합의 완전성을 일탈하는/에 결여된manquer à la complétude d'un ensemble' 것이라고 명확히 서술하고 있다. 언어행위론은 집합의 완전성을 전제하고 있다. 따라서 불완전한 것에 머문다.

그리고 둘째로 전이적 또는 동적動的 문제. 위에서 서술했음에도 불구하고, 데리다는 언어행위론의 그런 곤란에 '불완전성'이라는 명사로 이름을 붙이지 않는다. 대신에 그는 그것을 동사적으로 즉 '완전성을 계속 일탈하는', '끝이 없는' 과정으로 표현한다.[128] 이런 어휘 선택은 중요한 이론적 의미를 가지고 있다. 어떠한 것일까. 이 텍스트에서 interminable이라는 단어가 사용된 다른 부분을 참조하자. 그것은 원문에서도 일본어 역에서도 텍스트의 마지막 쪽에서 발견된다. 거기서는 카피라이터의 문제가 다루어지고 있다.

---

128. 계속 일탈한다는 번역은 앞서 든 영역을 참조. 원문의 "Elle manquera toujours (à) la complétude d'un ensemble"(p. 81)은 여기에서는 "It will always be lacking the completeness of a set."(p. 39)이라고 번역되어 있다. 또 complétude는 일본어 역으로 '완결성'이라고 번역되어 있지만, 그런 집합론적 함의가 명확한 이상 '완전성' 쪽이 적절하다고 생각된다.

카피라이터의 결정은 '이론적이기만 하지 않는 방법으로' 검토되어야 하며, '끝이 없는 소송과정procés interminable'을 연다.[129] 카피라이터의 결정은 여기에서 언어행위론이 전제로 삼는 발화자의 동정同定/identification, 즉 욕망/지향성의 주체의 장소를 정한다는 것을 의미한다. 이드분석=전이 관계에서 누가 원하고 있는가 하는 욕망의 발신원은 끝없이 이동하며 분석에 의한 최종적 결론(분석의 끝)을 계속 피할 것이다. 그리고 이런 언명은 또한 위치적으로나 내용적으로 「유한책임회사 abc」의 시도 자체에 대한 자기언급이기도 하다. 앞서 서술한 것처럼 이 텍스트는 화자가 설의 의식인지 무의식인지 또는 데리다의 의식인지 무의식인지, 그런 장소를 결정불가능하게 만드는 많은 문체적 · 어휘적 장치를 설치하고 있다(예를 들어 s.a.r.l.=Searle). "그렇다면 '진짜' 카피라이터는 분할되고 다수화되고 활용변화하고 분유된 설에 귀속될 것이다. [……] 따라서 '나' 또한 「반론」의 카피라이터를 요구한다. 그런데 누구일까, 나의 자아란[Mais qui, moi]?"[130] 칸스터티브/퍼포머티브, 오브젝트/메타의 경계가 가진 결정불가능성은 interminable이라는 단어에 의해 전이의 문제로 반송된다.

형식적 문제와 전이적 문제의 이런 구별은 「유한책임회사 abc」에서 설과의 대결을 받아들이기 위해 제출된 '두 가지 가설', 'set' 'mis'의 구별로서 보다 일반적으로 도입되고 있다. 다시금 확인해두자. 한편으로 set은 '집합'을 의미한다. 즉 그 가설에서는 언어행

---

129. *Limited Inc.*, p. 197. 論文邦譯, 179-180頁.

130. ibid., p. 68. 同論文 87頁.

위론의 실효성은 분석대상이 되는 집합의 불완전성에 의해 비판된다. 다른 한편 mis는 *mis*take, *mis*understanding, *mis*interpretation, *mis*statement 등의 현상을 규정하는 '미스mis성性 일반une *mis-* en général', 즉 커뮤니케이션에서의 일탈/실패가능성을 의미한다. 그런 가설에서 언어행위론의 실효성은 카피라이터의 결정불가능성에 의해 비판된다. 그리고 데리다는 그런 mis의 작용을 그들의 논쟁 자체를 예로 들어 설명하고 있다. "Sarl은 [Sec을] 잘 이해했다. [……] 또는 오히려 만약 '이해하지'만 이론이나 철학의 소위 칸스터티브한 체제에 의해 아직 지배되고 있는 관념이라고 한다면, 그는 이해하지 않았다고 해도 명중命中은 했다고 말해두자." 「서명 사건 콘텍스트」는 설의 의식이 아니라 무의식에 도착했다(오배되었다). 그리고 이 경우 "Sec에 의해 명중하여 잃은 게 없는 것이 도대체 어떤 설인지 어떻게 해서 알 수 있을까."[131] 이런 결정불가능성은 이제까지 여러 번 반복되어 온 것처럼 데리다와 설의 전이관계ça rapplique로부터 귀결된다. 괴델적 중첩구조abyme는 실제로 분석의 끝이 없는 거울상 관계, 전이/역전이를 되풀이하는 한없음abîme은 커뮤니케이션 공간을 통해서 현재화된다. 두 가지 다른 가설은 그 때문에 필요하게 되었다.

그런데 여기에서 mis라고 불린 커뮤니케이션의 일탈/실패가능성은 1980년의 『우편엽서』에서는 앞 두 장에서 이미 본 것처럼 우편poste을 중심으로 한 은유들=개념으로 명명되고 있었다. mis와 우편의 그런 연결은 내용적으로만이 아니라 동시성에 의해서도

---

131. ibid., p. 77ff. 同論文 94頁 이하.

또 세밀한 은유추적에 의해서도 확증된다. 「유한책임회사 abc」와 『우편엽서』 제1부 및 제4부는 거의 동시에 씌어진 텍스트이고(제1부인 의사서한은 1977년에 시작하고, 제4부에 기록된 강연은 같은 해 11월에 행해졌다), 실제 후자에는 전자에 대한 참조가 여러 번 보인다.[132] 또 은유적으로도 예를 들어 「유한책임회사 abc」는 언설의 실패를 '미사일=미스한 미사일*mis*ile'이라는 가방어로 표현하는데, 이 단어는 데리다의 텍스트에서 종종 '서한*mis*sive'과의 유희로 사용된다고 알려져 있다.[133] 우편=서한은 그 속에 mis를 내포한다. 그리고 mis는 전이에 의해 불러일으켜진다. 그 때문에 우리는 여기에서 『우편엽서』의 주제 중 하나였던 우편적 결정불가능성, '도달하지 않을 수 있다는 것'의 사정범위를 그 조건으로 하는 전이부터 다시 검토할 수 있다. 경로의 은유가 여는 것, 우편공간과 그 데드스톡 효과는 왜 전이를 조건으로 삼는가? 또는 역으로 만약 '전이Übertragung, transfert'라는 개념 자체가 이미 『우편엽서』 제2부가 강조하는 것처럼 '편지왕래의, 인간관계의, 연결기連結器의, 편지왕래의 네트워크에, 그리고 산종의미적, 우편적, 철도적인 선별에' 의거하는 하나의 은유,[134] 즉 우편적 은유에 지나지 않았다고 한다면, 결국 한편으로 전이라고 불리고, 다른 한편으로 우편이라고 불리는 그런 현상, ça rapplique는 왜 생기는 것일까?

---

132. 특히 cf. *La carte postale*, p. 530.

133. *Limited Inc.*, p. 85. 論文邦譯, 99頁. missile=missive의 유희에 대해서는 cf. "No apocalypse, not now — à tout vitesse, sept missives, sept missiles" in *Psyché*."

134. "Spéculer — sur <Freud>" in *La carte postale*, p. 409.

형식적 결정불가능성set의 전이공간mis에 대한 의존은 이미 프로이트에 의해 시사되고 있다. 예를 들어, 우리는 앞 절에서 그의 논문 「부정」을 참조했다. 그곳에서는 '메타레벨을 끊임없이 오브젝트레벨로 되돌려 보내는' 무의식적 회로, 즉 클라인 관의 존재가 Verneinung이 가진 레벨횡단성으로부터 도출된다. 의식과 무의식의 관계를 부정신학 시스템을 통해 정리하는 라캉적 이론은 이런 Verneinung의 발견과 형식화에 의해 뒷받침되고 있다. 그러나 실제 프로이트는 거기서 Verneinung의 특이한 작용이 '분석작업의 관찰'로 비로소 발견된다는 것을 여러 번 강조하고 있다. 무의식의 존재가 '폭로'되는 것은 '피분석가가 분석에 대해 "나는 그런 것을 생각하지 않았다"나 "나는 그것에 대해서 (전혀) 생각하고 있지 않았다"라는 식의 문장으로 반응할 때', 즉 분석=전이 관계에서인 셈이다.[135] 무의식은 타자의 매개에 의해서만 드러난다. 이 주장은 사실 정신분석의 중핵을 이루고 있다. 예를 들어, 프로이트는 「부정」과 같은 1925년에 발표된 어느 텍스트에서 철학자는 '자기관찰 이외에 다른 관찰방법을 알지 못하기' 때문에 무의식을 인정할 수 없다고 서술했다. 무의식이란 '어떤 현상영역의 관찰을 통해 가정할 수밖에 없었던' 것이고, 분석가는 그런 현상영역을 '지적하는' 것은 가능하지만 '무의식이 무엇인지 말하는 것은 거부한다.'[136] 정

135. SA, Bd, 3, S. 373, 377. 邦譯, 『著作集』 第3券, 358, 361頁(「부정」, 『정신분석의 근본개념들』, 446, 450쪽)

136. *Gesammelte Werke*, Bd. 14, S. 106. 邦譯, 『著作集』, 第11券, 153頁(「정신분석에 대한 저항」, 『정신분석학 개요』, 박성수 · 한승완 옮김, 2003,

신분석과 철학(또는 심리학)은 이런 간접적 방법의 엄밀성, 즉 어떤 종류의 '심적인 것'이 그것의 출현을 위해 타자의 매개를 필요로 한다는 것을 인정할지 어떠할지로 준별된다. 그렇다면 왜 그런 매개가 필요한 것일까?

1938년의 유고 「정신분석개설」을 참조하자. 프로이트는 거기서 다음과 같이 서술하고 있다. 사람은 자신의 의식을 '자신의 가장 고유한[eigenster] 경험으로부터 매개를 통하지 않고' '알[wissen]' 수가 있다. 그리고 철학이나 심리학은 모두 그런 무매개적 고유성의 영역을 '심적인 것'과 동일시하는 것에서 시작한다. 이에 반해 정신분석이 발견하는 무의식적 과정은 '그것 자체로는 인식불가능'하다. 그것은 우리들의 지각장치를 '매개하고[mittels/vermitteln]', 거기에서 드러난 '심적인 것의 틈'으로부터 소행하고서야 비로소 인식가능하다. 따라서 거기에서는 '무의식적이고 심적인 것에 대한 의식적인 보충계열', '의식적 표현으로의 치환=번역[übersetzen]', '의식화로의 통로'가 필요하게 된다.[137] 개념들의 배분은 분명하다. 한편으로는 '의식적인 것', 자기의 고유성을 위협할 일이 없는 무매개인 wissen의 영역이 있다. 이것은 우리의 용어로는 표상작용의 원추구조를 의미한다. 거기서 Da=세계는 목소리에 의해 완전히 통제되고, 마음의 내용과 마음의 작용, 표상되는 것[Da]과 표상하는 것(목소리), 밑바닥과 정점[頂點]의 거리는 한없이 제로에 가깝다. 다른 한편으로 '무의식적인 것', 고유한 wissen의 영역에서 일탈하는 다

288쪽).

137. *Abriss der Psychoanalyse*, Fischer Taschenbuch, 1996, S. 53-54. 邦譯, 『著作集』, 第9券, 166-169頁.

른 종류의 심적 존재가 있다. '보충계열'이나 '통로'라는 매개에 의해 비로소 인식되는 그 존재는 목소리-의식에 대해 말하자면 멀리 떨어져 있다. 분석은 그 거리를 메운다. 제3장에서도 다룬 것처럼 데리다는『우편엽서』제2부에서 프로이트의 은유=개념계를 지배하는 이런 근접화 운동을 'fort : da'라고 부르고 있다.[138] 프로이트는『쾌락원칙을 넘어서』제2장에서 아이의 유희, 실패를 침대 안에 던진 후 다시 실을 사용해서 끌어당기고, 그때마다 '없다 있다'(문자 그대로는 '저쪽 — 이쪽')고 반복하는 놀이를 다루고 있다. 데리다의 표현 fort : da는 이 유명한 예에서 하이데거의 현존재 분석론 — 현존재는 *Da*sein이라고 쓰기 때문에 — 이 가진 어떤 이론적 특징(Ent-fernung의 운동)[139]을 중첩시켜 사고에서의 은유적인 거리의 출현/소멸의 놀이 일반을 의미하는 것으로 사용되고 있다. 하이데거도 프로이트도 모두 wissen의 저편(존재 또는 무의식)을 먼 곳의 것으로서 이미지하고, 그것과 가까워지는 운동=실패 놀이로서 사고를 구성했다. 그렇다면 무의식은 왜 먼 것일까? 혹은 거기서 '멀다'란 구체적으로 어떤 것일까?

프로이트는 누차 복수의 무의식이 바로 연결되는 현상에 대한 주의를 당부했다. 예를 들어, 1913년의 어떤 논문에서 다음과 같은 부부의 예가 보고되고 있다. 어떤 여성이 남편의 성적 능력을 둘러싸고 불안신경증에 걸렸다. 물론 그들의 의식은 모두 그 원인을 모른다. 그러나 남편은 '아내의 불안의 의미를 고백도 설명도 없이

---

138. *La carte postale*, p. 341ff.
139. 본장 주(24) 참조.

이해하고' '그도 역시 신경증적으로 반응했다. 즉 그는 부부 교섭을 — 처음부터 — 거절했던 것이다.'[140] 타자의 무의식적 표명을 의식을 거치지 않고 이해하는 이런 능력은 또한 정신분석기법을 뒷받침하는 중요한 기둥이기도 하다. 1912년의 텍스트 「정신분석치료를 행하는 의사에게 하고 싶은 조언」을 보자. 그곳에서 프로이트는 환자가 부여하는 정보의 처리방법에 대해 말하고 있다. 의사는 때로 복수의 환자를 동시에 다룬다. 따라서 '한 환자가 몇 개월 몇 년에 걸쳐서 가져오는 무수한 이름, 날짜, 상기의 세부, 즉흥적인 생각, 치료 중의 증상생산물을 전부 기억하고, 게다가 그런 기억들을 그와 동시 또는 그것 이전에 분석한 다른 환자가 불러낸 유사한 재료와 혼동하지 않는' 것은 분명 불가능하다. 그렇다면 어떻게 해야 할까. 프로이트의 조언은 매우 간결하다. 의사는 환자의 이야기를 듣는 것으로 족하다. '자신의 주의력으로부터 모든 의식적 영향을 멀리하고, 자신의 <무의식적 기억>에 완전히 몸을 맡긴다'면, '의사의 무의식은 자신에게 이야기된 무의식의 파생물로부터 환자의 수많은 즉흥적인 생각을 결정하고 있는 무의식을 재구성할 수 있을' 것이다. 환자의 연상을 기록으로 남기는 '보조수단=매개[Hilfs*mittel*]'가 필요하게 되는 것은, 예를 들어 증례를 '학문적인 [[*wissen*schaftlich]] 출판대상'으로 삼을 경우, 즉 무의식적인 것을 의식=지[wissen]의 통제 아래에 두기 시작했을 때뿐이다. 모든 의식적 주의를 배제한 그런 순수한 청취상태를 프로이트는 '고르게 부유하는 주의[注意]'라고 부르고 있다. 그리고 그런 분석가의 기법은

---

140. SA, Bd. 7, S. 112.

'생각난 것을 전부, 어떤 비판도 선택도 없이 말하라는 피분석가에 대한 요청'에 구조적으로 대응하는 것이었다.[141] 여기에서 주장되고 있는 것은 명확하다. 분석상황에서는 분석가의 의식도 피분석가의 의식도 큰 역할을 연기해서는 안 된다. 그들의 무의식은 매개를 통하지 않고 곧바로 서로 응답한다. 1915년의 논문 「무의식에 대하여」에서 프로이트는 그런 상태를 'Ubw가 Bw를 우회하여 타인의 Ubw에 반응한다'고 표현하고 있다.[142] 무의식이 목소리-의식 즉 자기의 고유성으로부터 먼 것은 이 우회Umgehung, 타자의 무의식과의 연결가능성 때문이다. 그리고 그 연결은 구체적으로는 부부관계나 분석상황, 즉 전이에서 생긴다.

그렇다면, 무의식이 연결된다는 것은 어떤 것일까. 지금까지의 논의를 참조하면서 이론적 설명을 시도해보자. 그렇지 않으면 그것은 그저 임상적 관찰에서 얻은 이미지에 그치고 말 것이기 때문이다. 전이에서 의식wissen과 무의식wollen, 시니피앙과 에크리튀르의 두 위상에서 동시에 커뮤니케이션이 행해진다. 예를 들어, 데리다의 고명古名의 전략은 탈구축하는 측과 탈구축되는 측, 분석가와 피분석가가 같은 에크리튀르를 분유하고, 동시에 거기서 동일적이지 않은 시니피앙을 부어넣을 때의 어긋남=차연을 이용한다고 이야기된다. 즉 그곳에서는 한편으로 두 개의 무의식이 같은 에크리튀르를, 다른 한편으로 두 개의 다른 시니피앙을 처리하는 위상

---

141. SA, Bd. Erg., S. 171-176. 邦譯, 『著作集』, 第9劵, 78-82頁(『끝낼 수 있는 분석과 끝낼 수 없는 분석』, 48-53쪽).

142. SA, Bd. 3, S. 153. 邦譯, 『著作集』, 第6劵, 106頁(『정신분석학의 근본 개념』, 200쪽).

의 어긋남이 이용되고 있다. 그리고 이런 위상의 구별에 따르면, 우리는 여기에서 한쪽이 발한 에크리튀르가 그대로, 즉 어느 쪽의 의식에 의해서도 시니피앙으로서 동정[同定](=동일화[identifier])되지 않고 직접 다른 쪽의 에크리튀르와 서로 호응할 가능성에 대해서 생각할 수 있다. 무의식은 여기에서 연결된다. 프로이트가 앞서 서술한 부부의 예로 설명해보자. 거기에서는 아내가 먼저 불안히스테리에 걸린다. 남편의 무의식이 그 증상을 받아들여 성적 불능으로 응답한다. 다시 그에 대해 아내는 강박신경증으로 응답한다. 그리고 이 과정 전체에서 양자의 의식은 자신들의 무의식이 행한 정보교환과 그 처리에 대해서 아무것도 모른다. 여기에서 증상은 시니피앙이 아니라 에크리튀르로서 기능하고, 의식적인 지[知]에 의한 동정(증상의 해석)을 우회하면서 서로의 무의식을 왕복하고 있다. 또는 앞서 서술한 분석기법으로 생각해도 좋다. 분석가와 피분석가가 모두 '의식적 영향을 멀리'하지 않으면 안 되는 것은 분석상황에서 그들의 언어를 에크리튀르로서 유통시키기 위해서다. 앞서 인용한 것처럼 데리다는 『우편엽서』에서 Übertragung이나 transfert가 가진 우편적 함의에 대해 여러 번 주의를 당부했다. 우리는 이제 그 사정범위를 분명히 확인할 수 있다. 전이는 무의식을 연결시킨다. 그것은 구체적으로 한쪽의 목소리-의식에서 Ubw로 추락한 에크리튀르가 시니피앙으로서 고유화되지 않은 채로 다른 쪽의 Ubw로 수신되고 처리될 가능성을 의미한다. 거기에서는 에크리튀르의 우편적 공간이 목소리-의식의 외부에 열린다. 거꾸로 말하면, 그와 같은 우편공간이 열리고 나서야 비로소 '전이'라고 불리는 현상, 즉 무의식의 연결이 생겨난다. 전이는 무엇보다도 먼저 에크리튀르의 중계가능성인 셈이다.

전이에 관한 데리다의 이런 우편적 이해는 매우 중요한 이론적 퍼스펙티브를 연다고 생각된다. 주지하다시피 '전이'는 일반적으로 피분석가가 유아기에 경험한 대상관계의 재현, 그 내지 그녀에 고유한 과거의 반복으로서 설명되고 있다. 프로이트 자신이 전이는 '양친에 대한 관계를 재현한' '과거의 반복'이라고 서술하고 있기 때문에,[143] 그런 이해는 결코 잘못된 것이 아니다. 하지만 이런 설명은 무의식의 단일성과 고유성을 전제하고 있다. 거기서 전이의 메커니즘은 일찍이 양친을 향한 정동[情動]이 다른 대리, 예를 들어 분석의로 이동하여 생겨나는 현상으로서 파악된다. 바꿔 말하면, 그것은 유아기의 경험에 의해 결정되는 어떤 무의식적 정보처리의 결과, 심적 에너지의 '약간의 위치 이동[Verschiebung]'의 하나가 나타나는 것에 지나지 않는다.[144] 따라서 '피분석가가 고유하게 반복 또는 행위하는 것'은 어디까지나 그 또는 그녀의 '원천', '본질'에서 구해진다.[145] 이런 이론적 특징은 은유에도 반영되고 있다. 예를 들어, 프로이트는 1905년에 발표된 「어느 히스테리 분석의 단상들」, 소위 도라의 증례에서 전이의 메커니즘을 인쇄물의 은유로 설명하고 있다. 먼저 최초로 유년기 체험이라는 '원판'이 있다. 전이는 그 위에서 전개되는 '신판', '재인쇄'이다.[146] 욕동의 흔적이

143. *Abriss der Psychoanalyse*, S. 71. 邦譯, 『著作集』, 第9券, 182頁(『정신분석학 개요』, 452쪽).

144. 실제 Übertragung이라는 단어는 『꿈의 해석』에서는 거의 Verschiebung과 같은 뜻으로 사용되고 있다. 『精神分析用語辭典』, 334頁 참조.

145. SA, Bd. Erg., S. 211. 邦譯, 『著作集』, 第6券, 53頁.

146. SA, Bd. 6, S. 180. 邦譯, 『著作集』, 第5券, 361頁(「도라의 히스테리 분

연이어 겹쳐 씌어지는 이미지에서 전이의 출현은 그 판版 하의 단일성, 즉 각자의 고유성에 의해 계속 규정된다. 그러나 지금 검토한 무의식의 우편공간으로의 접속은 이런 이미지의 유지를 결정적으로 불가능하게 만든다고 생각된다. 데리다적 전이=중계에서 무의식은 오히려 타자의 에크리튀르에 의해 관통되어 그의 고유성을 탈구당한다. 우리는 이로부터 역으로 프로이트의 몇 가지 측면을 생산적으로 재독할 수 있을 것이다. 예를 들어, 그는 복수의 텍스트에서 초자아를 양친에 대한 전이의 '침전물Niederschlag'이라고 표현하고 있다.[147] 초자아가 의식적 자아의 통제에 따르지 않는(때로 적대하기조차) 것은 그것이 원래 자아에 고유하지 않은 것, 양친과의 커뮤니케이션에서 생겨난 데드스톡에 의해 구성된 것이기 때문이다. 프로이트적 전이는 데리다적 유령과 마찬가지로 타자의 리듬을 자기 안에 도입하는 게이트gate로서 기능한다.

우리는 약간 복잡한 모델과 직면하고 있다. 앞 절에서 든 <그림 3-2>는 이제 두 가지 점에서 수정되어야 한다. 첫째로 Da는 이중겹침이 되지 않으면 안 되고, 둘째로 무의식은 타자의 무의식과 연결되지 않으면 안 된다. 그러나 조금만 검토하면 명확한 것처럼, 이 두 가지 요청은 결코 다른 것이 아니다. 무의식이 의식을 통하

석」, 『꼬마 한스와 도라』, 김재혁 · 권세훈 옮김, 열린책들, 2003, 310쪽).

147. SA, Bd. 3, S. 301. 邦譯, 『著作集』, 第6劵, 280頁. 또는 *Abriss der Psychoanalyse*, S. 43. 邦譯, 『著作集』, 第9劵, 158頁(『정신분석학 개요』, 415쪽).

지 않고 에크리튀르의 송수신을 할 수 있다는 것은 Da=세계 속에서 에크리튀르(사물표상)로서만 기재되는 정보, 즉 오리지널 없는 시뮬라크르, 말하자면 순수한 유령이 존재한다는 것을 의미하기 때문이다. 그 정보는 외계에서 도래하여 시니피앙으로서 고유화=의식화되지 않은 채로 Ubw로 추락하고 있다. 그 때문에 후자의 요청은 결국 전자로 귀착된다. 그렇다면 Da의 이중겹침성, 그 망령적 기재의 메커니즘은 어떤 것일까.

지금까지 여러 번 다룬 것처럼, 데리다는 1966년에 중요한 프로이트론인 「프로이트와 에크리튀르의 무대」를 발표했다. 거기서 앞 절에서 다룬 「과학적 심리학 초고」 및 후기 프로이트의 짧은 텍스트 「매직메모에 대한 노트」에 매우 높은 가치를 부여하고 있다. 여기에서 문맥과 시기에 주의해보자. 먼저 1966년은 바로 라캉의 『에크리』가 출판된 해이다. 그리고 「매직메모에 대한 노트」 또한 라캉의 프로이트 독해에서 이론적 중핵에 있는 논문인 「부정」과 같은 해인 1925년에 발표된 텍스트이다(다시 부가하자면, 이 양자는 데리다가 참조하고 있는 독일어판 전집에서는 서로 이웃하여 수록되어 있다). 즉 데리다는 라캉과 같은 해에 프로이트가 같은 해에 쓴 텍스트를 읽는 논문을 발표하고 있다. 이런 부합은 그것이 의도적이었는지 아니었는지와는 상관없이 매우 시사적이다. 나중에 스스로 이야기하는 것처럼 1960년대 후반의 데리다는 라캉적 언설을 '무엇보다도 먼저 탈구축해야 하는' 것으로 파악하고 있었다. 하지만 그것은 어려웠다. 왜냐하면 라캉의 언설은 데리다 자신의 탈구축과 어떤 의미에서 '가깝고', 게다가 '탈구축에의 충동이 정신분석 일반, 그리고 프로이트에서 유래하기' 때문이었

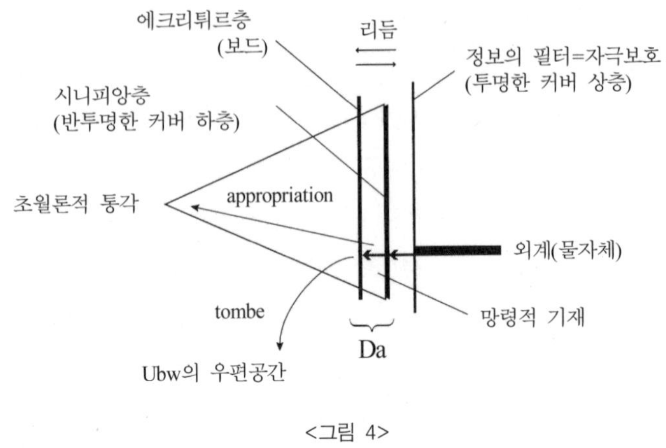

<그림 4>

다.[148] 그러므로 그는 이 논문에서 아크로바틱하고 간접적인 라캉 비판을 할 수밖에 없게 된다. 그리고 그것은 구체적으로 이후 『우편엽서』에서 전면적으로 동원되는 '경로[frayage]', '송부', '우회'라는 부정신학적 탈구축에의 저항이라는 모티브들을 그야말로 라캉이 전혀 주목하지 않았던 프로이트의 텍스트에서 이끌어내는 작업을 통해 행한다. 「과학적 심리학 초고」에서 보이는 우편적 은유에 대해서는 이미 앞 절에서 검토했다. 그렇다면 「매직메모에 대한 노트」는 어떨까?

프로이트는 문제의 논문에서[149] 지각장치의 모델로 「매직메모

---

148. *Résistance*, p. 74. 論文邦譯, 「ラカンの愛に叶わんとして」, 104頁.

149. SA, Bd. 3. 論文邦譯, 「マジック・メモについてのノート」, 『自我論集』, 中山元 譯, ちくま學芸文庫, 1996(「'신비스러운 글쓰기 판'에 대한 소고」, 『정신분석의 근본개념』, 윤희기 옮김, 열린책들, 2004).

Wunderblock」라고 불리는 어린이용 장난감을 들고 있다(일본에서도 20년 정도 전에는 볼 수 있었다). 그것은 암갈색 합성수지나 왁스 보드에 두꺼운 종이의 가장자리를 붙이고, 다시 그 위에 이층구조의 커버를 올려놓은 장치이다. 커버의 상층(투명한 셀룰로이드)은 하층(반투명의 얇은 파라핀종이)을 통해 보드에 가볍게 접촉하고 있다. 이 메모를 사용할 경우는 상층으로부터의 압력을(예를 들어, 연필이나 손톱) 가한다. 압력이 가해진 부분에서는 커버 하층과 왁스가 점착하여 위로부터는 그 흔적이 검은 문자로 보인다. 그 문자를 지우고 새롭게 사용하고 싶은 경우, 이번에는 커버를 두 층으로 들어 올리고 왁스와의 점착상태를 원래로 되돌린다. 커버가 두 층으로 나뉘어 있는 것은 자극에 약한 파라핀종이를 보호하기 위해서다. 프로이트가 이 장치에 주목한 것은 그것이 마음이 가진 모순된 성질, 한편으로 '항상 새로운 지각을 수용하는 능력이 있고', 다른 한편으로 '그런 지속적인 기억의 흔적도 만든다'는 이중성을 잘 모델화하고 있었기 때문이다. 커버를 벗겨내면 윗 표면은 계속해서 백지로 돌아가기 때문에, 그것은 무한한 '수용능력'을 갖는다. 그러나 커버를 벗긴다고 해도 아래의 보드에는 문자의 흔적이 희미하게 남아있기 때문에 그 장치는 '받아들인 기재의 지속흔적' 또한 유지하게 된다.

그런데 여기에서 매우 흥미로운 것은 프로이트가 거기서 커버 아래층을 지각-의식계(W-Bw)에, 보드를 무의식에 각각 비유한 점이다. 외계로부터의 자극=정보는 커버 상층을 통하는 것이기 때문에 약화되고 수용가능한 것으로 변화되어 W-Bw에 도달한다. 그리고 기억은 그보다 아래인 무의식(보드)에 기재된다. 그런데 우리는 앞서 Da의 이중겹침성에 대해 고찰했다. 그리고 거기서 Da란 다시 정신분석의 술어로 말하면 자아와 외계의 '계면界面', 존재자에 대한 여러 정보를 수용하는 지각평면으로도 생각되고 있다(앞서 든 <그림 3-1b> 참조). 따라서 우리는 여기에서 Da의 이중구조를 정리하기 위해 프로이트의 이런 모델을 원용해도 좋다(<그림 4>). 매직메모의 커버 하층은 존재자의 세계=상징계를, 보드는 에크리튀르의 위상을 나타낸다. 커버 상층은 외계(물자체)로부터의 지각정보 필터로서 기능하고 소쉬르 언어학에서 말하는 랑그, 철학적으로는 '카테고리'라고 불려온 것에 상당하는 역할을 한다. 지각된 정보는 랑그(카테고리)를 통과하고 Da 위에서 시니피앙(언어+사물표상) 즉 언어화가능한 사고대상으로서 기재된다. 그러나 여기에서 중요한 것은 그 기재가 이중으로 행해진다는 것이며, 따라서 거기서 커버가 벗겨지고 언어표상의 위상이 말소된다고 하더라도, 사물표상은 에크리튀르로서 계속 남게 된다.

Da의 이중겹침성은 앞서 서술한 대로 부정신학 시스템을 유지 불가능하게 한다. 데리다가 프로이트의 이 짧은 텍스트에 주목한 것은 먼저 첫째로 매직메모가 그 비판성에서 유효했기 때문이다. 하지만 그뿐만이 아니다. 이 모델을 둘러싼 프로이트/데리다의 사변은 보다 래디컬하게 전개되고 있다. 다시 간결하게 요약해보자. 시니피앙의 Ubw로의 추락=사물표상화, 앞 절에서 표상의 '고쳐쓰기'라고 불리는 것은 이 모델에서는 커버 하층과 보드 사이의 떼어냄abheben/Kontaktaufhebung에 의해 생겨난다. 그리고 그런 떼어냄이 없다면, 지각평면은 수용능력을 유지할 수 없다. 따라서 매직메모의 은유는 Da의 이중겹침성을 모델화할 뿐만 아니라 그런 이중겹침성 자체의 산출, 시니피앙과 에크리튀르라는 두 층이 '주기적으로periodisch' 접촉/떼어냄을 되풀이함으로써 Da가 산출되는 형태도 보여주게 된다. 프로이트는 텍스트의 마지막에서 다음과 같이 쓰고 있다. "한 손으로 매직메모의 표면에 무언가를 쓰면서, 다른 손으로 주기적으로 커버를 보드에서 벗겨내고 있다고 상상해보면, 우리가 심적 지각장치의 기능을 어떻게 표상하고 싶어 하는지를 떠올릴 수 있을 것이다." 데리다는 이 이미지가 가진 이론적 가능성에 주목하고, 그 다음 전개를 시도한다. "흔적은 자신의 주기적 말소를 행함으로써만 자신이 기재되는 공간을 산출한다. 기원에서부터, 즉 그 최초의 각인인 <현전>에서부터 흔적은 반복과 말소, 독해가능성과 독해불가능성이라는 이중의 힘[double force]에 의해 구성되고 있다." 거기서 문제가 되는 것은 Da를 구성함으로써 보다 상세한 메커니즘, 모든 시니피앙이 유령=분신double으로서의 에크리튀르를 홀리게 하고, 그것을 떼어내는 '이중의 힘'의 구체적 작용이다. '에크리튀르의 무대'란 흔적이 기재되고 동시에 떼어내어지는 망령적인 공간을 의미한다. 프로이트는 한편으로 그 무대를 검토하는 가능성을 열면서, 다른 한편으로 그것을 닫았다. 그 때문에 데리다에 따르면 '흔적이라는 프로이트적 개념을 철저화하여 여전히 그것을 붙잡고 있는 현전의 형이상학으로부터 뽑아낼 필요가 있는' 것이다.[150] 그렇다면 그는 거기서 어떤 계승선을 프로이트로부터 가져가는 것일까?

---

150. *L'écriture et la différence*, pp. 334, 339. 邦譯, 下卷 109, 116頁(『글쓰기와 차이』, 355, 360-361쪽).

우리는 바로 여기에서 『우편엽서』 제2부, 「사변하다 — <프로이트>에 대하여」라는 제목의 프로이트론을 읽기 시작해야 한다. 「프로이트와 에크리튀르의 무대」로부터 9년 후인 1975년에(덧붙여 이것 또한 라캉의 『앙코르』 출판과 같은 해이다) 행해진 세미나의 발췌인 이 텍스트는 전자의 문제계를 이어받아 몇 가지 점에서 더욱 과격하게 사변을 전개하고 있기 때문이다. 그러므로 우리가 만약 앞으로 데리다적 정신분석에 대한 사변을 계속한다면, 예를 들어 다음과 같은 선[線]을 더듬어 갈 수 있을 것이다.

「프로이트와 에크리튀르의 무대」에서 데리다는 이미 '에크리튀르의 근원적 시간성'에 주의하기를 당부하고 있다.[151] 그것은 '차연', '공간화'의 개념과 등치되어 원추 밑면이 목소리-의식에 의해 고르게 되기 이전의, 바꿔 말해 Da=세계가 현전성의 지배하에 들어가기 이전의 운동을 지시하고 있다. 매직메모의 모델에 나타난 것처럼, 프로이트는 그 위상에 있는 주기의 존재를 상정하고 있다. 시니피앙의 평면(지각-의식계)은 에크리튀르의 보드로부터 벗겨짐으로써 주기적으로 초기화된다. 즉 사람은 '불연속[diskontinuierlich]'으로밖에 Da=세계를 구성할 수 없으며, 그로부터 시간이 생겨난다. 데리다도 이런 문제의식, Da의 현전성을 기초짓는 주기나 진동이라는 이미지를 계승하지만, 1966년의 논문에서는 아직 그것은 시사되는 것에 지나지 않는다. 제3장에서도 조금 다룬 것처럼, 이후 그는 1970년대 텍스트에서 그런 주기/진동을 '리듬'이라고 이름 붙이고, 그 존재가 Da, 즉 시니피앙 세계의 일관성을 좀먹는

---

151. ibid., p. 334. 同書 109頁.

다고 서술하게 된다.[152] 『우편엽서』 제2부는 다시금 그것을 계승하여 리듬 문제를 니체에게로 반송하고 있다.[153] '힘에의 의지', 하이데거적으로 표현하자면 '모든 존재자의 존재규정'은 그 안에 리듬을 머물게 한다. Da를 성립시키고 있는 근접화작용, 무의식적인 것의 의식화(프로이트)나 Ent-fernung(하이데거)은 '없다 있다'의 리듬에 의해 가능하게 되는 것이다. 그러나 『우편엽서』와 거의 동시에 씌어진 『회화에서의 진리』 제4장이 서술하는 것처럼 거기서는 곧바로 fort : da의 실이 '엉클어지는 것entre-lacement', Da의 근접화작용의 기능부전, 즉 리듬의 흐트러짐 또한 문제가 된다…….[154]

그러나 우리는 여기에서 논의의 입장을 다시 한 번 물리지 않으면 안 된다.

*

『우편엽서』 제2부는 전이를 주제로 삼는다. 하지만 그것은 프로이트와 하이데거를 왕복하면서 이루어지는 치밀한 은유 추적, Übertragung 또는 transfer라는 우편적 개념=은유의 재검토를 의미하는 것만은 아니다. 전이의 문제는 동시에 그와 같은 사변적 작업 자체의 성립조건을 묻기 위해서도 도입되고 있다. 즉 우리들의 이런 시론試論이 채용해온 것과 같은 텍스트의 횡단적 독해와 재구성übersetzen의 방법, 그것 자체 또한 문제가 되고 있다. 무슨 말인가?

---

152. *La dissémination*, pp. 311-312.

153. *La carte postale*, p. 433ff et passim.

154. *La vérité en peinture*, p. 408ff.

데리다는 이 텍스트에서 프로이트가 1920년대에 발표한 『쾌락원칙을 넘어서』를 주로 독해하고 있다. 프로이트 자신이 '사변Spekulation'이라고 인정하는 이 저작은 주지하다시피 극단적인 이면성二面性을 가지고 있다. 한편으로 그것은 '반복강박'이나 '죽음욕동'이란 메타심리학적 개념을 조직적으로 제시한 매우 중요한 텍스트로 특히 라캉에 의해 높은 위치를 부여받고 있다. 예를 들어, 그의 강한 영향을 받은 장 라플랑슈는 이 저작을 '프로이트 저작 중에서 사람들을 가장 매혹시키고 당혹스럽게 만드는 텍스트'라고 서술하고 있다.[155] 라캉파에 의한 정신분석의 철학화는 『쾌락원칙을 넘어서』의 사변을 다시금 세련되게 전개시킨 것이라고 해도 좋다. 하지만 다른 한편으로 그것은 또 의사과학적이고 추상적인 가설에 기초한 스캔들러스scandalous한 텍스트이기도 해서 정통적인 프로이트 계승자들(국제정신분석학회 IPA)로부터는 대체로 묵살되고 있다. 그리고 그곳에서는 『쾌락원칙을 넘어서』의 사변보다도 오히려 그런 집필의 배경에 존재하는 전기적 정보에 주의를 기울인다. 예를 들어, 이 저작의 출판 직전에 프로이트의 막내딸인 소피가 폐렴으로 갑자기 죽었다. 많은 사람들이 이 사실로부터 '죽음욕동'은 딸의 죽음에 호응하여 제출되었다는 통속적 설명을 유도해왔다.

『우편엽서』 제2부는 이상의 두 가지 견해에 대해 약간 복잡한

---

155. Elisabeth Roudinesco et Michel Plon, *Dictionnaire de la psychanalyse*, Fayard, 1997, p. 69.

태도를 취하고 있다. 이런 착종된 도정道程을 무리하게 단순화하면, 데리다는 대강 다음과 같이 서술하고 있다. 프로이트는 사변을 전개했다. 하지만 그가 '사변'이라고 부른 죽음욕동에 대한 논의는 동시에 '초超/trans'의 운동일반 즉 사변적 사고의 가능성 일반에 대한 논의이기도 하다. 즉 그는 거기서 사변에 대해 사변하고 있다. 그리고 이 '자기언급적인auto-réflectif' 구조는 불가피하다고 생각한다. 경험적 관찰의 너머를 다루는 모든 사고는 정의상 그와 같은 '너머'의 현실성, 즉 초월론적인 것의 존재가능성 자체를 초월론적으로 말하지 않으면 안 되기 때문이다. 그렇다면 '사변'이란 여기에서는 오히려 칸스터티브와 퍼포머티브의 그런 상호조응을 뒷받침하는 구조, 어떤 종류의 '에크리튀르의 조작'에 의해 특징지어지게 된다.[156] 그렇다면 무엇이 그런 자기언급적 에크리튀르를 구동시킨 것일까? 여기에서 데리다가 주목하는 것이 바로 앞서 서술한 '없다 있다' 놀이의 예이다. 프로이트가 그 놀이를 관찰한 것은 죽은 딸 소피의 아들 에르네스토(즉 프로이트의 손자)에서였다고 알려져 있다. 실패놀이에서 실패는 반드시 돌아온다. 그러나 소피는 돌아오지 않았다. 그 때문에 그녀에 대한 감정情動은 목적지를 잃어버리고 데드레터deadletter로서 떠돌아다닌다. 에르네스토의 실패놀이와 프로이트의 '사변'은 모두 이 데드스톡에서 생겨나고 그들은 모두 fort : da의 운동에 몸을 맡기고 있다……. 이상의 프로이트 독해가 타당한지 어떤지는 차치하고, 여기에서 데리다의 방향은 명확하다. 사변의 가능성 자체가 전이=우편에 의해 열린다. 전이

---

156. cf. *La carte postale*, pp. 303ff, 417ff.

에서의 mis가 없다면, 초월론성 또한 생기지 않는다. "나는 모든 trans-의 운동을 전이라는 단어 하에 재편성한다."[157] 즉 데리다는 특히 이런 메타심리학적 논문을 마치 기법논문이나 프로이트 자신의 증례분석처럼 읽고 있다.

사변에 대한 『우편엽서』 제2부의 논의는 앞서 서술한 '끝이 없는 분석'이라는 문제계와 직결되고 있다. 사실 데리다는 거기서 '끝이 없는 사변spéculation sans terme'이라는 표현을 사용하고 있다 (sans terme는 interminable의 단순한 말바꿈이다.[158] 사변을 뒷받침하는 전이, wissen을 뒷받침하는 wollen, 형식적 결정불가능성을 뒷받침하는 우편적 결정불가능성, 이런 문제들에 대해 우리들은 지금까지 충분히 논했다. 『우편엽서』 제2부 또한 그런 퍼스펙티브에 속한다. 그러나 1980년에 출판된 이 책에서 다시금 한 가지 주의해야 하는 것은 그 안에서 둘러쳐진 다양한 자기언급적 회로의 존재이다. 제2부의 칸스터티브한 인식은 제4부의 강연과 제1부의 의사서한을 통해 당시 데리다 자신을 둘러싼 전이상황, 1970년대에 급속히 확대되어갔던 '데리다파'의 문제로 퍼포머티브하게 반송되고 있는 것처럼 여겨진다. 순서대로 살펴보자.

제4부 「뒤 투Du tout」는 1977년에 행해진 강연과 질의응답의 기록이다. 데리다는 거기서 주로 정신분석운동에서 전이라는 문제에 대해 말하고 있다. 주지하다시피 정신분석은 탄생 이래로 끊임없이 분파를 만들어왔다. 그리고 학파들 간의 싸움이 끊이지 않았다.

---

157. ibid., p. 409.

158. ibid., p. 303.

1977년 시점에서 프랑스에는 파리정신분석학회, 프랑스정신분석학회, 파리프로이트학파(라캉파) 및 제4그룹이라는 네 개의 커다란 조직이 존재했다. 데리다의 강연은 그 네 학파의 분석가들이 가진 공동포럼에서 읽혀졌다. 따라서 그 텍스트는 정치적이고 미묘한 표현을 많이 포함하고 있으며, 문맥을 제거하고는 결코 읽기가 쉽지 않다. 그러나 억지로 정리하자면, 그곳에서의 논의는 tranche-fert라는 조어로 집약된다. tranche는 조각切片을 의미하고 그것의 동사형인 trancher는 조각을 만드는 것, 즉 절단하는 것을 의미한다. 프로이트의 인식에 의하면, 모든 집단의 단일성은 구성원의 지도자에 대한 전이에 의해 뒷받침된다. 정신분석운동 또한 예외가 아니다. 그러나 전이transfert는 데리다에 의하면 항상 이미 전이절단tranche-fert이기도 하다. 분석가들은 항상 '어느 집단으로부터 다른 집단으로의 전이, 또는 절단이전하는[trans-férant ou tranche-férant]' 것이고, 따라서 분파=조각은 항상 분할된다. 그러나 '끝이 없는 분석의 문제로 반송될지 어떨지 확실하지 않은' 이 전이절단의 문제, 즉 전이로부터 전이로의 이전가능성은 정신분석학파들의 영역에서 '이론적으로 또는 실천적으로 금지되어' 있다.[159] 이 짧은 강연에서 제3부 「진리의 배달부」가 여러 번 언급되는 것으로도 명확한 것처럼 대상으로 간주되고 있는 것은 주로 라캉파의 정치이다(당시 라캉파는 '파스passe'제도의 도입에 의해 점점 전이집단의 색깔을 강화하고 있었다). 하지만 그것만은 아니었다.

제1부 「송부Envois」는 지금까지 반복한 것처럼, 1977년 6월부터

---

159. ibid., pp. 531-532, 540.

1979년 8월(서문을 포함하면 9월)까지의 날짜를 가진 의사서한의 집적이다. 그리고 그것들은 중층적인 전이상황 속에 설정되어 있다. 첫째로 그것은 아내 또는 연인 앞으로 되어 있다. 둘째로 데리다의 아내 마르그리트가 실제로 멜라닌 클라인 등을 불어로 번역한 정신분석연구가라는 것은 잘 알려져 있다. 그러므로 만약 서한군의 글쓴이를 실재의 데리다와 동일시한다면, 그것들은 이중의 전이상황, 연애관계와 분석관계에서 동시에 씌어지고 있는 것이 된다. 그러나 여기에서 보다 주목해야 하는 것은 셋째로 그 서한군이 많은 데리다파 특히 예일학파 연구자들과의 개인적인 대화를 빈번하게 기록하고 있다는 점이다. 이것은 시기적으로 특별한 의미를 가지고 있다. 본장 서두에서도 서술한 것처럼, 데리다의 작업은 1970년대에 급속하고 광범위하게 확산되었다. 특히 서한의 날짜가 지시하는 2년 남짓은 예일대학에서 데리다의 강연이 시작된 1975년(예일학파의 탄생)과 파리 교외 스리지에서 그의 작업을 둘러싼 대규모 학회가 개최된 1980년대 사이에 위치하며, 이후 '데리다학파'라고 불리는 많은 연구자가 네트워크를 형성하기 시작한 시기에 해당된다. 그리고 데리다 자신이 인정하는 것처럼 그런 지적운동 또한 '전이의 구조'에 의해 성립한다.[160] 예를 들어, 이미 1973년에 어느 연구자는 '데리다의 "텍스트"에 대해 말하는 것, 그것은 그 텍스트를 다시 말하는 것, 그 텍스트를 연장시키는 것으로 귀결되어야 한다'고 서술하고 있다.[161] 데리다에 대한 언설은

---

160. *Mémoires —pour Paul de Man*, Galilée, 1988, p. 40.

161. 데리다의 저작 『에쁘롱』에 대한 스테파노 아고스티Stefano Agosti의 서문. *Éperons*, Flammarion(collection ≪Champs≫), 1978, p. 20. 邦譯,

그런 재응용으로 귀결된다. 이런 인식 하에서 1970년대 중반에는 '데리다파적'이라고밖에 형용할 수 없는 기묘한 텍스트, 즉 데리다적 문제계에 속하는(때로 그 자신이 이미 다룬) 대상을 데리다와 닮은 문체로 다룬 논문이 대량으로 생산되기 시작하고 있었다. 제1부의 의사서한은 그와 같은 상황에서 씌어졌다.

우리는 『우편엽서』 제2부를 이론적으로, 즉 '사변적'으로 읽을 생각이었다. 그러나 이상으로부터 명백해진 것은 이제는 아무래도 그런 작업이 텍스트에 대해 결정적으로 불성실하게 생각된다는 점이다. 『우편엽서』 전체의 구성과 문맥을 고려할 때, 제2부의 논의는 무엇보다도 우선 '데리다파' 자신의 문제, 즉 그의 텍스트를 읽는 우리 자신의 욕망이라는 문제를 향하고 있다고 생각되기 때문이다. 끝이 없는 사변은 전이에 의해 열린다. 그러나 전이는 항상 이미 '전이절단'일 수도 있다, 혹은 있어야 한다. 데리다 자신이 그런 것을 바로 그를 중핵으로 하여 데리다파가 계속 생겨났을 때에 새겨 넣고 있었다. 우리는 이제까지 이 시론에서 한편으로 그런 데리다파의 문서군[archive]을 명시적, 암시적으로 끊임없이 참조하면서, 다른 한편으로 그로부터 절단하기 위해 가능한 한 비[非]데리다적인 스타일로 논의를 진행시켜왔다. 그러나 이런 전이/전이절단 운동(fort : da) 자체가 실은 이미 『우편엽서』에 기입되어 있다. 여기에는 매우 복잡한 중첩구조가 준비되어 있다. 따라서 만약 우리가 제2부의 논의를 그럼에도 불구하고 이론적으로 읽는다고 한다면, 우리는 먼저 그런 구조를 완전히 통과하지 않으면 안 된다.

『尖筆とエクリチュール』 白井健三郎 譯, 朝日出版社, 1979, 25頁.

그렇다면 데리다는 결국 그런 구조를 만듦으로써 무엇을 시도했던 것일까.

그렇지만 제1부의 의사서한이 '허구적'이라고 명확히 이야기되고 있는 이상,[162] 지금부터는 필연적으로 내 개인적인 이해나 감상이다. 내가 생각하기에 데리다는 『우편엽서』에서 자신을 둘러싼 전이를 보다 중층화하고, 그리고 그렇게 함으로써 역설적으로 집단을 확산시키는 것, 즉 데리다파의 전이를 점점 많이 '전이절단'으로 일탈시키려고 애썼다. 서한군이 친구의 이름과 망상과 같은 철학적 말장난을 무수히 산종하고 있는 것은 바로 그것의 가속화를 위해 데리다의 텍스트를 둘러싸고 이후 전개될 해석공동체를 그 중심에서 내파[內破]시키기 위해서였다고 이해할 수 있다. 정확히 데리다 자신이 조이스를 둘러싼 해석공동체에 대해 말한 것처럼 말이다.

그리고 나는 여기에서도 라캉을 떠올린다. 『우편엽서』가 출판된 1980년은 또한 라캉이 파리프로이트학파를 해산한 해이기도 하다. 전이집단의 히스테리성을 파괴하기 위한 그런 해산은, 그러나 실제로는 제로기호(초월론적 시니피앙)로서의 주인=라캉의 위치를 보다 확실하게 만들기 위한 것으로밖에 기능하지 않았다. 그 효과는 해산 후 라캉파들의 미주[迷走]에 의해서 충분히 증명되고 있다. 이에 반해 데리다는 완전히 다른 길을 선택한다. 그는 보다 과격하게 '주인'으로서 행동하는 것, 전이를 절단하는 것이 아니

---

162. *La carte postale*, p. 273ff et passim.

라 오히려 그것을 보다 가속화하는 쪽을 선택한다. 그리고 그 시도는 『우편엽서』의 출판 이후에도 계속된다. 잘 알려진 대로 1980년대 중반 이후 그는 점점 많은 학회에 출석하고, 더욱더 많은 강연에 초대받고, 더욱더 많은 텍스트를 발표하게 된다. 그런데 그 속도가 1990년대에는 이미 상궤[常軌]를 벗어나고 있다. 예를 들어, 그는 갈릴레[Galilée]사로 한정하더라도 1993년에 3권, 94년에 2권, 95년에 1권, 96년에 4권, 97년에 2권의 저서를 간행하고 있다. '자크 데리다'라고 서명된 텍스트는 점점 증식하여 이제는 어느 누구도 그 전모를 모른다. 데리다파의 재응용[rappliquer]은 파산하고, 그 결과로서 전이집단 또한 산종되고 분할되고 전이되어간다 — 적어도 그는 그것을 기도[企圖]하고 있다고 나는 강하게 믿는다.

우편적 탈구축의 문제는 전이의 문제이며, 따라서 전이절단의 문제이다. 그리고 이 문제는 현실적으로 데리다파 특히 '아메리카에서의 탈구축'의 움직임에서 문제시되었다.[163] 『우편엽서』의 논리적 강도는 그런 상황과 분리할 수 없으며, 애당초 거기에서는 사변이 전이/전이절단의 운동에 의해 일어난다고 서술되고 있다. 따라서 우편적 탈구축의 가능성에 대해 사고하려고 했던 본서의 프로그램은 본래대로라면 여기에서 다시 새롭게 '데리다파'라는 다른 문제로 향하지 않으면 안 된다.

---

163. '아메리카에서의 탈구축'이 탈구축의 성과를 생각하는 데에 있어 특권적 가치를 갖는다는 것은 데리다 자신에 의해 서술되고 있으며(*Mémores — pour Paul de Man*, p. 41ff), 또 'Deconstruction is/in America'라는 타이틀의 콜로키움이 1993년에 열렸다는 것으로도 확인가능하다.

한 가지 방향을 스케치해보자. 예를 들어, 데리다는 『우편엽서』 제2부 타이틀로 프로이트의 이름 주위를 인용부호로 둘러쌌다. 사무엘 웨버가 지적하는 것처럼, 데리다의 텍스트에서 그것은 프로이트의 이름으로부터 고유성=고유명성을 박탈하기 위해 사용되고 있다. 즉 거기서 '프로이트'는 고명古名으로서 이용되고 있다. 그런데 여기에서도 다시 기묘한 사태가 생겨나고 있다. 웨버는 한편으로 그 '프로이트'가 고유명이 아니라고 서술하면서, 다른 한편으로 '<프로이트>라는 고유명을 칸막이하는 그 인용부호의 의의를 설명하기' 위해 논문을 쓰고 있다.[164] 즉 그는 데리다가 프로이트에 대해서가 아니라 괄호가 붙은 '프로이트'에 대해 논했다는 것을 강조하고 있다. 이런 행위는 내 생각에 데리다파적 욕망의 메커니즘을 잘 드러내고 있다. 웨버는 한편으로 데리다가 사용한 프로이트라는 이름을 고명古名으로 간주하면서, 다른 한편으로 '데리다가 말한 <프로이트>'를 고유명으로서 다루고 있다. 데리다는 프로이트에 대해 썼다. 고명古名의 인용부호는 '가시 또는 불가시'한 것이기 때문에 실제 그 인용부는 씌어지지 않았어도 상관이 없었을 것이다. 그러나 데리다파는 그런 인용부호를 끊임없이 가시화한다. 그리고 이런 데리다파적 엄밀함, 『우편엽서』 제2부를 프로이트에 대한 것이 아니라 '프로이트'에 대한 텍스트로서 읽지 않으면 안 된다는 일종의 강박관념은 실천적으로는 데리다의 언설을 어떤 특권적 영역에 가두는 것을 의미한다. 어쩌면 내가 제1장

---

164. Samuel Weber, "The Debts of Deconstruction and Other, Related Assumptions" in *Institution and Interpretation*, University of Minnesota Press, 1987, p. 108.

이래 단속적으로 시사하고, 제3장에서 '정말로 우리는 도달할 수 있을까'라고 물었던 우편적 탈구축의 한계, '넘어짐'에 대해 생각하기 위한 열쇠는 분명 여기에 있을 것이다. 고명古名은 인용부호의 욕망에 의해 끝없이 고유명화되고, 전이단절의 자유로움은 항상 전이집단의 고정화로 떨어지게 된다. 거기서 존재론적 탈구축과 우편적 탈구축, 장소Ort와 장소Khôra의 경계는 다시 애매해질 것이다. 그리고 1980년대 이후의 데리다가 그런 욕망을 얼마나 유효하게 탈구할 수 있었는지, 그 성패는 따로 문제시될 필요가 있다…….

그러나 본서는 이제 그와 같은 탐구로도 나아갈 수 없다. 즉 본서는 예고된 물음의 답에 도달하지 않는다. 그리고 이런 너무나도 데리다적인 배달미스는 어쩌면 본서의 프로그램이 처음부터 품고 있었던 구조적 문제에서 기인하고 있다. 이 무슨 말인가.

나는 이제까지 일관되게 데리다가 사용한 고명古名을 그 문맥에서 떼어내어, 그런 은유=개념의 배치를 형식적으로 정리하는 작업을 해왔다. 즉 나는 그의 '유령'이든 '우편'이든 '호출'이든 언어의 구체적 지시대상을 기본적으로 인용부호에 넣고, 무엇보다도 먼저 그 술어가 어떤 사고 시스템(형이상학 시스템/부정신학 시스템/우편 시스템) 속에서 어떤 기능을 하고 있는지, 그 기능문제에만 논의를 집중시켜왔다. 이런 전략은 내게 애초에 은유놀이로 가득한 후기 데리다의 텍스트를 지적으로 '읽기' 위한 거의 유일한 방법이라고 생각되었기 때문이다. 하지만 이런 독해법은 지금 확인한 대로 데리다의 고명을 전부 고명으로서가 아니라 일종의 고유명으로 간주할 것을 요청한다. 따라서 본장本章의 틀에서 움직이는 한, 나는 데리다의 '우편'에 대해서는 말할 수 있지만, 그 은유가 불러일으키는 연상네트워크에 대해서는 항상 부정적으로 행동할 수밖에 없다. 그리고 이것은 데리다파의 욕망 그 자체이다. 그렇다면 나의 이런 일련의 시론은 설령 그 스타일이 아무리 데리다파로부터 멀다고 하더라도 본질적으로 매우 '데리다파'적인, 따라서 보수적인 욕망에 의해 뒷받침되고 있었다 하겠다. 데리다파의 문제를 다루기에는 나는 너무나 깊이 데리다에 전이되어 있다. 아니 정확히는 그와 같은 질문을 던지는 것, '전이'에 대해 생각한다는 것 자체가 내가 얼마나 데리다파적인지를 웅변적으로 증거하고 있다. 제1장에서의 표현을 재응용한다면, 나는 바야흐로 'he war'를 앞에 둔 조이스 학자와 같이 행동하고 있다. 아마 나는 이제 산종의, 즉 tranche-fert의 금지를 해제해야 할 것이다. 그러므로 갑작스러울지 모르지만 이 작업은 이제 중단하지 않으면 안 된다.

후기

23살에서 26살까지의 4년간, 나는 하나의 작업을 계속해왔다. 본서는 그 성과를 모은 것이다. 각 장의 토대가 된 논문은 1년마다 발표된 것이고, 제4장은 새롭게 반 년 간에 걸쳐 분재되었다. 따라서 본서의 처음과 끝 사이에는 실제로 3년 반이라는 시간이 흐르고 있다. 그 사이에 나의 어휘나 문체는 크게 변했다. 따라서 이번에 출판하면서 앞 세 장에는 거의 전면적인 수정이 가해질 수밖에 없었다. 특히 제1장은 새롭게 쓴 것에 가깝다.

본서는 부제에서 알 수 있는 것처럼 자크 데리다라는 이름의 매우 난해하고 사변적인 철학자를 집요하게 다루고 있다. 이에 대해서는 지금 나 자신도 놀라고 있다. 이 책은 "왜 데리다는 기묘한 텍스트를 쓴 것일까"라는 물음이 관통하고 있지만, 사실 그것은

"왜 나는 그런 기묘한 텍스트에 끌리는 것일까"라는 물음, 즉 데리다를 이렇게까지 집요하게 읽고 있는 이 나에 대한 자기언급적인 물음이기도 했다. 그리고 그것은 다시 바꿔 말하면, 나를 이렇게까지 추상적인 사변으로, 소위 '철학'으로 몰아대고 있는 것은 무엇일까 라는 물음이기도 하다. 인간은 왜 철학을 하는 것일까. 나는 도중에 반쯤 진지하게 그런 커다란 문제에 대해 생각하기 시작했다. 그 부분부터 기초적으로 시작하지 않으면, 이 데리다론의 존재가치 자체가 이상하게 될 것이라고 생각되었기 때문이다. 하지만 이런 일련의 시론을 끝낸 지금, 나는 이것이 그야말로 함정이었다는 느낌이 든다. 나는 이 책에서 제3장의 말미와 제4장의 말미, 두 번에 걸쳐 그런 자기언급적 함정에 사로잡히고 말았다. 결국 그것이 이 데리다론의 실패원인이다.

누구나 마찬가지라고 생각하지만, 20대 중반 이 5년 사이에 나와 나를 둘러싼 상황은 근본적으로 변해버렸다. 이 책의 곳곳은 그런 개인적 변화를 반영하고 있다. 출판할 즈음의 수정은 그것을 감추기 위해서도 행해졌는데, 민감한 독자에게는 역시나 그것이 전해질 것이다. 그것은 조금은 한심스러운 일이다. 나는 이와 같은 책을 두 번 다시 쓸 수 없겠지만, 또 써야 하는 것도 아니다. 나의 다음 철학적 작업은 좀 더 형식적이고 좀 더 기계적인 또는 유령적인, 즉 '이 나'와는 철저히 무관한 것이 되어야 한다고 생각한다.

*

이것은 나의 첫 번째 책이다. 따라서 나는 이 책의 성립에 있어 무수한 사람들에게, 가족이나 친구들로부터 대학의 교관敎官에 이르기까지 다양한 사람들에게 다양한 것을 빚지고 있다. 그러나 나는 여기에서 가라타니 고진 씨와 아사다 아키라 씨 두 사람에게만 특권적으로 감사를 드리고 싶다. 그들의 존재가 없었더라면, 나는 처음부터 이런 이론적인 작업이 일본어로 씌어지고, 그리고 읽힐 수 있다고 생각하지 않았을 것이다.

*

본서의 모태가 된 논문은 전부 가라타니와 아사다 씨가 편집위원으로 있는 『비평공간』지에 발표되었다. 첫 게재 때 신세를 졌던 오오타太田출판의 야마무라 다케요시山村武善 씨와 나이토 유지內藤裕治 씨, 그리고 마지막으로 아주 처음부터 내 작업에 주목하고 단행본화를 제의해준 신초사新潮社의 야노 유타카矢野優 씨에게 감사하고 싶다.

1998년 6월 23일

아즈마 히로키

옮긴이 후기

이 책은 1971년생인 저자가 1998년에 간행한 출세작 『存在論的, 郵便的—ジャック・デリダについて』를 완역한 것이다. 아즈마 히로키는 국내에도 비교적 널리 알려진 일본인 저자로, 이미 여러 권의 책이 번역・소개되어 있다.*1 그리고 이 책들을 중심으로 서브컬처론, 일본사상론 등과 관련하여 얼마간의 논의가 이루어지기도 했다. 하지만 그럼에도 불구하고 그는 여전히 베일에 가려져 있는 인물로 간주되는데, 그것은 아마 그가 20대에 쓴 처녀작 『존재론적,

*1. 『동물화하는 포스트모던』(이은미 옮김, 문학동네), 『게임적 리얼리즘의 탄생』(장이지 옮김, 현실문화), 『일반의지 2.0』(안천 옮김, 현실문화)와 『퀀텀 패밀리즈』(이영미 옮김, 자음과모음)를 한국어로 읽을 수 있다.

우편적』이 아직 소개되지 않았기 때문일 것이다.

아즈마 히로키의 저작군에서 이 책이 차지하는 위상은 그저 한 권의 저서 이상의 의미를 가지고 있다. 하지만 그것은 흔히 오해되듯 이 책 이후로 그가 무거운 주제(철학, 사상) 대신 가벼운 주제(서브컬처)로 전향했기 때문도, 사실상 진지하게 (학술적으로) 다룰 가치가 있는 유일한 책이기 때문도 아니다. 사정은 오히려 정반대인데, 엄밀한 의미에서 그는 '전향' 같은 것을 한 적이 없다. 만약 그가 전향과 유사한 것(하이컬처→서브컬처)을 했다고 한다면, 그것을 선언하는 전향서로 『존재론적, 우편적』을 읽어야 한다. 이 점을 놓치면, 이 책은 기껏해야 일본인이 요령 있게 쓴 데리다 연구서 중 한 권에 그치고 말 것이다. 사실 한국에서는 그렇게 받아들여진 측면이 없지 않아 있다.*2

아즈마가 후기에서 밝히고 있는 것처럼 이 책은 23살에서 26살 사이에 씌어졌고, 출간되자마자 철학연구서로서는 유례가 없을 정도로 팔렸다(3주에 1만 3천부 정도 팔렸다고 한다). 그리고 그로 인해 <AERA>라는 주간지(아사히신문사 발행)의 표지모델이 되

---

*2. 일찍이 이 책에 주목한 몇몇 블로거들은 자발적으로 이 책의 일부(1장)를 번역해 올리거나 그와 관련된 글을 쓴 바 있는데, 어디까지나 참신한 데리다 연구서라는 인식에서 크게 벗어나지 않았던 것 같다.

고 산토리학예상까지 받게 된다.*3 당시 그에 대한 평가 중 하나는 "가라타니 고진의 후계자가 등장했다"는 것이었다. 물론 지금은 전혀 다른 방향(서브컬처)에서 자신만의 영역을 개척하고 있지만, 여하튼 당시 그의 등장은 여러모로 충격으로 받아들여졌다.

아즈마 히로키가 가라타니 고진의 후계자라고 불린 것은 일찍이 그에게 주목하여 『비평공간』을 통해 비평가로 데뷔하게 한 것은 물론, 본서가 원형이 되는 원고를 연재하도록 한 이가 바로 가라타니 고진이었기 때문이다.*4 이런 내력과는 무관하게 지금은 대담 등에서 가라타니 고진을 드러내놓고 비판하지만 말이다.*5 당시 그의 인기가 어느 정도였는가 하면, 비평가이자 게이오慶應대학 교수이기도 한 후쿠다 가즈야福田和也가 "옛날 대학원생들이 하나같이 가라타니 고진을 읽었다면, 지금은 모두가 아즈마 히로키의 책을 읽는다"고 한탄할 정도였다.

그렇다면 이 책의 어떤 점이 도대체 그토록 많은 이들을 사로잡은 것일까? 사실 데리다 개론서나 연구서라면 일본에는 차고 넘

---

*3. 그리고 문학서가 아님에도 불구하고 미시마 유키오상 후보에까지 오른다.

*4. 알려진 바에 의하면, 데뷔작 「솔제니친 시론」은 학부시절 당시 호세이法政대학 교수였던 가라타니 고진의 강의를 도강하던 아즈마 히로키가 가라타니 고진에게 직접 건넨 원고였다고 한다.

*5. 한국에서는 감히 상상도 할 수 없는 무례한 행위로 보일지 모르지만, 일본에서는 이런 일이 예사로 이루어지는 것 같으며, 가라타니 고진 역시 그에 대해 특별히 배신감 같은 것은 느끼지 않는다고 한다. 이 부분에 대해서는 자세히 이야기할 기회가 따로 있을 것이다.

칠 정도로 나와 있었다. 그의 성공적 데뷔에 대해 그 이유를 혹자는 명료한 문체에서 찾기도 하고, 혹자는 난해한 사상가를 알기 쉽도록 도식화한 것에서 발견하기도 한다. 하지만 내가 생각하기에 『존재론적, 우편적』이 충격적으로 받아들여진 것은 이 책이 데리다를 다루는 객관적인 연구서이기 이전에 20세기 후반을 풍미한 현대사상에 몰입했던(매혹되었던) 저자 자신에 대한 분석을 시도하는 주관적인 고백서였기 때문이 아닐까 한다.*6 물론 이 시도는 그가 고백하듯이 실패로 끝났는데, 하지만 바로 그 실패를 통해 그는 '현대사상'에 종언을 고할 수 있었는지도 모른다.

1980년대 일본사상계를 풍미한 뉴아카 붐*7이 1990년대에 이르면 한국에서도 맹위를 떨치게 되는데, 당시 푸코, 들뢰즈, 데리다, 라캉 등의 인기는 오늘날의 지젝, 샌델에 비할 바가 아니었다.*8 책 좀 읽는다는 사람치고, 문학을 한다는 사람치고 푸코와 들뢰즈를 읽지 않은 사람이 없었고, 이들 프랑스철학자가 각주로 등장하지 않은 문학평론도 찾기 힘들었으며, 프랑스어가 가능한 철학전공자는 특별대접을 받았다.*9 그리고 이들 사상가들의 입장에서

---

*6. 그는 십대 때부터 이미 현대사상 오타쿠였다고 한다.

*7. 뉴아카란 '뉴아카데미즘'의 약칭으로 일본의 미디어가 만든 일본식 조어다. 1980년대 초부터 인문과학, 사회과학 영역에 불었던 유행이나 사조를 가리키며, 특히 프랑스 현대사상이 그 중심에 있었다. 당시 이 흐름을 주도한 잡지 『현대사상』(월간지)은 수만 부씩 팔렸다고 한다.

*8. 이는 단순히 판매부수로만 평가할 수 없는 문제이다.

*9. 당시 인문학 전공자들 사이에 프랑스어 공부 열풍이 불기도 했다. 지금은 그 열기를 일본어가 대체하고 있는 것 같지만 말이다.

근현대철학을 쉽게 설명한 이진경의 『철학과 굴뚝청소부』가 대학가의 베스트셀러가 되었다. 그 때문인지 한때 데카르트, 칸트, 헤겔, 사르트르는 시대에 뒤떨어졌다는 취급을 받았고, 스피노자, 바슐라르, 바타유, 블랑쇼 등이 지적 영웅의 대접을 받았다.

물론 지금은 그런 열기가 썰물처럼 빠져나간 상태다. 그런데 당시 왜 그토록 모두가 열광했는지 제대로 논의된 적은 없는 것 같다. 그 이유는 아마 다음 두 가지일 것이다. 그냥 '유행의 일부'로 치부함으로써 애써 진지하게 논할 사항이 아니라는 판단 때문이거나, 열정을 기울일 새로운 대상(아감벤, 지젝 등)으로 이미 옮겨갔기 때문이다. 이렇게 시대가 바뀐 와중에도 『철학과 굴뚝청소부』와 『미학 오디세이』는 스테디셀러로서 건재를 과시하고 있다.

조숙했던 아즈마 히로키는 뉴아카 붐의 끝물에 속하는 세대로, 『존재론적, 우편적』은 데리다 연구라는 명목 하에 '현대사상에 대한 열기' 자체를 탈구축하려는 시도였다고 할 수 있다. 아사다 아키라가 이 책의 띠지에 쓴 다음과 같은 추천사는 이런 맥락에서 이해될 필요가 있다. "『구조와 힘』*10이 마침내 과거의 것이 되었다는 점을 인정했다."

쉽게 말해, 『존재론적, 우편적』은 다음 두 가지 사이의 긴장관

---

*10. 1990년대에 『구조주의와 포스트구조주의』(이정우 옮김, 새길)라는 제목으로 국내에도 번역된 적이 있는 『구조와 힘』은 뉴아카 붐을 대표하는 저서로, 당시 대학원생이었던 아사다 아키라가 26살에 출간한 책인데, 무려 15만부나 팔렸다고 한다.

계에 의해 성립하고 있는 책이다. 첫째는 말 그대로 데리다를 경유한 현대사상(라캉, 푸코, 들뢰즈, 그리고 알튀세르까지)에 대한 정리 내지 요약이고, 둘째는 그런 것에 몰두하는 자신에 대한 거리두기(자기분석)이다. 그런데 이 긴장감은 그로 하여금 결국 현대사상을 넘어서 그것을 가능하게 한 뿌리(하이데거와 프로이트)로까지 소급하게 하는데, 이때 그는 '우편적'이라는 키워드를 내세워 철저히 프로이트 편에 선다. 이 과정에서 우리가 주목할 점은 프로이트와 라캉의 차이에 대한 엄격한 구분과 후자에 대한 통렬한 비판이다. 그가 생각하기에 라캉은 프로이트를 하이데거화(철학화)한 것 이상도 이하도 아니며, 지젝도 그 연장선상에 벗어나 있지 않다. 이 점에서 이 책은 오늘날 한국에서 가장 인기가 있는 사상가인 지젝에 대한 비판서로도 읽을 수 있다.*11

나는 10여 년 전 이 책을 읽자마자 번역하기로 마음을 먹었다. 하지만 읽는 것과 번역하는 것은 전혀 다른 문제였다. 특히 부제가 말하고 있는 것처럼 이 책의 기본적인 형태는 번역이 까다로운 데리다 인용문이 계속해서 등장하는 학술서(이 책은 박사학위 논

---

*11. 한국에서의 지젝의 인기를 어떻게 봐야 할지는 자못 흥미로운 주제라 하겠다. 참고로 일본에서 지젝의 영향력은 매우 미미한데, 그것은 1970년대에 이미 『에크리』가 완역되고 『세미나』 역시 대부분 번역되어 있는 독서환경과 무관하지 않을 것이다. 라캉 원전으로는 단 한 권(『세미나』 제11권)만 번역되어 있는 한국에서 라캉에 대한 이해는 지젝을 통해 대리충족되고 있는 측면이 강하며, 해외의 권위를 필요로 하는 한국의 미디어로서는 지젝만큼 활용도가 높은 인물도 찾기 힘들 것이다.

문으로 제출된 것이기도 하다)로, 프랑스어를 모르는 옮긴이로서는 국내번역서의 도움이 절대적으로 필요했는데, 아쉽게도 당시는 회자되는 만큼 믿고 참조할 번역서가 거의 없었다. 따라서 초역은 비교적 일찍 끝냈음에도 불구하고 본격적인 교정과 출판은 차일피일 미루어질 수밖에 없었다.

그런데 그로부터 10여 년이 지난 지금 역시 그때와 비교했을 때 크게 달라진 것 같지 않아 유감이다. 몇몇 참고할 만한 번역서가 등장하긴 했지만, 푸코나 들뢰즈와 비교해서도 데리다는 거의 잊혀져가는 사상가가 되어 있었다. 나는 이런 분위기라면 또 다시 몇 년 더 기다린다고 해서 더 나아질 것 같지 않겠다는 판단이 들었고, 일단 힘이 닿는 대로 교정해서 세상에 내보기로 했다.

한국에서 데리다의 영향력은 매우 미비하다. 한때 영문학과 쪽에서 텍스트이론, 읽기이론으로서 자주 논의되었지만, 그 역시 이젠 철지난 유행으로 간주하며, 철학계도 철학이라는 제도 자체를 탈구축하려는 데리다의 태도를 탐탁지 않게 여기며 말만 복잡할 뿐 건질 것(?)이 없다는 이유로 배척했고, 진보문학 진영에서는 그의 철학을 '포스트모더니즘'의 일종(즉 미국을 경유한 보수철학)으로 의심했다. 일본과 비교했을 때, 이런 부정적 분위기는 매우 대조적이라 할 수 있다.

일본의 경우, 데리다의 저서는 물론 단행본화되지 않은 논문이나 인터뷰까지 모조리 다 발굴・번역되어 있는데, 그것을 단순히 양으로 따지만 한국의 수백 배에 달한다. 심지어는 프랑스에서조차 낯선 문헌들도 도리어 일본에서는 어렵지 않게 손에 넣을 수 있을 정도이다. 그리고 데리다는 일본의 진보적 학자들(예를 들어, 다카하시 데쓰야高橋哲哉, 우카이 사토시鵜飼哲 등)*12에 의해 적극적으로 수용되어 그들의 이론과 사상의 형성에 지대한 영향을 끼쳤다.

이와 같은 데리다에 대한 서로 다른 수용(냉담과 열광)은 그 자체로 연구대상이 될 수 있을 텐데, 짐작컨대 일차적으로 그것은 수용환경에서 오는 차이일 테지만, 다른 한편으로 그것은 수용능력에서 오는 차이이기도 할 것이다. 오늘날 한국에서 이루어지는 데리다 연구란 연구자의 정치적 성향을 드러내기 위해 이루어지는 제한된 몇몇 텍스트에 대한 언급이나 번역어를 둘러싼 논쟁에 갇혀있다는 느낌이 드는데, 이는 정작 주요저작에 대한 번역이 절대적으로 부족한 현상과 무관하지 않을 것이다.

하지만 역설적이게도 데리다 개론서는 여러 권 찾아볼 수 있다.*13 그렇지만 그것을 읽고 데리다를 이해하는 것은 거의 불가능에 가깝다. 기껏해야 데리다 특유의 몇 가지 개념을 확인하는 것으로 그칠 확률이 높다(물론 그것만으로 충분하며, 책의 의도 역시 그것인지 모르지만). 이런 상황에서 『존재론적, 우편적』은 데리다에 대한 개론서로서도 매우 유용하게 활용될 수 있는데, 왜냐하면 이 책은 데리다의 몇몇 키워드에 연연해하거나 편협한 철학사적 맥락에 매몰되기보다는 데리다가 왜 그렇게 요상한 글을 썼는가? 하는 매우 단순하지만 근본적인 물음을 통해 독자를 데리다의 수

*12. 이들의 책은 국내에도 다수 번역되어 있다.

*13. 이것들 중 몇 권은 데리다의 인기 여부와 무관하게 미국에서 출간된 '현대철학가 입문시리즈'를 통째로 수입할 때 끼어 들어간 것에 불과하다.

사학(문제의식)으로 끝까지 인도하기 때문이다.

마지막으로 본 번역서를 교정하는 과정에서 이신철 선생님, 정지은 선생님, 이성민 선생님, 고정수 씨의 도움이 있었다는 것을 밝히고 싶다. 이분들의 도움이 없었다면, 이 번역서는 더 늦게 햇빛을 보게 되었을 것이다.

4월 22일

조영일

인명 찾아보기

ㄹ

ㅁ

ㅂ

ㅅ

ㅇ

ㅈ

ㅊ

ㅋ

<발표지면>

제1장 『批評空間』(太田出版刊) 第Ⅱ期 第三号 (1994年)

제2장 『批評空間』 第Ⅱ期 第七号 (1995年)

제3장 『批評空間』 第Ⅱ期 第三号 (1996年)

제4장 『批評空間』 第Ⅱ期 第三号 (1997年),
第十六号(1998年), 第十七号(1998年)에 분재

* 모든 논고에 대폭적인 가필과 수정을 가했다.

지은이_ 아즈마 히로키 (東 浩紀)
1971년 출생. 일본의 비평가이자 소설가. 2013년 와세다 대학 교수를 끝으로 대학을 떠나 현재 잡지 『사상지도思想地図』를 간행하는 출판사인 겐론ゲンロン의 대표 겸 편집장으로 있다. 주요 저서로는 『존재론적, 우편적』, 『우편적 불안들』, 『동물화하는 포스트모던』, 『게임적 리얼리즘의 탄생』, 『일반의지2.0』, 『퀀텀 패밀리즈』 등이 있다.

옮긴이_ 조영일 (曺泳日)
비평가. 지은 책으로는 『가라타니 고진과 한국문학』, 『한국문학과 그 적들』, 『세계문학의 구조』 등이 있으며, 옮긴 책으로는 『언어와 비극』, 『근대문학의 종언』, 『세계공화국으로』, 『역사와 반복』, 『네이션과 미학』, 『정치를 말하다』, 『문자와 국가』, 『세계사의 구조』, 『자연과 인간』 등이 있다.

바리에테 신서 18

존재론적, 우편적

초판 1쇄 발행 | 2015년 8월 28일

지은이 아즈마 히로키 | 옮긴이 조영일 | 펴낸이 조기조 | 기획 이성민 · 이신철 · 이충훈 · 정지은 · 조영일 | 편집 김장미 · 백은주 | 인쇄 주)상지사P&B | 펴낸곳 도서출판 b | 등록 2003년 2월 24일 제12-348호 | 주소 151-899 서울특별시 관악구 난곡로 288 남진빌딩 401호 | 전화 02-6293-7070(대) | 팩시밀리 02-6293-8080 | 홈페이지 b-book.co.kr / 이메일 bbooks@naver.com

ISBN 978-89-91706-94-1 93100
값 25,000원